utb 5729

Eine Arbeitsgemeinschaft der Verlage

Brill | Schöningh – Fink · Paderborn
Brill | Vandenhoeck & Ruprecht · Göttingen – Böhlau Verlag · Wien · Köln
Verlag Barbara Budrich · Opladen · Toronto
facultas · Wien
Haupt Verlag · Bern
Verlag Julius Klinkhardt · Bad Heilbrunn
Mohr Siebeck · Tübingen
Narr Francke Attempto Verlag – expert verlag · Tübingen
Ernst Reinhardt Verlag · München
transcript Verlag · Bielefeld
Verlag Eugen Ulmer · Stuttgart
UVK Verlag · München
Waxmann · Münster · New York
wbv Publikation · Bielefeld
Wochenschau Verlag · Frankfurt am Main

Einführungen in die Geschichtswissenschaft
Neuere und Neueste Geschichte

Herausgegeben von Julia Angster und Johannes Paulmann

Band 3

Patrick Kupper

Umweltgeschichte

Vandenhoeck & Ruprecht

Dr. Patrick Kupper ist Professor für Wirtschafts- und Sozialgeschichte an der Universität Innsbruck.

Online-Angebote oder elektronische Ausgaben sind erhältlich unter **www.utb-shop.de**

Bibliografische Information der Deutschen Nationalbibliothek:
Die Deutsche Nationalbibliothek verzeichnet diese Publikation in der Deutschen Nationalbibliografie; detaillierte bibliografische Daten sind im Internet über https://dnb.de abrufbar.

Umschlagabbildung: Bei Pforzheim. Autobahn, Ausfahrt zur Raststätte und Tankstelle. Bundesarchiv, Bild 194-5769-45 / Fotograf: Lachmann, Hans

Korrektorat: Sebastian Schaffmeister, Köln
Umschlaggestaltung: Atelier Reichert, Stuttgart
Satz: le-tex publishing services, Leipzig
Druck und Bindung: GrafikMediaProduktionsmanagement GmbH, Köln
Printed in the EU

Vandenhoeck & Ruprecht Verlage | www.vandenhoeck-ruprecht-verlage.com

UTB-Band-Nr. 5729
ISSN 2625-5162
ISBN 978-3-8252-5729-3

Inhalt

Vorwort zur Reihe ... 7

I. **Einführung** ... 9

II. **Zentrale Begriffe und Konzepte** ... 15
1. Sozionaturale Verhältnisse im Wandel ... 15
2. Umwelthistorische Zeiten ... 28
3. Umwelthistorische Räume ... 41

III. **Themenfelder und Untersuchungsgegenstände** ... 55
4. Meliorationen ... 55
5. Klimawandel und Naturkatastrophen ... 68
6. Industrialisierung ... 82
7. Urbanisierung ... 98
8. Kolonialismus und Imperialismus ... 113
9. Naturschutz ... 128
10. Politische Regime ... 144
11. Beschleunigung ... 158
12. Umweltschutz ... 171

IV. **Coda** ... 187

Danksagung ... 191

Literaturverzeichnis ... 193

Register ... 233

Vorwort zur Reihe

Die in dieser Reihe erscheinenden Einführungen in die Geschichtswissenschaft behandeln zentrale Themen der europäischen Geschichte vom ausgehenden 18. bis ins frühe 21. Jahrhundert in einer nationsübergreifenden Perspektive. Die Grundidee für die Reihe ist aus einer Erfahrung entstanden, die wir im Alltag der akademischen Lehre gemacht haben: Einführungsliteratur für Bachelor- oder Masterstudiengänge stellt in der Regel entweder Faktenwissen oder einen theoretischen Ansatz in den Mittelpunkt. Wir wünschten uns hier eine Verbindung zwischen diesen Ebenen, die wir in der akademischen Lehre ja regelmäßig leisten müssen. Die „Einführungen in die Geschichtswissenschaft" sollen daher beides miteinander verknüpfen: Die Bände bieten jeweils anhand spezifischer Gegenstände eine Einführung in die Geschichtswissenschaft, also in die Arbeitsweise, die Methodik und die Denkweisen des Fachs. Geschichtswissenschaft als universitäres Fach soll zum wissenschaftlichen Arbeiten befähigen, also dazu, selbst Fakten zu analysieren, sie zu deuten und darzustellen. Es geht darum, selbständig Erkenntnisinteressen zu formulieren, und hierfür ist ein Überblick über die Pluralität und den Wandel der Zugänge des Fachs, über die Theorieentwicklung und die jeweils angemessenen Methoden unabdingbar. Diese Arbeitsweise lässt sich jedoch am besten am konkreten Beispiel vermitteln. Die Reihe bietet daher eine problemorientierte Vermittlung von Inhalten und einen theoriegeleiteten Zugang zu wichtigen historischen Themen. Ihr Ziel ist eine Einführung in wissenschaftliche Zugänge und Methoden, in Forschungsstand und Forschungskontroversen, und damit in die Arbeitsweise sowie das Wesen von Geisteswissenschaft. Gedacht ist diese Reihe jedoch durchaus auch für Lehrende als Handreichung zur Vorbereitung von Seminaren oder einzelnen Sitzungen. Der Aufbau der Bände folgt daher jeweils der möglichen Struktur einer Seminarveranstaltung und bietet eine argumentative oder analytische Gliederung, die nach einer kurzen thematischen Einführung zunächst Kontroversen und Theorien der Forschung behandelt, Leitfragen entwickelt und diese dann an Beispielen in mehreren Kapiteln systematisch anwendet. Wir hoffen, damit einen sinnvollen Beitrag zu Lehre und Studium zu leisten.

Julia Angster und Johannes Paulmann

I. Einführung

Umweltgeschichte und das Werden des modernen Europa

„Nichts ist klarer als das Mittelmeer des Ozeanografen, des Geologen oder auch des Geografen: Das sind anerkannte, etikettierte, abgesteckte Gebiete. Aber das Mittelmeer der Geschichte?", fragt Fernand Braudel auf den ersten Seiten seiner klassischen Geschichte des Mittelmeers und lässt seiner Frage sogleich eine Warnung folgen: „Wehe dem Historiker, der glaubt, diese Vorfrage stelle sich nicht, das Mittelmeer sei keine Persönlichkeit, die erst zu bestimmen wäre, sondern längst bestimmt, klar und unmittelbar zu erkennen und zu fassen, indem man es entlang der punktierten Linie seiner geografischen Umrisse aus der allgemeinen Geschichte herausschneidet."[1]

Gleiches lässt sich für eine Umweltgeschichte Europas sagen. Dabei müssen wir Braudels Anthropomorphismus nicht folgen und der europäischen Umwelt eine Persönlichkeit zusprechen wollen. Jedoch sollten wir seine Mahnung erst nehmen und, wie es sich im Übrigen für jede historische Darstellung ziemt, eingangs klären, wie wir unseren Gegenstand bestimmen und wie wir ihn ein- und abgrenzen. Wo findet die vorliegende Untersuchung ihre thematischen, zeitlichen und räumlichen Grenzen, und wie sind diese inhaltlich begründet? Da eine solche Bestimmung stets von unseren Absichten abhängt, gilt es diese zunächst zu umreißen: Übergeordnetes Ziel der folgenden Abhandlung ist, ihre Leserinnen und Leser zum einen (in Teil II) mit den wesentlichen Konzepten der Umweltgeschichte vertraut zu machen und diese zum anderen (in Teil III), entsprechend der Anlage der Buchreihe, entlang zentraler Untersuchungsgegenstände der neueren und neuesten europäischen Geschichte zu vertiefen.[2] Wie wir diese Aufgabe angehen, wo wir einsetzen und wo

1 Braudel, F., Das Mittelmeer und die mediterrane Welt in der Epoche Philipps II., Frankfurt a.M. 1990, Bd. 1, S. 16. Zu dessen Bedeutung für die Umweltgeschichte siehe Kap. 1 Sozionaturale Verhältnisse im Wandel.

2 Der europäischen Umweltgeschichte der Frühen Neuzeit wird sich ein eigener von Martin Knoll verfasster Band widmen.

wir enden werden, welchen Pfaden wir folgen und wonach wir Ausschau halten werden, möchte ich in diesem kurzen einführenden Teil I darlegen.

Thematisch konzentriert sich dieses Buch auf die Umweltgeschichte. Die Umweltgeschichte kennzeichnet, dass sie die Natur zu einer zentralen Dimension gesellschaftlichen Wandels erhebt. Im Zentrum des Interessens stehen die Wechselwirkungen zwischen Umwelt und Gesellschaft in der Vergangenheit und wie und warum sich diese mit der Zeit veränderten. Im Folgenden spreche ich diesbezüglich vom Wandel der sozionaturalen Verhältnisse.[3] Welche theoretischen und methodischen Anforderungen eine solche Perspektivierung und Schwerpunktsetzung stellen, welche historischen Einsichten sie versprechen und welche Bedeutung sie für die allgemeine Geschichte haben, wird in den folgenden Kapiteln ausführlich verhandelt: zunächst (in Teil II) anhand zentraler Begriffe und Konzepte und daraufhin (in Teil III) anhand ausgewählter Themenfelder und Untersuchungsgegenstände. Daher konzentrieren sich meine folgenden Ausführungen auf den raumzeitlichen Zuschnitt der Darstellung, und ich nutze dies zugleich, um einen Ausgangspunkt meiner Überlegungen zu definieren und eine Arbeitshypothese zu entwickeln.

In zeitlicher Hinsicht fokussiert sich das Buch auf die zurückliegenden gut 250 Jahre seit der zweiten Hälfte des 18. Jahrhunderts. Dieser Zeitraum, der nach gängiger Periodeneinteilung die neuere und neueste Geschichte ausmacht, wird auch als die Epoche der Moderne bezeichnet.[4] Das Attribut „modern“ dient mir in diesem Buch, um der zeitlichen eine inhaltliche Bestimmung beizufügen. Mit Christof Dipper gehe ich davon aus, dass moderne Gesellschaften einem grundlegenden Wandel ausgesetzt sind, der sich vom vorangehenden Wandel unterscheiden lässt, dem vormoderne Gesellschaften, die ihrerseits keineswegs statisch waren, unterlagen.[5] Dieser grundlegende Wandel erfasst auch die Interaktionen zwischen Gesellschaft und Umwelt und wird seinerseits durch diese Interaktionen geprägt.

Eine (Umwelt-)Geschichte des modernen Europa muss sich folglich des profunden Wandels annehmen, den die sozionaturalen Verhältnisse in den letzten 250 Jahren erfahren haben. Das moderne Europa, so die Arbeitshypothese, hebt sich umwelthistorisch von früheren Epochen in dreierlei Hinsicht ab: Erstens erreichten die menschlichen Eingriffe in die Naturverhältnisse eine bislang unbekannte Dimension und Tiefe, und diese Eingriffe hatten weitreichende, teilweise nicht intendierte Folgen für Gesellschaften und Umwelten in Europa, aber auch weltweit. Dieser Wandel war gerichtet. Damit ist weder gemeint, dass die historische Entwicklung linear verlief, noch dass sie ein vorgegebenes Ziel ansteuerte. Gerade gegen Fortschrittsideologien, wie sie vielen Theorien der Moderne und der Modernisierung innewohnen, bietet die Beschäftigung mit Umweltgeschichte ein

3 Begriff und Konzept werden in Kap. 1 Sozionaturale Verhältnisse im Wandel entwickelt.

4 Bayly, C. A., Die Geburt der modernen Welt. Eine Globalgeschichte 1780–1914, Frankfurt a.M. 2006.

5 Dipper, C., Moderne. Version: 2.0, in: Docupedia-Zeitgeschichte, http://dx.doi.org/10.14765/zzf.dok.2.1114.v2 (zuletzt eingesehen am 05.05.2021).

vortreffliches Korrektiv. Hingegen waren Prozesse wie Territorialisierung, Industrialisierung oder Urbanisierung durch materielle und kulturelle Veränderungen in den sozionaturalen Verhältnissen geprägt, die nicht reversibel sind. Zweitens war der Wandel der sozionaturalen Verhältnisse von einer intensivierten gesellschaftlichen Beschäftigung mit Natur und von mehrfachen Transformationen in den Naturwahrnehmungen begleitet. In der gesellschaftlichen Verarbeitung dieser Naturwahrnehmungen entstanden spezifisch moderne Ordnungsmuster. Diese Ordnungsmuster prägten wiederum, wie Individuen und gesamte Gesellschaften Natur zum einen wahrnahmen und repräsentierten und zum anderen auf sie einwirkten – und dies solange, bis solche vorherrschenden Muster aus Gründen, die es jeweils historisch zu erklären gilt, an Erklärungskraft verloren und in einem gesellschaftlichen Verständigungsprozess durch neue Sichtweisen abgelöst wurden. Aufklärerische und naturwissenschaftliche Leitideen transformierten hergebrachte Ordnungsmuster und mit ihnen die sozionaturalen Verhältnisse ebenso wie etwa die Konzepte des Naturschutzes und des Umweltschutzes. Drittens schließlich setzte sich der moderne Wandel der sozionaturalen Verhältnisse von der Vorepoche durch eine deutlich erhöhte Geschwindigkeit und die Tendenz ab, den regionalen und nationalen Rahmen zu sprengen und eine globale Wirksamkeit zu entfalten. Daraus ergibt sich die Notwendigkeit, diesen Wandel überregional und transnational zu untersuchen, um ihn in voller historischer Tragweite und Bedeutung erfassen zu können.

Damit ist bereits angesprochen, dass die Darstellung nicht an den geografischen Rändern Europas haltmacht, sondern ein globales Europa in den Blick nimmt. Im Sinne einer Verflechtungsgeschichte wird nicht nur den innereuropäischen Verbindungen und Interaktionen, sondern auch jenen Aufmerksamkeit geschenkt, die europäische mit anderen Weltgegenden in Beziehung setzten. Auf eine fein säuberliche Abgrenzung des Europäischen vom Nichteuropäischen wird verzichtet. Weder könnte eine solche Abgrenzung die zu jeder Zeit vielschichtige Natur der grenzüberschreitenden Verbindungen erfassen, noch würde sie den Dynamiken und Veränderungen, die diese Verbindungen über die Zeit erfuhren, gerecht werden. Und schließlich müsste eine solche Abgrenzung auch in Widerspruch zu den Vorstellungen treten, die sich Zeitgenossen und Zeitgenossinnen von Europa machten. Denn was „man unter Europa verstand und wie man es sich idealerweise vorstellte, war immer Ergebnis einer Verständigung über das ‚Europäische'".[6] Europa und das Europäische sind nicht zeitlose Einheiten, vielmehr unterlagen sie einer andauernden kommunikativen Aushandlung und diskursiven Deutung.

Europa bildet auch keinen einheitlichen Naturraum. Zum einen liegen zwar ausgedehnte Teile Europas in klimatisch gemäßigten Zonen. Im Norden und in den Berggebieten herrschen allerdings arktische und subpolare und im Süden teilweise

6 Berger J., J. Willenberg u. L. Landes, EGO | Europäische Geschichte Online – eine transkulturelle Geschichte Europas im Internet, http://ieg-ego.eu/de/ego/einfuehrung (zuletzt eingesehen am 05.05.2021).

subtropische Bedingungen. Ebenso tritt in Richtung Osten das feuchtkühle atlantische Klima mehr und mehr hinter einem wärmeren und trockeneren kontinentalen Klima zurück. Zum anderen wird Europas Landmasse zwar auf drei Seiten, im Norden, Westen und Süden, durch Wasserflächen begrenzt, gegen Osten geht sie hingegen nahtlos in die asiatische Landmasse über. So bildet Europa mithin den westlichen Ausläufer einer zusammenhängenden eurasischen Kontinentalplatte. Gegen Osten ist nicht nur die politische und kulturelle, sondern auch die naturräumliche Abgrenzung Europas arbiträr. Auch deshalb waren die Ansichten, wo Europa endet und Asien beginnt, historisch umstritten und fluide.

In der Darstellung versuche ich, Vielfalt und Besonderheiten europäischer Naturverhältnisse und deren Wandel über die Zeit zu berücksichtigen, und zwar im Hinblick darauf, wie sie im Zusammenspiel mit gesellschaftlichen Faktoren europäische Umwelten prägten. Meine thematischen Erkundungen gehen jedoch nicht von den Naturverhältnissen aus, sondern nehmen den Wandel der sozionaturalen Verhältnisse von der gesellschaftlichen Seite her in Angriff. Sie sind daher weder nach Klima- noch nach Vegetationszonen unterteilt und auch nicht nach Ökosystemen oder entlang unterschiedlicher Spezies. Vielmehr unterziehen sie gesellschaftshistorische Gegenstände wie den Imperialismus oder die Jahrzehnte des Wirtschaftswunders nach 1945 einer umwelthistorischen Analyse. Durch diese Perspektivierung möchte ich nicht nur andere und ungewohnte Einsichten zu bekannten Themen gewinnen, sondern auch deren allgemeine Interpretation beeinflussen und verschieben.

Während die Umweltgeschichte in Europa in den letzten Jahrzehnten einen enormen Aufschwung erlebt hat, steckt die Umweltgeschichtsschreibung zu Europa noch in den Kinderschuhen. So veranstaltete die European Society for Environmental History ESEH seit 2001 alle zwei Jahre europäische Konferenzen, die zuletzt mehrere hundert Vortragende anzogen. Diese Konferenzen machten die große Dynamik und die wachsende Menge und Vielfalt umwelthistorischer Forschung in Europa sichtbar und beförderten den Austausch unter Umwelthistorikerinnen und -historikern über die Landes- und Sprachgrenzen hinweg.[7] Gleichwohl mangelt es bislang an Darstellungen der Umweltgeschichte Europas.[8] Meine eigenen

7 European Society for Environmental History ESEH, Past Conferences, http://eseh.org/event/events-archive/ (zuletzt eingesehen am 05.05.2021). Nach Regionen geordnete Forschungsüberblicke zu Europa geben Kalb, M., Moving Beyond the Nation State? Reflections on European Environmental History, in: Global Environment 6 (2013), S. 130–165 und Hughes, J. D., What is Environmental History?, Malden 2016. Zudem lohnt sich die Durchsicht des viermal jährlich erscheinenden ESEH Notepads, das seit 2016 eine Rubrik führt, in der jüngere nicht-englischsprachige umwelthistorische Publikationen aus jeweils einer europäischen Region vorgestellt werden. European Society for Environmental History ESEH, Notepad, http://eseh.org/resources/notepad-newsletter/ (zuletzt eingesehen am 05.05.2021).

8 An Frank Uekötters Befund von 2009 hat sich wenig geändert: Uekötter, F., Gibt es eine europäische Geschichte der Umwelt? Bemerkungen zu einer überfälligen Debatte, in: Themenportal Europäische Geschichte, http://www.europa.clio-online.de/2009/Article=374 (2009, zuletzt eingesehen am 05.05.2021). Die bereits etwas angejahrten Gesamtdarstellungen Delort, R. u. F. Walter, Histoire de

Darlegungen in den folgenden Kapiteln basieren daher weitgehend auf räumlich und/oder thematisch eingeschränkten Fachstudien. Dass Zentral- und Nordwesteuropa dabei mehr Platz bekommen als Süd- und Osteuropa, liegt zum einen in meinem Vorwissen und meinen Sprachkenntnissen begründet. Zum anderen hat sich die Umweltgeschichte als historische Disziplin in Zentral- und Nordwesteuropa früher und stärker ausgebildet als in anderen europäischen Regionen, sodass sich die Darstellung auf einen breiteren Forschungsstand beziehen kann. Eine verstärkte Einbeziehung der vernachlässigten Gegenden ist sehr wünschenswert, und ich hoffe, dass meine vorliegende Darstellung dazu sowohl Anreize und Anknüpfungspunkte als auch Diskussionsstoff und Reibungsflächen bietet.

Die folgenden Ausführungen gliedern sich in zwei Hauptteile. Die drei Kapitel in Teil II diskutieren wichtige Begriffe und Konzepte. Kapitel 1 führt in das Arbeitsfeld der Umweltgeschichte ein und entwickelt das Konzept der sozionaturalen Verhältnisse. Zudem diskutiert es die zentralen Begriffe Natur, Umwelt, Kultur und Gesellschaft, wie diese in der Umweltgeschichte gehandhabt und in welche Beziehung zueinander sie gebracht werden. Das 2. Kapitel widmet sich der zeitlichen Dimension in der Umweltgeschichte. Es diskutiert, in welchen Zeiträumen sich die sozionaturalen Verhältnisse veränderten und wie umwelthistorische Epochen und Zäsuren zu solchen der allgemeinen Geschichte stehen. Konzepte wie das Solare und Fossile Zeitalter, das Anthropozän, die Ära der Ökologie und die Nachhaltigkeit kommen zur Sprache. Das diesen Teil abschließende 3. Kapitel thematisiert, welche Rolle der räumlichen Dimension in der Umweltgeschichte zukommt. Es erörtert die Verwendung der Begriffe Raum, Ort, Landschaft und Territorium und das Verhältnis von Raum und Zeit und plädiert dafür, umwelthistorische Untersuchungen auf multiplen Raumskalen anzulegen.

Die neun Kapitel des Teils III konkretisieren diese konzeptionellen Überlegungen anhand ausgewählter Themenfelder und Untersuchungsgegenstände aus der Umweltgeschichte des modernen Europa. Jedes Kapitel führt in ein zentrales Untersuchungsfeld der Umweltgeschichte ein. Die Kapitel sind thematisch angelegt, sie sind aber so angeordnet, dass sich der zeitliche Schwerpunkt der Darstellung

l'environnement européen, Paris 2010[2] (zuerst 2001 erschienen) und Whited, T. L. u.a., Northern Europe. An Environmental History, Santa Barbara 2005 (auf das nördliche Europa beschränkt) vermitteln einen Einblick in die umwelthistorischen Entwicklungen Europas, bleiben aber insgesamt im Deskriptiven stehen. Einen Überblick auf engstem Raum liefert Niels Freytag auf EGO: Freytag, N., Natur und Umwelt, in: Europäische Geschichte Online, http://www.ieg-ego.eu/freytagn-2016-de (zuletzt eingesehen am 05.05.2021). Das von McNeill und Mauldin herausgegebene Handbuch zur globalen Umweltgeschichte enthält (bezeichnenderweise) keinen Beitrag zu Europa (McNeill, J. R. u. E. S. Mauldin (Hg.), A Companion to Global Environmental History, Chichester 2012). Von den globalen Darstellungen zur Umweltgeschichte sind insbesondere Radkau, J., Natur und Macht. Eine Weltgeschichte der Umwelt, München 2002[2] und McNeill, J. R., Blue Planet. Die Geschichte der Umwelt im 20. Jahrhundert, Frankfurt a.M. 2003 zur Lektüre empfohlen. Siehe zudem Uekötter, F., Im Strudel. Eine Umweltgeschichte der modernen Welt, Frankfurt a.M. 2020 und Headrick, D. R., Humans versus Nature. A Global Environmental History, Oxford 2020, die für diesen Band keine Berücksichtigung mehr finden konnten.

allmählich von der zweiten Hälfte des 18. in die zweite Hälfte des 20. Jahrhunderts verschiebt und damit auch eine zeitliche Entwicklung nachvollziehbar wird. Jedes Kapitel ist aber in sich geschlossen und kann daher auch einzeln gelesen werden. Kapitel 4, das Eingangskapitel zu diesem Teil, thematisiert, wie die gesellschaftliche Umgestaltung der Natur seit 1750 bis dahin unbekannte Ausmaße anzunehmen begann und welche sozionaturalen Dynamiken mit diesen Umgestaltungen einhergingen: Dynamiken, die die europäischen Gesellschaften und Umwelten bis heute und in die Zukunft hinein zutiefst prägen. Dasselbe gilt für Klimawandel und Naturkatastrophen, deren Umweltgeschichte in Kapitel 5 zur Darstellung kommt. Es legt dar, dass nicht nur die Auswirkungen klimatischer Ereignisse und Prozesse auf Umwelt und Gesellschaft umwelthistorisch interessieren, sondern zunehmend auch, wie Gesellschaften diese wahrnahmen und verarbeiteten. Das folgende Kapitel 6 schildert den epochemachenden Prozess der Industrialisierung. Es argumentiert, dass die Industrielle Revolution nicht nur die soziopolitischen und sozioökonomischen, sondern auch die sozionaturalen Verhältnisse in Europa und darüber hinaus umkrempelte. Kapitel 7 widmet sich der Schwester der Industrialisierung, der Urbanisierung. Es zeigt auf, wie sich in deren Verlauf neben den städtischen Umwelten auch jene des städtischen Umlands veränderten und wie sich der städtische Zugriff auf Natur teilweise bis in ferne Gebiete auswirkte. Das 8. Kapitel erörtert den europäischen Imperialismus und greift damit zwangsläufig weit über das geografische Europa aus. Seine doppelte Fragestellung lautet, wie sich einerseits der europäische Imperialismus weltweit auf die Umwelt auswirkte und wie andererseits Umweltbedingungen diesen Imperialismus prägten. Kapitel 9 rückt den Naturschutz ins Zentrum der Betrachtung. Es erkundet, wie sich dieser Anfang des 20. Jahrhunderts organisierte, wie er die zeitgenössischen Ansichten zu Natur und Umwelt erneuerte und welche Errungenschaften, aber auch Unzulänglichkeiten ihn auszeichneten. Das 10. Kapitel wendet sich der Umweltpolitik zu. Es diskutiert an Beispielen aus der Zwischenkriegszeit, unter anderem Faschismus, Nationalsozialismus und Stalinismus, wie stark politische Regime die Sicht auf die Umwelt, den gesellschaftlich Umgang mit ihr und letztlich die Umwelt selbst prägten. Im Zentrum des folgenden 11. Kapitels steht die von der Umweltgeschichte vorgenommene Neuinterpretation der Jahrzehnte nach dem Zweiten Weltkrieg. Es diskutiert und befragt die zentralen umwelthistorischen Interpretationsfiguren des „1950er Syndroms" und der „Großen Beschleunigung". Das den III. Teil abschließende 12. Kapitel behandelt die sogenannte ökologische Revolution der Jahre um 1970. Es fragt sowohl nach den Ursachen dieser Revolution als auch nach ihrem Verlauf und ihren längerfristigen Auswirkungen bezüglich Umwelt und Gesellschaft.

Die Behandlung der Themen ist ebenso wenig abschließend wie deren Auswahl. Das Bestreben zielt vielmehr dahin, die ausgewählten Themenfelder umwelthistorisch so aufzubereiten, dass sie eine informierte Grundlage zur Diskussion bieten, zum Nachdenken anstiften sowie zum Weiterlesen und -forschen anregen. Ganz in diesem Sinne schließt der Band in Teil IV mit einer Coda zur Bedeutung der Umweltgeschichte für die Geschichte des modernen Europa.

II. Zentrale Begriffe und Konzepte

1. Sozionaturale Verhältnisse im Wandel

Umweltgeschichte untersucht den Wandel sozionaturaler Verhältnisse. Sie fragt, wie in der Vergangenheit gesellschaftliche mit ökologischen Prozessen interagierten und wie sich Menschen zum Rest der Natur ins Verhältnis setzten. Wie ist dies zu verstehen? Mit der Wortschöpfung „sozionatural" wird festgehalten, dass das Soziale und das Naturale nicht voneinander zu scheiden sind, aber auch nicht ineinanderfallen und daher Interaktionen zwischen gesellschaftlichen und ökologischen Prozessen beobachtet und interpretiert werden können. Mit der Einfügung des unscheinbaren Wortes „Rest" wird ein Hinweis in dieselbe Richtung gesetzt.[1] Die gewählte Formulierung impliziert, dass die Beziehungen zwischen Mensch und Natur dialektisch zu fassen sind: Menschen müssen zugleich als Teil der Natur und als von der Natur geschieden verstanden werden. Als biologische Wesen sind sie Bestandteil der Natur, als kulturelle und soziale Wesen heben sie sich von ihr ab. Darin ist die Dialektik der Einheit von Natur und Kultur bei einer gleichzeitigen Unterscheidung zwischen Natur und Kultur begründet.

In diesem einleitenden konzeptuellen Kapitel geht es um die Frage, welche spezifischen Perspektiven die Umweltgeschichte auf die Geschichte eröffnet. Bereits klar geworden sein dürfte, dass sich die Umweltgeschichte über den Einbezug von Natur in die historische Untersuchung charakterisiert und dass die Wechselwirkungen zwischen Umwelt und Gesellschaft in der Vergangenheit sowie deren historischer Wandel im Zentrum des fachlichen Interesses stehen. Ebenso dürfte deutlich geworden sein, dass der Einbezug von Natur in die historische Untersuchung komplexe erkenntnistheoretische Fragen aufwirft. Für eine theoretisch und methodisch reflektierte umwelthistorische Beschäftigung ist es unerlässlich, sich mit

1 In die Umweltgeschichte eingeführt wurde diese Formulierung von Beinart, W. u. P. Coates, Environment and History. The Taming of Nature in the USA and South Africa, London 1995, S. 1. In jüngerer Zeit haben sie u. a. Winiwarter, V. u. M. Knoll, Umweltgeschichte. Eine Einführung, Köln 2007 und John R. McNeill in seinen einführenden Texten aufgegriffen, u. a. McNeill, J. R., Environmental History, in: U. Rublack (Hg.), A Concise Companion to History, Oxford 2011, S. 299–315.

diesen grundsätzlichen Problemstellungen auseinanderzusetzen. Umwelthistoriker und -historikerinnen haben dies in den letzten Jahrzehnten denn auch ausführlich getan und das Fach auf eine solide theoretische und methodische Grundlage gestellt.[2]

Diese Grundlage soll im Folgenden systematisch diskutiert werden. In einem ersten Schritt wird es darum gehen, sich über zentrale Konzepte und Begrifflichkeiten Klarheit zu verschaffen. Dazu gehören insbesondere Natur, Umwelt, Kultur und Gesellschaft. Darauf aufbauend wenden sich die folgenden Abschnitte der umwelthistorischen Modellierung von Interaktionen zwischen Natur und Kultur sowie den umwelthistorischen Zugängen zu und erörtern, welche Qualitäten der Natur in der Umweltgeschichte zugeschrieben werden, unter anderem wie wandlungsfähig, eigendynamisch und handlungsmächtig Natur zu konzipieren ist. Im abschließenden Teil folgen einige Anmerkungen zur methodischen Vielfalt des Faches, die wesentlich auch seiner hohen Interdisziplinarität geschuldet ist. Zeitliche und räumliche Aspekte, die sich mit einer so verstandenen Umweltgeschichte auftun, werden in den beiden folgenden Kapiteln erörtert.

Zentrale Begrifflichkeiten

Die Dialektik der Natur ist ein komplexes Gedankengebäude und dazu angetan, philosophisch weniger geübte Geister zu verwirren; und damit wohl die große Mehrheit. Dies umso mehr, als sich diese Dialektik sowohl materialistisch als auch idealistisch entwickeln lässt. So kann schlüssig argumentiert werden, dass sich die Einheit von Natur und Kultur im menschlichen Körper manifestiert. Ebenso lässt sich aber die Trennung zwischen Natur und Kultur oder auch dem Biologischen und Gesellschaftlichen im menschlichen Körper lokalisieren, etwa als biologisches und soziales Geschlecht, als *sex* and *gender*, wobei diese Trennung wiederum hinterfragt worden ist. Im Körper und mit ihm lassen sich Einheit und Unterschied von Natur und Kultur mitunter materiell begründen. Auch sind Menschen für ihr biologisches Überleben zweifellos von der Natur abhängig, sowohl individuell als auch kollektiv im Rahmen sozialer Gemeinschaften. Die basalen Grundlagen menschlichen Lebens ebenso wie die Ausgangsstoffe jeder materiellen Produktion entstanden und entstehen in Naturprozessen. Mit dem Studium dieser Naturprozesse und ihrer evolutiven Veränderungen über sehr ausgedehnte, sich teilweise über Jahrmillionen erstreckende Zeiträume, aber auch in kürzeren und gegenwartsnahen Zeitspannen, beschäftigt sich die Naturgeschichte, die in den Naturwissenschaften eine lange, zumindest bis ins 18. Jahrhundert zurückreichende Tradition hat und heute in mehreren Disziplinen weitergeführt wird, etwa in der Geologie, der Biologie und

2 Einen guten Überblick bietet Isenberg, A. C., Introduction. A New Environmental History, in: Ders. (Hg.), The Oxford Handbook of Environmental History, New York 2014, S. 1–20.

der Ökologie.[3] Welche Bedeutung diesen Naturprozessen in der von Menschen mitgestalteten Geschichte, der sozionaturalen Geschichte, zukam, damit beschäftigt sich die Umweltgeschichte.[4]

Natur ist, so kann aus dem Gesagten geschlossen werden, eine essenzielle Größe einer jeden menschlichen Gemeinschaft. Zugleich ist Natur aber sozial konstruiert. Was unter Natur zu verstehen ist und wie Natur zu verstehen ist, ist eine kulturelle Frage. Ebenso ist die Unterscheidung in Natur und Kultur eine kulturelle, welche gesellschaftlich ausgehandelt, validiert und tradiert wird. Wie diese Unterscheidung getroffen wird, variiert von Kultur zu Kultur und wandelt sich zudem über die Zeit. Jede Form dieser Unterscheidung ist folglich kulturell und historisch spezifisch. Davon ist auch jene Variante nicht ausgeschlossen, die sich in modernen westlichen Gesellschaften entwickelte, die stark auf wissenschaftliches Wissen rekurriert und zumeist klar zwischen Natur und Kultur trennt. Dieses spezifisch moderne Natur-Kultur-Verständnis hat seinerseits die Wissenschaften geprägt und zu ihrer Spaltung in naturwissenschaftliche und kulturwissenschaftliche Disziplinen geführt, eine Spaltung, die bis heute fortwirkt.[5] Die Spezifität und Relativität der jeweiligen oder auch der eigenen Kultur-Natur-Unterscheidung lassen sich zum einen im synchronen interkulturellen Vergleich erfassen, wie er insbesondere von der Ethnologie betrieben wird.[6] Zum anderen zeigen sich die Variabilität und zusätzlich die Wandelbarkeit in der diachron angelegten historischen Analyse, wozu wiederum die Umweltgeschichte berufen ist.

Wie ist in den Geschichtswissenschaften mit den Begriffen Natur und Umwelt umzugehen? Hierfür ist es nützlich, sich kurz mit der Begriffsgeschichte zu befassen. Von den beiden Begriffen ist der Naturbegriff der deutlich ältere. Er taucht bereits im alten Griechenland auf, unter anderem, aber nicht erst in den Schriften von Platon und Aristoteles. Mit Rückbezügen auf die antike Philosophie wird er im europäischen Mittelalter und der europäischen Neuzeit weitergedacht. Angesichts der Vielfalt der Bedeutungen, welche der Begriff Natur über die Jahrhunderte ansammelte, schlug der Philosoph Rudolf zur Lippe vor, den Begriff am besten

3 Siehe Worster, D., Nature's Economy. A History of Ecological Ideas, Cambridge 1985; Trepl, L., Geschichte der Ökologie. Vom 17. Jahrhundert bis zur Gegenwart, Frankfurt a.M. 1987; Bowler, P. J., Viewegs Geschichte der Umweltwissenschaften. Ein Bild der Naturgeschichte unserer Erde, Braunschweig 1997.

4 Teilweise wird auch das Feld der Naturgeschichte für die Umweltgeschichte reklamiert (etwa bei Worster, D., Appendix: Doing Environmental History, in: Ders. (Hg.), The Ends of the Earth. Perspectives on Modern Environmental History, Cambridge 1988, S. 289–308 und Siemann, W. u. N. Freytag, Umwelt – eine geschichtswissenschaftliche Grundkategorie, in: W. Siemann (Hg.), Umweltgeschichte. Themen und Perspektiven, München 2003, S. 7–20). Dies scheint mir nicht sinnvoll, wenn auch die naturgeschichtliche Forschung für die Umweltgeschichte in zweierlei Hinsicht bedeutsam ist: als Quelle zum einen für die Rekonstruktion vergangener Naturzustände und deren Wandel und zum anderen für eine Wissensgeschichte von Natur und Umwelt.

5 Klassisch Snow, C. P., Die zwei Kulturen. Literarische und naturwissenschaftliche Intelligenz, Stuttgart 1967 (1959).

6 Hierzu empfehlenswert Descola, P., Jenseits von Natur und Kultur, Berlin 2011.

gleich zu stornieren: Er sei ein „Sack für unverarbeitete Geschichte". Des Philosophen Leid ist des Historikers Freud, eröffnet ihm ein solcher Sack doch ein reiches Betätigungsfeld.[7]

Der Begriff Umwelt verbreitet sich erst in der Moderne. Das deutsche „Umwelt" wie auch das englische „Environment" finden sich im 19. Jahrhundert sporadisch und vorwiegend in literarischen Texten, im 20. Jahrhundert dann auch zunehmend in wissenschaftlichen Abhandlungen. Seine herausragende gesellschaftliche Bedeutung gewinnt der Umweltbegriff jedoch erst um 1970. Erst in dieser Zeit findet er Eingang in die Alltagssprache und steigt zugleich im Kontext einer global geführten Umweltschutzdebatte zum politischen Leitbegriff auf. Auch das vorrangig ökologische Verständnis von Umwelt (als natürliche Umwelt) ergibt sich erst im Zuge dieser Begriffsverbreitung.[8] Tauchen die Begriffe Natur und Umwelt in historischen Dokumenten auf, so gilt es, wie bei allen Quellenbegriffen, deren zeitgenössischen Bedeutungen in der Quelleninterpretation zu berücksichtigen. Bei der eigenen Verwendung der Begriffe als beschreibende oder analytische Begriffe sollte man sich der wandelnden Bedeutung der Begriffe bewusst sein, was auch bedeutet, dass die eigene Verwendung von jener der untersuchten Texte und Akteure abweicht oder, in Bezug auf die Umwelt, dieser Begriff den Akteuren selbst allenfalls nicht zur Verfügung stand.

Wenn wir uns nun den heute gängigen Begriffsbedeutungen von Natur und Umwelt zuwenden, ist Umwelt der enger gefasste Begriff. Im Gegensatz zu Natur ist Umwelt an den Menschen gebunden. Der Begriff Umwelt macht nur in Kombination mit dem Begriff Gesellschaft Sinn. So gilt nicht nur: ohne Umwelt keine Gesellschaft, sondern ebenso: ohne Gesellschaft keine Umwelt. Natur hingegen lässt sich ohne weiteres ohne Mensch oder Gesellschaft denken. Daraus folgt weiter auch, dass Umweltprobleme zwangsläufig immer Gesellschaftsprobleme sind, während der Begriff Naturprobleme keinen Sinn ergibt. Auch die Bewertung von Umweltproblemen oder der Umweltqualität ist letztlich stets eine gesellschaftliche. Ob ein Geräusch als wohlklingende Musik oder als störender Lärm empfunden und ob es als künstlich oder natürlich wertgeschätzt oder abgewertet wird, hängt von gesellschaftlichen Prägungen ab, die durchaus individuell oder sozial ausdifferenziert sein können und sich mit der Zeit verändern. In den Diskussionen, ob Natur und Umwelt anthropozentrisch zu konzipieren seien oder dies nicht vielmehr bereits der

7 Zit. nach Radkau, J., Natur und Macht. Eine Weltgeschichte der Umwelt, München 2002^2, S. 39. Zur Begriffs- und Ideengeschichte von Natur siehe Glacken, C. J., Traces on the Rhodian Shore. Nature and Culture in Western Thought from Ancient Times to the End of the Eighteenth Century, Berkeley 1967; Coates, P., Nature. Western Attitudes Since Ancient Times, Berkeley 1998; Schipperes, H., Natur, in: O. Brunner, W. Conze u. R. Koselleck (Hg.), Geschichtliche Grundbegriffe. Historisches Lexikon zur politisch-sozialen Sprache in Deutschland, Stuttgart 2004, S. 215–244.

8 Dies wird im Kap. 12 zum Umweltschutz näher ausgeführt. Zur Begriffs- und Ideengeschichte von Umwelt siehe Toepfer, G., Historisches Wörterbuch der Biologie. Geschichte und Theorie der biologischen Grundbegriffe, Bd. 3: Parasitismus – Zweckmäßigkeit, Stuttgart 2011, S. 566–607; Warde, P., L. Robin u. S. Sörlin, The Environment. A History of an Idea, Baltimore 2018.

erste Schritt in die falsche Richtung sei und es eine Dezentrierung des Menschen brauche, eine biozentrierte Sicht auf die Welt, wird oft vergessen, dass unsere sinnlichen Wahrnehmungen von Natur letztlich unhintergehbar sind und wir es sind, die unsere Umwelt schaffen. Umweltschutz bedarf daher stets einer gesellschaftlichen Begründung. Für die geschichtliche Betrachtung ist anzufügen, dass die historische Analyse immer an menschliche Kognition gebunden ist. Dies gilt für die Auswertung klassischer historischer (Text-)Quellen ebenso wie für die Rekonstruktion vergangener Umwelten etwa mithilfe naturwissenschaftlicher Methoden.

Neben der umfassenden Variante wird der Naturbegriff auch in einer engeren Variante verwendet, welche gerade den Menschen und mit ihm zumeist die Umwelt ganz oder größtenteils ausschließt. So bemühen sich die Naturwissenschaften, sofern sie nicht explizit umweltwissenschaftliche Fragestellungen verfolgen, den Einfluss des Menschen grundsätzlich aus ihren Untersuchungen herauszuhalten. Der Naturschutz wiederum konzentrierte sich lange auf jene Teile der Natur, die vom Menschen nicht oder kaum beeinflusst waren (oder in den Augen der jeweiligen Akteure diese Qualität aufzuweisen schienen). Insbesondere im US-amerikanischen Raum wurden diese als Wildnis *(wilderness)* angesprochen, während sich im deutschen Sprachraum dafür häufig auch Bezeichnungen wie ursprüngliche, wilde oder echte Natur oder Urnatur finden. Der Ausschluss des Menschen ist in beiden Fällen programmatisch angelegt, aber nicht vollständig, da die Erforschung und der Schutz der menschenfreien Natur nicht oder nicht nur als Selbstzweck gesehen wird, sondern letztlich den lebenden Menschen und späteren Generationen zugute kommen soll.[9] Im Schutzdiskurs verkehrt sich mitunter das Verhältnis von Natur und Umwelt insofern, als Naturschutz als Teil eines umfassenderen Umweltschutzes verstanden wird.

Beim Kulturbegriff finden wir ebenfalls und in ähnlicher Weise wie beim Naturbegriff zwei Hauptverwendungen: eine weite, allumfassende und eine enge, auf gewisse Ausdrucksformen eingeschränkte. Dies begünstigt die spiegelbildliche Verwendung des Begriffspaars Natur und Kultur.[10] Zudem wird der Kulturbegriff in der weiten Verwendung geläufig in Abgrenzung zu Natur definiert, etwa als „die vom Menschen durch die Bearbeitung der Natur mithilfe von planmäßigen Techniken selbst geschaffene Welt der geistigen Güter, materiellen Kunstprodukte und sozialen Einrichtungen".[11]

---

9 Siehe Kirchhoff, T. u. L. Trepl (Hg.), Vieldeutige Natur: Landschaft, Wildnis und Ökosystem als kulturgeschichtliche Phänomene, Bielefeld 2009; Kupper, P., Wildnis schaffen. Eine transnationale Geschichte des Schweizerischen Nationalparks, Bern 2012. Entstehung und Entwicklung des Naturschutzes werden in Kap. 9 behandelt.

10 Sprachlich hinderlich ist zuweilen, dass das Deutsche im Gegensatz etwa zum Englischen für Natur keinen Plural kennt.

11 Nünning, A., Vielfalt der Kulturbegriffe, in: Bundeszentrale für politische Bildung (Hg.), Dossier „Kulturelle Bildung", Bonn 2009.

Interaktionen

Wie lassen sich die Interaktionen zwischen Natur und Kultur theoretisch fassen? Diesbezüglich sind die modellhaften Überlegungen interessant, wie sie in der Wiener Schule der Sozialen Ökologie entwickelt und von Verena Winiwarter für die Umweltgeschichte (re-)adaptiert wurden.[12] Hier lege ich sie in einer leicht angepassten Variante dar (vgl. Abb. 1). Natur und Kultur werden als zwei eigenständige Felder vorgestellt, die eine Schnittmenge bilden, in der sich die Menschen und ihre Artefakte befinden. Menschen wirken zum einen auf die Natur ein, indem sie physische Arbeit an ihr verrichten. Je nach Werkzeugen, Technologien und sozialer Organisation, die sie entwickelt haben und anwenden, hinterlässt ihre Arbeit feinere oder tiefere Spuren in der Natur. Zum anderen nehmen Menschen über ihre Sinnesorgane Natur wahr. Sie sehen, hören, riechen, schmecken und spüren Natur, wobei auch hier technische Hilfsmittel eine bedeutende Rolle spielen. Jene Natur, die Menschen physisch bearbeiten und sinnlich wahrnehmen, verwandeln sie in ihre Umwelt. Die sinnlichen Wahrnehmungen können an andere Menschen weitergegeben werden. Sie können aber auch direkt in die eigene Arbeit einfließen. In diesem Fall spricht man von *tacit knowledge*, implizitem Wissen, das von Akteuren nicht verbalisiert wird. Unter Umständen sind sie auch gar nicht fähig, dieses Wissen weiterzugeben. In diesem Fall schließt sich der Kreis von Arbeit und Wahrnehmung. In jenen Fällen, in denen die Wahrnehmung weitergegeben wird, sei es über Worte, Gesten oder Symbole, findet eine Repräsentation der Wahrnehmung statt. Mit ihrer Kommunikation wird die Wahrnehmung zugleich gesellschaftlich relevant und kann im kulturellen System zu Programmen weiterverarbeitet werden. Solche Programme können dann für Individuen, einzelne soziale Gruppen oder ganze Gesellschaften handlungsleitend werden. Sie werden damit auch gesellschaftsbildend und können zudem auf die Formen einwirken, in denen zum einen Arbeit an Umwelt und Natur vorgenommen und zum anderen Umwelt und Natur wahrgenommen wird. Neue Programme können aber auch direkt zu neuen Repräsentationen führen oder ältere Repräsentationen in neuem Licht erscheinen lassen.

Der Soziologe Niklas Luhmann hat in seinen system- und kommunikationstheoretischen Überlegungen gerade den Austausch zwischen Umwelt und Gesellschaft problematisiert, wobei er Gesellschaft als „das umfassende soziale System aller aufeinander Bezug nehmenden Kommunikationen" versteht. „Der Zusammenhang von System und Umwelt wird [...] dadurch hergestellt, dass das System seine Selbstreproduktion durch intern zirkuläre Strukturen gegen die Umwelt abschließt und nur ausnahmsweise, nur auf anderen Realitätsebenen, durch Faktoren der Umwelt

12 Winiwarter u. Knoll, Umweltgeschichte, S. 117–131. (Re-)adaptiert deshalb, weil das sozioökologische Modell unter maßgeblichem Einfluss des Umwelthistorikers Rolf Peter Sieferle entwickelt wurde. Siehe Fischer-Kowalski, M. u. K.-H. Erb, Core Concepts and Heuristics, in: H. Haberl u. a. (Hg.), Social Ecology. Society-Nature Relations across Time and Space, Cham 2016, S. 29–62.

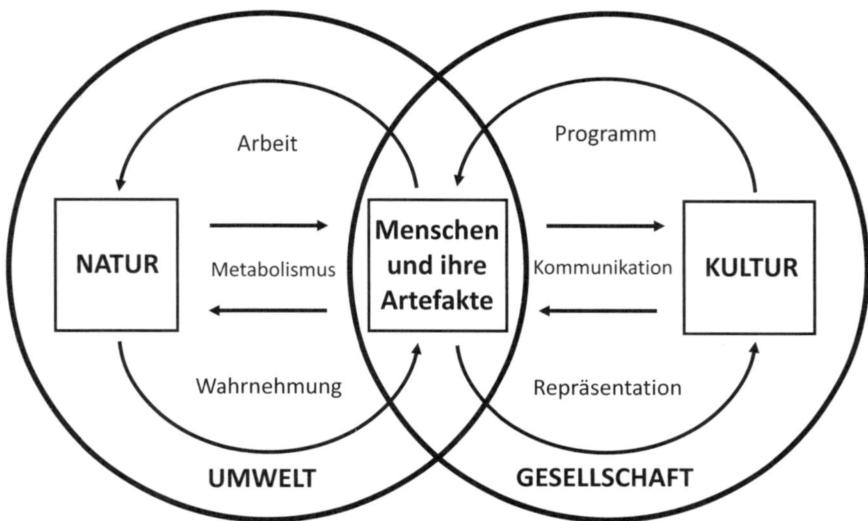

Abb. 1 Interaktionen zwischen Menschen, Natur und Kultur.
Quelle: Modifiziert nach Weisz, H., Gesellschaft-Natur Koevolution. Bedingungen der Möglichkeit nachhaltiger Entwicklung, Diss. Humboldt-Universität zu Berlin 2002, S. 41.

irritiert, aufgeschaukelt, in Schwingung versetzt werden kann."[13] Ins Schema übertragen kann man mit Luhmann festhalten, dass sich Gesellschaften über Repräsentationen und Programme kulturell reproduzieren. Auch gravierende Veränderungen in Natur und Umwelt lösen nicht automatisch gesellschaftliche Reaktionen aus. Hierfür müssen sie erst gesellschaftlich repräsentiert und in gesellschaftlich wirksame Programme übersetzt werden. In Luhmanns prägnanter Formulierung: „Es mögen Fische sterben oder Menschen, das Baden in Seen oder Flüssen mag Krankheiten erzeugen, es mag kein Öl mehr aus den Pumpen kommen und die Durchschnittstemperaturen mögen sinken oder steigen: solange darüber nicht kommuniziert wird, hat dies keine gesellschaftlichen Auswirkungen."[14] Andererseits kann sich der gesellschaftliche Umgang mit Umwelt vergleichsweise rasch ändern, wenn sich die gesellschaftliche Kommunikation zur Umweltthematik intensiviert. Wir können gar einen Schritt weitergehen und aufgrund dieser theoretischen Überlegungen erwarten, dass die gesellschaftlichen Repräsentationen und Programme sich nicht kontinuierlich an die Veränderungen in der Umwelt anpassen, sondern diskon-

13 Luhmann, N., Ökologische Kommunikation. Kann die moderne Gesellschaft sich auf ökologische Gefährdungen einstellen?, Opladen 1986, S. 40.

14 Luhmann, Ökologische Kommunikation, S. 63.

tinuierlich, in Phasen intensivierter gesellschaftlicher Kommunikation, größere Veränderungen erfahren.[15]

Materialistischer und kulturalistischer Zugang

Wir können zwei grundsätzliche Zugänge der Umweltgeschichte unterscheiden: einen materialistischen und einen kulturalistischen. Beim materialistischen Zugang steht die Rekonstruktion vergangener Umweltbedingungen und materieller Interaktionen zwischen Gesellschaften und Umwelt im Zentrum. Die Gesamtheit dieser Interaktionen wird im Anschluss an Karl Marx auch als gesellschaftlicher Stoffwechsel oder sozialer Metabolismus bezeichnet.[16] Dessen Form, Umfang und Wandel wird etwa mittels Stoffflussanalysen zu rekonstruieren gesucht. Der Energieumsatz einer Gesellschaft kann als generalisierte Messgröße dienen, da sämtliche Stoffumwandlungen Energie benötigen oder freisetzen: von der Photosynthese der Pflanzen über die Nahrungsverwertung in tierischen und menschlichen Körpern bis zur Produktion von Wärme und mechanischer Bewegung in Arbeitsprozessen. Über den Stoffwechsel und den Energieverbrauch können gesellschaftliche Umweltnutzungen und -beeinträchtigungen beschrieben und in ihrem Wandel analysiert werden, wobei selbstverständlich nicht nur der materielle Umfang, sondern auch die spezifische Materialität in den Blick genommen wird.[17] So kann beispielsweise rekonstruiert werden, wie viel Wald in einem Gebiet gerodet wurde, aber auch wie viel Wald wieder nachwuchs (was in früheren Studien oft nicht oder zu wenig beachtet worden war). Da Wald nicht gleich Wald ist, wird zudem dem Wandel des Waldes nachgegangen, ob es sich um einen Nieder-, Mittel- oder Hochwald handelte, welche Arten diese Wälder beherbergten, wie die Nutzungen aussahen und etwa auch wie sich die Preise für Bau- und Brennholz und andere Waldprodukte veränderten. Untersuchungen dieser Art sind auf bestimmte Räume und meist über größere Zeiträume angelegt. Sie sind auch universalhistorisch in größtmöglicher räumlicher und zeitlicher Ausdehnung durchgeführt worden.[18]

Im kulturalistischen Zugriff interessiert, wie Menschen ihre Umwelt und deren Veränderungen wahrgenommen und bewertet haben und wie sie diese Wahrnehmungen und Bewertungen gesellschaftlich verarbeiteten: in Diskursen, Symbolen

15 Im Kap. 2 Umwelthistorische Zeiten wird diese Erwartung näher begründet sowie in den Kap. 9 und Kap. 12 Naturschutz und Umweltschutz empirisch unterlegt.

16 Krausmann, F. u. M. Fischer-Kowalski, Gesellschaftliche Naturverhältnisse. Globale Transformationen der Energie- und Materialflüsse, in: R. Sieder u. E. Langthaler (Hg.), Globalgeschichte 1800–2010, Wien 2010, S. 39–68, hier S. 39–40. Zum Naturverständnis von Marx siehe Schmidt, A., Der Begriff der Natur in der Lehre von Marx, Hamburg 1993[4].

17 Sieferle, R. P., Rückblick auf die Natur. Eine Geschichte des Menschen und seiner Umwelt, München 1997; Burke, E., The Big Story. Human History, Energy Regimes, and the Environment, in: E. Burke u. K. Pomeranz (Hg.), The Environment and World History, Berkeley 2009, S. 33–53. Siehe auch das Kap. 2 Umwelthistorische Zeiten.

18 Beispielsweise Williams, M., Deforesting the Earth. From Prehistory to Global Crisis, Chicago 2003.

und Handlungen. Während der materialistische Zugang die strukturelle Ebene rekonstruiert und analysiert, rückt der kulturalistische Zugang die menschlichen Akteure und deren Bedeutungszuschreibungen in den Mittelpunkt. Welchen Wert maßen die Zeitgenossen dem Wald zu? Wie beschrieben und deuteten sie ihn? Galt er ihnen als einladend oder als unheimlich, als heilig oder als profan? Wie wandelten sich ihre Ansichten, und existierten zur selben Zeit divergierende Einstellungen, die vielleicht wiederum bestimmten sozialen Gruppen zugeordnet werden können? Zudem interessiert, wie sich politische Institutionen herausbildeten, die den gesellschaftlichen Umgang mit Umwelt regelten, etwa Waldaufseher und Forstregale.[19]

Im Zuge der Etablierung der Umweltgeschichte und deren Konturierung wurden in den 1980er und 1990er Jahren ausführliche Debatten darüber ausgetragen, welcher dieser Zugänge Vorrang haben sollte.[20] Mit der fachlichen Konsolidierung und Festigung sind diese Debatten abgeebbt und haben der Einsicht Platz gemacht, dass es nicht nur Raum für beide Zugänge gibt, sondern dass für eine integrale Umweltgeschichte beide Zugangsweisen vonnöten sind, da sich nur in ihrer Kombination die umwelthistorische Vision einlösen lässt, vergangene Gesellschaften in den Wechselwirkungen mit ihren Umwelten darzustellen. „That vision is inclusive – neither simply idealist nor only materialist, but always necessarily both."[21]

Martin Schmid und Verena Winiwarter haben vorgeschlagen, Umweltgeschichte als „Metamorphose sozionaturaler Schauplätze, als Prozess ihres Wandels", zu untersuchen.[22] Während ich das Attribut sozionatural übernehme, ziehe ich dem Begriff des Schauplatzes den offeneren und weniger metaphorischen Begriff der Verhältnisse vor. Schauplatz mag als räumlicher Begriff für umwelthistorische Untersuchungen passend erscheinen, da diese oft, aber nicht immer, einen expliziten und spezifischen Raumbezug haben.[23] Im üblichen Sprachgebrauch wird der Begriff allerdings als „Schauplatz des Geschehens" und somit als Bühne menschlicher Aktivitäten verwendet, was, wie wir gleich sehen werden, der umwelthistorischen

19 Siehe beispielsweise Hölzl, R., Umkämpfte Wälder. Die Geschichte einer ökologischen Reform in Deutschland 1760–1860, Frankfurt a.M. 2010; Zechner, J., Der deutsche Wald. Eine Ideengeschichte zwischen Poesie und Ideologie: 1800–1945, Darmstadt 2016. Der politische Bereich wird zuweilen auch als ein eigenständiger dritter Zugang zur Umweltgeschichte ausgewiesen. So von John R. McNeill in seinen lesenswerten und einflussreichen Einführungstexten zur Umweltgeschichte, u. a. McNeill, J. R., Observations on the Nature and Culture of Environmental History, in: History and Theory. Studies in the Philosophy of History 42 (2003), S. 5–43 und McNeill, Environmental History.

20 Zu diesen insbesondere in den USA geführten Debatten siehe Isenberg, Introduction.

21 Ebd., S. 14.

22 Schmid, M. u. V. Winiwarter, Umweltgeschichte als Untersuchung sozionaturaler Schauplätze? Ein Versuch, Johannes Colers „Oeconomia" umwelthistorisch zu interpretieren, in: T. Knopf (Hg.), Umweltverhalten in Geschichte und Gegenwart. Vergleichende Ansätze, Tübingen 2008, S. 158–173; Schmid, M., Die Donau als sozionaturaler Schauplatz. Ein konzeptueller Entwurf für umwelthistorische Studien in der Frühen Neuzeit, in: S. Ruppel (Hg.), „Die Natur ist überall bey uns". Mensch und Natur in der Frühen Neuzeit, Zürich 2009, S. 59–79.

23 Siehe das Kap. 3 Umwelthistorische Räume.

Konzeption einer aktiven Natur entgegenläuft. Für die Begrifflichkeit der sozionaturalen Verhältnisse spricht, dass das Wort „Verhältnisse" dialektische Qualität besitzt: Es kann zugleich Beziehungen und Umstände meinen. Zudem können sich Verhältnisse ändern, sie lassen sich aber auch aktiv verändern.[24]

Dynamik und Veränderbarkeit von Natur und Umwelt

In herkömmlichen historischen Darstellungen kommen Natur und Umwelt kaum vor. Wenn sie überhaupt Eingang in die Erzählung finden, dann meist als landschaftliche Kulisse, vor der sich das eigentliche Geschehen abspielt, oder allenfalls als Begleitumstand, der das Handeln der historischen Akteure rahmt. Nur selten üben sie einen bestimmenden Einfluss aus und dann zumeist aufgrund spezifischer Eigenheiten: etwa des morastigen Bodens oder der dichten Vegetation, der Steilheit des Terrains oder der Untiefen des Gewässers. Doch selbst in dieser letzten Variante einer fortgeschrittenen Einbeziehung von Umwelt in die Narration bleibt die Natur passiv. Sie bildet lediglich die Bühne, auf der die Geschichte zur Aufführung gelangt, auf der sich die menschlichen Schicksale ereignen und Staaten oder Zivilisationen entstehen oder untergehen. Dies ist noch die Sichtweise bei Fernand Braudel, dem das Verdienst zukommt, die Umwelt als maßgebenden Faktor in die Geschichtswissenschaften eingeführt zu haben. Den ersten Band seiner dreibändigen Geschichte des Mittelmeers widmet er Betrachtungen zur Umweltgeschichte, die er als *geohistoire* bezeichnet und die für ihn die unterste Schicht, eine *histoire quasi immobile,* bildet, auf der sich die menschlichen und gesellschaftlichen Schicksale entfalten.[25] Sichtweisen auf die Geschichte, welche die Umwelt ausblenden oder nur als quasi unveränderlichen Rahmen menschlicher Aktivitäten wahrnehmen, sind nicht nur auf dem einen Auge blind, sondern sie übersehen gerade einen sehr wesentlichen Aspekt, den es für den Zusammenhang von Umwelt und Gesellschaft und dessen historischen Wandel unbedingt zu beachten gilt: die Dynamik und Veränderbarkeit von Natur und Umwelt.

Die Umweltgeschichte versucht den Wandel von Gesellschaften in der Interaktion mit ökologischen Bedingungen zu begreifen, Bedingungen, die sich selbst fortlaufend ändern, die teilweise periodischen Zyklen, etwa saisonalen oder mehrjährigen Mustern folgen, teilweise in regelhaften bis chaotischen Prozessen unterschiedlichster Geschwindigkeit und Dauer ablaufen, etwa unter dem Einfluss klimatischer Schwankungen. Historische Gesellschaften versuchten nicht nur, sich

24 Vorgeschlagen wurden auch die Begrifflichkeiten „gesellschaftliche Naturverhältnisse" (Becker, E., Soziale Ökologie. Grundzüge einer Wissenschaft von den gesellschaftlichen Naturverhältnissen, Frankfurt a.M. 2006) und „NaturenKulturen" (Gesing, F. u. a. (Hg.), NaturenKulturen. Denkräume und Werkzeuge für neue politische Ökologien, Bielefeld 2019).

25 Braudel, F., Das Mittelmeer und die mediterrane Welt in der Epoche Philipps II., Frankfurt a.M. 1990. In späteren Auflagen des 1946 zum ersten Mal erschienenen Werks wird sich Braudel der auf die Umwelt einwirkenden natürlichen Dynamiken zunehmend bewusst.

diesen wandelnden ökologischen Bedingungen anzupassen, sondern sie auch zu ihren eigenen Gunsten zu beeinflussen. Ihr Augenmerk galt gerade und insbesondere den Dynamiken der Natur, die sie zum einen zu nutzen suchten und vor denen sie sich zum anderen schützen mussten. Für das Fortkommen dieser Gesellschaften war es lebenswichtig, die natürlichen Dynamiken verstehen zu lernen, sie berechenbar und damit auch vorhersehbar zu machen, ihren Auftritt regelhafter und regelmäßiger zu gestalten und die Entfaltung der Dynamiken im eigenen Sinne zu beeinflussen. Dies kann als ein soziales Lernen verstanden werden, das eine fortdauernde Amalgamierung gesellschaftlicher und natürlicher Prozesse mit sich brachte. Das Ziel dieses Lernens, das Gesellschaften mitunter auch erreichten, kann in einer gesellschaftlichen Stabilisierung natürlicher Dynamiken gesehen werden.[26] Da die natürlichen und sozialen Dynamiken fortwirkten, blieben solche sozionaturalen Stabilisierungen stets temporär.

Damit verschiebt sich der historische Blick auf Umwelt und Gesellschaft grundlegend: Wir haben nicht mehr eine bühnenhafte, quasi unveränderliche, passive Natur, sondern eine aktive, dynamische Natur, die historisch zur Umwelt vergesellschaftet wird und die sich im Prozess dieser Vergesellschaftung stabilisiert. Die Stabilisierungen bleiben allerdings prekär. Sowohl gesellschaftliche Umwälzungen als auch natürliche Dynamiken, einzeln oder in ihrem Zusammenkommen, und nicht zuletzt auch Prozesse, die gesellschaftliche Akteure absichtlich oder unabsichtlich durch ihre Interaktionen mit der Natur, in Gang setzen, können die sozionaturalen Verhältnisse, wie sie an einem Ort und zu einer Zeit vorherrschen, destabilisieren. Diesen Befund einer historisch gewachsenen Verwobenheit kultureller und natürlicher Elemente zu akzeptieren hat für die historische Praxis weitreichende Konsequenzen: Nimmt man ihn ernst, so kann es nicht darum gehen, bisherige Darstellungen lediglich um den Aspekt der Umwelt zu ergänzen, ihnen ein Kapitel zur Umweltgeschichte anzufügen. Vielmehr muss in sämtliche Schilderungen eine umwelthistorische Betrachtung eingezogen werden, was zwangsläufig zu einer, zumindest in Teilen, neuen und anderen Erzählung führen wird.[27] Natur und Mensch, Umwelt und Gesellschaft als aktiv und veränderlich zu verstehen und gesellschaftliches Handeln auf gesellschaftliche und natürliche Dynamiken zu beziehen, mit dieser Sichtweise lassen sich unterschiedliche Bereiche einer fruchtbaren umwelthistorischen Interpretation zuführen, von der Herausbildung von Landnutzungssystemen über die Anlage von Siedlungen und Städten bis zur Kolonialgeschichte.[28]

26 Vgl. Küster, H., Schöne Aussichten. Kleine Geschichte der Landschaft, München 2009.

27 Dieser Ansatz ist auch leitend für das Handbuch Isenberg, A. C. (Hg.), The Oxford Handbook of Environmental History, New York 2014.

28 Siehe Teil III und dort insbesondere das Kap. 4 Meliorationen.

Methoden

Je nach Fragestellung und Untersuchungsgegenstand kommen in der Umweltgeschichte unterschiedliche Methoden zur Anwendung. Insbesondere bei den materialistischen Zugängen können diese weit über das klassische historische Methodeninventar hinausgehen und etwa naturwissenschaftliche Methoden wie Dendrochronologie und Phänologie oder Erklärungsansätze aus der Geobotanik oder Evolutionsbiologie einbeziehen. Es werden aber auch quantifizierende Methoden der Wirtschafts- und Sozialwissenschaften genutzt. Umweltgeschichte ist in den Worten John R. McNeills "about as interdisciplinary as intellectual pursuits can get".[29] An der Forschung beteiligen sich nicht nur Historiker, sondern ebenso Ökologinnen, Geografen und Ethnologinnen, um nur einige wenige der zahlreichen substanziell involvierten Disziplinen zu nennen. Die Methodenvielfalt und -kombination ist inzwischen so groß, dass sich hier eine auch nur überblicksartige Darstellung ausschließt.[30] Es kann lediglich festgehalten werden, dass es gilt, sich spezielle Methoden mit der entsprechenden Fachliteratur gezielt anzueignen und so transdisziplinäre Kompetenzen aufzubauen, als auch den interdisziplinären Austausch und die interdisziplinäre Zusammenarbeit zu suchen. Solche Aneignungen und Zusammenarbeiten erfordern zwar einen hohen Arbeits- und Zeiteinsatz, haben sich in der Umweltgeschichte aber als äußerst bereichernd und horizonterweiternd erwiesen. Darüber darf aber der Austausch in den Geschichtswissenschaften selbst nicht vernachlässigt werden: etwa mit der Wirtschafts- und Sozialgeschichte, der Wissenschafts-, Technik- und Medizingeschichte oder der Geschlechter- und Globalgeschichte.[31]

Aufgrund dieser breiten Ausrichtung hat Uwe Lübken die Umweltgeschichte als im positiven Sinne „undiszipliniert" charakterisiert.[32] Tatsächlich dürften neben der hohen gesellschaftlichen Relevanz der Umweltthematik die vielfältigen wissenschaftlichen Anschlussmöglichkeiten zu jener akademischen Anziehungskraft beigetragen haben, welche die Umweltgeschichte seit Jahren ausübt. Andererseits scheint die ausgeprägte Interdisziplinarität des Fachs einer stärkeren Institutionalisierung an den Universitäten entgegenzustehen, deren Forschung und Lehre weiterhin größtenteils disziplinär ausgerichtet ist. Anders als in den USA ist die Umweltgeschichte an europäischen Universitäten bislang eine Randerscheinung geblieben. Umwelthistorische Professuren gibt es nur ganz wenige, zumeist und in zunehmendem Maße wird Umweltgeschichte nebenher gelehrt, etwa in Kombination mit Wirtschafts- und Sozialgeschichte oder Technikgeschichte. International ist die Umweltgeschichte hingegen gut organisiert und vernetzt. Mit „Environmental

29 McNeill, Observations on the Nature and Culture of Environmental History, S. 9.

30 Für einen Einblick siehe Winiwarter u. Knoll, Umweltgeschichte, S. 71–114.

31 Vgl. Isenberg, Introduction.

32 Luebken, U., Undiszipliniert. Ein Forschungsbericht zur Umweltgeschichte, www.hsozkult.de/literaturereview/id/forschungsberichte-1111 (zuletzt eingesehen am 05.05.2021).

History", „Environment and History" und „Global Environment" bestehen gleich drei internationale Fachzeitschriften. Seit 1999 gibt es einen Kontinentalverband, die European Society for Environmental History, die alle zwei Jahre eine europäische Konferenz organisiert, die jeweils mehrere hundert Wissenschaftlerinnen und Wissenschaftler zusammenbringt. Im fünfjährigen Rhythmus finden seit 2009 zudem globale Umweltgeschichtskonferenzen statt. Diese Aktivitäten wie auch eine wachsende Zahl von Dissertationen und anderen Fachpublikationen zeugen von der ungebrochenen Dynamik der Umweltgeschichte und führten dazu, dass das Feld in seiner Gesamtheit heute kaum mehr zu überblicken ist.[33]

Methodisch hat sich eine umwelthistorische Arbeit drei Kriterien zu stellen:[34] erstens dem Kriterium der Wissenschaftlichkeit, das verlangt, dass die Ausführungen nachvollziehbar sind, wozu insbesondere der Anmerkungsapparat dient. Zweitens muss sie sich der kritischen historischen Methode bedienen, die in der quellenkritischen Arbeit begründet ist. Drittens, und erst dies unterscheidet sie von anderen historischen Arbeiten, darf sie etablierten ökologischen Erklärungen nicht widersprechen, wobei zu beachten ist, dass sich diese Erklärungen selbst wandeln und weiterentwickeln, in einigen Fällen auch aufgrund umwelthistorischer Erkenntnisse.[35] Auch dieses dritte Kriterium unterscheidet die Umweltgeschichte aber nicht kategorial von anderen historischen Zugängen, die sich ebenfalls an der Theoriebildung und dem Wissensstand von Fachdisziplinen orientieren, etwa der Soziologie, der Ökonomie oder der Medizin.

Neben diesen methodischen Anforderungen erkennt man eine umwelthistorische Arbeit zudem daran, dass sie Natur und Kultur eine eigenständige Wirklichkeit und ein unabhängiges Handlungsvermögen zuschreibt und somit weder radikal umweltdeterministisch noch radikal sozialkonstruktivistisch argumentiert, sondern einem kritischen Realismus oder begrenzten Konstruktivismus folgt, wie er auch im benachbarten Feld der Politischen Ökologie mehrheitlich vertreten wird.[36] Sie akzeptiert, dass Natur auch außerhalb von Kultur besteht und Kultur ihrerseits auch

---

33 Um sich in die Literatur einzuarbeiten und Neuerscheinungen zur Kenntnis zu nehmen, sind Einzel- und Sammelrezensionen in den Fachzeitschriften und den allgemeinen Rezensionsforen sowie Überblicke zur Forschungsliteratur hilfreich: Etwa Arndt, M., Umweltgeschichte. Version: 3.0, in: Docupedia-Zeitgeschichte, https://zeitgeschichte-digital.de/doks/frontdoor/index/index/docId/703 (zuletzt eingesehen am 05.05.2021) und zur amerikanischen Umweltgeschichte Sutter, P. S., The World with Us. The State of American Environmental History, in: Journal of American History 100 (2013), S. 94–119. Den Weg zu digitalen Ressourcen weist Luebken, U., Umweltgeschichte, in: L. Busse u. a. (Hg.), Clio-Guide. Ein Handbuch zu digitalen Ressourcen für die Geschichtswissenschaften, Berlin 2018².

34 Vgl. Cronon, W., A Place for Stories. Nature, History, and Narrative, in: Journal of American History 78 (1992), S. 1347–1376.

35 So beeinflusste etwa Alfred Crosbys Columbian Exchange (Crosby, A. W., The Columbian Exchange. Biological and Cultural Consequences of 1492, Westport 1972) die biologische Forschung zu invasiven Arten. Siehe Di Castri, F., On Invading Species and Invaded Ecosystems. The Interplay of Historical Chance and Biological Necessity, in: A. J. Hansen, M. Debussche u. F. Di Castri (Hg.), Biological Invasions in Europe and the Mediterranean Basin, Dordrecht 1990, S. 3–16.

36 Siehe die gute Einführung Neumann, R. P., Making Political Ecology, London 2005.

außerhalb von Natur. Sie interessiert sich letztlich aber für die Schnittmenge, die sozionaturalen Verhältnisse (auch wenn sie eine andere Bezeichnung dafür verwendet), in denen Natur und Kultur unauflöslich verbunden und geschieden sind, und sie sucht zu verstehen und zu erklären, wie und warum sich diese sozionaturalen Verhältnisse historisch wandelten.

2. Umwelthistorische Zeiten

Im vorangehenden Kapitel habe ich argumentiert, dass das Bestreben, zu verstehen und zu erklären, wie und warum sich sozionaturale Verhältnisse historisch wandelten, den Kern der Umweltgeschichte bildet. Dabei stellt sich, wie für jede historische Betrachtung, die zentrale Frage nach der zeitlichen Dimension dieses Wandels. In welchen Zeiträumen veränderten sich die sozionaturalen Verhältnisse? Lassen sich historische Phasen oder Epochen ausmachen, in denen der Wandel rascher ablief als in anderen? Wollen wir solche Geschwindigkeitsänderungen festmachen, bedingt dies, dass wir systematische Beschleunigungen oder Verlangsamungen nachweisen. Können wir aber von einer einzigen jeweils vorherrschenden Zeitstruktur ausgehen, oder müssen wir innerhalb derselben Phase oder Epoche verschiedene Wandlungsprozesse nach ihnen je eigenen Zeitstrukturen unterscheiden? Und weiter: Folgen soziale und naturale Prozesse je eigenen zeitlichen Logiken, und, falls dem so ist: Wie lassen sich dann Zäsuren für den Wandel sozionaturaler Verhältnisse bestimmen? Gelten solche Zäsuren immer nur für Teilprozesse, oder gibt es auch Zäsuren, welche das Gesamte der Verhältnisse revolutionierten? In diesem Zusammenhang gilt es auch, das Verhältnis von Umweltgeschichte und Allgemeiner Geschichte zu thematisieren und zu fragen, wie umwelthistorische Zäsuren zu Epochengrenzen stehen, wie sie in der Allgemeinen Geschichte oder in anderen historischen Teildisziplinen vorgebracht worden sind. Schließlich ist die zentrale Frage nach den Kausalitäten zu stellen: In welchem Verhältnis steht der Wandel der materiellen Interaktionen zwischen Gesellschaften und ihren Umwelten zu jenem der ideellen Wahrnehmungen und Bewertungen von Umwelt? Passten Gesellschaften ihre Umweltwahrnehmung den veränderten materiellen Umständen an, oder veränderten sie diese Umstände auf Grundlage neu gewonnener Einsichten oder Ansichten bezüglich ihrer Umwelt?

Wie im Folgenden gezeigt werden soll, treffen sich umwelthistorische und allgemeingeschichtliche Zäsuren. Dies rührt her von der Verwobenheit umwelthistorischer mit wirtschafts-, sozial- und technikhistorischen, aber auch mit politikgeschichtlichen Vorgängen und bezeugt zugleich die große Bedeutung, die umwelthistorische Prozesse für den allgemeinen Gang der Geschichte haben. Gleichwohl fordert die Umweltgeschichte zum Überdenken etablierter Chronologien und Epocheneinteilungen heraus: zum einen dadurch, dass sie ihre Epochen in Abfolgen von langer zeitlicher Dauer situiert, und zum anderen, indem ihre Einteilungen nicht ereigniszentriert sind, sondern auf Umwälzungen und bleibende Änderungen in materiellen Prozessen und (Denk-)Strukturen verweisen.[37]

Im vorangehenden Kapitel haben wir mit dem materialistischen und dem kulturalistischen Zugang zwei grundsätzliche Herangehensweisen der Umweltgeschichte unterschieden. Während der materialistische Zugang sich mit den materiellen Interaktionen zwischen Gesellschaften und Umwelt und deren Auswirkungen auf die Umweltbedingungen beschäftigt, interessiert sich der kulturalistische Zugang dafür, wie Menschen ihre Umwelt und deren Veränderungen wahrnahmen, bewerteten und gesellschaftlich verarbeiteten. Je nach Zugang rücken andere Aspekte des Wandels sozionaturaler Verhältnisse in den Vordergrund. Wenig erstaunlich hat dies auch zu unterschiedlichen Periodisierungsvorschlägen geführt. Im Folgenden wenden wir uns zunächst der materiellen Perspektive zu, führen sodann das Konzept des Anthropozän ein, um abschließend auf kulturalistische Sichtweisen zu sprechen zu kommen.

Solare und fossile Zeitalter und Epochen

Bei einem materialistischen Zugriff bietet sich Energie als Größe an, um umwelthistorische Epochen zu bestimmen. Als Grundlage dient die allgemeine Definition von Energie als Kapazität, Arbeit zu verrichten. Wieviel Energie eine Gesellschaft verbraucht, gibt eine erste grobe Auskunft darüber, wieviel Arbeit sie verrichtet. Damit ist die Menge an Energie, die eine Gesellschaft zu mobilisieren weiß, zugleich ein guter Indikator für das Vermögen dieser Gesellschaft, ihre Umwelt zu bearbeiten, sie zum einen nach ihren Vorstellungen zu gestalten, sie zum anderen aber auch darüber hinaus zu verändern. Die Analyse lässt sich maßgeblich verfeinern, wenn neben der bloßen Menge an mobilisierter Energie differenziert erhoben wird, welche Energieressourcen unterschiedliche Gesellschaften wie zu nutzen wussten und welche Technologien sie hierzu entwickelten und zum Einsatz brachten. Lassen sich dominante Muster der Energienutzung ausmachen, die über längere Zeit bestimmend blieben, läßt sich von Energieregimen sprechen, die sich wiederum heranziehen lassen, um energie- und zugleich umwelthistorische Epochen und Umbrüche zu definieren.[38]

Rolf Peter Sieferle und andere haben vorgeschlagen, in universal- und umwelthistorischer Perspektive zwischen solaren und fossilen Energieregimen zu unter-

37 Vgl. dazu den Sammelband Uekötter, F. (Hg.), The Turning Points of Environmental History, Pittsburgh 2010 und Wakild, E. u. M. K. Berry, A Primer for Teaching Environmental History. Ten Design Principles, Durham 2018, S. 39–51. Für allgemeinhistorische Einteilungen der Europäischen Geschichte siehe etwa die einschlägigen Handbuchreihen: Handbuch der Geschichte Europas, C. H. Beck Geschichte Europas und The Penguin History of Europe.

38 Zum Begriff Energieregime siehe Kupper, P. u. I. Pallua, Energieregime in der Schweiz seit 1800, Bern 2016.

scheiden.[39] Erstere beruhen zur Hauptsache auf der Nutzung von Biomasse, letztere auf der Nutzung von fossilen Brennstoffen. Die große umwelthistorische Zäsur bildet der Übergang von den solaren zu den fossilen Energieregimen, welcher mit der Industriellen Revolution verknüpft war. Sowohl die solaren als auch die fossilen Energieregime lassen sich weiter unterteilen. So können im Solaren Zeitalter verschiedene Epochen oder Stadien von Jäger-und-Sammler-Gesellschaften und Agrargesellschaften unterschieden werden. Die Kunst des Feuermachens eröffnete den Menschen ganz neue Möglichkeiten, ihr Leben und dasjenige ihrer Gemeinschaften zu gestalten. Am Feuer konnten sich Menschen wärmen, und sie konnten nun Speisen kochen und backen, was ihr Nahrungsspektrum enorm erweiterte. Zudem konnte Feuer für die Bearbeitung von Werkzeugen und Waffen eingesetzt werden oder auch für die Treibjagd. Und schließlich spielte Feuer eine wichtige Rolle bei der Rodung und Kultivierung von Land.

Herausragende Bedeutung kommt sodann der Neolithischen Revolution zu. Der Ackerbau bedingte die Sesshaftigkeit und warf höhere Erträge als das Jagen und Sammeln ab. Dies erlaubte wiederum die Produktion von Überschüssen und die Anlage von Nahrungsreserven. In der Folge wuchsen die Bevölkerungen, was größere Ansiedelungen bis hin zu Städten möglich machte. Die zweite umwälzende Neuerung neben dem Ackerbau war die Domestizierung von Nutztieren, welche die verfügbare Arbeitskraft erheblich vergrößerte. Bis ins 19. Jahrhundert hinein lieferten das Sammeln von Holz und essbaren Pflanzen beziehungsweise der Anbau von Nahrungs- und Futtermitteln den überwiegenden Teil der energetischen Ressourcen, die in der Form von Wärme sowie menschlicher und tierischer Arbeitskraft konsumiert wurden. Wind- und Wasserkraft wurden seit der Antike in Mühlen genutzt und erleichterte beziehungsweise ermöglichte erst den Transport von Waren und Menschen über größere Distanzen. Gewässer waren bis zur Einführung der Eisenbahn die mit Abstand günstigste Reise- und Transportmöglichkeit, zum Befahren mit (Segel-)Schiffen, aber auch zum Triften und Flößen von Holz. Auch wenn die eingesetzten Technologien über die Jahrhunderte etliche Fortschritte machten, blieb der Anteil von Wasser und Wind am gesamten Energieeinsatz vormoderner Gesellschaften gering und dürfte selbst in Ländern, in denen diese Technologien vergleichsweise weitverbreitet waren, wie den Niederlanden, unter zehn Prozent gelegen haben, in den meisten Gegenden wohl unter einem Prozent.[40] Fossile Ener-

39 Sieferle, R. P., Der unterirdische Wald. Energiekrise und Industrielle Revolution, München 1982; Ders., Rückblick auf die Natur. Eine Geschichte des Menschen und seiner Umwelt, München 1997. Für das Folgende siehe auch Burke, E., The Big Story. Human History, Energy Regimes, and the Environment, in: E. Burke u. K. Pomeranz (Hg.), The Environment and World History, Berkeley 2009, S. 33–53; und Krausmann, F. u. M. Fischer-Kowalski, Gesellschaftliche Naturverhältnisse: Globale Transformationen der Energie- und Materialflüsse, Wien 2010. Im Kap. 6 Industrialisierung nehme ich die Thematik nochmals auf.

40 Malanima, P., Europäische Wirtschaftsgeschichte. 10.–19. Jahrhundert, Wien 2010, S. 108–110. Siehe auch Kander, A., P. Malanima u. P. Warde, Power to the People. Energy in Europe over the Last Five Centuries, Princeton 2013.

gieträger waren nicht unbekannt, insbesondere Torf und Kohle erlangten in einigen Regionen eine gewisse Bedeutung. Insgesamt fielen diese Energieträger jedoch nicht ins Gewicht, sodass die Bezeichnung der Großepoche als Solares Zeitalter ihre Berechtigung hat.

Energetischer Treiber des Fossilen Zeitalters war zunächst die Kohle, zu der sich zunehmend Erdöl und in jüngerer Zeit Erdgas gesellten. Eng mit der Kohle war die Dampfmaschine verbunden, die es erstmals erlaubte, Wärme in mechanische Energie umzuwandeln und sowohl den Aufstieg der Schwerindustrie als auch der Eisenbahn und Dampfschifffahrt im 19. Jahrhundert ermöglichte. Der Siegeszug des Erdöls war an die Erfindung und Verbreitung des Verbrennungsmotors gekoppelt, auf dessen Basis sich im 20. Jahrhundert der Personen- und Güterverkehr revolutionierte. Erweitert wurden die fossilen Energieregime ab dem ausgehenden 19. Jahrhundert durch die Elektrizität, die sich mit ihren vielfältigsten Anwendungsmöglichkeiten, von der Beleuchtung über den Antrieb für Motoren und Maschinen bis zur Übertragung von Signalen und als Wärmequelle, für moderne Gesellschaften bald unentbehrlich machte. Das Fossile Zeitalter hob sich in dreierlei Hinsicht vom vorangehenden Solaren Zeitalter ab. Erstens stieg der Energieverbrauch stark und von temporären Schwankungen abgesehen kontinuierlich an. Unter solarenergetischen Bedingungen waren gesellschaftliche Wachstumsprozesse immer wieder an Schranken gestoßen. Der massenhafte Einsatz fossiler Energieträger war maßgeblich an deren Beseitigung beteiligt. Zweitens beruhte der steigende Energieverbrauch wesentlich auf (in menschlichen Zeiträumen) nicht erneuerbaren Ressourcen. Damit begannen Gesellschaften endliche Lager fossiler Rohstoffe, die über Jahrmillionen entstanden waren, in rasantem Tempo abzubauen und zu verbrauchen, was zum einen in einer absehbaren, wenn auch nicht genau bestimmbaren und daher umstrittenen Zeitspanne zur Erschöpfung dieser Lager führen muss und was zum anderen enorme Mengen an gespeicherten Kohlenstoffen freisetzte, die wiederum den CO_2-Gehalt der Atmosphäre global ansteigen ließen und weiter lassen. Drittens entkoppelte sich der Energieverbrauch tendenziell von den lokal vorhandenen Ressourcen. Größere, billigere und kompaktere Formen des Warentransports erlaubten es Gesellschaften, längerfristig mehr und andere Ressourcen zu verbrauchen, als das eigene Territorium produzierte. Das Fossile Zeitalter zeichnet sich daher durch eine Entwicklung aus, die weder in zeitlicher noch in räumlicher Hinsicht nachhaltig war.[41]

Bedeutsam für die Einordnung und Einschätzung historischer Umbrüche ist, ob sie als reversibel oder irreversibel und als additiv oder kumulativ zu bewerten sind.[42] Bei den energiehistorischen Umbrüchen handelte es sich um stark gerichtete Prozesse, die kaum umkehrbar waren. So sind zwar wenige Fälle dokumentiert, in

41 Diese wichtige Beurteilung des Fossilen Zeitalters anhand des Konzepts der Nachhaltigkeit wird unten nochmals aufgegriffen.

42 Vgl. Osterhammel, J., Die Verwandlung der Welt. Eine Geschichte des 19. Jahrhunderts, München 2009, S. 114–116.

denen der Ackerbau wieder aufgegeben wurde. Dies geschah aber fast ausschließlich unfreiwillig und ging mit einem zivilisatorischen Kollaps und einem Bevölkerungseinbruch einher. Ohne Ackerbau ließ sich die auf höherem Energieinput beruhende Lebensweise ebenso wenig aufrechterhalten wie die dichte Besiedlungsform.[43] Das Fossile Zeitalter brachte eine irreversible Umgestaltung der Welt mit sich, welche den gegenwärtigen Gesellschaften die enorme Herausforderung bescherte, dessen verschwenderische und (selbst-)zerstörerische Entwicklungsrichtung zu brechen und in eine nachhaltige Entwicklung zu überführen. Wegen der laufenden Klimaerwärmung muss der Verbrauch von fossilen Energieträgern rasch und massiv gesenkt werden. Wenn von der derzeit realistischen Annahme ausgegangen wird, dass die erneuerbaren Energieträger trotz rascher Fortschritte die fossilen nicht vollumfänglich ersetzen können, ist mit der Abkehr vom Fossilen Zeitalter nicht nur das seit zweihundert Jahren anhaltende Wachstum des Energieverbrauchs zu stoppen, sondern eine historisch singuläre Transformation zu einem niedrigeren Energielevel zu schaffen.[44]

Diese umwelt- und energiehistorische Chronologie mit Daten zu versehen, ist herausfordernd. Denn weder war das Aufkommen eines neuen Energieregimes ein plötzliches Ereignis, wie der ubiquitäre Gebrauch der Revolutionsmetapher glauben machen könnte, noch lösten Energieregime einander einfach ab. Vielmehr haben wir es mit mitunter sehr langfristigen, sich über viele Jahrzehnte, ja teilweise über viele Jahrhunderte hinziehenden Übergängen kumulativer Art zu tun. Zudem setzten diese Übergänge in verschiedenen Weltgegenden, aber auch innerhalb Europas, zu sehr unterschiedlichen Zeitpunkten ein, verliefen in unterschiedlichen Geschwindigkeiten und Rhythmen und wiesen unterschiedliche Eindringungstiefen auf. Jäger-und-Sammler-Gesellschaften koexistierten über Jahrtausende mit Agrargesellschaften und sind bis heute nicht gänzlich verschwunden. Die fossilen Brennstoffe erfassten ländliche Gegenden in vielen Teilen Europas erst viele Jahrzehnte nach ihrem Durchbruch in den industriellen Zentren, und das Erdöl ließ die Kohle nicht etwa verschwinden, sondern verdrängte sie lediglich an bestimmten Orten und aus gewissen Anwendungen. So stieg der globale Kohleverbrauch auch nach 1945 weiter, die (Wachstums-)Dynamik ging aber auf den Erdölsektor über. Das Fortbestehen hergebrachter Regime ist daher stets ebenso mit zu berücksichtigen wie die geografischen Unterschiede, und es muss entschieden werden, zu welchem Zeitpunkt eines Übergangs die Zäsur gesetzt wird. Angemessen scheint jenen Augenblick zu wählen, zu dem ein neues Regime zur gesellschaftlichen Dominanz aufsteigt. Für das Kohleregime zum Beispiel geschah dies in Großbritannien in

43 Für Beispiele siehe Diamond, J., Collapse. How Societies Choose to Fail or Succeed, New York 2005 und für eine Kritik der von Diamond gelieferten monokausalen Erklärungen Costanza, R. (Hg.), Sustainability or Collapse? An Integrated History and Future of People on Earth, Cambridge, Mass. 2007.

44 Siehe Kupper, P., Energie und Fortschritt. Eine universalhistorische Annäherung an die Energiewende(n), in: C. Newinger, C. Geyer u. S. Kellberg (Hg.), energie.wenden. Chancen und Herausforderungen eines Jahrhundertprojekts, München 2017, S. 12–15.

den 1830er Jahren, während es auf dem europäischen Kontinent erst im Laufe der zweiten Jahrhunderthälfte einsetzte. Die Anwendung von Erdöl verzeichnete zwar bereits im Europa der Zwischenkriegszeit eine dynamische Entwicklung, von einer Dominanz des Erdölregimes lässt sich aber erst seit den ausgehenden 1950er Jahren sprechen.[45]

In Zeiten des Anthropozän

Äußerst anregend ist es, eine energiehistorische Periodisierung mit einer klimahistorischen Periodisierung zu kombinieren. Während vormoderne, agrarisch geprägte Gesellschaften sowohl auf kurzfristige Klimaanomalien als auch auf längerfristige Klimaschwankungen stark reagierten, gelang es sich industrialisierenden Gesellschaften, die Verwundbarkeit gegenüber klimatischen Bedingungen – zumindest mittelfristig – zu senken. Im Gegenzug setzten Industriegesellschaften ihre Mitglieder erhöhten Risiken aus. Beispielsweise konnten „Jahrhunderthochwasser" oder „Jahrtausendbeben" aufgrund der ausgeweiteten, verdichteten und vernetzten Besiedlung hohe Opferzahlen und enorme materielle Schäden verursachen. Auch erhöhte sich mit der Industrialisierung und dem Bevölkerungswachstum der anthropogene Einfluss auf das globale Klima markant. Der menschgemachte Klimawandel wiederum äußerte sich in jüngster Zeit in zunehmenden Klima- und Wetterextremen, die sich laut den Modellen der Klimawissenschaftler in Zukunft weiter häufen und verschärfen werden.[46]

Gegenwärtig wird kontrovers diskutiert, inwieweit bereits der Temperaturrückgang in der um 1300 einsetzenden sogenannten Kleinen Eiszeit durch menschliches Handeln akzentuiert wurde. Klimawissenschaftliche Untersuchungen ergaben, dass der CO_2-Gehalt der Atmosphäre in der zweiten Hälfte des 16. Jahrhunderts sank und 1610 den tiefsten Wert seit der letzten Eiszeit erreichte, um danach allmählich wieder anzusteigen. Dieses Phänomen dürfte zu den selbst für die Kleine Eiszeit außerordentlich tiefen globalen Durchschnittstemperaturen beigetragen haben, welche die Zeit von 1550 bis 1700 prägten. Das Absinken des CO_2-Gehalts wurde wiederum mit dem durch die europäischen Eroberungen verursachten Zivilisationszusammenbrüchen in Verbindung gebracht: Infolge der gesellschaftlichen Desintegration und der demografischen Katastrophen, welche die Gesamtbevölkerung der Amerikas um 80–90 Prozent reduzierten, breitete sich die Vegetation aus und band zusätzliches atmosphärisches CO_2. Während diese These nicht ohne Widerspruch blieb, ist die Sachlage für das Ende der Kleinen Eiszeit im 19. Jahrhundert und den seitherigen Anstieg der globalen Durchschnittstemperaturen inzwischen eindeutig: Beides ist im Wesentlichen auf den stark ansteigenden Ausstoß von Klimagasen

45 Siehe das Kap. 11 zur Beschleunigung.

46 Im Anschluss an Ulrich Müller-Herold und Rolf Peter Sieferle spricht Verena Winiwarter diesbezüglich von einer Risikospirale. Winiwarter, V. u. M. Knoll, Umweltgeschichte. Eine Einführung, Köln 2007, S. 144.

aus anthropogenen Quellen zurückzuführen, welche wiederum größtenteils aus der Verbrennung fossiler Energieträger stammten.

Dieser in den Klimawissenschaften seit Jahrzehnten akzeptierte Zusammenhang bewog den holländischen Klimaforscher und Nobelpreisträger für Chemie Paul J. Crutzen, zusammen mit dem Biologen Eugene F. Stoermer, vorzuschlagen, von einer neuen geologischen Epoche zu sprechen: dem Anthropozän. In einem einflussreichen Aufsatz, der 2002 in der Zeitschrift *Nature* erschien, führte Crutzen aus: „For the past three centuries, the effects of humans on the global environment have escalated. Because of these anthropogenic emissions of carbon dioxide, global climate may depart significantly from natural behaviour for many millennia to come. It seems appropriate to assign the term ‚Anthropocene' to the present, in many ways human-dominated, geological epoch, supplementing the Holocene — the warm period of the past 10–12 millennia."[47] Crutzens Vorstoß löste eine breitgefächerte Diskussion aus, die eine Vielzahl von Disziplinen erfasste. Sie wird nun schon seit Jahren intensiv geführt und ist in ihren zahlreichen Verzweigungen kaum mehr überblickbar.[48] Für die hier behandelte Frage umwelthistorischer Zeitstrukturen ist von besonderem Interesse, welche Epochengrenzen aufgrund welcher Kriterien vorgeschlagen worden sind. Die Lektüre der einschlägigen Literatur fördert eine Vielfalt an Angeboten zutage, die unterschiedlicher kaum sein könnten. Dazu gehören die Beherrschung des Feuers (ca. 1.800.000 v. Chr.), die Einführung beziehungsweise Verbreitung landwirtschaftlicher Anbauweisen (ca. 10.000–3000 v. Chr.) und 1492 als Beginn der anthropogenen (Wieder-)Vereinigung der „Alten" und der „Neuen" Welt. Vorgebracht wurden aber auch 1610, als die CO_2-Konzentration in der Atmosphäre ihr Langzeitminimum hatte, und 1964, als die atmosphärische Konzentration von Radionukleiden infolge Atomwaffentests den bislang höchsten Messwert erreichte.[49]

Für welchen Zeitpunkt und wie argumentiert wird, hängt wesentlich davon ab, welche Anforderungen in einer Disziplin an einen Epochenwechsel gestellt werden. So fordert die Geologie für eine neue Epoche, dass deren „geologisches Signal" in den Sedimenten ausreichend groß, deutlich und abgrenzbar nachweisbar sei. Dazu braucht es sogenannte epochenspezifische „Marker", die global verbreitet sind und von denen erwartet werden kann, dass sie auch noch in Jahrmillionen geologisch nachweisbar sind. Die Geschichtswissenschaften stellen demgegenüber sehr viel weniger rigide Anforderungen an Epochendefinitionen. So hält die Tatsache, dass sowohl die Neolithische als auch die Industrielle Revolution an unterschiedlichen

47 Crutzen, P. J., Geology of Mankind – The Anthropocene, in: Nature 415 (2002), Nr. 23, S. 211–215.

48 Einen guten Überblick aus geschichtswissenschaftlicher Perspektive bietet Trischler, H., Das Anthropozän. Eine Herausforderung für die Geschichte der Wissenschaften, Technik und Umwelt, in: NTM 24 (2016), S. 309–335. Anregend auch Bonneuil, C. u. J.-B. Fressoz, The Shock of the Anthropocene. The Earth, History, and Us, London 2016; Chakrabarty, D., Anthropocene Time, in: History and Theory 57 (2018), S. 5–32.

49 Lewis, S. L. u. M. A. Maslin, Defining the Anthropocene, in: Nature 519 (2015), S. 171–180.

Orten der Welt zu sehr unterschiedlichen Zeitpunkten einsetzten, Historiker und Historikerinnen nicht davon ab, diesen Vorgängen epochalen Charakter zuzusprechen.[50]

In seinem Aufsatz von 2002 ließ Crutzen das Anthropozän im späten 18. Jahrhundert mit dem Anstieg der globalen Konzentrationen an CO_2 und Methan beginnen. In einer ebenso einflussreichen späteren Publikation, die Crutzen gemeinsam mit dem Klimawissenschaftler Will Steffen und dem Umwelthistoriker John R. McNeill verfasste, schlugen die Autoren vor, das Anthropozän in drei Stufen einzuteilen: das Industriezeitalter (ca. 1800–1945), die Große Beschleunigung (seit ca. 1945) und eine in der damaligen Zukunft liegende und für ca. 2015 erhoffte Übernahme einer treuhänderischen Verantwortung für das Erdsystem durch die Weltgemeinschaft.[51] Während die zunehmende Verwendung fossiler Energieträger die erste Stufe prägte, sahen die Autoren die zweite Stufe durch eine allumfassende Beschleunigung umweltbelastender menschlicher Aktivitäten gekennzeichnet. Es ist das Verdienst insbesondere von John R. McNeill, diese umwälzenden Prozesse auf globaler Ebene umwelthistorisch ausgearbeitet zu haben.[52]

Eine umfassende Beschleunigung wurde auch jenseits umwelthistorischer Zusammenhänge als ein prägendes Merkmal der modernen Epoche beschrieben.[53] Analytisch fruchtbarer ist es allerdings, nicht von einer anhaltenden Beschleunigung, sondern einer erhöhten Geschwindigkeit des Wandels auszugehen, welche moderne Gesellschaften oder vielmehr nur Teile von ihnen infolge wiederkehrender Phasen der Beschleunigung erfassten und so zu ungleichen Entwicklungen innerhalb von Gesellschaften sowie zwischen Gesellschaften führten. Wachsende Ungleichheiten verursachten wiederum gesellschaftliche Spannungen, schürten Ängste und weckten Wünsche. Sie lösten ebenfalls Bemühungen um Angleichungen und Anpassungen

50 Vgl. McNeill, J. R., Energy, Population, and Environmental Change since 1750. Entering the Anthropocene, in: J. R. McNeill u. K. Pomeranz (Hg.), The Cambridge World History. Bd. 7: Production, Destruction and Connection, 1750–Present, Part 1: Structures, Spaces, and Boundary Making, New York 2015, S. 51–82.

51 Steffen, W., P. J. Crutzen u. J. R. McNeill, The Anthropocene. Are Humans Now Overwhelming the Great Forces of Nature?, in: AMBIO: A Journal of the Human Environment 36 (2007), S. 614–621. Sollte sich in einigen Jahrzehnten der Klimagipfel von Paris von 2015 als solcher Wendepunkt herauskristallisieren, wäre den Autoren eine wahrhaft prophetische Voraussage gelungen!

52 McNeill, J. R. u. P. Engelke, Mensch und Umwelt im Zeitalter des Anthropozän, in: A. Iriye u. J. Osterhammel (Hg.), Geschichte der Welt. 1945 bis heute. Die globalisierte Welt, München 2013, S. 357–534; McNeill, J. R. u. P. Engelke, The Great Acceleration. An Environmental History of the Anthropocene since 1945, Cambridge, Mass. 2014 ist weitestgehend deckungsgleich mit der englischen Version des Handbuchbeitrags von 2013. Für eine Diskussion der geschichtstheoretischen Implikationen siehe Chakrabarty, D., The Climate of History. Four Theses, in: Critical Inquiry 35 (2009), S. 197–222 und Emmett, R. u. T. Lekan (Hg.), Whose Anthropocene? Revisiting Dipesh Chakrabarty's 'Four Theses', München 2016. Siehe zu dieser Thematik auch Kap. 6 und Kap. 11 Industrialisierung und Beschleunigung.

53 Etwa Rosa, H., Beschleunigung. Die Veränderung der Zeitstrukturen in der Moderne, Frankfurt a.M. 2005.

aus, kulminierten aber wiederholt auch in umfassenden wirtschaftlichen und gesellschaftlichen Krisen.[54] Reinhard Koselleck sprach diesbezüglich von Zeitschichten (die Metapher entnahm er der Geologie!) und prägte die prägnante Formel des „Gleichzeitigen des Ungleichzeitigen", die aber wegen ihrer fortschrittsideologischen Grundierung und der damit verbundenen, von Koselleck zwar nicht intendierten, aber doch implizierten Abwertung des Ungleichzeitigen als dem Zurückgebliebenen zu Recht kritisiert worden ist.[55] Für die Umweltgeschichte der modernen Epoche ist die Beachtung und Analyse multipler Zeitstrukturen von hoher Bedeutung. So verwendeten etwa Wissenschaftler und Techniker, Unternehmer und Beamte enorme Anstrengungen darauf, die Produktion von Gütern von den Rhythmen der Natur, deren täglichen oder jährlichen Variationen und deren unberechenbaren Launen, unabhängiger zu machen.[56] Diese gesellschaftlichen Bestrebungen, natürliche Prozesse umfassend zu kontrollieren, zu regulieren und zu steuern, können als ein Kennzeichen des Anthropozän gelten, und sie konfrontierten moderne Gesellschaften wiederholt mit der Erfahrung, dass sich natürliche beziehungsweise sozionaturale Prozesse der vollständigen technischen Beherrschung entzogen.

Die Ära der Ökologie

Die energiehistorischen Epochengliederungen ebenso wie das Konzept des Anthropozän und die These der umfassenden Beschleunigung beruhen auf Beobachtungen struktureller Veränderungen in der materiellen Basis von Gesellschaften. Was diesen Zugriffen weitgehend abgeht, ist die Perspektive der historischen Akteure und damit, welchem Wandel deren Wahrnehmungen, Kategorisierungen und Beurteilungen unterlagen, welche wiederum das Handeln der Akteure anleiteten.[57] Hierzu ist der Wandel von Denkstrukturen und Handlungsspielräumen, des Sagbaren und des Machbaren, zu avisieren und zu fragen, welche zeitgenössischen Leitideen die gesellschaftlichen Vorstellungen von Natur und Umwelt prägten, zu welchem Handeln sie motivierten, und wann sie sich wie veränderten.

Für den hier betrachteten Zeitraum des modernen Europa lassen sich drei prägende Phasen unterscheiden, in denen sich das Naturverständnis europäischer Gesellschaften markant wandelte: erstens die Sattelzeit, die Jahrzehnte vor und nach

54 Siegenthaler, H., Regelvertrauen, Prosperität und Krisen. Die Ungleichmäßigkeit wirtschaftlicher und sozialer Entwicklung als Ergebnis individuellen Handelns und sozialen Lernens, Tübingen 1993; Plumpe, W., Wirtschaftskrisen. Geschichte und Gegenwart, München 2010. In Kap. 11 beschäftigen wir uns ausführlich mit der Beschleunigungsthese.

55 Koselleck, R., Zeitschichten. Studien zur Historik, Frankfurt a.M. 2000. Für kritische Diskussionen der Figur des „Gleichzeitigen des Ungleichzeitigen" siehe Fabian, J., Time and the Other. How Anthropology Makes its Object, New York 1983; Landwehr, A., Von der „Gleichzeitigkeit des Ungleichzeitigen", in: Historische Zeitschrift 295 (2012), S. 1–34; Jordheim, H., Introduction. Multiple Times and the Work of Synchronization, in: History and Theory 53 (2014), S. 498–518.

56 Siehe dazu Kap. 4 und Kap. 6 Meliorationen und Industrialisierung.

57 Vgl. dazu Dipesh Chakrabartys Unterscheidung in die Geschichte der „Spezies Mensch" und jene menschlicher Akteure. Chakrabarty, The Climate of History.

1800, in denen Aufklärung, Merkantilismus und Physiokratie sowie Naturgeschichte und Romantik ein neues Naturverständnis prägten; zweitens die Zeit um 1900, in der Hygiene und Naturschutz zu gesellschaftsrelevanten Themen aufstiegen, und drittens die Jahrzehnte seit Mitte der 1960er Jahre, in denen mit Umwelt(-schutz) und nachhaltiger Entwicklung neue ökologisch grundierte Konzeptionen erarbeitet wurden, die breite gesellschaftliche Anerkennung fanden.[58]

Die Sattelzeit, die zugleich den Übergang zur Moderne markiert, zeichnete sich durch eine Verzeitlichung wesentlicher Konzepte aus, mit denen Gesellschaften sich und die Welt erfassten.[59] Dies betraf auch die Natur, die seit dem 18. Jahrhundert im Rahmen der *historia naturalis*, der Naturgeschichte, historisiert und damit zugleich verzeitlicht wurde.[60] Naturwissenschaftler wie der Botaniker und Zoologe Jean-Baptiste de Lamarck sowie der Geologe Charles Lyell entwickelten Evolutionslehren, die sich zunächst innerhalb der christlichen Schöpfungslehre bewegten, bevor sie sich in der zweiten Hälfte des 19. Jahrhunderts und im Anschluss an die Publikation von Charles Darwins *Origins of Species* von 1859 von dieser verabschiedeten beziehungsweise verabschieden mussten. Grundlage der Theoriebildung war ein systematisches Sammeln und Ordnen, Klassifizieren und Vergleichen von Artefakten aus der Natur. Auch der Mensch wurde als Homo sapiens in die Systematik der Natur eingegliedert und seine Entwicklungsgeschichte anhand von Überbleibseln, aber auch anhand des Studiums lebender Gemeinschaften weltweit zu rekonstruieren gesucht. Buchpublikationen und Vorträge, naturhistorische und volkskundliche Museen, botanische und zoologische Gärten, Ausstellungen und Völkerschauen popularisierten das gewonnene Wissen in breiten bürgerlichen Schichten. Begleitet wurde dieses Erfassen und Ordnen der Welt durch eine neue Wertschätzung der Natur, die sich zum einen in der schwärmerischen Begeisterung adliger und bürgerlicher Schichten für Gärten und Landschaften und einer innigen Zuneigung zu Pflanzen und Tieren zeigte. Zum anderen erkannten Eliten innerhalb der sich etablierenden Territorialstaaten den Wert der Natur für die Erhöhung der Wirtschaftskraft und damit der Macht eines Staatsgefüges. In diesem Kontext sind die vielfältigen Maßnahmen zu sehen, die seit dem 18. Jahrhundert von staatlicher Seite initiiert und zunehmend systematisch durchgeführt wurden, um die Natur zu

58 Vgl. Radkau, J., Die Ära der Ökologie. Eine Weltgeschichte, München 2011. In seiner globalen Geschichte des Environmentalism unterscheidet Ramachandra Guha lediglich zwei „Wellen“: eine erste, die mit der Industriellen Revolution einsetzt, und eine zweite, die sich seit den 1960er Jahren entfaltet. Guha, R., Environmentalism. A Global History, New York 2000.

59 Siehe dazu das Lexikon der Geschichtlichen Grundbegriffe. Brunner, O., W. Conze u. R. Koselleck (Hg.), Geschichtliche Grundbegriffe. Historisches Lexikon zur politisch-sozialen Sprache in Deutschland, Stuttgart 2004.

60 Siehe Trepl, L., Geschichte der Ökologie. Vom 17. Jahrhundert bis zur Gegenwart, Frankfurt a.M. 1987; Worster, D., Nature's Economy. A History of Ecological Ideas, Cambridge 1985; Bowler, P. J., Viewegs Geschichte der Umweltwissenschaften. Ein Bild der Naturgeschichte unserer Erde, Braunschweig 1997; Schipperes, H., Natur, in: Brunner u. a., Geschichtliche Grundbegriffe, S. 215–244.

„verbessern" und die Erträge des Landes über Meliorationen und Agrarreformen, landesherrliche Forstwirtschaft und staatlichen Bergbau zu steigern.[61]

Auf diesem Fundus aufbauend erfuhren die Konzeptionen der Mensch-Natur-Beziehung an der Wende des 19. zum 20. Jahrhundert wesentliche Erweiterungen und Neudefinitionen. In zwei Reformbewegungen, der Hygiene- und der Naturschutzbewegung, wurden Erfahrungen des 19. Jahrhunderts von Industrialisierung, Urbanisierung und Säkularisierung verarbeitet. Beide Bewegungen wurden von bildungsbürgerlichen Schichten getragen, reichten aber auch in die städtische Arbeiterschaft hinein, die zum einen Objekt hygienischer Programme wurde, zum anderen aber auch eigene Organisationen wie Die Naturfreunde hervorbrachte. Gemeinsam war den beiden Bewegungen nicht nur die soziale Verankerung, sondern auch der zeitgenössische Kontext einer breiten, aber nur lose verbundenen und im Wesentlichen bürgerlichen Reformbewegung. Ihr inhaltlicher Bogen spannte sich von Frauenrechten bis zu Vegetarismus und von der Gartenstadt bis zur Nacktkultur, die gemeinsamen Leitthemen waren die Zuwendung zur „Natur" und zur „natürlichen" Lebensweise. Im deutschen Sprachraum bürgerte sich für die Gesamtheit dieser Bewegungen die Bezeichnung Lebensreform ein. Eine kohärente Programmatik entwickelten diese Bewegungen allerdings nicht, sodass auch städtischer Umweltschutz in Form der Hygiene und Naturschutz, der seine zu bewahrenden Objekte und Landschaften vorwiegend in ländlichen Gegenden fand, auf keinen gemeinsamen Nenner gebracht wurden, sondern personell und konzeptionell weitestgehend getrennte Wege gingen.[62]

Zusammengeführt wurden diese Bereiche erst um 1970 im Rahmen der Umweltschutzbewegung. Auf sprachlicher und kognitiver Ebene ermöglichte die Neubestimmung des Umweltbegriffs als natürliche Umwelt diese Zusammenführung. Der Umweltbegriff baute auf dem in der vorangehenden Reformphase um 1900 entwickelten Ökologiebegriff und dessen systemtheoretischer Wendung und kybernetischer Modellierung im 20. Jahrhundert auf.[63] Natur als Umwelt war ein vernetztes System, in dem letztlich alles mit allem zusammenhing und das es daher unabdingbar machte, die Probleme in eine Gesamtschau zu bringen und gemeinsam anzugehen. Wiederum, wie schon in der Sattelzeit und um 1900, fand auch diese Neufassung der sozionaturalen Verhältnisse ihre breite gesellschaftswirksame Rezeption im Rahmen eines gesellschaftlichen Aufbruchs, für den die Chiffre 1968 steht. Den materiellen Hintergrund bildeten der seit den 1950er Jahren massiv steigende globale Verbrauch von Gütern aller Art und die starke Zunahme der Weltbevölkerung. Das Wachstum werde, so die sich nun entwickelnde Sichtweise,

61 Siehe dazu das Kap. 4 Meliorationen.

62 Knapp und konzise gefasst bei Krabbe, W. R., Die Lebensreformbewegung, in: K. Buchholz, R. Latocha, H. Peckmann u. K. Wolbert (Hg.), Die Lebensreform. Entwürfe zur Neugestaltung von Leben und Kunst um 1900, Darmstadt 2001, S. 25–29. Für weitere Ausführungen und Literaturangaben siehe die Kap. 6 Urbanisierung und Kap. 8 Naturschutz.

63 Warde, P., L. Robin u. S. Sörlin, The Environment. A History of an Idea, Baltimore 2018.

das System Erde über kurz oder lang an die Grenzen seiner Tragfähigkeit bringen, wobei viele befürchteten, dass dieser Zeitpunkt bereits in nächster Zukunft eintreten würde.[64] In der Zusammenführung der Umwelt- mit der Nord-Süd-Debatte um globale Angleichung der Lebensstandards entwickelte sich seit den 1980er Jahren das Leitbild der nachhaltigen Entwicklung, das vorsieht, die Umwelt zu schützen und zu schonen, ohne dadurch die wirtschaftlichen und sozialen Entwicklungsmöglichkeiten einzuschränken. Klimaschutz und Klimagerechtigkeit bildet eine neuere Ausprägung dieser global geführten Diskussion. In ihr verbinden sich zeitliche und räumliche Dimensionen und die politisch brisante Frage, wie sich die wirtschaftlichen Unterschiede, aber auch der unterschiedliche Ausstoß an Klimagasen in der Vergangenheit auf die Übernahme von zukünftigen Verpflichtungen zu Begrenzung des Klimawandels auswirken soll.[65]

Mit der Nachhaltigkeit wurde ein Konzept aufgegriffen, das in der staatlichen Forstwirtschaft des 18. und 19. Jahrhunderts und damit der ersten der drei hier unterschiedenen Phasen ausgearbeitet wurde, um die forstlichen Erträge von Waldungen langfristig auf einem gleichmäßigen und möglichst hohen Stand zu erhalten. Angesichts der vieljährigen Wachstumszyklen, denen Forste unterlagen, plädierten Forstfachleute für eine zeitlich ebenso ausgedehnte vorausschauende Planung der Bewirtschaftung. Das Konzept war in seiner zeitlichen Ausdehnung in die Zukunft revolutionär, thematisch und räumlich blieb es aber lange eng fokussiert auf lokale (forst-)wirtschaftliche Belange. Ihm fehlten sowohl die soziale und die ökologische Komponente als auch der globale Zuschnitt.[66] In seiner neuen, umfassenderen Interpretation kann das Konzept auch der Umweltgeschichte dienen, um vergangene Entwicklungen auf ihre Nachhaltigkeit hin zu befragen. Dabei ist aber nicht nur den zeitlichen, sondern auch den räumlichen Auswirkungen Rechnung zu tragen. So greift etwa Franz-Josef Brüggemeiers Analyse zu kurz, wenn er Großbritannien oder

64 Kupper, P., Die „1970er Diagnose“. Grundsätzliche Überlegungen zu einem Wendepunkt der Umweltgeschichte, in: Archiv für Sozialgeschichte 43 Umweltgeschichte und Umweltbewegungen (2003), S. 325–348; Kupper, P. u. E. Seefried, "A Computer's Vision of Doomsday". On the History of the 1972 Study The Limits to Growth, in: F. Uekötter (Hg.), Exploring Apocalyptica. Coming to Terms with Environmental Alarmism, Pittsburgh 2018, S. 49–74. Ausführlich behandelt wird diese Thematik in Kap. 12 Umweltschutz.

65 Siehe etwa Macekura, S. J., Of Limits and Growth. The Rise of Global Sustainable Development in the Twentieth Century, Cambridge 2015.

66 Zur Geschichte des Konzepts siehe Hölzl, R., Historicizing Sustainability. German Scientific Forestry in the Eighteenth and Nineteenth Centuries, in: Science as Culture 19 (2010), S. 431–460; Caradonna, J. L., Sustainability. A History, Oxford 2014; Borowy, I., Defining Sustainable Development for Our Common Future. A History of the World Commission on Environment and Development (Brundtland Commission), London 2014; Lotz, C., Nachhaltigkeit neu skalieren. Internationale forstwissenschaftliche Kongresse und Debatten um die Ressourcenversorgung der Zukunft im Nord- und Ostseeraum (1870–1914), Köln 2018; Warde, P., The Invention of Sustainability. Nature and Destiny, c. 1500–1870, Cambridge 2018; Hölzl, R. u. K. J. Oosthoek, Transforming Woodlands. European Forest Protection in Global Context, in: A.-K. Wöbse u. P. Kupper (Hg.), Greening Europe. Environmental Protection in the Long Twentieth Century – A Handbook, München 2022, Kap. 7; Seefried E., Developing Europe. The Formation of Sustainability Concepts, in: Wöbse u. Kupper, Greening Europe, Kap. 15.

den Niederlanden um 1800 eine höhere Nachhaltigkeit als anderen europäischen Ländern zuschreibt, da ihre Versorgung mit Nahrungsmitteln und anderen Rohstoffen durch den Handel verlässlicher gewesen sei, ohne zu fragen, wie sich dieser Handel auf die Nachhaltigkeit in jenen Gebieten auswirkte, wo die Nahrungsmittel angebaut und die Rohstoffe gefördert wurden.[67]

Schluss

Die hier vorgebrachten Überlegungen sollen zur Reflexion über die zeitlichen Dimensionen der Umweltgeschichte und der modernen Epoche im Allgemeinen anregen. Klar geworden sein sollte, dass die Forschungsperspektive entscheidend dazu beiträgt, wie die Vergangenheit zeitlich eingeteilt und damit in eine sinnhafte Abfolge gebracht wird. Dabei spielen sowohl konzeptionelle wie thematische Vorentscheidungen eine Rolle. Auch wurde dargelegt, dass sich die moderne Geschichte umwelthistorisch von früheren Epochen abhebt, was sich mit den Konzepten des Fossilen Zeitalters, des Anthropozän und der Beschleunigung erfassen oder anhand der gesellschaftlichen Aushandlungen der sozionaturalen Verhältnisse festmachen lässt. Argumentiert wurde zudem, dass sich die umwelthistorischen Einteilungen von den allgemein gebräuchlichen, wesentlich politik- und ereignisgeschichtlich definierten Einteilungen zum einen in ihren Herleitungen und Begründungen deutlich unterscheiden, sich aber gleichwohl auch mit jenen treffen können. So stimmen materialistisch begründete umwelthistorische Einteilungen teilweise mit wirtschaftshistorischen Periodisierungen überein, auch wenn mit Umweltbelastung und Wirtschaftswachstum der Fokus ein jeweils anderer ist. Kulturalistische Einteilungen der Umweltgeschichte treffen sich wiederum mit kultur-, sozial- und politikhistorischen Einteilungen, da das Verhältnis von Natur und Kultur typischerweise in Zeiten neu gefasst wurde, in denen auch andere gesellschaftliche Verhältnisse neu geordnet wurden.

Es war nicht das Ziel dieses Kapitels, eine für die Umweltgeschichte des modernen Europa verbindliche Chronologie zu erstellen. Bewusst wurde der Titel „Umwelthistorische Zeiten“ im Plural gefasst. Dieser Plural trifft zum einen auf die genannten Zeitschichten zu, die zur selben Zeit an einem Ort vorgefunden werden können. Es trifft aber auch auf den geografischen Raum Europa zu, der sich seit dem 18. Jahrhundert nicht im Gleichtakt entwickelte, sondern sich in sehr unterschiedlichen, räumlich differenzierten Dynamiken entfaltete. Eine europäische Chronologie mit fixen Einteilungen und Daten ist daher zum Scheitern verurteilt.[68] Wie umwelthistorisch mit der räumlichen Dimension umgegangen werden kann, ist das Thema des folgenden und abschließenden konzeptionellen Kapitels.

67 Brüggemeier, F.-J., Schranken der Natur. Umwelt, Gesellschaft, Experimente. 1750 bis heute, Essen 2014, S. 51.

68 Dies gilt nicht nur für die Umweltgeschichte. Siehe etwa für die Begriffsgeschichte Steinmetz, W., M. Freeden u. J. Fernández-Sebastián (Hg.), Conceptual History in the European Space, New York 2017.

3. Umwelthistorische Räume

In seiner „Geschichte der Alpen" von 1998 fragt der Historiker Jon Mathieu, was ein historischer Raum sei, und erkennt drei Möglichkeiten: ein „Gebiet mit einem wie auch immer beschaffenen politischen Zusammenhalt oder ein Gebiet, dessen Bevölkerung gewisse Erfahrungen teilt, ohne notwendigerweise Notiz davon zu nehmen, oder einfach ein Gebiet, das von Historikern und Historikerinnen untersucht wird."[69] Je nach Akzentsetzung würde man die Frage, ob es sich beim Gegenstand seiner Untersuchung, den Alpen, um einen historischen Raum handle, verschieden beurteilen. Dabei konstatierte Mathieu eine Tendenz in den Geschichtswissenschaften, Raum als Hypothese und nicht als vorgegebene Tatsache aufzufassen und eine Vielzahl von Kriterien beizuziehen, womit auch ein Bedeutungsverlust des traditionell im Vordergrund stehenden staatlichen Zusammenhangs einhergehe. In seiner eigenen Darstellung bevorzugt Mathieu die zweite Variante, die Alpen als ein „Gebiet, dessen Bevölkerung gewisse Erfahrungen teilt", anzusehen, ohne aber die beiden anderen Varianten auszublenden.

Für die Umweltgeschichte ist der Bezug zum Raum zentral, schließlich ist Umwelt als Konzept bereits räumlich konnotiert. Daher erstaunt es weder, dass sich die Raumfrage in der Umweltgeschichte prominent stellte, noch dass umwelthistorische Ansätze – wie beispielsweise der sozionaturale Schauplatz – explizit Raummetaphern verwenden.[70] In diesem Kapitel wollen wir daher darauf eingehen, wie die Kategorie Raum in der Umweltgeschichte einzusetzen ist. Dazu werden wir zunächst in aller Knappheit in die allgemeine geschichtswissenschaftliche Raumdebatte einführen. Daraufhin wenden wir uns den zentralen räumlichen Begriffen Ort, Landschaft und Territorium zu und diskutieren das Verhältnis von Raum und Zeit. Schließlich erörtern wir, auf welcher räumlichen Ebene umwelthistorische Untersuchungen anzusetzen sind und wie sich mehrere räumliche Ebenen verbinden lassen, bevor wir abschließend nochmals auf Mathieus drei Varianten zurückkommen.

Raum als Kategorie der Geschichtswissenschaften

Die Geschichtswissenschaften etablierten sich im 19. Jahrhundert zugleich als Geisteswissenschaft und als staatstragende Wissenschaft. Aus dieser doppelten Festlegung ergab sich eine spezifische Thematisierung beziehungsweise Nicht-Thematisierung von Raum. Zum einen wurde Raum als nicht sinntragender Gegenstandsbereich von einer weitergehenden Betrachtung ausgeklammert. Raum

69 Mathieu, J., Geschichte der Alpen 1500–1900. Umwelt, Entwicklung, Gesellschaft, Wien 1998, S. 19. Einige der folgenden Überlegungen basieren auf meinem Aufsatz: Kupper, P., Raum, in: J. Hinrichsen, R. Johler u. S. Ratt (Hg.), Katastrophen/Kultur. Beiträge zu einer interdisziplinären Begriffswerkstatt, Tübingen 2019, S. 145–156. Wie ich den historischen Raum des modernen Europa verstehe, ist in Teil I Einführung ausgeführt.

70 Siehe weiter unten. Ein anderes Beispiel sind die ökologischen Erinnerungsorte. Uekötter, F. (Hg.), Ökologische Erinnerungsorte, Göttingen 2014.

wurde als Gegebenes aufgefasst, als die vorgefertigte Bühne, auf der die Geschichte sich abspielte beziehungsweise auf der der Historiker sie in Szene setzte. Zum anderen gab die Idee der Nation den Untersuchungsraum für historische Abhandlung vor: nämlich den Nationalstaat. Dessen Geschichte wurde in die Vergangenheit verlängert, wobei das nationalstaatliche Territorium die quasi natürliche räumliche Einheit für alle untersuchten Zeiten abgab. Der Raum wurde zu einem Container von fixer und genormter Größe, der die Geschichte aufnahm und in nationalistisch bestimmte Einheiten parzellierte. Die theoretische Auseinandersetzung der Geschichtswissenschaften mit der Kategorie Raum setzte nicht zufällig in einer Phase ein, in der die nationalgeschichtliche Rahmung an Plausibilität verlor.[71] Als Startpunkt für die Raumdiskussion in den deutschsprachigen Geschichtswissenschaften wird meist der Deutsche Historikertag 1986 angeführt, der sich dem Thema „Räume der Geschichte – Geschichte des Raums" widmete. Angefeuert wurde die Debatte durch die etwa zeitgleiche Ausrufung eines *spatial turn* in den Kultur- und Sozialwissenschaften. Eine maßgebliche Rolle spielte dabei eine Publikation des amerikanischen Humangeografen Edward Soja von 1989, in der dieser einen „third space" proklamierte. Dieser „Drittraum" verbindet einen ersten materiell verstandenen Raum mit einem zweiten mental verstandenen Raum zu einer beide Aspekte integrierenden dritten Einheit.[72]

Ob eine solche letztlich alles einschließende Kategorie die Erforschung des Raums voranbringt, wurde in der Folge bezweifelt.[73] Entscheidend ist, auf theoretisch-methodischer Ebene Distinktionen zu treffen und diese in die Forschungspraxis zu übernehmen. Für umwelthistorische Raumbetrachtungen macht es Sinn, die materiellen und die symbolischen Dimensionen von Raum analytisch zunächst zu trennen, um daraufhin nach deren Verwobenheit und wechselseitiger Bedingtheit zu fragen. Räume sind also zum einen in ihrer Materialität zu erfassen, die naturgegeben und menschgemacht sein kann, in den allermeisten Fällen aber beides zugleich ist. Darauf hat Reinhard Koselleck schon am Anfang der Raumdebatte hingewiesen, als er 1986 vorschlug, Räume auf einer Skala einzuordnen, an deren einem Ende die „Naturvorgegebenheit jeder menschlichen Geschichte" und an deren anderem Ende die von Menschen geschaffenen Räume zu stehen

71 Zur Einführung siehe Rau, S., Räume. Konzepte, Wahrnehmungen, Nutzungen, Frankfurt a.M. 2017².

72 Soja, E. W., Postmodern Geographies. The Reassertion of Space in Critical Social Theory, London 1989.

73 So kritisierte etwa der Geograf Gerhard Hard, Soja würde zu einem undifferenzierten Raumverständnis des 19. Jahrhunderts zurückkehren. Hard, G., Der Spatial Turn, von der Geographie her beobachtet, in: J. Döring u. T. Thielmann (Hg.), Spatial Turn. Das Raumparadigma in den Kultur- und Sozialwissenschaften, Bielefeld 2008, S. 263–315. Dass sich der Osteuropahistoriker Karl Schlögel in seinem viel beachteten Buch „Im Raume lesen wir die Zeit" ausgerechnet auf den deutschen Geografen und Vordenker einer sozialdarwinistischen Geopolitik Friedrich Ratzel (1844–1904) bezog, war nicht dazu angetan, diesen Verdacht zu zerstreuen. Schlögel, K., Im Raume lesen wir die Zeit. Über Zivilisationsgeschichte und Geopolitik, München 2003. Für eine Kritik siehe Jureit, U., Das Ordnen von Räumen. Territorium und Lebensraum im 19. und 20. Jahrhundert, Hamburg 2012, S. 11/12.

kämen.[74] Neben materiellen Dimensionen sind zum anderen die gesellschaftlichen Raumwahrnehmungen, -diskurse und -praktiken zu rekonstruieren und zu ersteren in Bezug zu setzen.

Raumbegriffe

Neben dem Raumbegriff findet sich eine Vielzahl weiterer räumlicher Begriffe in der Forschungsliteratur. Eine Beschäftigung mit dieser ist unabdingbar, um die Begriffe selbst informiert und differenziert einsetzen zu können. Im Folgenden werden in Relation zum Raumbegriff die zentralen räumlichen Begriffe Ort, Landschaft und Territorium diskutiert und zwischendurch das Verhältnis von Raum und Zeit erörtert. Zunächst zum Ort: Die Unterscheidung von Raum und Ort ist inzwischen eine gebräuchliche, wenn sie auch nicht immer gleich gehandhabt wird. Meist geschieht sie in Anlehnung an oder zumindest mit Bezugnahme auf die englischsprachige Trennung in *space* und *place*. Mit Ort/*place* werden spezifische Lokalitäten bezeichnet, während Raum/*space* für die Strukturen, Ordnungen, Netzwerke verwendet wird, die aus der Distribution von Orten und auch von Menschen und Dingen hervorgehen, als, wie die Historikerinnen Iris Schröder und Sabine Höhler formulieren, „veränderliches Netz von Positionen und Relationen".[75]

Die Unterscheidung von Raum und Ort ist heuristisch sinnvoll und analytisch ergiebig. Sie erlaubt der Historikerin und dem Historiker, sich konkreten Orten zuzuwenden und die Handlungen von Menschen zu rekonstruieren, die letztlich stets auf lokaler Ebene situiert sind; oder kurz: Geschichte zu lokalisieren. So haben sich bezeichnenderweise gerade die Wissenschaftsgeschichte und die Globalgeschichte in den letzten Jahren programmatisch dem Lokalen zugewandt. Im Zentrum stand die Frage nach den Beziehungen und Wechselwirkungen zwischen dem Universellen beziehungsweise Globalen und dem Partikularen beziehungsweise Lokalen. Folglich blieben beide nicht im Lokalen stehen, sondern interessierten sich explizit für dessen universelle oder globale, auf jeden Fall translokale Verwobenheit – oder anders ausgedrückt: für dessen räumliche Verortung, für dessen Position und Relationen zu anderen Lokalitäten. Die Umweltgeschichte ging eher den umgekehrten Weg, startete im Lokalen, um sich zusehends dem Globalen zuzuwenden. Gute globale umwelthistorische Darstellungen blieben aber den lokalen Verhältnissen verbunden.[76] In Anlehnung an die Naturwissenschaften bezeichnete John R. McNeill diese lokalen Anbindungen als „truth testing", derer nicht nur die im globalen

74 Koselleck, R., Zeitschichten. Studien zur Historik, mit einem Beitrag von Hans-Georg Gadamer, Frankfurt a.M. 2000, S. 83.

75 Schröder, I. u. S. Höhler, Welt-Räume. Annäherungen an eine Geschichte der Globalität im 20. Jahrhundert, in: Dies. (Hg.), Welt-Räume. Geschichte, Geographie und Globalisierung seit 1900, Frankfurt a.M. 2005, S. 9–50, hier S. 30.

76 Von den vorliegenden globalen Umweltgeschichten löst dies jene von Joachim Radkau am besten ein: Radkau, J., Natur und Macht. Eine Weltgeschichte der Umwelt, München 2002².

Maßstab betriebene Umweltgeschichte, sondern jede globale Geschichtsschreibung bedürfe.[77] Ihr Interesse muss sich daher auf beides richten, auf historische Orte und historische Räume. Eine Untersuchung kann sowohl von einem Ort ausgehen als auch von einem Raum, sie darf aber weder das eine noch das andere als (vor-)gegeben verstehen, sondern kommt nicht umhin, Orte und Räume in ihrer Untersuchung zu konstruieren und sie somit zugleich zu historisieren.

Die Verwendung von Raum und Ort als Begriffspaar erlaubt zudem, Zeit als Gegenbegriff zu Raum zu konzipieren und die Veränderungen von Orten in Raum und Zeit zu beschreiben. Zum Verhältnis von Raum und Zeit hat Reinhard Koselleck festgehalten: „Jeder geschichtliche Raum konstituiert sich kraft der Zeit, mit der er durchmessen werden kann, wodurch er politisch oder ökonomisch beherrschbar wird."[78] In ähnlicher Weise postulierte der französische Soziologe Henri Lefebvre, aus dessen Werk Soja seinen Third Space ableitete, dass sich das Wesen eines Raums nur über seine Geschichte erhellen lasse. Lefebvre sprach daher von Räumen als Œuvres, als Werke, deren Genese und Sinngebung es zu rekonstruieren gelte, um zu ihrem Wesen beziehungsweise ihrer Natur vorzustoßen. So führte er in seinem 1974 erschienenen Buch „La production de l'espace" aus: „Es ist nie einfach vom Objekt (Produkt oder Werk) auf die (produktive und oder kreative) Aktivität zurückzuschließen. Doch nur diese Vorgehensweise erlaubt, das Wesen (*nature*) des Objekts zu erhellen, oder, wenn man so will, die Beziehung des Objekts zur Natur, indem der Prozess seiner Genese und seiner Sinngebung rekonstruiert wird."[79] Damit entwarf Lefebvre ein genuin (umwelt-)historisches Programm. Einen verwandten Zugang wählten in den 1970er und 1980er Jahren, und damit vor der Deklamation des *spatial turn*, kulturhistorische Arbeiten, die sich mit der Frage befassten, wie die technischen Neuerungen des 19. Jahrhunderts sich auf das Raum- und Zeitempfinden der Zeitgenossen auswirkten. Telegraf und Telefon, Eisenbahn und Dampfschiff ließen die Welt damals zusammenrücken. Nachrichten aus fernen Ländern, deren Übermittlung zuvor Wochen gebraucht hatte, erreichten die Empfänger nun fast in Echtzeit, und Orte, die bislang mehrere Tagesreisen entfernt lagen, waren nun in Stunden erreichbar. Zeit und Raum zugleich schienen zu schrumpfen.[80]

---

77 Corona, G., What is Global Environmental History? Conversation with Piero Bevilacqua, Guillermo Castro, Ranjan Chakrabarti, Kobus du Pisani, John R. McNeill, Donald Worster, in: Global Environmental Change 1 (2008), S. 228–249, hier S. 236. Das Webjournal *Arcadia* publiziert kurze umwelthistorische Aufsätze, die stets von einer konkreten Lokalität ausgehen: http://www.environmentandsociety.org/arcadia (zuletzt eingesehen am 05.05.2021).

78 Koselleck, Zeitschichten, S. 9. Vgl. Osterhammel, J., Die Verwandlung der Welt. Eine Geschichte des 19. Jahrhunderts, München 2009, S. 129–131.

79 Lefebvre, H., La production de l'espace, Paris 1974, S. 134. Meine Übersetzung.

80 Die Eisenbahn ließ Zeitgenossen gar von einer „Vernichtung von Raum und Zeit" reden. Schivelbusch, W., Geschichte der Eisenbahnreise. Zur Industrialisierung von Raum und Zeit im 19. Jahrhundert, Frankfurt a.M. 2000 Neuausg. Grundlegend auch Kern, S., The Culture of Time and Space 1880–1918, London 1983. Siehe zudem Kaschuba, W., Die Überwindung der Distanz. Zeit und Raum in der europäischen Moderne, Frankfurt a.M. 2004. Für eine globalhistorische Perspektive siehe Wenzlhuemer, R., Connecting the Nineteenth-Century World. The Telegraph and Globalization, Cambridge

Eine interessante Variante zum Raumbegriff bildet der Begriff der Landschaft. Landschaft ist unmittelbarer und sinnlicher als Raum. Landschaft weckt Bilder, sie lässt sich imaginieren. Raum ist abstrakt, eine leere Worthülse, die erst mit Bedeutung gefüllt werden muss. Ein Selbstversuch wird dies sofort bestätigen. Man braucht nur zu fragen, welche Assoziationen beim Wort Landschaft und welche beim Wort Raum auftauchen. Einen Raum müssen wir uns aneignen, eine Landschaft nicht: Sie ist bereits angeeignet. Diese besonderen Qualitäten des Landschaftsbegriffs haben zweifellos zu dessen Verbreitung und Popularität beigetragen. In den Wissenschaften ist der Landschaftsbegriff insbesondere in der Geografie sehr präsent, ist aber auch von der Soziologie und der Kunstgeschichte aufgegriffen worden und selbstverständlich in die Raumplanung eingeflossen.[81] Seine Verwendung bietet sich insbesondere dann an, wenn die soziale Konstruktion des Raums betont wird, wenn die sinnlichen und emotionalen Dimensionen eine Rolle spielen und wenn nach der Beziehung von Raum und Identität gefragt wird oder wenn die Alltagsbezüge stark sind.[82] Auch lässt sich Landschaft als Ensemble von Räumen und Orten konzipieren. Sofern der Landschaftsbegriff auch in den Quellen auftaucht, muss darauf geachtet werden, die analytische Begriffsverwendung von der Verwendung in den Quellen zu trennen – dies gilt selbstverständlich für alle Raumbegriffe.

Der Begriff des Territoriums ist der treffende im Zusammenhang mit staatlichen Reglementierungen von Raum. In ihrer wegweisenden Untersuchung zu den Raumordnungsbemühungen des frühen schweizerischen Bundesstaats im 19. Jahrhundert sprechen die Historiker David Gugerli und Daniel Speich diesbezüglich von den „Topografien der Nation". Sie untersuchen, wie Politik, Kartografie und Landschaft in Beziehung gesetzt wurden und wie sich diese Beziehung in einer Triangulation von Macht, Wissen und Raum in der gesellschaftlichen Ordnung

2012; Ders., Globalgeschichte schreiben. Eine Einführung in 6 Episoden, Konstanz 2017. Eng verknüpft damit ist die Thematik der Beschleunigung, die wir in Kap. 11 besprechen. Siehe zudem die Ausführungen in Kap. 2 Umwelthistorische Zeiten.

81 Aus der umfangreichen Literatur siehe etwa Mitchell, W. J. T., Imperial Landscape, in: Ders. (Hg.), Landscape and Power, Chicago 1994, S. 5–34; Kaufmann, S., Soziologie der Landschaft, Wiesbaden 2005; Büttner, N., Geschichte der Landschaftsmalerei, München 2006; Backhaus, N., C. Reichler u. M. Stremlow, Alpenlandschaften. Von der Vorstellung zur Handlung, Zürich 2007; Küster, H., Schöne Aussichten. Kleine Geschichte der Landschaft, München 2009; Werlen, B., Gesellschaftliche Räumlichkeit, Stuttgart 2010; Trepl, L., Die Idee der Landschaft. Eine Kulturgeschichte von der Aufklärung bis zur Ökologiebewegung, Bielefeld 2012; Kasper, M. u. a. (Hg.), Entdeckungen der Landschaft. Raum und Kultur in Geschichte und Gegenwart, Wien 2017. Aus der umwelthistorischen Literatur seien erwähnt: Lekan, T. u. T. Zeller (Hg.), Germany's Nature. Cultural Landscapes and Environmental History, New Brunswick 2005; Blackbourn, D., Die Eroberung der Natur. Eine Geschichte der deutschen Landschaft, München 2007.

82 Vgl. Schama, S., Landscape and Memory, London 1995; Kirchhoff, T. u. L. Trepl (Hg.), Vieldeutige Natur: Landschaft, Wildnis und Ökosystem als kulturgeschichtliche Phänomene, Bielefeld 2009; Guldin, R., Politische Landschaften. Zum Verhältnis von Raum und nationaler Identität, Bielefeld 2014; Leitner, U., Berg & Leute. Tirol als Landschaft und Identität, Innsbruck 2014; Readman, P., Storied Ground. Landscape and the Shaping of English National Identity, Cambridge 2018; Hanisch, E., Landschaft und Identität: Versuch einer österreichischen Erfahrungsgeschichte, Wien 2019.

niederschlug.[83] In einem viel beachteten Essay hat der amerikanische Historiker Charles S. Maier diesen auf nationalstaatlicher Ebene ansetzenden Prozess mit jenem der Globalisierung in Verbindung gebracht und die Zeit von 1860 bis 1970 als eine Epoche der weltweiten Territorialisierung charakterisiert.[84] In ähnlicher Weise, aber ohne auf Maier Bezug zu nehmen, konzipierte der Geograf Benno Werlen in Anlehnung an Anthony Giddens drei idealtypische Konstellationen der gesellschaftlichen Raumverhältnisse: eine prämoderne Konstellation, deren zeitliche und räumliche Verankerung auf lokal herrschenden Traditionen beruhte, eine moderne Konstellation, die sich „durch die rationale räumlich-zeitliche Territorialisierung der Organisation des gesellschaftlichen Zusammenlebens“ auszeichnete, und eine spätmoderne, in der sich die modernen Organisationsformen auflösen und die gesellschaftlichen Tätigkeitsfelder zeitlich und räumlich „entankert“ werden.[85]

In der europäischen Geschichte können Territorialisierungsprozesse auch in vormodernen Epochen beobachtet werden. Die Ausgestaltung des modernen Staats seit dem 18. Jahrhundert kann jedoch als eine neue und anhaltende Phase der Territorialisierung gesehen werden, die sich im 19. Jahrhundert unter europäisch-imperialistischen Vorzeichen globalisierte. Inwieweit diese Phase um 1970 endete und einer neuen Phase der De- oder Ent-Territorialisierung Platz machte, wie dies Werlen und Maier beobachten, und ob es sich dabei um einen Bruch mit oder eine Neukonfiguration der Moderne handelt, ist Gegenstand laufender Diskussionen. Für die Umwelt hatten Territorialisierungsprozesse zumeist einschneidende Konsequenzen, indem sie den staatlichen Zugriff auf natürliche Ressourcen stärkten oder auch erst ermöglichten.[86] Aber auch der gegenteilige Prozess der Ent-Territorialiserung konnte fatale Folgen für die Umwelt haben, wenn dadurch die staatliche Regulierung wegfiel und einer ungehemmten auf privaten Profit ausgerichteten Ausbeutung Platz machte. Dasselbe konnte passieren, wenn eine Territorialisierung ausblieb. Die Prozesse der Territorialisierung und der Ressourcennutzung stehen also in einem

83 Gugerli, D. u. D. Speich, Topografien der Nation. Politik, kartografische Ordnung und Landschaft im 19. Jahrhundert, Zürich 2002. Zu Deutschland siehe Jureit, Das Ordnen von Räumen.

84 Maier, C. S., Consigning the Twentieth Century to History. Alternative Narratives for the Modern Era, in: American Historical Review 105 (2000), S. 807–831. Siehe auch: Ders., Once Within Borders. Territories of Power, Wealth, and Belonging since 1500, Cambridge, Mass. 2016.

85 Werlen, B., Körper, Raum und mediale Repräsentation, in: J. Döring u. T. Thielmann (Hg.), Spatial Turn. Das Raumparadigma in den Kultur- und Sozialwissenschaften, Bielefeld 2008, S. 365–392. Ders., Gesellschaftliche Räumlichkeit; Vgl. zu dieser Thematik die Sammelbände Geppert, A. C. T., U. Jensen u. J. Weinhold (Hg.), Ortsgespräche. Raum und Kommunikation im 19. und 20. Jahrhundert, Bielefeld 2005; Schröder, I. u. S. Höhler (Hg.), Welt-Räume. Geschichte, Geographie und Globalisierung seit 1900, Frankfurt a.M. 2005; Geisthövel, A. u. H. Knoch (Hg.), Orte der Moderne. Erfahrungswelten des 19. und 20. Jahrhunderts, Frankfurt a.M. 2005; Burke, E. u. K. Pomeranz (Hg.), The Environment and World History, Berkeley 2009; Ganzenmüller, J. u. T. Tönsmeyer (Hg.), Vom Vorrücken des Staates in die Fläche. Ein europäisches Phänomen des langen 19. Jahrhunderts, Köln 2016.

86 Für eine schlüssige umwelthistorische Anwendung des Konzepts siehe Hoenig, B., Geteilte Berge. Eine Konfliktgeschichte der Naturnutzung in der Tatra, Göttingen 2018. Siehe zudem das Kap. 4 Meliorationen.

ambivalenten Verhältnis, das historisch unterschiedlichste Ausprägungen gefunden hat.

Multiple Skalen

Die wichtigste Bezugsgröße geschichtswissenschaftlichen Arbeitens war und ist die Nation. Selbst wenn die Untersuchungseinheit nicht der Nationalstaat bildete, sondern eine kleinere Einheit gewählt wurde, wie eine Stadt, eine Region oder ein Gliedstaat, oder aber die Untersuchung über die Grenzen des Nationalstaats hinausging und etwa internationale Entwicklungen in den Blick nahm, so blieb der Nationalstaat doch in der überwiegenden Zahl der Studien der wesentliche Referenzpunkt. Diese Fixierung auf den Nationalstaat lässt sich, wie eingangs ausgeführt, historiografisch erklären. Soweit sie ideologisch im Nationalismus begründet ist, ist sie als unwissenschaftlich abzulehnen und zu überwinden. Allerdings gibt es auch gute Gründe, gerade in der neueren europäischen Geschichte an der nationalstaatlichen Ebene festzuhalten. Schließlich sind Nation und Nationalstaat eine neuzeitliche europäische Erfindung. Aufgrund der weltweiten Dominanz, die europäische und europäisch geprägte Mächte im 19. und 20. Jahrhundert zwischenzeitlich erlangten, ist zudem auch die Globalgeschichte gut beraten, die Kategorie der Nation für diesen Zeitraum nicht nur beizubehalten, sondern ihr zentrale Bedeutung zukommen zu lassen. Denn eines der herausragenden Kennzeichen dieses Zeitabschnitts war die Globalisierung des europäischen Modells des Nationalstaats, das mit dem Niedergang der Imperien zur weltweit dominanten politischen Verfassung aufstieg.[87] In der Globalisierungsdebatte der letzten Jahrzehnte wurden Globalisierung und Nationalstaat irreführenderweise zumeist als antagonistische Kräfte diskutiert und die Globalisierung zur Totengräberin nationalstaatlicher Ordnungen stilisiert. Dagegen haben Sebastian Conrad und andere zu Recht eingewendet, dass sich historisch gesehen Prozesse der Globalisierung und des Auf- und Ausbaus von Nationalstaaten gegenseitig bedingten und befruchteten.[88] Dieses Argument lässt sich weiter zuspitzen und die Etablierung des Nationalstaats als globaler Standard und die nationalstaatliche Ordnung der Welt als epochales Kennzeichen der Globalisierung bezeichnen.

Die Macht des (National-)Staats stieg in den letzten Jahrhunderten zweifellos enorm an und erhob ihn zur vermutlich einflussreichsten Ordnungsinstanz der gesellschaftlichen Verhältnisse, die ihr Wirken zudem in zentralstaatlichen Archiven öffentlich zugänglich dokumentierte und auch so zu einem unhintergehbaren

87 Siehe Anderson, B., Imagined Communities. Reflections on the Origin and Spread of Nationalism, London 1991[2] und zum Verhältnis von Nationalstaat und Imperium Leonhard, J. u. U. v. Hirschhausen, Empires und Nationalstaaten im 19. Jahrhundert, Göttingen 2009.

88 Conrad, S., Globalisierung und Nation im deutschen Kaiserreich, München 2006; Sassen, S., Das Paradox des Nationalen. Territorium, Autorität und Rechte im globalen Zeitalter, Frankfurt a.M. 2008.

Dreh- und Angelpunkt der historischen Forschung geworden ist. Der Nationalstaat war auch ein mächtiges Instrument in der Umgestaltung von Natur und Umwelt. Allerdings entzogen sich Natur und Umwelt weit mehr und insbesondere auch systematischer als die menschlichen Bewohner und Bewohnerinnen dem nationalstaatlichen Zugriff. Weder Zugvögel noch Luftströmungen hielten sich an staatliche Grenzziehungen. Gewässer ließen sich zwar „korrigieren" und wurden zuweilen auch großräumig umgeleitet, an ihrer grundsätzlichen durch die Gravitation bestimmten Fließrichtung von oben nach unten und vom Landesinnern ins Meer war aber nicht zu rütteln. Staatliche Institutionen trieben die Nationalisierung der Natur zwar materiell und auch ideologisch voran, ihre nationale beziehungsweise imperiale Vereinnahmung blieb aber zwangsläufig Stückwerk.[89] Für die umwelthistorische Forschung gilt daher in verstärktem Ausmaß, was auch für andere historische Forschung zutrifft: Der Nationalstaat ist und bleibt eine wichtige Untersuchungseinheit, sie genügt aber für viele Themen und Fragestellungen nicht.

Mit der Zurücksetzung des nationalstaatlichen Rahmens verbindet sich eine wesentliche Steigerung der Komplexität historischen Arbeitens. Zum einen ist für jede Untersuchung zu entscheiden, auf welcher räumlichen Ebene diese ansetzt und welche räumlichen Eingrenzungen vorzunehmen sind. Zum anderen sind diese Entscheidungen zu begründen hinsichtlich der Fragestellung, der Quellenlage und der Bearbeitungskapazitäten, aber selbstverständlich auch hinsichtlich der für die Beantwortung der Fragestellung relevanten historisch festmachbaren Raumbezüge. Dies bringt einerseits forschungspraktische Schwierigkeiten mit sich: So lässt sich im Vergleich zu Projekten nationalen Zuschnitts der Rahmen sehr viel schlechter abstecken, den eine Untersuchung möglicherweise annehmen wird, was den Forschungsprozess zugleich weniger kalkulierbar macht. Damit zusammenhängend stellen die historischen Überlieferungen neue Herausforderungen, da gerade die klassischen staatlichen Archivbestände überwiegend national organisiert sind. Anderen Spuren zu folgen kann sich rasch als aufwändig erweisen. Erfahrungsgemäß sind streng methodisch begründete Suchparameter oft wenig zielführend, während eine heuristische Suche, die nach plausiblen Verknüpfungen forscht, ergiebigere Resultate zeigt. Andererseits öffnet diese Neuausrichtung innovativen Historikerinnen und Historikern ein weites Praxisfeld. Den geänderten Bedürfnissen angemessene Forschungsstrategien zu entwickeln und entsprechende Forschungszusammenhänge zu etablieren, ist eine der vordringlichen Aufgaben nicht nur, aber auch der umwelthistorischen Forschung.

Von einem dynamischen und relationalen Raumverständnis geht auch das von der Umwelthistorikerin Verena Winiwarter und dem Umwelthistoriker Martin Schmid ausgearbeitete Konzept des sozionaturalen Schauplatzes aus, indem es diese

89 Die Literatur dazu ist reichhaltig, u. a. Lekan, T. M., Imagining the Nation in Nature. Landscape Preservation and German Identity, 1885–1945, Cambridge 2004; Blackbourn, Die Eroberung der Natur; Coen, D. R., Climate in Motion. Science, Empire, and the Problem of Scale, Chicago 2018. In diesem Band siehe insb. die Kap. 4 und Kap. 9 Meliorationen und Naturschutz.

Schauplätze durch sozionaturale Arrangements und Praktiken geformt und fortlaufend erneuert sieht. Sie sind historisch spezifisch und greifen räumlich und zeitlich aus: „socio-natural sites are spatially nested across scales and differ in duration."[90] Zugleich ist der sozionaturale Schauplatz ein Konstrukt der Forschung, das im Zuge der historischen Auseinandersetzung mit dem überlieferten Material entsteht. Somit hängt die Gestalt des Schauplatzes auch von den forschungsleitenden Interessen der oder des Forschenden ab.[91]

Wie aber ist eine umwelthistorische Untersuchung räumlich zuzuschneiden? In dieser Hinsicht gibt es, wie Richard White in einem weiterhin lesenswerten, 1999 erschienenen Aufsatz betont, nicht richtige und falsche, aber bessere und schlechtere Entscheidungen. Jede Skalierung einer Untersuchung bringt Vor- und Nachteile: „Each scale reveals some things while masking others."[92] So bewirkte die Dominanz der nationalen Geschichtsschreibung, dass transnationale Dimensionen historischer Entwicklungen ausgeblendet wurden und tendenziell auch lokale und regionale Lebenswelten unterbelichtet blieben. Entscheidend ist zudem, dass sich historische Phänomene in aller Regel nicht lokalen, regionalen, nationalen oder globalen Skalen zuordnen lassen, sondern sich gerade dadurch auszeichnen, dass sie auf unterschiedlichen räumlichen Ebenen Wirkung entfalten, wenn auch in unterschiedlichem Ausmaß. Dabei kommt es zu Überschneidungen und Interaktionen und manchmal auch zu feststellbaren kausalen Beeinflussungen, die lediglich in einer Richtung wirken. Um diese Multiräumlichkeit konzeptionell auszuarbeiten, greift White ebenfalls auf Lefebvres Soziologie des Raums zurück und führt zur Illustration dessen Beispiel eines modernen Hauses und dessen Bewohner und Bewohnerinnen an, deren Leben sich zum einen vorwiegend lokal abspielt, zugleich aber über technische Infrastrukturen und andere Verbindungen in weite Räume hineinreicht. Im Anschluss an Lefebvre spricht sich White für ein dynamisches Verständnis von Raum aus und dafür, Räume nicht als segregiert, sondern als sich wechselseitig durchdringend zu verstehen, ohne damit aber in eine schwammige Heterogenität abzugleiten. Vielmehr gehe es darum, natürliche und soziale Räume in sich historisch wandelnde Beziehungen zu bringen.[93] Denn auch was lokal, regional, national und global ist, ist historisch nicht stabil, sondern wird über historische

90 Winiwarter, V. u. M. Schmid, Socio-Natural Sites, in: S. Haumann, M. Knoll u. D. Mares (Hg.), Concepts of Urban-Environmental History, Bielefeld 2020, S. 33–50, hier S. 34. Siehe auch meine Ausführungen in Kap. 1 Sozionaturale Verhältnisse im Wandel.

91 Anwendungsbeispiele sind Winiwarter, V., M. Schmid u. G. Dressel, Looking at Half a Millennium of Co-Existence: the Danube in Vienna as a Socio-Natural Site, in: Water History 5 (2013), S. 101–119; Knoll, M., Die Natur der menschlichen Welt. Siedlung, Territorium und Umwelt in der historisch-topografischen Literatur der frühen Neuzeit, Bielefeld 2013.

92 White, R., The Nationalization of Nature, in: Journal of American History 86 (1999), S. 976–986, hier S. 978.

93 Ebd., S. 978f.

Akteure und ihre Praktiken fortlaufend erneuert und zueinander in Beziehung gesetzt.[94]

Räumliche Beziehungen sind also nicht gegeben, sondern sie werden in sozionaturalen Prozessen etabliert oder aufgebrochen, stabilisiert oder destabilisiert. Zwischen Räumen unterschiedlicher Verfasstheit können sich Überlappungszonen ausbilden und über längere Zeit bestehen, ohne dass sich die Differenzen in ihnen aufheben. Dies galt etwa für Überlappungen zwischen urbanen und ländlichen oder zwischen kolonialen und indigenen Räumen.[95] Für ungewöhnliche, „andere" Räume führte der französische Philosoph und Historiker Michel Foucault in den 1960er Jahren den Begriff der Heterotopie ein. Im Unterschied zu rein fiktionalen Utopien haben Heterotopien eine materielle Entsprechung in der realen Welt, deren Wirklichkeit sich aber radikal von derjenigen konventioneller Räume abhebt. Als Beispiele solcher heterotopen Räume nennt Foucault in seinen originellen, aber wenig systematischen Ausführungen das Freudenhaus, die Jesuitenkolonie und das Schiff. In diesen lokalisierbaren Räumen wird eine Differenz produziert, die sie zu Gegenorten des gesellschaftlichen Normalraums macht und in ein spannungsgeladenes Verhältnis zur dominanten Kultur und ihrer räumlichen Ordnung treten lässt.[96] Dies trifft auch auf jene Naturräume zu, die in der Moderne von Kulturräumen scharf geschieden, zugleich aber in stetigem Kontakt mit der Kultur gehalten wurden. So ist der Nationalpark geradezu ein Musterbeispiel einer Heterotopie. In ihm ließ sich die Illusion pflegen, Natur nicht nur abseits der Kultur in ihrem „natürlichen" Zustand zu erhalten, sondern auch anhand der Differenz zum Kulturraum die menschlichen Errungenschaften bemessen und bewerten zu können. In der räumlich umgesetzten, säuberlichen Trennung in Kultur und Natur offenbarte sich der Nationalpark als aktiver Träger und Gestalter der modernen dialektischen Natur-Kultur-Ordnung. Seine Geschichte bietet daher einen privilegierten Einblick in den modernen Wandel des gesellschaftlichen Umgangs mit Natur und dessen räumliche Manifestationen.[97]

---

94 Die wechselseitige Konstituierung lokaler und globaler Räume wird auch unter dem Begriff Glokalisierung verhandelt. Robertson, R., Globalization. Time-Space and Homogeneity-Heterogeneity, in: M. Featherstone, S. Lash u. R. Robertson (Hg.), Global Modernities, London 1995, S. 25–44.

95 Inspirierend hierzu Richard Whites Konzept des Middle Ground: White, R., The Middle Ground. Indians, Empires, and Republics in the Great Lakes Region, 1650–1815, Cambridge 1991.

96 Foucault, M., Von anderen Räumen, in: J. Dünne u. H. Doetsch (Hg.), Raumtheorie. Grundlagentexte aus Philosophie und Kulturwissenschaften, Frankfurt a.M. 2006, S. 317–329.

97 Siehe Kupper, P., Wildnis schaffen. Eine transnationale Geschichte des Schweizerischen Nationalparks, Bern 2012; Gissibl, B., S. Höhler u. P. Kupper (Hg.), Civilizing Nature: National Parks in Global Historical Perspective, New York 2012; Gissibl, B., The Nature of German Imperialism. Conservation and the Politics of Wildlife in Colonial East Africa, New York 2016. Einen globalgeschichtlichen Ansatz, der moderne Gegenwelten in einem fragmentierten globalen Raum situiert, entwerfen Kupper, P. u. B. C. Schär, Moderne Gegenwelten. Ein mikrohistorischer Beitrag zur europäischen Globalgeschichte, in: C. Dejung u. M. Lengwiler (Hg.), Ränder der Moderne. Neue Perspektiven auf die Europäische Geschichte (1800–1930), Köln 2016, S. 93–114.

Um die Komplexität historischer Raumbeziehungen einzufangen, bietet es sich an, die räumliche Skala, auf der die Analyse angesetzt wird, zu variieren. Wenn kleinere Strukturen in größeren aufgelöst werden, wie dies die Nationalgeschichte, aber auch die Weltgeschichte in ihren synthetisierenden Darstellungen traditionell betrieben haben, geht ein Großteil der Komplexität der historischen Raumbeziehungen und damit der historischen Wirklichkeit verloren. Es ist symptomatisch, dass gerade in der Historischen Anthropologie alternative Vorgehensweisen ausgearbeitet wurden. So schlug der französische Historiker Jacques Revel ein *Jeux d'échelles* vor, ein Spiel mit Größenordnungen oder Maßstäben.[98] Wichtige Inspirationsquelle waren die italienische Microstoria, aber auch Sigfried Kracauers posthum erschienenes Buch „Geschichte – Vor den letzten Dingen", in dem er inspiriert vom Film für ein permanentes Wechseln der Einstellungen, von „close-ups" und „long shots", eintrat.[99] Inzwischen liegen mehrere umwelthistorische Studien vor, die sich an multiskalaren Raumkonzeptionen orientieren und sie empirisch umzusetzen suchen. So hat Gregory T. Cushman eine Umweltgeschichte von Guano verfasst, die lokale und globale Entwicklungen beispielgebend verknüpft.[100] Bernhard Gißibls Darstellung des deutschen kolonialen Naturschutzes wechselt zwischen deutschen und kolonialen, europäischen und afrikanischen Schauplätzen und Zusammenhängen.[101] Ich selbst habe versucht, die Geschichte des Schweizerischen Nationalparks als eine transnationale Geschichte zu interpretieren und sie im Wechselspiel von globaler, nationaler und lokaler Skalierung darzustellen.[102] Diese Studien zeichnet aus, dass sie die Analyse auf mehreren räumlichen Skalen anlegen und untersuchen, wie sich ihre Untersuchungsgegenstände auf unterschiedlichen räumlichen Ebenen entfalten und wie diese Ebenen untereinander verknüpfen sind. Sie thematisieren auch, wie natürliche und gesellschaftliche Räume menschliches Denken und Handeln strukturierten und wie Denken und Handeln umgekehrt umwelthistorische Räume hervorbrachten.

Schluss

Das Kapitel begann mit Jon Mathieus drei Möglichkeiten, einen historischen Raum zu definieren. Mit den drei Varianten sind drei grundlegende Vorgehensweisen verbunden, die es sich zu vergegenwärtigen lohnt. Die dritte Variante („ein Gebiet,

98 Revel, J. (Hg.), Jeux d'échelles. La micro-analyse à l'expérience, Paris 1996.

99 Kracauer, S., Geschichte – Vor den letzten Dingen, Frankfurt a.M. 1971. Einen kompetenten Einstieg in diese Diskussionen bietet Tanner, J., Historische Anthropologie zur Einführung, Hamburg 2004, S. 101–118.

100 Cushman, G. T., Guano and the Opening of the Pacific World. A Global Ecological History, Cambridge 2013.

101 Gissibl, The Nature of German Imperialism.

102 Kupper, Wildnis schaffen. Zur Programmatik einer transnationalen Umweltgeschichte siehe auch Ders., Transnationale Umweltgeschichte, in: M. Jakubowski-Tiessen (Hg.), Beiträge zum Göttinger Umwelthistorischen Kolloquium 2011–2012, Göttingen 2014, S. 79–90.

das von Historikern und Historikerinnen untersucht wird") baut zumeist auf einer Forschungstradition auf, die immer noch zu oft einfach fortgeschrieben wird, anstatt sie kritisch zu reflektieren und die eigene raum-zeitliche Skalierung bestmöglich auf die Fragestellung zuzuschneiden. Die erste Variante („ein Gebiet mit einem wie auch immer beschaffenen politischen Zusammenhalt") entspricht der Transfer- oder Verflechtungsgeschichte, in welcher der Untersuchungsraum durch das Handeln der Akteure geschaffen wird.[103] Wenn wir Mathieus Einschränkung auf das „Politische" fallen lassen, eröffnen sich zusätzliche Perspektiven. So kommt etwa die Rezeptionsgeschichte eines Raums ins Blickfeld, etwa jene der Alpen und wie diese seit der europäischen Aufklärung und Romantik zu einer sublimen europäischen Landschaft umgedeutet wurden.[104] Interessante Aspekte dieser Geschichte sind, um nur zwei miteinander zusammenhängende Punkte zu nennen, wie sich die Alpen in der Außenwahrnehmung auf wenige prominente, zumeist in der Schweiz gelegene Orte reduzierten und es zugleich zu einer weitgehenden Gleichsetzung von Alpen und Schweiz kam, die wiederum der Benennung von Landschaften als „Schweiz" und „Alpen" auf der ganzen Welt Vorschub leistete.[105] Für die Wahrnehmung Europas lässt sich ähnliches beobachten, wie etwa die Reduktion der „Europäischen Stadt" auf wenige namhafte Metropolen.[106] Gerade die Gegenstände umwelthistorischer Untersuchungen, seien es Klima, Berge, Flüsse oder Tiere, halten sich oft nicht an politische Grenzen, zeichnen sich zugleich aber über einen geradezu offenkundigen „Zusammenhalt" aus. Wie sich politische Grenzen wiederum auf die Gestaltung der Umwelt auswirkten und umgekehrt die Umwelt auf die Gestaltung politischer Grenzen, gehört zu den spannenden und noch wenig untersuchten Themen der Umweltgeschichte.[107]

Mathieus letzte Variante („ein Gebiet, dessen Bevölkerung gewisse Erfahrungen teilt") kann ebenfalls in den Rahmen einer Verflechtungsgeschichte fallen, kann aber auch so verstanden werden, dass sich das Gebiet aus Lokalitäten zusammensetzt, die voneinander unabhängig sind. Das Teilen der Erfahrung würde dann nicht auf eine

103 Werner, M. u. B. Zimmermann, Beyond Comparison. Histoire Croisée and the Challenge of Reflexivity, in: History and Theory 45 (2006), S. 30–50.

104 Siehe etwa Mathieu, J. u. L. S. Boscani (Hg.), Die Alpen! Zur europäischen Wahrnehmungsgeschichte seit der Renaissance, Bern 2005; Reichler, C., Entdeckung einer Landschaft. Reisende, Schriftsteller, Künstler und ihre Alpen, Zürich 2005.

105 Frei, P., Transferprozesse der Moderne. Die Nachbenennungen „Alpen" und „Schweiz" im 18. bis 20. Jahrhundert, Bern 2017.

106 Siehe dazu das Kap. 7 Urbanisierung.

107 Siehe etwa Kupper, P., Grenzüberschreitungen. Zur Geschichte von Mensch und Tier im Schweizerischen Nationalpark, in: Histoire des Alpes 15: Mensch und Wildtiere (2010), S. 229–245; Bernhardt, C., Im Spiegel des Wassers. Eine transnationale Umweltgeschichte des Oberrheins (1800–2000), Köln 2016; Elsig, A., Quand la frontière est polluée. Protéger et soigner les eaux du Léman entre France et Suisse (1950–1980), in: G. Barth-Scalmani, P. Kupper u. A.-L. Head-König (Hg.), Grenzen/Frontières, Zürich 2018, S. 239–258; Eckert, A. M. u. P. Šimková, Transcending the Cold War. Borders, Nature, and the European Green Belt Conservation Project along the Former Iron Curtain, in: A.-K. Wöbse u. P. Kupper (Hg.), Greening Europe. Environmental Protection in the Long Twentieth Century – A Handbook, München 2022, Kap. 6.

wie auch immer geartete Verknüpfung verweisen, sondern auf analoge, aber unabhängig voneinander entstandene Erfahrungen, die erst in der wissenschaftlichen Untersuchung zusammengeführt werden. Das Instrument hierzu ist der historische Vergleich.[108] In der Historiografie finden sich wie bei Mathieu meist Mischformen. Zudem hat sich gerade eine flexible Kombination von transfer- beziehungsweise verflechtungsgeschichtlichen mit historisch vergleichenden Ansätzen als fruchtbar erwiesen. Wichtig ist, das eigene Vorgehen transparent zu machen (nicht zuletzt sich selbst!), es zu kontrollieren und kritisch zu reflektieren. Hierzu gehören erstens die reflektierte Verwendung räumlicher Begriffe und Konzepte, zweitens eine in der Fragestellung begründete und dem Vorhaben angemessene raumzeitliche und thematische Anlage der Untersuchung und drittens ein überlegtes Einstellen und Kombinieren der Skalen der Untersuchung. Für umwelthistorische Untersuchungen gilt zudem, natürliche und gesellschaftliche Räume in Beziehung zu setzen und so sozionaturale Verhältnisse oder Schauplätze historisch zu rekonstruieren.

108 Für eine Umsetzung in eine Weltgeschichte der Berge siehe Mathieu, J., Die dritte Dimension. Eine vergleichende Geschichte der Berge in der Neuzeit, Basel 2011.

III. Themenfelder und Untersuchungsgegenstände

4. Meliorationen

Am 2. Juli 1753, nach sechs Jahren mühevoller Bauarbeiten war es soweit: Die Oder wurde bei Güstebiese (dem heute polnischen Gozdowice) in das ihr vorbreitete neue Flussbett geleitet. Über zwanzig Kilometer erstreckte sich der Kanal, der 32.500 Hektar Land trockenlegte, das in den folgenden Jahren Kolonisten nicht nur aus Brandenburg, sondern auch aus Schwaben, aus Franken und Sachsen, Böhmen und Polen urbar machten.[1] „Hier habe ich im Frieden eine Provinz erobert", stieß der preußische König Friedrich II. beim Anblick des vollbrachten Werks triumphierend aus.[2]

Die Trockenlegung des Oderbruchs war ein für jene Zeit gewaltiges Werk, und es bildete den Auftakt für eine lange Serie „friedlicher" Eroberungen, welche der Herrschaft Friedrichs II. ebenso ihr Gepräge gaben wie die kriegerischen Eroberungen, die sein Preußen zur europäischen Großmacht aufsteigen ließen. „Es fällt schwer, sich eine Vorstellung von der schieren Ausdehnung des Neulands zu machen, das während der Regierungszeit Friedrichs II. (1740-1786) gewonnen wurde", schreibt David Blackbourn in seinem magistralen Werk „Die Eroberung der Natur", in dem er die tiefgreifenden Veränderungen schildert, die deutsche Flusslandschaften von der Mitte des 18. Jahrhunderts bis in die nahe Gegenwart erfahren haben.[3] Für das Werden des modernen Europa waren die Unternehmungen, die seit Mitte des 18. Jahrhunderts meist von staatlicher Seite erst mit Spaten und Schaufeln, später mithilfe von Baggern und weiterer Maschinen in Angriff genommen wurden, ebenso bedeutend wie die militärischen Auseinandersetzungen, die diese Staaten mit Kanonen und anderen Mitteln führten: so die These, die hier vertreten werden soll.

Von den Kriegen lesen wir in herkömmlichen Darstellungen zur europäischen Geschichte viel, von diesen anderen Unternehmungen hingegen nur wenig, und

1 Blackbourn, D., Die Eroberung der Natur. Eine Geschichte der deutschen Landschaft, München 2007, S. 33–96.

2 Zit. nach ebd., S. 52.

3 Ebd., S. 53.

schon gar nicht erhalten wir sie in ihren Begründungen, Kontexten und Konsequenzen geschildert. Natur und Landschaft werden meist nur beiläufig thematisiert und wenn, dann vorwiegend als Kulisse, vor der sich das eigentliche Geschehen entfaltet, oder sie werden allenfalls als zumeist widriger Umstand einbezogen, der die menschlichen Akteure in ihren Handlungen behindert oder einschränkt. Nur selten führt diese Beobachtung allerdings zur Erkenntnis, dass es sich dabei nicht lediglich um spezielle Episoden, sondern um einen Grundzug historischer Entwicklungen handelt und dass nicht nur Menschen und Gesellschaften aktiv sind und Veränderungen bewirken, sondern dass auch Naturen und Umwelten Dynamiken entfalten und sich wandeln. Gesellschaftlicher und ökologischer Wandel hängen zusammen und müssen als Zusammenhang umwelthistorisch erschlossen werden. Nur so lassen sich geschichtliche Verläufe umfassend verstehen und erzählen.[4]

Wie die ökologischen Wissenschaften in jahrzehntelanger Forschung erkannt haben, ist das „natürliche Gleichgewicht" kein Naturzustand, sondern eine von Menschen an die Natur herangetragene Idealvorstellung. Natur ist von sich aus nicht stabil, vielmehr ist sie fortlaufend in Veränderung begriffen. Kurz gesagt: Natur ist Veränderung. Zwar können unter bestimmten Voraussetzungen vergleichsweise stabile Verhältnisse auftreten, vermeintliche Gleichgewichtslagen. Diese halten sich aber stets nur vorübergehend, bis Ereignisse eintreten oder Prozesse sich fortsetzen, welche den ökologischen Wandel erneut in Gang setzen.[5] Gewisse Veränderungen wie Klimaschwankungen oder evolutive Prozesse entfalten sich langsam und über sehr lange Zeiträume. Andere wiederum ereignen sich plötzlich, geschehen einmalig oder treten unregelmäßig auf, so etwa extreme Naturereignisse wie Vulkanausbrüche, Stürme oder Dürren. Das Kennzeichen vieler Veränderungen ist aber ihre regelmäßige Wiederkehr, sie folgen dem Tages- oder Jahresverlauf oder auch mehrjährigen Zyklen. Historische Gesellschaften versuchten nicht nur, sich solchen natürlichen Verläufen und Veränderungen anzupassen, sondern diese auch zu ihren eigenen Gunsten zu beeinflussen. Ihr Augenmerk galt sowohl den Regelmäßigkeiten in der Natur als auch deren Wechselhaftigkeiten und deren Dynamiken. Sie suchten sich zum einen vor der Natur zu schützen und zum anderen diese für sich zu nutzen und sie nach den eigenen Bedürfnissen zuzurichten. Wie dies Gesellschaften taten, kann als soziales Lernen verstanden werden.[6]

---

4 Siehe auch meine Ausführungen in Kap. 1 Sozionaturale Verhältnisse im Wandel.

5 Siehe beispielsweise Cronon, W. (Hg.), Uncommon Ground. Rethinking the Human Place in Nature, New York 1996; Reichholf, J., Stabile Ungleichgewichte. Die Ökologie der Zukunft, Frankfurt a.M. 2008.

6 Poliwoda, G. N., Aus Katastrophen lernen. Sachsen im Kampf gegen die Fluten der Elbe 1784 bis 1845, Köln 2007; Pfister, C., Learning from Nature-Induced Disasters. Theoretical Considerations and Case Studies from Western Europe, in: C. Mauch u. C. Pfister (Hg.), Natural Disasters, Cultural Responses. Case Studies toward a Global Environmental History, Lanham, 2009, S. 17–40 und allgemein zur historischen Bedeutung sozialen Lernens Siegenthaler, H., Regelvertrauen, Prosperität und Krisen. Die Ungleichmäßigkeit wirtschaftlicher und sozialer Entwicklung als Ergebnis individuellen Handelns und sozialen Lernens, Tübingen 1993.

Im Folgenden werden Natur und Mensch, Umwelt und Gesellschaft als aktiv und veränderlich verstanden und gesellschaftliches Handeln auf gesellschaftliche und natürliche Dynamiken bezogen. Mit dieser Sichtweise lassen sich unterschiedliche Bereiche einer fruchtbaren umwelthistorischen Interpretation zuführen: von der Herausbildung von Landnutzungssystemen über die Anlage von Siedlungen und Städten bis zur Kolonialgeschichte. Besonders anschaulich lassen sich die Vorzüge dieser Betrachtungsweise jedoch am Beispiel der Gestaltung von Flusslandschaften herausarbeiten. Zudem begannen europäische Gesellschaften im 18. Jahrhundert Flusslandschaften in einer neuen Art und Weise umzugestalten, an welcher der epochale Übergang von der Vormoderne zur Moderne umwelthistorisch festgemacht werden kann. Diesem Übergang und den Brüchen, die ihn kennzeichneten, aber auch den Kontinuitäten, die sich weiterzogen, wird im ersten Teil nachgegangen. Sodann wird auf die menschlichen Akteure und Triebkräfte des Wandels eingegangen, um anschließend die Dynamik der Natur in die Darlegung miteinzubeziehen.

Der Übergang in die Moderne: Brüche und Kontinuitäten

Menschliche Gemeinschaften inner- und außerhalb Europas siedelten sich mit Vorliebe in der Nähe von Fließgewässern an. Ein Großteil der jeweiligen Bevölkerung lebte entlang der vielen Flussläufe, und auch die bedeutenden Städte und Zentren entstanden an ihren Ufern. Flüsse waren für Gesellschaften Quellen des Reichtums: Ihnen konnten sie das lebensnotwendige Trink- und Brauchwasser entnehmen und nach Gebrauch wieder zurückgegeben. Ebenso dienten sie ihnen der Bewässerung und Entwässerung der Felder, dem Antrieb von Maschinen und damit der Verrichtung von Arbeit. Menschen und Waren ließen sich auf ihnen deutlich rascher, günstiger und sicherer als auf dem Landweg befördern. Dies änderte sich erst im Laufe des 19. Jahrhunderts, als die Eisenbahn das Reisen und den Transport zu Land nachhaltig umkrempelte. In der Fischerei boten Gewässer den Menschen eine zusätzliche Ernährungs- und Erwerbsmöglichkeit, und schließlich befriedigten sie auch ästhetische Bedürfnisse und strukturierten Räume der Erholung.[7]

Zugleich waren Gewässer aber Quellen des Verderbens: Periodisch auftretende Hochwasser bedrohten Siedlungen und Felder. Ausgedehnte Sümpfe machten Ländereien entlang ihrer Ufer landwirtschaftlich unergiebig, ihr Betreten beschwerlich und gefährlich, und die Gebiete bargen Krankheiten, die Besucher und Bewohnerinnen gleichermaßen heimsuchten. Aufgrund der hohen Bedeutung von Flüssen für die Wohlfahrt einer Gemeinschaft – den Gewinnen, die sich mit ihnen erzielen ließen, aber auch den Gefahren, die sie in sich trugen – erstaunt es nicht, dass Gesellschaften schon früh begannen, sowohl Nutzungen als auch Schutzmaßnahmen sozial zu organisieren. So entwickelten sich teilweise hochkomplexe Mechanismen

7 Für einen Überblick siehe Frioux, S., Environmental History of Water Resources, in: M. Agnoletti u. S. N. Serneri (Hg.), The Basic Environmental History, Cham 2014, S. 121–141.

der Regulierung. Die Ausbildung gemeinschaftlicher und staatlicher Institutionen war historisch eng verknüpft mit der sozialen Anpassung an die dynamischen Eigenschaften von Flüssen sowie den Versuchen, diese zu beeinflussen. Soziale Organisation, wirtschaftliche Interessen und politische Macht sind daher für die Umweltgeschichte von Flüssen zentrale Kategorien.[8]

Wenn sich nun das gesellschaftliche Leben an und mit Flüssen in Europa über viele Jahrhunderte ausgebildet hat, wodurch zeichnen sich dann die letzten 250 Jahre aus, die hier im Vordergrund stehen sollen? Was charakterisiert die Entwicklungen im und zum modernen Europa, und wie grenzt sich diese Epoche umweltgeschichtlich von früheren Epochen ab? Dass an und mit dem Wasser gebaut wurde, war in der Tat nichts Neuartiges, von einer neuen Qualität war hingegen, wie David Blackbourn festhält, „das Ausmaß und die Auswirkungen von Wasserbauten“.[9] Diese wurden zahl- und umfangreicher, untereinander komplexer und stärker vernetzt und damit auch aufeinander bezogen und voneinander abhängig. Nicht nur einzelne Flüsse, sondern ganze Flusssysteme verwandelten sich nun durch menschliche Eingriffe in „organische Maschinen“, um eine Metapher des amerikanischen Umwelthistorikers Richard White aufzunehmen.[10] Vom Funktionieren dieser Maschinen hingen, auch infolge des Bevölkerungswachstums und der Kultivierung und dauerhaften Besiedlung von meliorierten Landstrichen, eine stark wachsende Zahl von Menschen und anderen Organismen ab. Zudem wurden entlang der begradigten Flüsse und errichteten Kanäle weitere zentrale Infrastrukturen angelegt, wie Eisen- und später Autobahnen, Telegrafen-, Telefon- und Hochspannungsleitungen, aber auch Gewerbebetriebe und Fabriken oder etwa Einkaufszentren und Einfamilienhäuser. Auch diese wurden Teil einer verzahnten modernen Maschinerie.[11]

Tatsächlich gestalteten die europäischen Gesellschaften seit dem 18. Jahrhundert, vor allem aber im 19. und 20. Jahrhundert die Gewässerlandschaften Europas in präzedenzlosem Umfang um. Flüsse, die mit ihren Mäandern ganze Talsohlen einnahmen, sich von Zeit zu Zeit einen neuen Lauf suchten und alte Bette zurückließen, verschwanden ebenso aus der europäischen Landschaft wie die von ihnen gespeisten ausgedehnten Feuchtgebiete, die Moore und Auenwälder. Den Flüssen

8 Siehe Radkau, J., Natur und Macht. Eine Weltgeschichte der Umwelt, München 2002^2, S. 107–182; Blackbourn, Die Eroberung der Natur; Mauch, C. u. T. Zeller (Hg.), Rivers in History. Perspectives on Waterways in Europe and North America, Pittsburgh 2008; Bernhardt, C., Im Spiegel des Wassers. Eine transnationale Umweltgeschichte des Oberrheins (1800–2000), Köln 2016; van Dam, P. J., P. van Cruyningen u. M. van Tielhof (Hg.), A Global Comparison of Pre-Modern Institutions for Water Management, Winwick 2017.

9 Blackbourn, Die Eroberung der Natur, S. 11. Vgl. auch Bernhardt, Im Spiegel des Wassers.

10 White, R., The Organic Machine. The Remaking of the Columbia River, New York 1995. Für einen (fluss-)biografischen Ansatz siehe Cioc, M., The Rhine: An Eco-Biography, 1815–2000, Seattle 2002; vgl. zudem Coates, P., A Story of Six Rivers. History, Culture and Ecology, London 2013.

11 Siehe Högselius, P., A. Kaijser u. E. van der Vleuten, Europe's Infrastructure Transition. Economy, War, Nature, London 2016; van Laak, D., Alles im Fluss. Die Lebensadern unserer Gesellschaft – Geschichte und Zukunft der Infrastruktur, Frankfurt a.M. 2018.

wurden neue Bette zugewiesen, geradere und kürzere, die Ufer beidseitig befestigt. In ihrem Aussehen begannen sie mehr und mehr den Kanälen zu gleichen, die ebenfalls in großer Zahl gegraben und mit den Fließgewässern systematisch zusammengeschlossen wurden. Dadurch entstanden großräumig verbundene, weitverzweigte Gewässersysteme, die nicht nur neue Transportmöglichkeiten eröffneten, sondern es auch ermöglichten, Wasser in andere Gebiete zu leiten, sowohl zur Be- als auch zur Entwässerung. Durch Talsperren entstanden künstlich Tausende neuer Seen, in denen das Wasser zurückgehalten wurde, um es zur gewünschten Zeit konzentriert ablassen und ab dem 20. Jahrhundert zur gezielten Stromproduktion nutzen zu können. Alleine in den Alpen entstanden Hunderte von Staubecken, zu deren Speisung unzählige Quellen gefasst und deren Wasser über meist unterirdisch verlegte Rohre in die Becken geführt wurden. Auch vor größeren Umleitungen schreckten die Ingenieure nicht zurück. So entwässert sich der Tiroler Achensee seit der Vollendung des dortigen Speicherkraftwerks in der Zwischenkriegszeit nicht mehr nach Norden in die Isar, sondern nach Süden in den Inn.[12]

Während neue menschgemachte Bäche, Flüsse und Seen entstanden, hörten andere zu existieren auf. Mehr noch aber verschwanden aus dem Sichtfeld, indem sie, insbesondere in urbanen Gebieten, unter die Erde gelegt und oft auch in die Kanalisation integriert wurden. Verdolt entwichen sie meist bald dem kollektiven Gedächtnis, selbst wenn Flur- und Strassennahmen ihre Existenz weiter bezeugten.[13] Es gab kaum ein Gewässer, das nicht die Aufmerksamkeit von Ingenieuren auf sich zog und von Wasserbaubehörden in ihre Planungen einbezogen wurde. Selbst in die abgelegenen Gebirgstäler und die weiten Gebiete des hohen Nordens stießen die Wasserbauer zunehmend vor. Nur wenige Flüsse entgingen ihrem Zugriff. Sie wurden in der zweiten Hälfte des 20. Jahrhunderts zu Schauplätzen des Kampfes um die „letzten Wildbäche“ Europas und zu Orten, an denen Naturschützer verbliebene Auenlandschaften und Moore zu erhalten hofften.[14]

---

12 Landry, M. D., Environmental Consequences of the Peace: The Great War, Dammed Lakes, and Hydraulic History in the Eastern Alps, in: Environmental History 20 (2015), S. 422–448. Siehe auch Ders., Europe's Battery. The Making of the Alpine Energy Landscape, 1870–1955, unpubl. PhD-Diss. 2013.

13 Zur urbanen Flussgeschichte siehe Castonguay, S. u. M. D. Evenden (Hg.), Urban Rivers. Remaking Rivers, Cities, and Space in Europe and North America, Pittsburgh 2012; Knoll, M., U. Lübken u. D. Schott (Hg.), Rivers Lost, Rivers Regained. Rethinking City-River Relations, Pittsburgh 2017; Winiwarter, V. u. a., The Long-Term Evolution of Urban Waters and their Nineteenth Century Transformation in European Cities. A Comparative Environmental History, in: Water History 8 (2016), S. 209–233; Haidvogl, G. u. a., Wasser Stadt Wien. Eine Umweltgeschichte, Wien 2019. Ein radikales Beispiel ist Brüssel, wo die Senne aus dem Stadtbild verschwand, während ein Schifffahrtskanal zum markanten städtischen Fließgewässer aufstieg. Winiwarter, Urban Waters, S. 225–227. Siehe auch das Kap. 7 zur Urbanisierung.

14 Etwa der Lech in Österreich, der Tagliamento in Italien, der Vjosa in Albanien oder die Greina Hochebene in der Schweiz. Zur Geschichte der Feuchtgebiete siehe Stuber, M. u. M. Bürgi, Vom „eroberten Land“ zum Renaturierungsprojekt. Geschichte der Feuchtgebiete in der Schweiz seit 1700, Bern 2018; Wöbse, A.-K., Vom Ödland zum Reservoir des Reichtums. Die Neudeutung europäischer Sümpfe, in: Ilinx – Berliner Beiträge zur Kulturwissenschaft (2020), S. 113–125.

Der Wandel der Landschaften war umfassend. Gleichwohl gilt es, auch die Kontinuitäten zu betonen. Europäische Flusslandschaften sind Kulturlandschaften, die über Jahrhunderte im Zusammen- und zuweilen auch im Gegenspiel von Gesellschafts- und Naturkräften geformt worden sind. Die Feuchtgebiete, die überall in Europa ab der zweiten Hälfte des 18. und mit erhöhter Kadenz im 19. und 20. Jahrhundert trockengelegt wurden, waren keine Wildnis. Ihre hohe Artenvielfalt, deren Verschwinden vereinzelt schon in der Zeit, verstärkt und verbreitet aber erst im Rückblick beklagt worden ist, verdankten diese Gebiete der vorangegangenen menschlichen Nutzung, die zusätzliche ökologische Nischen schuf und nur in Ausnahmefällen zur Vertreibung oder Ausrottung von Arten geführt hatte. Dennoch sollten wir uns davor hüten, diese Gebiete zu Paradiesen zu verklären, in denen Mensch und Natur harmonisch zusammenlebten. Zu den Arten, die in Europa dank den Moorlandschaften und trotz des über Jahrhunderte kühleren Klimas der Kleinen Eiszeit prächtig gedieh, gehörte auch die Anopheles-Mücke. Die englischen Lowlands und insbesondere die Fens mit ihren ausgedehnten Mooren waren für ihre übelriechenden Ausdünstungen ebenso berüchtigt wie etwa die süd- und mitteleuropäischen Sumpflandschaften. Die aus dem Italienischen stammende Bezeichnung für schlechte Luft, Mal'aria, fand Eingang in viele europäische Sprachen und wurde zum Topos der Beschreibung von Feuchtgebieten. Die Malaria wurde von Zeitgenossen zu Recht als gesundheitsgefährdend eingestuft, wenn auch aus den falschen Gründen. Der Zusammenhang zwischen Mücke und Krankheit wurde erst Ende des 19. Jahrhunderts entdeckt, als die Erkrankungen in Europa bereits stark zurückgegangen waren. Die umfangreichen Meliorationen in den Jahrzehnten davor hatten der Anopheles-Mücke wie vielen anderen Arten weite Teile ihres angestammten Lebensraums entzogen und damit je nach Gegend zu einer erheblichen Dezimierung oder dem Verschwinden der Populationen und somit der Krankheit geführt.[15]

Menschen griffen auch vor 1750 permanent in Gewässer ein: Sie gruben Kanäle und legten Wasserleitungen an, befestigten Ufer und schichteten Dämme auf.[16] Vereinzelt finden wir auch schon großtechnische Wasserbauten, wie etwa die zur römischen Zeit errichteten Viadukte. Eine herausragende Stellung nimmt aber China ein, wo die Sui-Kaiser bereits im 5. und 6. Jahrhundert ein umfangreiches Kanalnetz anlegen ließen.[17] In Europa stechen der unter Ludwig XIV. im 17. Jahrhundert gebaute Canal du Midi heraus, der Atlantik und Mittelmeer verband, und die über

15 Siehe Blackbourn, Die Eroberung der Natur; Speich, D., Helvetische Meliorationen. Die Neuordnung der gesellschaftlichen Naturverhältnisse an der Linth 1783–1823, Zürich 2003, S. 146–154; und zu den Lowlands: Bankoff, G., Malaria, Water Management, and Identity in the English Lowlands, in: Environmental History 23 (2018), S. 470–494. In Südeuropa blieb Malaria allerdings bis in die zweite Hälfte des 20. Jahrhunderts präsent.

16 Siehe Schmid, M., The Environmental History of Rivers in the Early Modern Period, in: M. Knoll u. R. Reith (Hg.), An Environmental History of the Early Modern Period. Experiments and Perspectives, Wien 2014, S. 19–25.

17 Marks, R., China. An Environmental History, Lanham 2017, S. 134–137.

mehrere Jahrhunderte angelegten Deiche, mit denen der Nordsee Land abgerungen wurde und die insbesondere die Niederlande und das norddeutsche Marschland prägten.[18]

Bei aller Intensität und Ingeniosität, mit der frühneuzeitliche Gesellschaften in einem fort auf die Gewässer einwirkten, nach 1750 nahm die Umgestaltung der Kulturlandschaft neue Dimensionen an. Ausmaß und Auswirkungen der Wasserbauten gaben den letzten 250 Jahren ihr epochales Gepräge. Wodurch aber wurde diese enorme Planungs- und Bautätigkeit ausgelöst, und mit welchen Mitteln wurde sie unternommen? Welche Akteure haben sie vorangetrieben, und welche Hemmnisse stellten sich ihr in den Weg?

Akteure und Triebkräfte des Wandels

Einige Triebkräfte und Akteure wurden beiläufig bereits angesprochen: Staat und Wirtschaft, Behörden und Ingenieure. Als zentrales, dem Wandel zugrunde liegendes und mit diesem voranschreitendes Movens können wir die Aufklärung identifizieren, die Mensch, Natur und Gesellschaft einem individuellen und sozialen Prozess der Verbesserung, der „Melioration", zu öffnen bestrebt war. Die Welt der frühen Aufklärer des 18. Jahrhunderts war zwar weiterhin Gottes Werk, aber sie war der menschlichen Verbesserung nicht nur anheimgestellt, sondern es war geradezu Bestimmung des aufgeklärten Subjekts, an ihrer wie der eigenen Vervollkommnung zu arbeiten. Der Weg dazu führte über die Ratio, die Vernunft, die den Menschen befähigte, das Wesen der Dinge zu erkennen und so auch die Ordnung der Natur zu entschlüsseln sowie die in ihr waltenden Kräfte sich zu eigen zu machen. Auf diesem Wissen, das von Philosophen und Naturforschenden gesammelt und systematisiert, publiziert und im gelehrten Diskurs weiterentwickelt wurde, fußte jene Expertise, die Eingriffe in die Natur erlaubte und legitimierte. Das Expertenwissen ging über das lokale, über Generationen hinweg in der praktischen Anwendung gewonnene und erprobte Wissen hinaus und ließ ihre Exponenten und Praktiker mit der Zeit auch glauben, dieses lokale Wissen weitestgehend ignorieren zu können. Dieser Glauben nährte sich aus der Überzeugung der Überlegenheit des eigenen Wissens, dem universelle Gültigkeit zugeschrieben und dessen Fundament in den allgemein gültigen Gesetzen der Natur gesehen wurde. Ihre Schlagkraft erhielten seine Protagonisten aber erst in Verbindung mit jener staatlichen Macht, welche im europäischen Absolutismus zunehmend ausgeweitet und in einzelnen Herrschaftszentren konzentriert worden war und welche in den modernen Staaten des

18 Mukerji, C., Impossible Engineering. Technology and Territoriality on the Canal du Midi, Princeton 2009; Greefs, H. (Hg.), Water Management, Communities, and Environment. The Low Countries in Comparative Perspective, c. 1000 – c. 1800 = Waterbeheer, gemeenschappen en de natuurlijke omgeving, Gent 2006.

19. und 20. Jahrhunderts über ihre ausgebauten Bürokratien noch systematischer und wirksamer ausgeübt wurde.[19]

Die Verbindung von Wissen und Macht zeigte sich bereits in der eingangs angeführten Trockenlegung des Oderbruchs, an der Friedrich II. direkt Anteil nahm, deren Durchführung er finanzierte und wo nötig auch mit militärischen Mitteln gegen lokale Widerstände durchsetzte. Als Wasserbauingenieur wurde Simon Leonhard von Haerlem aus Hannover verpflichtet, dem mit Heinrich Wilhelm von Schmettau ein hoher Beamter zur Seite gestellt wurde. Zur Ortsbegehung im Frühsommer 1747 wurde zusätzlich eine wissenschaftliche Koryphäe hinzugezogen: der seit einigen Jahren in Berlin lehrende Schweizer Mathematiker Leonhard Euler. Auf Grundlage des Berichts, den die drei Männer gemeinsam verfassten, gab der König das Vorhaben frei. Als die Bauarbeiten aufgrund verschiedener Widrigkeiten, von Arbeitermangel über Krankheiten und Hochwasser bis zu renitenten Anwohnern, stockten, unterstellte Friedrich sie kurzerhand einem militärischen Kommando und schickte Hunderte von Soldaten, um die Arbeiten voranzutreiben, aber auch um sie vor lokalen Sabotageakten zu bewachen. Die letztlich erfolgreiche Vollendung des Bauwerks inszenierte Friedrich nicht nur als seinen persönlichen Triumph, sondern auch als Beweis preußischer Macht und Staatskunst: „Hier habe ich im Frieden eine Provinz erobert." Friedlich war das obrigkeitliche Vorgehen aber nur bedingt. Es schloss auch sanften Zwang und rohe Gewalt ein, gegenüber Menschen und der Natur, auf derer beider Kräfte bei den Grabungsarbeiten gesetzt wurde. Das Einbeziehen der in den Gewässern steckenden Energien nahm stets einen zentralen Platz in den Bauplanungen der Ingenieure ein.[20]

Das Muster wiederholte sich an anderen Flüssen. Die Korrektur des Oberrheins zu Beginn des 19. Jahrhunderts ist unauflöslich mit dem Genie des Ingenieurs Johann Gottfried Tulla verbunden, aber ebenso mit dem zu jener Zeit unter französischer Protektion entstehenden Großherzogtum Baden, das seine geografisch und inhaltlich stark ausgeweitete Staatlichkeit durch die Neugestaltung des Flusslaufs legitimiert und konsolidiert sah.[21] Gleiches gilt für die zur selben Zeit in der Schweiz vorgenommene Korrektion der Linth, an der Tulla im Übrigen ebenfalls beteiligt war. Die im Zuge der Koalitionskriege und der napoleonischen Vorherrschaft neu formierten kantonalen Regierungen und staatlichen Instanzen konnten sich an dem Werk beweisen und sich zugleich sichtbar von der Untätigkeit und dem Unvermögen der überwundenen vorrevolutionären Regime abheben.[22] Die Beispiele ließen sich fortsetzen. Politische Herrschaft welcher Form auch immer, ob revolutionär oder restaurativ, autoritär oder demokratisch, liberal oder konservativ, bezog ihre Legitimation zunehmend aus der Beherrschung des Territoriums und der Fürsorge

19 Bernhardt, Im Spiegel des Wassers.

20 Blackbourn, Die Eroberung der Natur, S. 43–53; Speich, Helvetische Meliorationen, S. 225–243.

21 Bernhardt, Im Spiegel des Wassers.

22 Speich, Helvetische Meliorationen.

für Mitbürger oder Untertanen, was sich beides in der erfolgreichen Zurichtung, der „Eroberung" der Natur zum Ausdruck bringen ließ.[23]

Wie alle Eroberungen kannten auch diese nicht nur Helden, wie Tulla, sondern auch Gewinner, Verlierer und Opfer. Zu den Gewinnern gehörten jene, die wirtschaftlich oder anderweitig von den Umgestaltungen profitierten: die Bauern und Kolonisten, welche die neu gewonnenen Böden in Besitz nehmen und kultivieren konnten, die Gewerbetreibenden und Unternehmer, welche die Kraft des Flusses verstärkt oder neu zur Produktion nutzten oder von seiner erhöhten Schiffbarkeit profitierten, und alle Anwohnerinnen, die besser vor Hochwasser geschützt wurden und von der Malaria verschont blieben. Zu den Verlierern und Opfern zählten neben den Arbeitern, die auf den Baustellen ihr Leben ließen, jene, die mit den Sümpfen ihren bisherigen Lebensraum verloren. Dazu gehörten typischerweise am Rande der Gesellschaft stehende Menschen und soziale Gruppen, wie Fischer und Goldwäscher. Dazu zählte aber auch eine Vielzahl weiterer Lebewesen, die Artenvielfalt ging in solchen Gebieten deutlich zurück.[24] Im Falle von Talsperren wurden nicht nur Kulturland und Wälder, sondern in einer beträchtlichen Zahl von Fällen auch Höfe und ganze Siedlungen geflutet. Deren Bewohner und Bewohnerinnen mussten sich anderswo eine neue Existenz aufbauen, mithilfe mehr oder weniger großzügiger staatlicher oder privatwirtschaftlicher Entschädigungen.[25] Nicht immer lassen sich Gewinner und Verlierer klar differenzieren. Einige Opfer der Flutungen profitierten davon, dem ländlichen Elend zu entkommen, und die Nutznießer des Hochwasserschutzes konnten, wenn die Gewässer über die Dämme traten oder Stauwehre barsten, unvermittelt zu Opfern werden. Gefeierte Wasserbauer konnten sich in kurzsichtige Technokraten verwandeln und Jahrhundertwerke einen schalen Geschmack bekommen, zumindest in der Rhetorik der Kritiken, welche die Umgestaltungen stets, wenn auch in unterschiedlicher Lautstärke und mit unterschiedlicher Resonanz, begleiteten. Was sagt uns nun all dies in Bezug auf die Umgestaltung am Vorabend des modernen Europa? Letztlich ist jede Bewertung der Geschehnisse standort- und zeitgebunden, was nicht von der Bewertung abhalten soll. Im Gegenteil, historische Prozesse und handelnde Akteure müssen bewertet werden, immer wieder von neuem und im Bewusstsein der unausweichlichen Perspektivität und Vorläufigkeit der Bewertung.

---

23 Osterkamp, J., Wasser, Erde, Imperium. Eine kleine Politikgeschichte der Meliorationen in der Habsburgermonarchie, in: J. Ganzenmüller u. T. Tönsmeyer (Hg.), Vom Vorrücken des Staates in die Fläche. Ein europäisches Phänomen des langen 19. Jahrhunderts, Köln 2016, S. 179–198; Hannig, N., Kalkulierte Gefahren. Naturkatastrophen und Vorsorge seit 1800, Göttingen 2019.

24 Blackbourn, Die Eroberung der Natur, S. 130–146; Haidvogl, G., Von der Flusslandschaft zum Fließgewässer, Wien 2008; Stuber u. Bürgi, Vom „eroberten Land" zum Renaturierungsprojekt.

25 Eine Überblicksstudie fehlt. Für Fallbeispiele siehe Haag, E., Grenzen der Technik. Der Widerstand gegen das Kraftwerkprojekt Urseren, Zürich 2004; Blackbourn, Die Eroberung der Natur; Stanzel, A., Wasserträume und Wasserräume im Staatssozialismus. Ein umwelthistorischer Vergleich anhand der tschechoslowakischen und rumänischen Wasserwirtschaft 1948–1989, Göttingen 2017.

Dynamik der Natur

Wo zeigt sich nun in der Geschichte die angesprochene Eigendynamik der Natur? Hochwasserereignisse weisen stets ein ganzes Bündel sozialer Ursachen auf: Böden, die aufgrund der Bewirtschaftung oder Bebauung nur mehr wenig Wasser zurückhalten, Siedlungen und Kulturflächen, die in überschwemmungsgefährdeten Gebieten angelegt wurden, Dämme, die brechen oder sich als zu niedrig ausgelegt erweisen, wasserbaulich veränderte Fließregime, welche Ufer erodieren ließen oder zu vermehrter Sedimentbildung und -ablagerung führten, durch menschliche Aktivitäten verminderte Durchflussraten: etwa durch die Anlage von Rechen, in denen das Triftholz aufgefangen wurde, oder durch menschliche Erzeugnisse verstopfte Flussläufe, durch „Strandgut", das sich ansammelte und das Wasser staute. Das Auftreten von Hochwasserereignissen hängt aber selbstverständlich auch von den Witterungsverhältnissen ab. So folgen die meisten Hochwasser auf ausgiebigen Starkregen. Daher muss das kurzfristige Wettergeschehen ebenso in die Betrachtung miteinbezogen werden wie der längerfristige Klimawandel. Dies ist methodisch äußerst anspruchsvoll. Die Rekonstruktion historischer Witterungsverhältnisse steht sowohl bezüglich der Überlieferung als auch der Interpretation vor erheblichen Schwierigkeiten, die nur in der interdisziplinären Zusammenarbeit mit der historischen Klimatologie und deren naturwissenschaftlichen Methoden der Datenerhebung und -auswertung erfolgversprechend angegangen werden können. Schon die Interpretation von Überlieferungen von Hochwasserereignissen muss sich quellenkritischen Fragen stellen. Wie ist die vermehrte Nennung von Hochwassern in Chroniken des 18. Jahrhunderts zu bewerten? Lässt sich daraus schließen, dass mehr Wasser geflossen ist? Oder bedeutet es „lediglich", dass das geflossene Wasser mehr Schaden angerichtet hat, oder vielleicht gar „nur", dass der angerichtete Schaden mehr Aufmerksamkeit auf sich zog, vielleicht weil er einflussreichere soziale Schichten traf oder weil neue Formen der Öffentlichkeit dessen Artikulation im Gegensatz zu früheren Ereignissen nun ermöglichten?[26]

Die schriftliche Überlieferung ist also mit höchster Umsicht auszulegen und historisch breit zu kontextualisieren. Insgesamt sprechen die Evidenzen dafür, dass sich die Hochwasserereignisse im 18. und 19. Jahrhundert nicht nur häuften, sondern zudem, dass diese Häufungen auch mit Witterungsänderungen im Rahmen der letzten Phase der „Kleinen Eiszeit" zusammenhängen.[27] Wir hätten es also

---

26 Siehe Niessner, R., Überschwemmungen und Wetterbeobachtung. Zwei Forschungs- und Wissensfelder in Franz von Zallingers Werk, in: W. Wüst u. G. Drossbach (Hg.), Umwelt-, Klima- und Konsumgeschichte. Fallstudien zu Süddeutschland, Österreich und der Schweiz, Berlin 2018, S. 505–531.

27 Brázdil, R. u. a., European Floods during the Winter 1783/1784. Scenarios of an Extreme Event during the 'Little Ice Age', in: Theoretical and Applied Climatology 100 (2010), S. 163–189; Rohr, C., Ice Jams and their Impact on Urban Communities from a Long-term Perspective (Middle Ages to the 19th Century), in: N. Chiarenza, A. Haug u. U. Müller (Hg.), The Power of Urban Water. Studies in Premodern Urbanism, Berlin 2020, S. 197–212. Siehe auch das Kap. 5 Klimawandel und Naturkatastrophen.

mit einer historischen Koinzidenz zu tun, in der eine erhöhte natürliche Dynamik auf eine gesteigerte soziale Aufmerksamkeit und sich wandelnde politische Handlungsspielräume traf. Dabei sollten wir uns davor hüten, deterministisch zu argumentieren, im Sinne von, dass der gesellschaftliche Wandel auf veränderte Umweltverhältnisse zurückzuführen sei. Dies wäre schlicht abstrus. Vielmehr ist der Klimawandel als kontingente Erscheinung in die umwelthistorische Interpretation einzubeziehen. Vermehrt auftretender Starkregen scheint die Hochwasserproblematik in einer Zeit verschärft zu haben, in der Hochwasser immer weniger als Strafe Gottes angenommen wurde, sondern Menschen nach Ursachen fragten, Missstände anprangerten und politische Lösungen suchten und forderten. Damit wurden Hochwasser politisch und konnten, wie oben geschildert, politische Herrschaft sowohl legitimieren als auch erschüttern. Eine so verstandene Umweltgeschichte ist immer auch Gesellschaftsgeschichte.

Natürliche Dynamiken interferieren zudem mit der Geschichte der Flussverbauungen, die sich einerseits gegen diese Dynamiken stemmten, die andererseits wiederum zu deren Errichtung genutzt wurden. So beendet der Abschluss eines Bauwerks ein Kapitel dieser Geschichte und lässt zugleich ein neues beginnen. Nicht nur muss das Bauwerk überwacht und gewartet werden, auch verlangen sich ändernde gesellschaftliche Bedürfnisse bauliche Anpassungen. Und zudem gilt es, auf veränderte Umweltbedingungen zu reagieren, welche oft unbeabsichtigt durch Bau und Betrieb der Werke selbst, durch gesellschaftliche Aktivitäten im Einzugsgebiet der Gewässer oder durch ökologische Veränderungen hervorgerufen werden, wobei das ökologische Wirkungsgefüge zunehmend durch menschliches Tun geprägt ist. Die Folge sind meist weitere Eingriffe in die Flussläufe, die erneut auf das Verhalten und die Dynamik der Gewässer und ihrer Umgebung einwirken.[28] So senkten sich etwa die Böden früherer Sumpflandschaften infolge der Entwässerungen und anschließenden agrarwirtschaftlichen Nutzungen ab, sodass sich der Wasserpegel in den kanalisierten Flüssen über das Umland erhob, was wiederum die Überschwemmungsgefahr erhöhte. Darauf wurde üblicherweise mit einer Verstärkung der Dämme geantwortet, ohne damit dem Prozess ursächlich Einhalt bieten zu können, geschweige denn das in der Schwerkraft verankerte Problem grundsätzlich und nachhaltig zu lösen.[29]

Die Schwerkraft, welche Flüssigkeiten von oben nach unten fließen lässt, sorgt letztlich auch dafür, dass Eingriffe insbesondere in Fließrichtung Folgen zeitigten und nicht nur regionale, sondern auch weitläufige, in ihrer räumlichen Ausdehnung durch die Flussläufe vorgegebene Interessenskonflikte mit sich brachten. Sehr

28 Erfreulicherweise ergänzen zunehmend Fallstudien zu kleineren und mittleren Gewässern das Bild, etwa Heine, E.-C., Two Canals, Two Barrages and the Remnants of a River. Nature and Technology Along the Eider, Schleswig-Holstein's Longest River, in: Environment and History 23 (2017), S. 253–283; Salvisberg, M., Der Hochwasserschutz an der Gürbe. Eine Herausforderung für Generationen (1855–2010), Basel 2017.

29 Siehe Schmid, M., Long-Term Risks of Colonization. The Bavarian 'Donaumoos', in: H. Haberl u. a. (Hg.), Social Ecology. Society-Nature Relations across Time and Space, Cham 2016, S. 391–410.

früh bildeten sich in deren Zusammenhang denn auch überregionale und internationale Institutionen, zunächst zur Regelung der Schifffahrt, deutlich später zum Gewässerschutz. So wurde die Zentralkommission für die Rheinschifffahrt bereits 1815 am Wiener Kongress geschaffen, die Internationale Kommission zum Schutze des Rheins folgte hingegen erst 135 Jahre später, 1950.[30] Auch eine große Zahl von Staatsverträgen wurde geschlossen, welche die Regulierung und Nutzung von Grenzgewässern beziehungsweise Grenzen überschreitenden Gewässern regelten oder auch die Grenzen bei korrigierten Wasserläufen festlegten. So fanden sich etliche Ortschaften nach Durchstichen, mit denen Flussläufe begradigt wurden, am gegenüberliegenden Ufer eines Grenzflusses wieder.[31] Auch veränderte Bedingungen in den Einzugsgebieten von Gewässern konnten sich flussabwärts auswirken. So wurde schon im 18. vor allem aber seit der zweiten Hälfte des 19. Jahrhunderts die Abholzung von Bergwäldern und das dadurch verminderte Wasserrückhaltevermögen der dortigen Vegetation als Ursache für die im dichter besiedelten Tiefland auftretenden Überschwemmungen ausgemacht. Ein kausaler Zusammenhang zwischen den beiden Phänomenen konnte zwar wissenschaftlich nicht etabliert werden, doch bereits der Verdacht reichte, um politische Maßnahmen zum Schutz der Bergwälder zu initiieren und durchzusetzen.[32] Über Flüsse integrierten sich Gesellschaften, ökologisch und politisch, in Nationalstaaten und auf europäischer Ebene.

Von besonderem umwelthistorischem Interesse ist, wie sich Eingriffe in Gewässer kumulierten und wie sich daraus zunehmend umfangreichere „envirotechnical systems" bildeten, um einen Begriff der amerikanischen Technik- und Umwelthistorikerin Sara B. Pritchard aufzunehmen. „Envirotechnical systems" sind weitverzweigte und hochkomplex interagierende Systeme, deren unterschiedliche Bestandteile, Interessen und Verbindungen fein austariert sind, in denen aber auch jede Veränderung eine Kaskade von Folgen im System nach sich ziehen kann. Der Unterhalt und störungsfreie Betrieb dieser Systeme ist von enormer gesellschaftlicher und volkswirtschaftlicher Bedeutung, zugleich sind sie durch ihre Vernetzung und Komplexität fragil und verwundbar.[33]

---

30 Einfluss gewann die Zentralkommission für die Rheinschifffahrt allerdings erst seit den späten 1840er Jahren. Bernhardt, Im Spiegel des Wassers, S. 271–278, 458–464. Zur Elbschifffahrt siehe Martin, A. u. N. Fischer (Hg.), Die Elbe. Über den Wandel eines Flusses vom Wiener Kongress (1815) bis zur Gegenwart, Stade 2018.

31 Beispielhaft dargelegt bei Bernhardt, Im Spiegel des Wassers. Vgl. auch Disco, C., "One Touch of Nature Makes the Whole World Kin". Ships, Fish, Phenol, and the Rhine, 1815–2000, in: C. Disco u. E. Kranakis (Hg.), Cosmopolitan Commons. Sharing Resources and Risks across Borders, Cambridge, Mass. 2013, S. 271–316. Die Thematik der grenzüberschreitenden Kooperationen und Konflikte verdiente es, in weiteren Studien vertieft zu werden.

32 Pfister, C. u. D. Brändli, Rodungen im Gebirge – Überschwemmungen im Vorland. Ein Deutungsmuster macht Karriere, in: R. P. Sieferle u. H. Breuninger (Hg.), Natur-Bilder. Wahrnehmungen von Natur und Umwelt in der Geschichte, Frankfurt a.M. 1999, S. 297–324.

33 Pritchard, S. B., Confluence. The Nature of Technology and the Remaking of the Rhône, Berlin 2011; vgl. Lübken, U., Die Natur der Gefahr. Überschwemmungen am Ohio River im 19. und 20. Jahrhundert, Göttingen 2014; Parrinello, G., Systems of Power: A Spatial Envirotechnical Approach

Dabei zeigte sich mit zunehmender Deutlichkeit, dass allen Fortschritten in Hydrologie und Bautechnik, Überwachung und Steuerung zum Trotz die politische Stabilisierung der sozionaturalen Dynamik ein letztlich unerreichbares Ziel blieb. Die Dynamik der Gewässer berechenbar und beherrschbar zu machen, sie zu brechen beziehungsweise den eigenen Regeln gemäß zu entwerfen, entpuppte sich mehr und mehr als Illusion. Im Zuge dieses Erkenntnisprozesses bahnte sich im Gewässerbau ein Paradigmenwechsel seit den 1970er Jahren an.[34] Zum einen wurde die ökologische und ästhetische Verarmung der Flusslandschaften zunehmend kritisiert. Zum anderen zeigten Hochwasserkatastrophen, die um die Jahrhundertwende in Europa gehäuft auftraten, dass die über die letzten zwei Jahrhunderte vorgenommene tiefgreifende Umgestaltung der Flussläufe, die diese durch Dämme begrenzte, in enge, verkürzte und begradigte Flussbette zwängte, keinen hinreichenden Schutz vor außerordentlichen Ereignissen zu bieten vermochte.

Vielerorts wurden nun Programme zur wahlweise „Renaturierung“, „Redynamisierung“ oder „Revitalisierung“ großer und kleiner Fließgewässer aufgelegt und vorangetrieben. Als 2013, nach zehn Jahren Planung und fünf Jahren Bauzeit, die Sanierung des oben erwähnten, im 19. Jahrhundert gebauten Linthkanals in der Ostschweiz abgeschlossen war, stellte die Werksverwaltung das Ergebnis unter die Schlagworte: „Mehr Sicherheit, mehr Natur, mehr Erlebnis“.[35] Zum einen waren die Dämme überholt und verstärkt worden, zum anderen aber auch die Ufer naturnaher gestaltet, in einzelnen Abschnitten dem Fluss mehr Raum zugestanden und für außerordentliche Hochwasser ein Überflutungsgebiet ausgewiesen worden. Das Projekt versprach die Interessen an einem verbesserten Hochwasserschutz mit jenen des Naturschutzes und der Freizeit und Erholung zu verbinden. Ganz ähnlich tönte es einige Jahre später in der Oberlausitzer Heide- und Teichlandschaft, als der Spree nördlich von Bautzen zwei Mäanderschlaufen „zurückgegeben“ wurden. „Naturschutz und Hochwasserschutz können und müssen hier in Einklang gebracht werden“, verkündete 2018 der zuständige Staatssekretär im Sächsischen Ministerium für Umwelt und Landwirtschaft beim „Spatenstich zur Redynamisierung der Spree in Malschwitz“.[36]

---

to Water Power and Industrialization in the Po Valley of Italy, ca. 1880–1970, in: Technology and Culture 59 (2018), S. 652–688.

34 Bernhardt, Im Spiegel des Wassers, S. 491–501. Bernhardt ortet die Anfänge dieses „umweltpolitischen Paradigmawechsels“ bereits in den 1920er Jahren. Da er den Wechsel selbst aber auf die 1970er Jahre datiert, bleibt unklar, wieso er die „Vorstellung von einem umweltpolitischen Wendepunkt in den 1970er Jahren einer Revision“ unterziehen möchte. Bernhardt, Im Spiegel des Wassers, S. 503, 511–513. Zu diesem Wendepunkt siehe das Kap. 12 Umweltschutz.

35 Unsere Linth, BürgerInnen-Information zum Projekt „Hochwasserschutz Linth 2000“, Nr. 4, Frühling 2013, S. 1. Siehe auch Minor, L., Mehr Natur an der Linth, Tages-Anzeiger, 19.04.2013.

36 Medieninformation, Sächsisches Staatsministerium für Umwelt und Landwirtschaft, Erster Spatenstich zur Redynamisierung der Spree in Malschwitz, 29.05.2018.

Schluss

In diesen und vielen anderen Bauprojekten, deren Geschichte erst noch umfassend aufzuarbeiten ist, manifestiert sich, wie sich der Zugang zum Wasserbau, aber auch die Interessen in den letzten Jahrzehnten gewandelt haben. Vormals vorrangige Ziele wie die Schiffbarkeit oder der Gewinn an Kulturland, ja selbst dessen Erhalt, haben stark an Gewicht verloren. Die den Projektzielen vorangestellte Silbe „Re" kündigt von einer Philosophie des Zurückbuchstabierens, des Wiederherstellens früherer Zustände beziehungsweise des Wiederzulassens einstiger Dynamiken. Das Verhalten der Flüsse soll nicht mehr exakt bestimmt und vollständig beherrscht werden, vielmehr sollen ihnen Räume zugestanden werden, in denen sie sich entfalten können. Dadurch soll die Resilienz der Systeme, ihr Vermögen, außerordentlichen Ereignissen standzuhalten, erhöht werden. Das „Re" als ein „Zurück" zu verstehen, wäre allerdings ein Trugschluss, es kann allenfalls ein (partielles) „Wieder" meinen: Der Handlungsspielraum für die „Re-ierungen" ist nicht nur durch die umwelttechnische Vernetzung der Gewässersysteme eng begrenzt, sondern auch durch die in den letzten beiden Jahrhunderten mit den Eingriffen in die Gewässer einhergehende Gestaltung der Kulturlandschaft. Dass all die in die Täler und Ebenen gebaute Infrastruktur einst wieder den Fließgewässern Platz machen könnte, ist nur schwer vorstellbar. Insofern ist die moderne Umgestaltung der Landschaften nicht reversibel. Und sie ist auch nicht abgeschlossen, sondern wird vielmehr weitergehen und gezwungenermaßen das Erbe der modernen Wasserbaukunst pflegen. Vielleicht jedoch kündigen uns die ersten wieder belebten Mäander von einem Bruch in der Moderne und von einer in Gang gekommenen, mehr oder weniger friedlichen Rückeroberung naturnaher sozionaturaler Räume.

5. Klimawandel und Naturkatastrophen

Mitte Juli des Jahres 1816 vertraute der im Elsass wohnhafte Bauer Johann Peter Hoffmann seinem Tagebuch an: „Das Regenwetter hält noch immer an. Es ist noch nirgends kein Heu gemacht. Das Graß in den Matten fault, alle berge halten voll Waßer. Es ist nichts als Elend überall. Die bettler kommen so häufig, daß kein rath zu thun ist, der arme muß sehr noth leiden. [...] Es kan nichts wachsen, es ist immer zu kalt, ich weis nicht was es noch geben wird bis Ernde die sehr spät kommen wird. Gottlob, was uns anbetrifft, wir haben kein Mangel."[37] Das Wettergeschehen wich 1816 nicht nur im Elsass deutlich von dem ab, was die Menschen gewohnt waren. Anhaltend niedrige Temperaturen vorzögerten in ganz Europa und darüber hinaus das Wachstum der Pflanzen, und die Nässe verunmöglichte es den Landwirten,

37 Hoffmann, J. P., Tagebucheintrag vom 16.07.1816, zit. nach Bodenmann, T. u. a., Perceiving, Explaining, and Observing Climatic Changes. An Historical Case Study of the "Year without a Summer" 1816, in: Meteorologische Zeitschrift 20 (2011), S. 577–587, hier S. 579.

das geschnittene Gras zu trocknen und einzubringen. Der ausbleibende Sommer traf die europäischen Gesellschaften, von denen viele noch die Nachbeben der napoleonischen Kriege spürten, deren Vorratskammern leer und deren politische Institutionen ungefestigt waren, mit äußerster Härte. Die Ernten jenes Jahres fielen in weiten Teilen Europas schlecht oder ganz aus, was zu Versorgungskrisen mit Lebensmitteln führte, die sich in etlichen Gebieten zu regelrechten Hungerkrisen auswuchsen. Wie der Umwelthistoriker Daniel Krämer eindrücklich nachweisen konnte, waren die Menschen aber selbst in einem geografisch kleinen Raum wie der Schweiz sehr unterschiedlich betroffen. Besonders stark an Hunger litten die Unterschichten in protoindustrialisierten ländlichen Gebieten und den größeren Städten. Ihr Selbstversorgungsgrad war gering, und entsprechend stark hing ihre Versorgung von überregionalen Märkten ab. Besser fuhren Bevölkerungen peripherer Landgebiete mit ihren noch weitgehend autarken Versorgungsstrukturen. Auch reagierten nicht alle Kulturpflanzen gleich sensibel auf die schlechte Witterung. Besonders verheerend waren die Ernte- und damit auch die Einnahmeausfälle in den Weinbauregionen. Die gesellschaftlichen oder, besser, die sozionaturalen Folgen des „fehlenden Sommers" hingen also nicht nur von den globalen klimatischen Einwirkungen ab, sondern entfalteten sich in komplexen und regional unterschiedlichen ökologischen, sozioökonomischen und politischen Gefügen.[38]

Wie gravierend die Auswirkungen waren, hing selbstverständlich auch davon ab, wie Menschen und insbesondere Obrigkeiten in der Situation reagierten, ob sie passiv abwarteten oder aktiv Abhilfe zu schaffen suchten. Eine bedeutende Rolle dafür spielte wiederum, wie Menschen die schlechte Witterung und deren Anhalten deuteten. Einige begriffen sie als Strafe Gottes, nahmen sie fatalistisch hin oder versuchten ihr mit religiösen Praktiken wie Prozessionen, Bittgebeten oder Glockenläuten entgegenzuwirken. Die religiöse Wahrnehmung und Interpretation von Naturphänomenen war aber schon lange nicht mehr die allein vorherrschende. Aufgeklärte Zeitgenossen suchten vielmehr nach rationalen Erklärungen und bemühten die sich im Aufschwung befindlichen Wissenschaften. Beispielsweise schrieb die eben gegründete Schweizerische Naturforschende Gesellschaft 1817 als ihre erste Preisfrage aus: „Ist es wahr, dass die hohen schweizerischen Alpen seit einer Reihe von Jahren rauher und kälter geworden sind?"[39] Staatliche Stellen zeigten zunehmendes Interesse an solchen Fragestellungen, da sie rasch erkannten, dass dem Wissen über Klima- und Witterungsverhältnisse volkswirtschaftliche, aber auch militärische Bedeutung zukam und dieses somit auch politisch verwertbar war. So sahen die folgenden Jahrzehnte nicht nur stürmische Fortschritte im wissenschaftlichen Verständnis des Klimas, sondern eng verknüpft damit auch den Auf- und Ausbau systematischer Wetterbeobachtungen, die überall früher oder später

38 Krämer, D., „Menschen grasten nun mit dem Vieh". Die letzte große Hungerkrise der Schweiz 1816/17, Basel 2015.

39 Krüger, T., Die Entdeckung der Eiszeiten. Internationale Rezeption und Konsequenzen für das Verständnis der Klimageschichte, Basel 2008, S. 129/130.

in die Hände nationaler staatlicher Institutionen übergingen.[40] Über die Ursachen des „Jahrs ohne Sommer“, dem 1817 ein weiteres Jahr mit schlechter Witterung folgte, herrschte lange Zeit Unklarheit. Erst knapp hundert Jahre später brachte ein amerikanischer Atmosphärenphysiker die globalen Klimaanomalien jener Jahre mit dem gewaltigen Ausbruch des Vulkans Tambora auf der fernen, östlich von Java gelegenen Insel Sumbawa in Zusammenhang, der sich im April 1815 entladen hatte.[41]

Dieses Beispiel veranschaulicht, dass ganz unterschiedliche Aspekte in die historische Betrachtung von Klimaveränderungen wie Kälte- und Nässeperioden und Naturereignissen wie Vulkanausbrüchen einfließen. Zum einen geht es darum, die betreffenden Naturereignisse und klimatischen Prozesse bestmöglich zu rekonstruieren, und zum anderen, um die Bestimmung der Auswirkungen, die diese Ereignisse und Prozesse auf Umwelt und Gesellschaft hatten. Weiter interessiert sich die Forschung für die zeitgenössische Wahrnehmung und Verarbeitung des Geschehens und allenfalls auch, inwiefern gesellschaftliches Handeln seinerseits auf Klimaprozesse und Naturereignisse ein- oder rückwirkte. Entlang dieser Problemdimensionen hat sich in der historischen Klimaforschung eine Dreiteilung des Arbeitsfelds eingebürgert: in die Klimarekonstruktion oder historische Klimatologie, die historische Klimafolgenforschung und die Kultur- und Wissensgeschichte des Klimas.[42] Diese Dreiteilung strukturiert auch die folgenden Ausführungen.

Klimarekonstruktionen

Die Geschichtswissenschaften beteiligen sich seit einigen Jahrzehnten daran, Klimata vergangener Zeiten zu bestimmen und die Entwicklung des Klimas zu rekonstruieren. Beteiligen daher, weil es sich um ein interdisziplinäres Forschungsfeld handelt, das in den Naturwissenschaften eine lange Tradition besitzt und das auch weiterhin von naturwissenschaftlichen Disziplinen und Methoden dominiert und geprägt wird. Die Klimaforschung etablierte sich in der ersten Hälfte des 19. Jahrhunderts als Teil der Naturgeschichte. Insgesamt häuften sich zu jener Zeit die Hinweise, dass die Erdgeschichte sehr viel weiter zurückreichen musste, als es die biblische

40 Siehe u. a. Coen, D. R., Climate in Motion. Science, Empire, and the Problem of Scale, Chicago 2018; Hupfer, F., Das Wetter der Nation. Meteorologie, Klimatologie und der schweizerische Bundesstaat, 1860–1914, Zürich 2019.

41 Brönnimann, S. u. D. Krämer, Tambora und das „Jahr ohne Sommer“ 1816. Klima, Mensch und Gesellschaft, Bern 2016. Zur globalen Geschichte des Ausbruchs siehe Behringer, W., Tambora und das Jahr ohne Sommer. Wie ein Vulkan die Welt in die Krise stürzte, München 2015 und Pfister, C. u. S. White, A Year Without a Summer, 1816, in: S. White, C. Pfister u. F. Mauelshagen (Hg.), The Palgrave Handbook of Climate History, London 2018, S. 551–561.

42 Mauelshagen, F., Historische Klimaforschung. Ursprünge, Trends und Zukunftsperspektiven eines interdisziplinären Forschungsfeldes, in: Frühneuzeit-Info 28 (2017), S. 56–74. Siehe auch Mauelshagen, F. u. C. Pfister, Vom Klima zur Gesellschaft: Klimageschichte im 21. Jahrhundert, in: H. Welzer, H.-G. Soeffner u. D. Giesecke (Hg.), KlimaKulturen. Soziale Wirklichkeiten im Klimawandel, Frankfurt a.M. 2010, S. 241–269.

Überlieferung nahelegte. Den in drei Bänden zwischen 1830 und 1833 publizierten „Principles of Geology" des englischen Geologen Charles Lyell folgend setzte sich die Ansicht durch, dass die Welt in langen erdgeschichtlichen Epochen ihre gegenwärtige Form angenommen hatte. Mit der Eiszeittheorie, die der Schweizer Naturforscher Louis Agassiz und andere in den folgenden Jahren ausarbeiteten, wurde kurze Zeit später auch Konsens, dass sich das Klima während der Erdgeschichte stark verändert haben musste.[43] Seither bemühten sich Forschende, die Veränderungen des Klimas über die Zeit genauer zu bestimmen, zum einen indem sie das gegenwärtige Wettergeschehen in standardisierter Form maßen und so zunehmend längere Zeitreihen bilden konnten, zum anderen indem sie der gegenwärtigen Natur Informationen über vergangene Klimazustände und -entwicklungen abzugewinnen suchten. Die hierzu angewandten Methoden wurden beständig weiterentwickelt. Beginnend mit Auswertungen zur Lage und Verteilung von Findlingen und zu Ablagerungen in verschiedenen Gesteinsschichten kamen insbesondere die Dendrochronologie (die Auswertung von Baumringen), die Radiokarbondatierung und die Analyse von Lufteinschlüssen in Eisbohrkernen und von Pollentypen in Sedimenten hinzu. Dadurch konnten die seit Mitte des 19. Jahrhunderts in zunehmend dichterer Zahl gemessenen Daten mit retrospektiv bestimmten Daten ergänzt und die Zeitreihen um Jahrtausende und Jahrmillionen in die Vergangenheit erstreckt werden.[44]

In den Geschichtswissenschaften setzte die klimahistorische Forschung erst in den 1960er Jahren ein, wobei das Erscheinen von Emmanuel Le Roy Laduries Werk „Histoire du climate depuis l'an mil" 1967 einen ersten Meilenstein setzte.[45] Historiker und zunehmend auch Historikerinnen nahmen die naturwissenschaftlichen Forschungsergebnisse auf und entwickelten zudem eigene Zugänge, die auf der genuin historischen Methode der kritischen Quellenanalyse beruhen. Der Umwelt- und Klimahistoriker Christian Pfister, der nicht nur die Entwicklung des Forschungsfelds prägte, sondern auch maßgeblich daran mitwirkte, dieses in der interdisziplinären historischen Klimatologie zu etablieren, führte die inzwischen gebräuchliche Unterscheidung in „Archive der Natur" und „Archive der Gesellschaft" ein.[46] Während die aus den Archiven der Natur gewonnenen Daten eine große zeitliche Tiefe bieten, zumeist aber zeitlich und räumlich wenig aufgelöst sind, verhält es sich mit Informationen, die den Archiven der Gesellschaft entnommen werden können, genau umgekehrt. Ihre zeitliche Reichweite bemisst sich an den schriftlichen Überlieferungen. Sie können sehr dichte Angaben zu bestimmten Zeiten und Räumen liefern, während sie tendenziell mit zunehmender Distanz von der Gegenwart und von den

43 Krüger, Entdeckung der Eiszeiten.

44 Einführungen für Historikerinnen bieten Mauelshagen, F., Klimageschichte der Neuzeit 1500–1900, Darmstadt 2010 und White, Pfister u. Mauelshagen, Palgrave Handbook.

45 Le Roy Ladurie, E., Histoire du climat depuis l'an mil, Paris 1967.

46 Pfister, C., Wetternachhersage. 500 Jahre Klimavariationen und Naturkatastrophen (1496–1995), Bern 1999, S. 13–29; Brönnimann, S., C. Pfister u. S. White, Archives of Nature and Archives of Societies, in: White, Pfister u. Mauelshagen, Palgrave Handbook, S. 27–36.

Zentren der Schriftkulturen stark ausdünnen. So teilt der Geograf Rüdiger Glaser die Überlieferungsgeschichte für den mitteleuropäischen Raum seit 800 in fünf Phasen einer zunehmend dichter werdenden Quellenlage ein. Einschnitte sieht er zu Beginn des Mittelalters, daraufhin mit der Verbreitung des Buchdrucks und der zunehmenden Alphabetisierung im 16. Jahrhundert, dem Beginn instrumenteller Messungen im späten 17. Jahrhundert und schließlich dem Aufbau von Messnetzen im 19. Jahrhundert.[47] In den schriftlichen Überlieferungen suchen Historikerinnen und Historiker sowohl direkte als auch indirekte Angaben zum Wettergeschehen, aus denen auf Wetter und Klima geschlossen werden kann, wie etwa Angaben zu Hochwassern und Eisbildungen oder zu Blütezeiten und Weinernten. Direkte und indirekte Angaben müssen quellenkritisch ausgewertet werden. Sie bilden sogenannte Proxies, indirekte Informationen, die in einem weiteren Schritt in standardisierte Klimadaten überführt werden müssen. Erst so werden sie über Raum und Zeit vergleichbar und können in klimahistorische Datenbanken eingefügt werden.[48]

Die historische Forschung half mit, auch für geschichtliche Zeiten, die zuvor aufgrund ihrer zeitlichen „Kürze“ für klimakonstant gehalten worden waren, Kälte- und Wärmephasen zu identifizieren. Deren bekannteste ist die „Kleine Eiszeit“, die vom Spätmittelalter bis ins 19. Jahrhundert hinein reichte. Seit ungefähr 1850 ist eine neuerliche Warmzeit anzusetzen, die sich durch ein globales Ansteigen der im mehrjährigen Durchschnitt berechneten Temperaturen auszeichnet, wobei sich dieser Anstieg in den letzten Jahrzehnten deutlich akzentuierte. Da für diesen Zeitraum eine Vielzahl durchgehender Messreihen mit zunehmend verlässlicheren Messdaten existieren, sind die Unsicherheiten bezüglich der dokumentierten Entwicklung gering. Ebenso ist wissenschaftlich erwiesen, dass menschliches Tun, insbesondere die Emittierung von Treibhausgasen, diese Klimaerwärmung hervorgerufen hat und sie weiterhin vorantreibt.[49]

Während die Meteorologie traditionell auf Jahresmittelwerte setzte, konnte die mit historischen Methoden arbeitende Klimarekonstruktion auf die erhebliche Bedeutung von Variationen und Extremen hinweisen, die in der Mittelwertbetrachtung eingeebnet wurden.[50] Ebenso konnten kürzere Phasen klimatischer Veränderungen, aber auch Klimaanomalien und Extremereignisse ausgemacht werden, wie sie etwa, wie eingangs geschildert, im Gefolge des Tambora-Ausbruchs weltweit auftraten. Drei Jahrzehnte davor hatte bereits der Ausbruch des Laki-Kraters auf Island 1783/1784 das Wettergeschehen in Europa und darüber hinaus kurzzeitig spürbar

47 Glaser, R., Klimageschichte Mitteleuropas. 1200 Jahre Wetter, Klima, Katastrophen mit Prognosen für das 21. Jahrhundert, Darmstadt 2008[2], S. 13/14. Vgl. Mauelshagen, Klimageschichte der Neuzeit, S. 42–52 und die Kap. 4–8 in White, Pfister u. Mauelshagen, Palgrave Handbook.

48 Siehe Mauelshagen, Klimageschichte der Neuzeit, S. 52–58 und die Kap. 9–12 in White, Pfister u. Mauelshagen, Palgrave Handbook.

49 Siehe den Fünften Sachstandsbericht des IPCC (AR5).

50 Siehe Mauelshagen u. Pfister, Klimageschichte im 21. Jahrhundert.

beeinflusst.[51] Die mittleren Dekaden des 19. Jahrhunderts zeichneten sich in den Alpen durch eine Häufung von Überschwemmungen aus, die im Wesentlichen auf ungewohnt starke Niederschläge in den Herbstmonaten zurückzuführen waren.[52] Im 20. Jahrhundert stechen bezüglich der Temperaturentwicklung die extrem kalten Winter in den Kriegsjahren 1939 bis 1942 ins Auge sowie eine 25-jährige Phase der zwischenzeitlichen Abkühlung im Zeitraum von 1950 bis 1975. Eine solche Abkühlungsphase lässt sich auch für die letzten beiden Dekaden des 19. Jahrhunderts festmachen.[53]

Bei vielen historischen Fragestellungen sind solche aggregierten Daten allerdings nur bedingt hilfreich. Zumeist brauchen Historikerinnen und Historiker räumlich und zeitlich hochaufgelöste Angaben. So reichen nationale Daten zur durchschnittlichen jährlichen Niederschlagsmenge bei Weitem nicht, um den Einfluss der Niederschläge auf Hochwasserereignisse einschätzen zu können, da diese Einschätzung ganz entscheidend davon abhängt, wann genau, wo genau und in welcher Menge und Intensität die Niederschläge eintrafen. Dasselbe gilt für Phasen der Dürre, Hitze oder Kälte. Regionale Wetterdaten sind insbesondere für die Zeit ab 1850 in Europa in großer Zahl erhoben worden, sie sind aber nicht überall gut greifbar und wissenschaftlich aufbereitet. Pionierarbeit leistet die an der Universität Bern betriebene Euro-Climhist-Datenbank, die der Forschung eine breite Sammlung vorbildlich dokumentierter Klimadaten bereitstellt.[54]

Klimafolgenforschung

Die Verfügbarkeit solcher gesicherter Daten ist entscheidend für den zweiten Arbeitsbereich: die historische Klimafolgenforschung. Diese stand lange im Schatten der Bemühungen um die Klimarekonstruktion. Dazu trug auch bei, dass Le Roy Ladurie die Klimageschichte als die „Geschichte von Sonnenschein und Regenwetter" profiliert hatte, in der die Menschen für einmal nicht vorkamen.[55] Zudem

51 Grattan, J., M. Brayshay u. R. T. E. Schüttenhelm, 'The End is Nigh'? Social and Environmental Responses to Volcanic Gas Pollution, in: R. Torrence u. J. Grattan (Hg.), Natural Disasters and Cultural Change, London 2002, S. 87–106; Mikhail, A., Ottoman Iceland: A Climate History, in: Environmental History 20 (2015), S. 262–284. Für Island selbst hatten die Eruptionen devastierende Folgen. Den durch sauren Regen ausgelösten Krankheiten und einer unmittelbar folgenden Hungersnot fielen 20% der Bevölkerung und ein Großteil der Nutztiere zum Opfer.

52 Pfister, C. u. D. Brändli, Rodungen im Gebirge – Überschwemmungen im Vorland. Ein Deutungsmuster macht Karriere, in: R. P. Sieferle u. H. Breuninger (Hg.), Natur-Bilder. Wahrnehmungen von Natur und Umwelt in der Geschichte, Frankfurt a.M. 1999, S. 297–324.

53 Brönnimann, S., S. White u. V. Slonosky, Climate from 1800 to 1970 in North America and Europe, in: White, Pfister u. Mauelshagen, Palgrave Handbook, S. 309–320.

54 Oeschger Centre, University of Bern, Euro-Climhist – Wege zur Wetternachhersage, https://www.euroclimhist.unibe.ch/de/ (zuletzt eingesehen am 05.05.2021).

55 Le Roy Ladurie, E., Die Geschichte von Sonnenschein und Regenwetter, in: C. Honegger (Hg.), Schrift und Materie der Geschichte: Vorschläge zur systematischen Aneignung historischer Prozesse, Frankfurt a.M. 1977, S. 220–246.

handelten sich Versuche, Klima in die historische Erklärung gesellschaftlicher Vorgänge einzubauen, zunächst unweigerlich den Vorwurf des Klimadeterminismus ein. Der klimatische und geografische Determinismus stand im späten 19. und in der ersten Hälfte des 20. Jahrhunderts auf seinem Höhepunkt, wurde in der Folge aber aufgrund seiner Verquickung mit rassistischem und nationalsozialistischem Gedankengut gründlich desavouiert und wissenschaftlich ad acta gelegt. Dagegen mussten sich die frühe Umweltgeschichte allgemein und die Klimageschichte im Speziellen abgrenzen, und sie tun weiterhin gut daran, sich dieses Fallstricks bewusst zu sein.

Einer der diesbezüglich notwendigen Schritte ist die konzeptionelle und die Begriffs-Arbeit.[56] Dass Klima und Natur auf die Menschen einwirkten, kommt in jenen Fällen besonders prägnant zum Ausdruck, in denen Gemeinschaften oder ganze Gesellschaften von extremen Wetterlagen oder Naturphänomen betroffen sind. Sollen diese als Extremereignisse, Naturkatastrophen oder Naturgefahren angesprochen werden? Alle drei Begriffe haben ihre Berechtigung, sollten aber, was leider häufig unterbleibt, trennscharf verwendet werden. Wichtig ist zunächst festzuhalten, dass es sich bei allen dreien, um gesellschaftliche Zuschreibungen handelt. „Katastrophen kennt allein der Mensch, sofern er sie überlebt. Die Natur kennt keine Katastrophen", lässt der Schweizer Schriftsteller Max Frisch seinen Protagonisten im 1979 erschienenen Roman „Der Mensch erscheint im Holozän" erkennen.[57] Naturgefahren und Naturkatastrophen gehen von der Natur aus, in der Regel in der Form von Extremereignissen, aber auch, Stichwort Klimawandel, in der Form einer beschleunigten allmählichen Veränderung der klimatischen und ökologischen Bedingungen. Extremereignisse können sich zu Naturkatastrophen auswachsen, sie können die Gesellschaft aber auch kaum tangieren, etwa weil unbewohnte Gebiete betroffen sind; oder die Gesellschaft kann so reagieren, dass keine Katastrophe eintritt. Dabei hilft gewöhnlich, wenn die Gefahren, die von solchen Extremereignissen ausgehen, vorhergesehen wurden und die Gesellschaften Maßnahmen der Prävention und der Vorsorge ergreifen konnten. Dies taten europäische Gesellschaften seit der Aufklärung ausgiebig und in verstärktem Umfang.[58] Über wissenschaftliche Erhebungen und private sowie staatliche Versicherungen transformierten sie zudem erkannte Naturgefahren in kalkulierte Risiken. Menschen setzten sich aber auch zusätzlichen Naturgefahren aus, indem sie etwa Siedlungsflächen in Überschwemmungsgebiete oder bergsturz- und lawinengefährdete Räume ausweiteten und damit

56 Siehe etwa Pfister, C. (Hg.), Am Tag danach. Zur Bewältigung von Naturkatastrophen in der Schweiz 1500–2000, Bern 2002, S. 11–26; Groh, D., M. Kempe u. F. Mauelshagen, Einleitung. Naturkatastrophen – wahrgenommen, gedeutet, dargestellt, in: Dies. (Hg.), Naturkatastrophen. Beiträge zu ihrer Deutung, Wahrnehmung und Darstellung in Text und Bild von der Antike bis ins 20. Jahrhundert, Tübingen 2003, S. 11–34.

57 Frisch, M., Der Mensch erscheint im Holozän, Frankfurt a.M. 1979, S. 103.

58 Hannig, N., Kalkulierte Gefahren. Naturkatastrophen und Vorsorge seit 1800, Göttingen 2019.

eine Naturgegebenheit zu einer Naturgefahr machten, die sich beim Eintreten eines Extremereignisses zu einer Naturkatastrophe auswachsen konnte. Zusätzliche Naturgefahren wurden zudem geschaffen, meist unbeabsichtigt und unbewusst, seit die europäischen Gesellschaften ihre sozionaturalen Verhältnisse aktiv und mit zunehmender Intensität und Geschwindigkeit umzugestalten begannen, sei es, dass die Häufigkeit von Extremereignissen aufgrund des anthropogen induzierten Klimawandels stieg oder etwa alpine Böden sich erwärmten und Berghänge in der Folge an Stabilität verloren. Auch Strukturen, die zur Prävention errichtet wurden, wie Gewässer- oder Lawinenverbauungen, konnten ihrerseits zu Quellen erhöhter Risiken werden, indem sie einerseits Menschen sich in falscher Sicherheit wähnen ließen oder andererseits, wenn sie versagten oder überfordert wurden, umso größere Katastrophen verursachen konnten. Das Konzept der Risikospirale veranschaulicht diesen paradoxen Mechanismus der Risikoakkumulation durch Gefahrenvermeidung.[59]

Auf der Grundlage solcher Konzepte hat sich die Umweltgeschichte intensiv mit den gesellschaftlichen Bedingungen auseinandergesetzt, unter denen Naturereignisse zu Naturkatastrophen wurden.[60] Dabei rückten die Denk- und Handlungsmuster der von Naturereignissen betroffenen Menschen, deren Wahrnehmungen und Reaktionen, in den Mittelpunkt des Interesses. Für die Wahrnehmung eines Naturereignisses als Katastrophe hat der Umwelt- und Klimahistoriker Christian Rohr sieben Kriterien erarbeitet: erstens die Hilflosigkeit, das Naturereignis mit den vorhandenen Mitteln zu bewältigen; zweitens die Unfähigkeit, das Ereignis selbst, seine Ursprünge und Bedeutung zu erklären; drittens die materielle und persönliche Betroffenheit; viertens die Einordung in eine Serie von extremen Naturereignissen; fünftens das Vorhandensein symbolischer Konnotationen und vorgeprägter Deutungsmuster; sechstens das Herrschen einer allgemeinen Krisenstimmung; und siebtens das unerwartete Eintreten des Ereignisses. Es müssten nicht alle sieben, aber „zumindest drei bis vier Kriterien in Kombination zutreffen, damit von einer Katastrophe für die betroffenen Menschen die Rede sein kann".[61] Die Deutungs- und Handlungsmuster, die sich im Katastrophenfall offenbarten, aber auch die Maßnahmen, die Gesellschaften setzten, um sich gegen zukünftige Naturkatastrophen zu wappnen oder diese zu vermeiden, untersuchten Rohr und andere dahingehend,

59 Sieferle, R. P. u. U. Müller-Herold, Überfluß und Überleben. Risiko, Ruin und Luxus in primitiven Gesellschaften, in: Gaia 5 (1996), S. 135–143. Für das verwandte Konzept der Vulnerabilität siehe Collet, D., Die doppelte Katastrophe. Klima und Kultur in der europäischen Hungerkrise 1770–1772, Göttingen 2018.

60 Siehe die Forschungsüberblicke Hannig, N., Katastrophen im 19. und 20. Jahrhundert. Befunde, Kontexte und Perspektiven, in: Neue Politische Literatur 26 (2016), S. 439–464; Willer, S., Katastrophen: Natur – Kultur – Geschichte. Ein Forschungsbericht, www.hsozkult.de/literaturereview/id/forschungsberichte-4546 (zuletzt eingesehen am 05.05.2021).

61 Rohr, C., Der Umgang mit Naturkatastrophen im Mittelalter, in: C. Rohr, U. Bieber u. K. Zeppezauer-Wachauer (Hg.), Krisen, Kriege, Katastrophen. Zum Umgang mit Angst und Bedrohung im Mittelalter, Heidelberg 2018, S. 13–56, hier S. 2. Vgl. Ders., Extreme Naturereignisse im Ostalpenraum. Naturerfahrung im Spätmittelalter und am Beginn der Neuzeit, Wien 2007, S. 55–62.

ob und wie Gesellschaften aus Naturkatastrophen lernten. Damit verknüpften sie auch die Frage, warum und wie lange Gesellschaften Naturkatastrophen in Erinnerung hielten und wie sich ein Schwinden der kollektiven Erinnerungen in einem verminderten Gefahrenbewusstsein und fahrlässigem Handeln äußerte.[62] So stellte Christian Pfister fest, dass die Schweiz von 1882 bis 1976 für fast hundert Jahre von Naturkatastrophen weitgehend verschont blieb, was dazu beigetragen habe, dass Naturgefahren unterschätzt wurden.[63] Dass größere Katastrophen ausblieben, dürfte maßgeblich jenen umfangreichen Maßnahmen geschuldet gewesen sein, die seit dem späten 18. Jahrhundert unter staatlicher Führung zur Prävention wiederkehrender Naturgefahren ergriffen worden waren: insbesondere der Hochwasser-, Lawinen-, Bergsturz- und Feuerschutz.[64]

Im europäischen Rahmen blieben schwere Naturkatastrophen in diesem Zeitraum allerdings nicht aus. So traten in Deutschland wiederholt Flüsse über die Ufer und Küstengebiete wurden von Sturmfluten heimgesucht, während schwere Erdbeben insbesondere italienische Städte und Gegenden trafen.[65] Die vorwiegend durch ingenieurtechnische Eingriffe und Bauten sowie naturwissenschaftliche Überwachung und amtliche Notfallhilfe erreichte Absicherung wurde gegen Ende des 20. Jahrhunderts zunehmend brüchig. Eine neue Häufung von Extremereignissen erschütterte das Vertrauen, dass sich natürliche Dynamiken langfristig technisch bändigen und regulieren ließen. Ökologische Herangehensweisen gewannen an Gewicht, was sich etwa in der Renaturierung von Flüssen ausdrückte.[66]

Um das Risiko von Naturkatastrophen und damit das politisch festzulegende, richtige Maß an Prävention und Vorsorge bestimmen zu helfen, berechneten Wissenschaftler Kadenzen, in denen extreme Naturereignisse wie Erdbeben und Hochwasser in gewissen Grössenordnungen zu erwarten waren, was sich auch in einem gesteigerten Interesse an Daten zu historischen Naturereignissen niederschlug.[67]

Lassen sich die unmittelbaren gesellschaftlichen Folgen von Naturkatastrophen vergleichsweise gut fassen, zumal zu ihnen oft (gleich wie zu anderen Ereignissen) eine dichte schriftliche Überlieferung existiert, wird es bedeutend schwieriger, die

62 Rohr, Extreme Naturereignisse im Ostalpenraum; Poliwoda, G. N., Aus Katastrophen lernen. Sachsen im Kampf gegen die Fluten der Elbe 1784 bis 1845, Köln 2007; Pfister, C., Learning from Nature-Induced Disasters. Theoretical Considerations and Case Studies from Western Europe, in: C. Mauch u. C. Pfister (Hg.), Natural Disasters, Cultural Responses. Case Studies toward a Global Environmental History, Lanham 2009, S. 17–40.

63 Pfister, C., Die „Katastrophenlücke“ des 20. Jahrhunderts und der Verlust traditionalen Risikobewusstseins, in: Gaia 18 (2009), S. 239–246.

64 Zum Hochwasserschutz siehe Summermatter, S., Die Prävention von Überschwemmungen durch das politische System der Schweiz von 1848 bis 1991, Bern 2017.

65 Hannig, Kalkulierte Gefahren, S. 376–454; Parrinello, G., Fault Lines. Earthquakes and Urbanism in Modern Italy, New York 2015.

66 Vgl. Hannig, Kalkulierte Gefahren, S. 501–514 und in diesem Band das Kap. 4 Meliorationen.

67 Siehe beispielsweise Gisler, M., D. Fäh u. D. Giardini (Hg.), Nachbeben. Eine Geschichte der Erdbeben in der Schweiz, Bern 2008.

mittel- und längerfristigen Folgen zu bestimmen. Und nochmals schwieriger wird es, die gesellschaftlichen Auswirkungen gradueller und allmählicher Klimaveränderungen zu ermitteln. Ein interessantes Modell hat der Umwelthistoriker Daniel Krämer vorgelegt (siehe Abb. 2). Er unterscheidet biophysikalische, ökonomische, demografische und soziale sowie kulturelle Auswirkungen von Klimavariabilität und Naturkatastrophen. Deren Einfluss ist laut Modell auf der biophysikalischen Ebene am größten und direktesten, während er auf der kulturellen Ebene am kleinsten und indirektesten ist. Zugleich erweitern sich die gesellschaftlichen Handlungsspielräume von Ebene zu Ebene, und ihre kausale Koppelung mit den Vorgängen in Klima und Natur wird zunehmend lose. Dies gilt auch in der umgekehrten Richtung, in der der Einfluss menschlicher Handlungen letztlich aufs Klima, aber auch auf die sozioökonomische und sozionaturale Organisation dargestellt wird.[68]

Wie Krämer selbst anmerkt, handelt es sich um ein stark vereinfachtes, lineares Modell. Gerade im gesellschaftlichen Bereich ist zu hinterfragen, ob die Wirkungspfade nicht verschlungener, die Auswirkungen und Rückwirkungen mehrdimensionaler und die Einflussgrößen variabler zu modellieren wären. So würde sich auch der Gegensatz zwischen einer materialistischen und einer kulturalistischen Interpretation gesellschaftlichen Wandels, der sich in die Modellierung eingeschlichen hat, auflösen. Zu den Stärken des Modells gehört, dass es nicht nur die Klimafolgen erfasst, sondern auch umgekehrt die Folgen gesellschaftlichen Handelns auf Klimavariabilität und Naturereignisse erfasst. Diese Wirkungsrichtung ist erst in jüngster Zeit im Zusammenhang mit der anthropogenen Verursachung des globalen Klimawandels in den Fokus der Geschichtswissenschaften getreten.

Gerahmt wird diese Hinwendung durch das Konzept des Anthropozän, eines neuen geologischen Zeitalters, dessen erdgeschichtlich bestimmendes Merkmal kollektives menschliches Tun ist.[69] Während ein Großteil der klimarelevanten menschlichen Handlungen nicht der Intention entsprang, auf das Klima einzuwirken, zielten andere bewusst auf Wetter und Klima. So entwickelte sich im 19. Jahrhundert etwa das Wetterschießen, bei dem Gewitterwolken mit speziell dafür entwickelten Kanonen unter Beschuss genommen wurden. Dadurch sollten Gewitter vorzeitig ausgelöst und Hagelschäden an Obstkulturen verhindert werden. Obwohl die Wirkung wissenschaftlich nicht nachgewiesen werden konnte, kamen solche Kanonen vielerorts zum Einsatz.[70] Die „Impfung" von Wolken mit Chemikalien, mit der mit ähnlich bescheidenem Erfolg im 20. Jahrhundert experimentiert wurde, kann als deren Fortsetzung gesehen werden.[71] Der Frage, wie das Klima künstlich manipuliert werden könnte, um militärische Vorteile zu gewinnen, widmete sich die

68 Krämer, Hungerkrise, S. 135/136. Zur einschlägigen Forschung siehe auch Collet, Die doppelte Katastrophe.

69 Siehe Kap. 2 Umwelthistorische Zeiten.

70 Hupfer, Das Wetter der Nation, S. 272–281; Hannig, Kalkulierte Gefahren, S. 327–334.

71 Fleming, J. R., Fixing the Sky. The Checkered History of Weather and Climate Control, New York 2012.

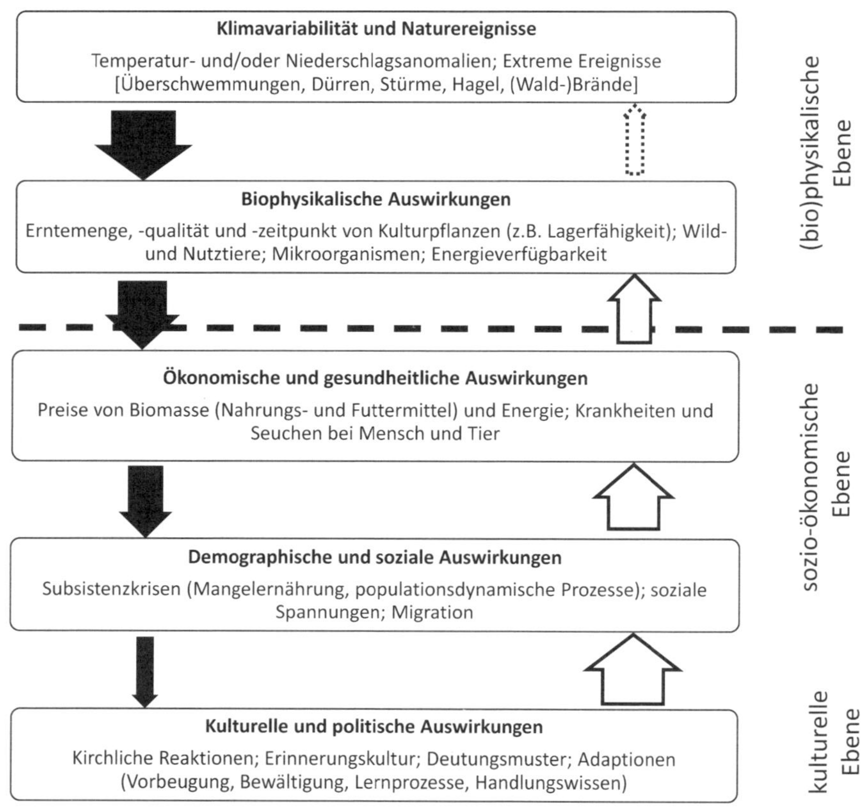

Abb. 2 Modell zu den Wechselwirkungen zwischen Klima und Gesellschaft. Quelle: Modifiziert nach Krämer, Hungerkrise, S. 136.

im Kalten Krieg einsetzende Forschung an ABC-Waffen. Sie gab letztlich wichtige Anstöße, den anthropogenen Einfluss auf das Klima näher zu untersuchen und zu verstehen.[72]

Kulturgeschichte des Klimas

Damit sind wir bereits in den dritten Arbeitsbereich der historischen Klimaforschung vorgedrungen, die Kulturgeschichte des Klimas. Von den drei Teilbereichen hat sie bislang das geringste internationale Profil gewonnen. Im Gegensatz zu ersteren beiden fehlen hier vor allem länderübergreifende historische Synthesen, was einmal mehr auf die enorme Schwierigkeit verweist, Kulturgeschichte global zu

72 Hamblin, J. D., Arming Mother Nature. The Birth of Catastrophic Environmentalism, Oxford 2013.

betreiben. Sie ist in der Vielfalt und Komplexität kulturellen Ausdrucks begründet, die es erst einmal überhaupt zu erschließen gilt, um sie daraufhin synthetisierend und systematisierend darstellen zu können.[73]

In der Geschichte meteorologischer Anstalten entdeckten Forschende, die ihre Betrachtungsperspektiven weit über eine Institutionengeschichte hinaus weiteten, eine Vielfalt von gesellschaftlichen Zusammenhängen zu Wetter und Klima zutage. So zeigt die Historikerin Franziska Hupfer am schweizerischen Beispiel, wie das Bedürfnis, wissenschaftliche, staatliche und nationale Interessenlagen vereinbar zu machen, die Produktion und Institutionalisierung meteorologisch-klimatologischen Wissens prägte. Die unterschiedlichen Anforderungen von Wissenschaft und Nationalstaat erzeugten, wie Hupfer überzeugend darlegt, unweigerlich jenes bis in die Gegenwart hinein wirksame Spannungsfeld zwischen Wissenschaftlichkeit und Anwendbarkeit des produzierten und zu produzierenden Wissens. Wie konnte man den Klimaprognosen einer Wissenschaft Glauben schenken, die es nicht einmal fertig brachte, dass Wetter des kommenden Tags korrekt vorauszusagen? Ein weiteres konstitutives Spannungsfeld baute sich zwischen der nationalen und der internationalen Ebene auf. Wetterfronten machten ebenso wenig an politischen Grenzen halt, wie sich solche an Klimazonen orientierten. Hingegen wurde die Meteorologie sehr staatsnah organisiert und fokussierte sich entsprechend auf das „Wetter der Nation". In der nationalstaatlichen Erfassung des Wetters, das unter namhafter Mitwirkung ehrenamtlich arbeitender Wetterbeobachter, darunter auch wenige Frauen, erfolgte, sowie in den nationalen Wetterberichten und -beschreibungen entstanden zugleich Erzählungen und Bilder der Nation.[74] In ähnlicher Weise hat die Historikerin Deborah R. Coen für die Habsburgermonarchie des 19. Jahrhunderts Klimawissenschaften und Politik zusammengeführt. Sie belegt, wie das Credo der „Einheit in der Vielfalt" nicht nur die Politik des inneren Ausgleichs anleitete, sondern auch in die Klimaforschung hineinwirkte. Führende österreichische Klimatologen untersuchten das Wettergeschehen als ein System, das durch Druckunterschiede in Bewegung und zugleich im dynamischen Gleichgewicht gehalten wurde. In populärwissenschaftlichen Schriften parallelisierten sie die Vereinigung klimatischer und ethnischer Vielfalt, die das Reich prägen und fördern würden.[75]

Hohe zeitgenössische Beachtung fand der Zusammenhang zwischen Klima und Gesundheit. Im 19. Jahrhundert galten die Tropen, die im 18. Jahrhundert noch

73 Aufgrund des unzureichenden Forschungsstands behandeln Mauelshagen, Historische Klimaforschung und White, Pfister u. Mauelshagen, Palgrave Handbook diesen Teilbereich nur kursorisch. Behringer, W., Kulturgeschichte des Klimas. Von der Eiszeit bis zur globalen Erwärmung, München 2008[3] ist eher eine (zuweilen fragwürdig argumentierende) Klimafolgen- denn eine Kulturgeschichte des Klimas.

74 Hupfer, Das Wetter der Nation. Frühere Arbeiten sind u. a. Anderson, K., Predicting the Weather. Victorians and the Science of Meteorology, Chicago 2005 und Locher, F., Le savant et la tempête. Étudier l'atmosphère et prévoir le temps au XIXe siècle, Rennes 2008.

75 Coen, Climate in Motion. Die ungarische Reichshälfte kommt in der anregenden Studie allerdings kaum ins Bild.

vornehmlich als exotische Paradiese wahrgenommen worden waren, zunehmend als gesundheitsgefährdend für Europäer, was die entstehende koloniale Tropenmedizin mit Sterblichkeitsdaten zu untermauern wusste. Daraus ergab sich die Frage, wie die Kolonialmächte zum einen ihre Kolonialbeamten und Kolonialisten vor Klima und Krankheit schützen konnten und ob sich zum anderen das der Kolonisation feindliche Klima verändern ließe.[76] Letztere Frage konnte an Diskussionen anknüpfen, die bereits seit dem 18. Jahrhundert geführt wurden und aus Beobachtungen schöpften, dass der rasche Landschaftswandel, den in einigen Kolonien etwa ausgedehnte Entwaldungen herbeiführten, das lokale Klima veränderte. Richard Grove hat darin eine Wurzel des modernen Umweltbewusstseins erkannt.[77] Tatsächlich wurde auch in Europa eingehend über den Zusammenhang von Entwaldung und Änderung des Klimas diskutiert. Die groß angelegten Meliorationen, die seit Mitte des 18. Jahrhunderts in zunehmenden Umfang unter staatlicher Ägide durchgeführt wurden, sollten auch das regionale Klima verbessern und damit zugleich den dort lebenden Menschen nicht nur gesündere Lebensumstände bieten, sondern sie in ihrem Wesen insgesamt heben.[78] Der aufkommende Tourismus griff diese Thematik auf. Vermögende Städter reisten im 19. Jahrhundert zunehmend zur Sommerfrische aufs Land und in die Berge. Kurorte warben nicht nur mit Heilquellen, sondern auch mit einem besonders günstigen, milden Klima. Ärzte bestätigten dessen gesundheitsfördernde Wirkung, und einige Kurorte ließen meteorologische Gutachten erstellen und begannen in ihren Werbebroschüren auch Tabellen mit durchschnittlichen Temperaturen und Sonnenscheindauern abzudrucken.[79]

In der Geschichte der Klimawissenschaften und der Klimatologie ist insbesondere die Entdeckung des anthropogen verursachten Klimawandels inzwischen gut dokumentiert.[80] Was den schwedischen Physiker Svante Arrhenius bereits 1896 befähigte, eine wissenschaftliche Abhandlung zum globalen Zusammenhang zwischen erhöhten CO_2-Konzentrationen in der Atmosphäre und der allmählichen Erwärmung des Erdklimas zu publizieren, hat der Historiker Stefan Lindl jüngst

76 Arnold, D., The Problem of Nature. Environment, Culture and European Expansion, Oxford 1996; Morgan, R. A., Climate and Empire in the Nineteenth Century, in: White, Pfister u. Mauelshagen, Palgrave Handbook, S. 589–603.

77 Grove, R., Green Imperialism. Colonial Expansion, Tropical Island Edens and the Origins of Environmentalism, 1600–1860, Cambridge 1995.

78 Speich, D., Helvetische Meliorationen. Die Neuordnung der gesellschaftlichen Naturverhältnisse an der Linth 1783–1823, Zürich 2003. Siehe auch das Kap. 4 Meliorationen.

79 Sigmund, C. L. von, Südliche klimatische Curorte mit besonderer Rücksicht auf Venedig, Nizza, Pisa, Meran und Triest. Beobachtungen und Rathschläge, Wien 1857; Hupfer, Das Wetter der Nation, S. 198–199.

80 Siehe Weart, S. R., The Discovery of Global Warming, Cambridge, Mass. 2008; Edwards, P. N., A Vast Machine. Computer Models, Climate Data, and the Politics of Global Warming, Cambridge, Mass. 2010; Howe, J. P., Behind the Curve. Science and the Politics of Global Warming, Seattle 2014; Ders. (Hg.), Making Climate Change History, Seattle 2017; Heymann, M. u. D. Achermann, From Climatology to Climate Science in the Twentieth Century, in: White, Pfister u. Mauelshagen, Palgrave Handbook, S. 605–632.

sorgfältig rekonstruiert.[81] Wissenschaftlich setzte sich Arrhenius' These allerdings erst in den 1970er Jahren durch. Im darauffolgenden Jahrzehnt entfaltete sich in Politik und Gesellschaft eine breite internationale Debatte, die 1988 zur Etablierung des *Intergovernmental Panel on Climate Change IPCC* führte und 1992 zur Verabschiedung einer UN-Klimarahmenkonvention. Diese zielte darauf ab, „die Stabilisierung der Treibhausgaskonzentrationen in der Atmosphäre auf einem Niveau zu erreichen, auf dem eine gefährliche anthropogene Störung des Klimasystems verhindert wird". Die Vertragsparteien sollten, wie es in der offiziellen deutschen Übersetzung des Konventionstexts weiter heißt, „entsprechend ihren gemeinsamen, aber unterschiedlichen Verantwortlichkeiten und ihren jeweiligen Fähigkeiten das Klimasystem zum Wohl heutiger und künftiger Generationen schützen".[82] Aufbauend auf dieser Konvention und den Sachstandsberichten des IPCC formierte sich eine internationale Klimapolitik, deren Ergebnisse bislang allerdings dürftig geblieben sind. Die Übersetzung der „gemeinsamen, aber unterschiedlichen Verantwortlichkeiten" und der „jeweiligen Fähigkeiten" in politische Maßnahmen, die dem globalen Problem angemessen und international gerecht verteilt waren, erwies sich als äußerst schwierig.[83]

Schluss

Die Beiträge zur Kultur- und Wissensgeschichte des Klimas häufen sich in den letzten Jahren erfreulicherweise. In Zukunft sind sie nicht nur durch weitere Studien zu ergänzen, sondern auch in Überblicksdarstellungen zu synthetisieren. Darüber hinaus ist die Kulturgeschichte des Klimas systematisch mit beiden anderen Forschungsfeldern, der Klimarekonstruktion und der historischen Klimafolgenforschung in Beziehung zu setzen. Dies eröffnet Forschenden aller Qualifikationsstufen ein vielschichtiges Arbeitsfeld.[84]

Klima ist Geschichte, Klima macht Geschichte und Klima hat Geschichte, ließen sich die Ausführungen dieses Kapitels auf eine griffige Formel bringen. „Klima hat Geschichte" meint, dass die Geschichte des Klimas eng mit der Gesellschafts- und damit auch der Umweltgeschichte verbunden ist. An diesen Verbindungen gilt es weiterzuarbeiten. Dies ist umso wünschenswerter, als die Geschichtswissenschaften

81 Arrhenius, S., XXXI. On the Influence of Carbonic Acid in the Air upon the Temperature of the Ground, in: The London, Edinburgh, and Dublin Philosophical Magazine and Journal of Science 41 (1896), S. 237–276; Lindl, S., Klima und Konsum. Gesellschaftliche Konstitution des anthropogen verursachten Klimawandels von 1600 bis zu Svante Arrhenius, in: W. Wüst u. G. Drossbach (Hg.), Umwelt-, Klima- und Konsumgeschichte. Fallstudien zu Süddeutschland, Österreich und der Schweiz, Berlin 2018, S. 469–504.

82 United Nations, Rahmenübereinkommen der Vereinten Nationen über Klimaänderungen, 09.05.1992, Artikel 2 und 3.

83 Zu den Implikationen für die Geschichtswissenschaften siehe Chakrabarty, D., Verändert der Klimawandel die Geschichtsschreibung?, in: Transit. Europäische Revue 41 (2011), S. 143–163.

84 Vgl. Mauelshagen, Historische Klimaforschung.

in allen drei Bereichen zur interdisziplinären Klimaforschung und gegenwärtigen Klimadiskussion beizutragen haben und die Integration der Teilbereiche vielleicht besser gelingen kann, wenn sie mit zeitlicher Distanz an vergangenen Gesellschaften und Umwelten durchgeführt wird.

6. Industrialisierung

Als die englische Dichterin Anna Seward im Herbst 1787 Coalbrookdale in den englischen West Midlands besuchte, war sie beeindruckt, „in such uncommon union, the dusky, noisy, assiduous, and indeed stupendous efforts of art, with romantic nature“ vorzufinden, wie sie einem Dichterkollegen schrieb.[85] Mit der Eisenschmelze Madeley Wood und einer erstmals aus Gusseisen gefertigten Bogenbrücke war Coalbrookdale ein führendes Zentrum der Eisenverarbeitung und ein früher Anziehungspunkt für Künstler und Poetinnen, welche sich für die industrielle Umwälzung interessierten und den Ort vielfach mit Schreibstift und Pinsel porträtierten. Gemeinsam war diesen Porträts, dass sie in einer für die Romantik insgesamt typischen Weise die Vereinigung der Gegensätze feierten: auf der einen Seite die stille, erhabene Natur, auf der anderen das laute, geschäftige Handwerk. Manchmal auch als Vereinigung von Himmel und Hölle dargestellt, betonten die Bilder und Gedichte zumeist die menschliche Kunst und Schaffenskraft. In diese Tradition schrieb sich auch Seward mit ihrem oben zitierten Satz ein, dem sie allerdings eine ungewohnte Wendung gab, indem sie fortsetzte: "[...] where the Cyclops usurp the dwellings of the Naiads and Dryads, and drown, with their dissonance, the woodland song; light their blazing fires on each of the many hills, and, with their thick black smoke, shroud, as with a sable crape, the lavish woods and fantastic rocks; sully the pure waters of the Severn, and dim the splendour of the summer's sun; while the shouts of their crouding barges, and the clang of their numerous engines, din through every winding of the valley."[86] Damit schuf Seward ein frühes Zeugnis, welches die industrielle Tätigkeit für die Zerstörung von Natur verantwortlich machte.[87]

Dieser Spur gilt es in diesem Kapitel weiter zu folgen. Ich gehe die Thematik aber breiter an, indem ich ganz allgemein frage, wie Industrialisierung und Umweltwandel historisch zusammenhängen. Die Industrialisierung ist zunächst einmal als epochaler Prozess zu verstehen, welcher nicht nur die Gesellschaften Europas, sondern weltweit erfasste und welcher die Lebenswelten der meisten Menschen früher oder später tiefgreifend umgestaltete. Das Einsetzen der Industrialisierung

85 Seward, A., Letters Written between the Years 1784 and 1807. Bd. 1, Edinburgh 1811, S. 388/389.

86 Ebd., S. 389.

87 Ihre Eindrücke verarbeitete Anna Seward (1742–1809) drei Jahre später im Gedicht „Colebrook Dale“. Siehe dazu Setzer, S., "Pond'rous Engines" in "Outraged Groves". The Environmental Argument of Anna Seward's "Colebrook Dale", in: European Romantic Review 18 (2007), S. 69–82 und zur Person Kairoff, C. T., Anna Seward and the End of the Eighteenth Century, Baltimore 2012.

in Großbritannien in der zweiten Hälfte des 18. Jahrhunderts markiert zusammen mit den politischen Umwälzungen jener Jahrzehnte, namentlich den erfolgreichen Aufständen und Umstürzen in den USA, Frankreich und auf Haiti, den Übergang in die Moderne Welt. Der britische Sozialhistoriker Eric Hobsbawm prägte dafür die Formel von der „Doppelrevolution", welche der Entwicklung Europas im 19. Jahrhundert und dessen Aufstieg zur globalen Herrschaft den Boden bereitete.[88]

Im Folgenden argumentiere ich, dass sich die damaligen Umwälzungen besser verstehen lassen, wenn die Interpretation als Doppelrevolution zu einer Tripelrevolution ausgeweitet wird: Zu Hobsbawms soziopolitischen und sozioökonomischen Revolutionen möchte ich eine sozionaturale Revolution gesellen, eine Umwälzung in den gesellschaftlichen Naturverhältnissen. Vorweg gilt es ein mögliches Missverständnis bezüglich des zugrunde gelegten Revolutionsbegriffs auszuräumen. Dieser soll den umwälzenden, epochemachenden Charakter der Vorgänge erfassen. Es soll jedoch nicht behauptet werden, dass diese Umwälzungen einem plötzlichen Umsturz glichen. Vielmehr bauten sie auf teilweise weit zurückreichenden Bedingungen auf und entfalteten sich über viele Jahrzehnte. Mit guten Gründen wird von vielen Historikern und Historikerinnen der Prozessbegriff der Industrialisierung jenem der Industriellen Revolution vorgezogen.[89] Jedoch hat auch der Revolutionsbegriff seine Berechtigung. Mit ihm lässt sich anzeigen, dass sich in jenen Jahrzehnten um 1800 eine neue Entwicklung Bahn brach, die sich zum einen von der vorangehenden Entwicklung eindeutig abhob und die zum anderen dauerhafter Natur war. Dies rechtfertigt zugleich, von einem Epochenwechsel zu sprechen. Demokratisierung und Wirtschaftswachstum, die Jörg Fisch als Signum der europäischen Geschichte des 19. Jahrhunderts ausmacht, können als gesellschaftspolitische und ökonomische Langzeitwirkungen der Hobsbawmschen Doppelrevolution verstanden werden.[90]

88 Hobsbawm, E. J., Europäische Revolutionen, Zürich 1962 und die (trotz ihrer aus heutiger Sicht eurozentrischen Anlage) ebenso lesenswerten Folgebände: Ders., Die Blütezeit des Kapitals. Eine Kulturgeschichte der Jahre 1848–1875, Frankfurt a.M. 1980; Ders., Das imperiale Zeitalter 1875–1914, Frankfurt a.M. 1989. Darin entwickelte er auch das von der internationalen Geschichtsschreibung weithin aufgegriffene Konzept des „langen 19. Jahrhunderts", das er von der Französischen Revolution bis zum Ersten Weltkrieg ansetzte. Gelungene neuere Gesamtdarstellungen dieses Zeitraums auf europäischer Ebene sind Evans, R. J., Das europäische Jahrhundert. Ein Kontinent im Umbruch: 1815–1914, München 2018 und Steinmetz, W., Europa im 19. Jahrhundert, Frankfurt a.M. 2019. Die globalhistorischen Standardwerke sind Bayly, C. A., Die Geburt der modernen Welt. Eine Globalgeschichte 1780–1914, Frankfurt a.M. 2006 und Osterhammel, J., Die Verwandlung der Welt. Eine Geschichte des 19. Jahrhunderts, München 2009.

89 Als Einstieg in die umfassende Literatur zur Industrialisierung seien empfohlen Stearns, P. N., The Industrial Revolution in World History, Boulder 2015[4]; Tilly, R. H., Industrialisierung als historischer Prozess, in: Europäische Geschichte Online (EGO), http://www.ieg-ego.eu/tillyr-2010-de (zuletzt eingesehen am 05.05.2021); Wengenroth, U., Industrialisierung, in: M. Sommer, S. Müller-Wille u. C. Reinhardt (Hg.), Handbuch Wissenschaftsgeschichte, Stuttgart 2017, S. 294–303; Ziegler, D., Die industrielle Revolution, Darmstadt 2012[3]. Wichtig zudem Allen, R. C., The British Industrial Revolution in Global Perspective, Cambridge 2009; Mokyr, J., The Enlightened Economy. Britain and the Industrial Revolution, 1700–1850, London 2011.

90 Fisch, J., Europa zwischen Wachstum und Gleichheit. 1850–1914, Stuttgart 2002.

Was zeichnete die komplementäre dritte Revolution, die sozionaturale Revolution, aus, und was waren ihre ökologischen Langzeitfolgen?

In der umwelthistorischen Literatur zur Industrialisierung können zwei Hauptstoßrichtungen unterschieden werden: Zum einen haben sich Umwelthistoriker und -historikerinnen intensiv mit den Auswirkungen auseinandergesetzt, welche die Industrialisierung auf die Umwelt hatte und bis heute hat. Zum anderen hat sich eine lebhafte und andauernde Debatte entwickelt, welche die Thematik quasi von der entgegengesetzten Seite angeht und nach den Umweltvoraussetzungen und insbesondere der natürlichen Ressourcenbasis der Industrialisierung fragt. Beiden Richtungen gemein ist, dass sie sich dafür interessieren, wie die Industrialisierung die Mensch-Natur-Beziehungen veränderte und wie umgekehrt die veränderten Mensch-Natur-Beziehungen die Industrialisierung beeinflussten. Daher überlappen sich die Debatten, viele umwelthistorische Veröffentlichungen haben zu beiden Diskussionssträngen beigetragen. Dennoch ist die Unterscheidung sinnvoll, denn sie erlaubt, die umwelthistorische Literatur zur Industrialisierung zu ordnen und ihre Ergebnisse, Debatten und offenen Punkte entlang der beiden zentralen Fragenkomplexe darzustellen. Dabei soll der sozionaturale Wandel sowohl mit den sozioökonomischen als auch den soziopolitischen Transformationen verbunden werden. Solcherart wird sich zeigen, dass Industrialisierung zugleich eines der am besten etablierten Forschungsfelder der Umweltgeschichte ist und eines, auf dem es noch viel zu erarbeiten und zu entdecken gibt.

Umweltverschmutzung und Gegenmaßnahmen

Als sich in den 1970er Jahren die Umweltdebatte entfaltete, drängte sich bald die Frage auf, wo die gegenwärtigen Umweltprobleme historisch ihren Ausgang genommen hatten.[91] Die Industrielle Revolution war eine naheliegende Kandidatin und ist es bis heute geblieben. Die erste Generation der Umwelthistoriker und -historikerinnen machte die Umweltauswirkungen der Industrialisierung zu einem, wenn nicht *dem* Hauptarbeitsfeld ihrer Forschungstätigkeit. Sie arbeitete heraus, wie Industrien die Umwelt verschmutzten, wie sie Ökosysteme zerstörten und Landschaften unwirtlich machten, und förderte damit eine dunkle Seite der Industrialisierung zutage, die in den wirtschafts- und sozialhistorischen Abhandlungen weitgehend ausgeblendet worden war.[92] Ihre Forschungen konnten belegen, wie massiv die Umwelt von der Industrialisierung in Mitleidenschaft gezogen wurde. Es zeigte sich aber auch, dass Umweltbelastungen kein neues Phänomen waren und schon das vorindustrielle Gewerbe die Umwelt zumindest punktuell in Mitleidenschaft zog. Ebenso entwickelten

91 Zur Umweltdebatte siehe Kap. 12.

92 Für Deutschland siehe die grundlegenden Arbeiten Franz-Josef Brüggemeiers, u. a. Brüggemeier, F.-J., Das unendliche Meer der Lüfte. Luftverschmutzung, Industrialisierung und Risikodebatten im 19. Jahrhundert, Essen 1996. Für einen Überblick über die ältere Literatur siehe Uekötter, F., Umweltgeschichte im 19. und 20. Jahrhundert, München 2007, S. 62–68.

sich bereits in dieser Zeit Strategien gegen unerwünschte Begleiterscheinungen gewerblicher Tätigkeit. Insbesondere wurden Gewerbebetriebe räumlich abgesondert, und es wurde darauf geachtet, dass die ausgestoßenen Schadstoffe von den Siedlungen ferngehalten wurden, etwa indem Produktionsstätten flussabwärts angesiedelt wurden, sodass deren Schmutzwasser weggespült wurde und die Wasserqualität am Ort selbst nicht beeinträchtigte.[93]

Diese Strategie wurde auch im Industriezeitalter beibehalten, sie stieß allerdings auf wachsende Schwierigkeiten und ihre Grenzen wurden zunehmend offenkundig. Zum einen wuchsen die Siedlungen aufgrund des Bevölkerungswachstums an und begannen einst am Rande oder außerhalb angelegte Gewerbezonen zu umschließen. Zum anderen verdichteten sich die Industrien. Mit der sich stark ausweitenden Produktion stiegen auch die Umweltbelastungen markant an. Luft, Wasser und Boden wurden nicht nur an den Industriestandorten selbst, sondern auch im Umland in wachsendem Umfang beeinträchtigt. Gewerbetreibende und Kommunalpolitiker verfolgten oft den Ansatz, Schadstoffe in niedrigerer Konzentration der Umgebung zuzuführen, sei es durch die weiträumige Verteilung der Abluft über hohe Kamine oder durch den „bewährten" Eintrag in die Gewässer, welche die Schadstoffe nicht nur verdünnen, sondern dank ihrer „Selbstreinigungskraft" auch unschädlich machen sollte. So konnte zwar die Belastung in der unmittelbaren Umgebung reduziert werden, hingegen verschärfte sich das Problem entlang der Hauptwindrichtungen und entlang der Strömungen der Gewässer, die zunehmend zu Kloaken verkamen.[94]

Zudem beschäftigten die neuen Industrien viele Arbeitskräfte. Unter den damaligen Möglichkeiten täglicher Mobilität war es für die Industriellen entscheidend, dass ihre Belegschaft räumlich nahe zur Fabrik oder Grube wohnte, mit der Folge, dass die Arbeiterinnen und Arbeiter nicht nur ihre langen Arbeitstage in einem gesundheitsschädigenden Umfeld verbrachten, sondern zusammen mit ihren Familien oft auch an ihren Wohnorten und bis hinein in ihre beengten Wohnungen dem Schmutz, Lärm und Rauch der Fabriken ausgesetzt waren.[95] Die industrielle Umweltbelastung traf in der Tat bei Weitem nicht alle gleich, sondern beschnitt insbesondere die Lebenschancen der mit der Industrialisierung neu entstehenden sozialen Schicht der städtischen Arbeiterschaft. Ausgehend von der amerikanischen Diskussion zu „environmental justice", zur Umweltgerechtigkeit, geraten diese Ungleichheiten bezüglich Klasse, Geschlecht und Herkunft zunehmend auch in den Fokus der europäischen Umweltgeschichte, wobei sich produktive Schnittfelder mit

93 Reith, R., Umweltgeschichte der Frühen Neuzeit, Berlin 2011, S. 55–59.

94 Grundlegend Büschenfeld, J., Flüsse und Kloaken. Umweltfragen im Zeitalter der Industrialisierung (1870–1918), Stuttgart 1997.

95 Brüggemeier, F.-J., Schranken der Natur. Umwelt, Gesellschaft, Experimente 1750 bis heute, Essen 2014, S. 131–139; Ders., Grubengold. Das Zeitalter der Kohle von 1750 bis heute, München 2018, S. 109–122.

anderen Forschungsrichtungen ergeben, so der Sozial-, der Medizin-, der Technik-, der Stadt- sowie der Kolonial- und Globalgeschichte.[96]

Über die Dokumentation der industriellen Umweltverschmutzung, die insbesondere im Umkreis der Schwerindustrie teilweise drastische Dimensionen annahm, eröffnete sich der umwelthistorischen Forschung eine Reihe begleitender Aspekte, die teilweise überraschende Erkenntnisse bereithielten. So war in der Frühzeit der Industrialisierung nicht ausgemacht, wie gesundheitsschädlich etwa Rauch war, ja es war selbst umstritten, ob Rauch überhaupt die Gesundheit schädigte oder diese nicht vielmehr förderte. Als viel gefährlicher als Rauch galten faulige Dämpfe, die *mal aria*, die schlechte Luft. Gerade diese konnten durch Beräucherung vertrieben werden. Das medizinische Wissen stützte diese Sichtweise durch die bis ins späte 19. Jahrhundert vorherrschende Theorie, die in übel riechender Luft gefangene „Miasmen" als hauptsächliche Krankheitsüberträger sah. Auch allgemein taten sich Mediziner und Naturwissenschaftler äußerst schwer, Krankheiten an Mensch und Tier oder Schädigungen der Vegetation konkreten industriellen Schadstoffbelastungen zuzuweisen. Die in dieser Hinsicht bedeutenden Fortschritte wurden erst in der zweiten Hälfte des 20. Jahrhunderts erzielt.[97]

Umweltbelastungen mussten also erst einmal als solche erkannt und anerkannt werden. Am Beispiel Großbritanniens schildert Peter Thorsheim, wie „pollution" (Verschmutzung) im 19. Jahrhundert „erfunden" wurde, wie sie sich in einem gesellschaftlichen Verständigungsprozess allmählich als Problem konturierte.[98] In einer europäisch vergleichenden Perspektive zeigen sich dabei Unterschiede, die sich nicht alleine mit dem Problem, der Art oder dem Grad der Verschmutzung, erklären lassen, sondern die auf unterschiedliche gesellschaftliche Umgangsweisen verweisen. So bildeten sich in Großbritannien Anti-Rauch-Gesellschaften, in denen auch Frauen in großer Zahl mitwirkten. In den deutschen Ländern nahmen sich hingegen vornehmlich staatliche Verwaltungen und Gerichte und damit fast ausschließlich Männer des Problems an.[99]

Diese wurden durchaus tätig: Zahlreiche Verordnungen und Gerichtsverfahren sowie einzelne Entschädigungszahlungen zeugen von einem Problembewusstsein und von erlittenem Schaden. Allerdings blieben staatliche Vorschriften oft vage und entsprechend zahnlos, und die meisten Verfahren endeten mit Freisprüchen der angeklagten Industriellen. Darin zeigten sich zum einen die angesprochenen

---

96 Massard-Guilbaud, G. u. R. Rodger (Hg.), Environmental and Social Justice in the City. Historical Perspectives, Cambridge 2011. Siehe auch das Kap. 7 zur Urbansierung.

97 Thorsheim, P., Inventing Pollution. Coal, Smoke, and Culture in Britain since 1800, Athens 2006, S. 10–18. Brüggemeier, Grubengold, S. 83–87.

98 Thorsheim, Inventing Pollution. Vgl. auch Mosley, S., The Chimney of the World. A History of Smoke Pollution in Victorian and Edwardian Manchester, Cambridge 2001; Uekötter, F., Von der Rauchplage zur ökologischen Revolution. Eine Geschichte der Luftverschmutzung in Deutschland und den USA 1880–1970, Essen 2003.

99 Mosley, S., Environmental History of Air Pollution and Protection, in: M. Agnoletti u. S. Neri Serneri (Hg.), The Basic Environmental History, Cham 2014, S. 143–170.

Schwierigkeiten, Schäden nachzuweisen und kausal einem Verursacher zuzuordnen, zum anderen aber auch eine industriefreundliche Grundhaltung, welche die gewerblich-industrielle Produktion förderte und bestrebt war, ihre Entwicklung und Konkurrenzfähigkeit nicht durch Auflagen oder Bussen zu beeinträchtigen. Technische Vorkehrungen, welche die Umweltbelastungen zu geringen oder keinen Kosten vermindert hätten, entwickelten sich nur langsam. Mit dem „Stand der Technik", dem Grenzwert und der „Ortsüblichkeit" wurden gegen Ende 19. Jahrhunderts drei wichtige und langfristig wirksame Regulierungsinstrumente eingeführt, die den Behörden in der Praxis aber große Spielräume ließen, nicht zuletzt aufgrund der zeitgenössischen Mess- und Bestimmungsschwierigkeiten.[100] So bildete sich in Deutschland keine systematische Bekämpfung der Luftverschmutzung heraus, sondern eine durch staatliche Stellen vermittelte Einzelfallbehandlung.[101] Hinzu kam, dass die verschiedenen Verschmutzungsformen zunächst getrennt verhandelt und nicht in einen übergeordneten Bezugsrahmen gestellt worden waren. Dies ermöglichte erst im ausgehenden 19. Jahrhundert das Konzept der Hygiene.[102] Das Prinzip der „Ortsüblichkeit" wiederum zementierte ungleiche Belastungen und damit soziale Unterschiede.

Schließlich ein weiterer umwelthistorisch bedeutsamer Aspekt: Nicht nur Menschen reagierten auf den profunden anthropogen initiierten Wandel der Umweltbedingungen, sondern auch die Natur. So konnte beispielsweise nachgewiesen werden, dass die Färbung der Nachtfalterpopulationen in den britischen Industriegebieten im Zuge der Industrialisierung dunkler geworden war, bis sich dieser Trend um 1970, und somit parallel zum Rückgang der Schwerindustrie und deren Rauchemissionen, umkehrte und die Nachtfalter im Schnitt wieder heller wurden. Die sich ändernden Licht- und Farbverhältnisse beeinflussten offensichtlich den Evolutionsprozess, indem sie darauf einwirkten, ob hellere oder dunklere Exemplare über bessere Überlebens- und damit Fortpflanzungschancen verfügten.[103] Derartige Zusammenhänge verdienten eine weitergehende Erforschung, für welche die von Naturforschenden angelegten Sammlungen und festgehaltenen Beobachtungen eine ergiebige und noch bei Weitem nicht ausgeschöpfte Quelle darstellen.[104]

Der umwelthistorischen Verschmutzungsperspektive ist in den letzten Jahren nur noch wenig Aufmerksamkeit zuteil geworden, wohl auch, da sie mit dem ver-

100 Büschenfeld, Flüsse und Kloaken; Brüggemeier, Schranken der Natur, S. 140–143; Geissler, S., Wem gehört die Stadt? Umweltkonflikte im städtischen Raum zur Zeit der Früh- und Hochindustrialisierung in Aachen und Duisburg, Münster 2016.

101 Siehe Uekötter, Von der Rauchplage zur ökologischen Revolution. Der Autor stellt die deutsche technisch-administrative Regulierung der „Rauchplage" einer zivilgesellschaftlich geprägten US-amerikanischen gegenüber.

102 Zur Hygiene siehe das Kap. 7 Urbanisierung.

103 Siehe Russell, E., Evolutionary History. Uniting History and Biology to Understand Life on Earth, Cambridge 2011, S. 45–47.

104 Siehe Scheidegger, T., „Petite Science". Außeruniversitäre Naturforschung in der Schweiz um 1900, Göttingen 2017.

meintlich überholten „Verfallsnarrativ" der frühen Umweltgeschichte in Verbindung gebracht wird. Sie bleibt aber wichtig. Weiterführende Erkenntnisse versprechen zum einen Untersuchungen, welche Regionen und Länder vergleichend erfassen und zugleich den inter- und transnationalen Austausch zwischen Experten, Verursachern und Betroffenen berücksichtigen. Zum anderen verdienten insbesondere jene Verschmutzungen weitere Beachtung, welche politische Grenzen überschritten, was gerade bei der Wasser- und Luftverschmutzung schon früh und zunehmend häufig der Fall war.[105] Böden und Vegetation sind zwar ortsgebundener, die Belastungen erfolgten aber ebenfalls durch (potenziell grenzüberschreitende) Immissionen vor allem aus der Luft. Auch an regionalen Studienobjekten mangelt es nirgends, von Abfalldeponien über laufende oder aufgelassene Industrieanlagen bis zu durch Tagebau versehrten Landschaften.[106]

Natürliche Ressourcen und energetische Basis

Die zweite Hauptrichtung umwelthistorischer Forschung zur Industrialisierung beschäftigt sich mit den materiellen Grundlagen, die es agrarischen Gesellschaften ermöglichten, zu industriellen Produktionsformen überzugehen. Mittels Stoffflussanalysen wurden die materiellen Lebensgrundlagen früherer Gesellschaften und deren Wandel rekonstruiert, so in den maßgebenden Arbeiten aus der Wiener Schule der Sozialen Ökologie.[107] Da jede Umwandlung nur unter Zufuhr von Energie stattfindet, wird jene als die bestimmende Größe des gesellschaftlichen Stoffwechsels ins Zentrum gerückt. Während agrarische Regime auf Solarenergie beruhten und vorwiegend die jährlich nachwachsenden Ressourcen, die Biomasse, nutzten, fand mit der Industrialisierung ein Regimewechsel statt. In dessen Folge stiegen fossile Stoffe zur Hauptenergiequelle industrieller Gesellschaften auf und ließen deren Energieverbrauch insgesamt, aber auch pro Kopf der wachsenden Bevölkerung massiv ansteigen.

Damit war ein grundlegender Wechsel verbunden: Setzten in vorindustriellen Zeiten die abschöpfbaren Energieressourcen dem Wachstum einer Gesellschaft Grenzen, wurden diese Beschränkungen durch den Zugriff auf die über Jahrmillionen unter der Erdoberfläche akkumulierten Energiebestände beseitigt und damit

105 Gelungene Beispiele sind Kaijser, A., Combatting "Acid Rain". Protecting the Common European Sky, in: A.-K. Wöbse, u. P. Kupper (Hg.), Greening Europe. Environmental Protection in the Long Twentieth Century – A Handbook, München 2022, Kap. 14 und Elsig, A., Quand la frontière est polluée. Protéger et soigner les eaux du Léman entre France et Suisse (1950–1980), in: G. Barth-Scalmani, P. Kupper u. A-L. Head-König (Hg.), Grenzen/Frontières, Zürich 2018, S. 239–258.

106 Siehe etwa Storm, A., Post-Industrial Landscape Scars, New York 2014.

107 Einen guten Einstieg und eine Übersicht bieten Sieferle, R. P. u. a., Das Ende der Fläche. Zum gesellschaftlichen Stoffwechsel der Industrialisierung, Köln 2006; Krausmann, F. u. M. Fischer-Kowalski, Gesellschaftliche Naturverhältnisse. Globale Transformationen der Energie- und Materialflüsse, in: R. Sieder u. E. Langthaler (Hg.), Globalgeschichte 1800–2010, Wien 2010, S. 39–68; Haberl, H. u. a. (Hg.), Social Ecology. Society-Nature Relations across Time and Space, Cham 2016.

zumindest einer der Wachstum hemmenden Faktoren aufgehoben. Rolf Peter Sieferle prägte dafür den Begriff des „unterirdischen Waldes“, dessen Ausbeutung zum einen den Nutzungsdruck auf die oberirdischen Wälder reduzierte und zum anderen erlaubte, Pflanzen vermehrt für die Ernährung statt für die Energiegewinnung zu kultivieren.[108] In diese Richtung hatte bereits in den 1960er Jahren der britische Wirtschaftshistoriker E. A. Wrigley argumentiert.[109] In der Industrialisierung sei die „organische Wirtschaft“ der Agrargesellschaften durch eine energieintensive „mineralische“ Wirtschaft abgelöst worden. Eine alternative Begrifflichkeit, die auf Fernand Braudel zurückgeht und von Robert Marks aufgegriffen worden ist, ist jene des Ancien Régime biologique, womit der vieldeutige und potenziell irreführende Begriff „organisch“ vermieden wird, der zu einem verklärten Blick auf die vorindustrielle Zeit einladen könnte.[110]

Wrigley und Sieferle argumentieren beide, dass die wachsende Bevölkerung das Brennholz, die wichtigste Energieressource vorindustrieller Gesellschaften, habe knapp werden lassen. In der Folge habe es sich für die Gesellschaften Großbritanniens und auch Kontinentaleuropas glücklich gefügt, dass sie auf großen Kohlevorkommen saßen, die es ihnen erlaubten, dem energetischen Flaschenhals zu entkommen und die energetischen Mittel für ein andauerndes ökonomisches Wachstum, welches die Form der Industrialisierung annahm, zu akquirieren. Spätere Darlegungen ergänzten die Argumentation um Erkenntnisse der Klimageschichte. Neben der durch das Bevölkerungswachstum erzeugten höheren Nachfrage nach Holz habe auch die durch die klimatische Abkühlung im Zuge der Kleinen Eiszeit bedingte geringere Produktivität der Wälder zu krisenhaften Versorgungsschwierigkeiten beigetragen.[111] Ebendiese Krisenhaftigkeit der Holzversorgung wurde derweilen von anderen Autoren stark relativiert. Ausgehend von einem kurz nach Sieferles „unterirdischem Wald“ erschienenen Aufsatz von Joachim Radkau wiesen mehrere Arbeiten nach, dass die vielfach beklagte „Holznot“ in den deutschen Landen des 18. Jahrhunderts nicht mit einer generellen Verknappung des Rohstoffes erklärt werden kann und die aufgetretenen Engpässe regionaler und nicht allgemeiner Natur waren. Die herbeigeredete Not habe vielmehr und insbesondere der Durchsetzung handfester Interessen gedient: der Stärkung des obrigkeitlichen Zugriffs auf die Wälder

108 Sieferle, R. P., Der unterirdische Wald. Energiekrise und Industrielle Revolution, München 1982.

109 Wrigley, E. A., The Supply of Raw Materials in the Industrial Revolution, in: The Southwestern Social Science Quarterly 15 (1962), S. 1–16; die letzte Fassung seiner Argumentation findet sich in Ders., Energy and the English Industrial Revolution, Cambridge 2010; und zusammenfassend: Ders., Energy and the English Industrial Revolution, in: Phil. Trans. R. Soc. A 371 (2013), https://doi.org/10.1098/rsta.2011.0568 (zuletzt eingesehen am 05.05.2021); siehe auch Ders., The Path to Sustained Growth. England's Transition from an Organic Economy to an Industrial Revolution, Cambridge 2016.

110 Braudel, F., Sozialgeschichte des 15.–18. Jahrhunderts. Bd. 1: Der Alltag, München 1985, S. 66–90; Marks, R., The Origins of the Modern World. A Global and Environmental Narrative from the Fifteenth to the Twenty-First Century, Lanham 2015[3].

111 Malanima, P., Energy Crisis and Growth 1650–1850: the European Deviation in a Comparative Perspective, in: Journal of Global History 1 (2006), S. 101–121.

und deren forstwirtschaftliche Nutzung, die unter dem Schlagwort der „nachhaltiger Bewirtschaftung" einen mittelfristig maximalen Ertrag anstrebte und dafür die Forstwirtschaft auf überregionale Holzmärkte ausrichtete. Leidtragende waren die lokalen bäuerlichen Bevölkerungen, deren subsistenzwirtschaftliche Nutzung der Wälder zunehmend beschnitten wurde.[112] Der Befund lässt sich auf Kontinentaleuropa übertragen. Handfester scheint die Holzknappheit in Großbritannien gewesen zu sein, ihr zwingender Charakter wurde aber ebenfalls angezweifelt.[113]

Die These, dass die Kohlevorkommen der Industrialisierung die energetische Basis geliefert haben, wurde von der Globalgeschichtsschreibung aufgenommen und weiterentwickelt. Ohne die Holznot-Kontroverse zu rezipieren, hoben deren Vertreter den mit Kohlevorkommen verbundenen Standortvorteil und die ungleiche weltweite Verteilung dieser Kohlevorkommen hervor. So wurde in der von Kenneth Pomeranz angestoßenen „Great Divergence"-Debatte Kohle zu einer wichtigen Begründung, wieso sich Großbritannien und (West-)Europa im späten 18. Jahrhundert zunehmend industrialisierten, China hingegen nicht – mit der Folge, dass es im 19. Jahrhundert zur „großen Gabelung" kam, dem Auseinanderdriften der ökonomischen Leistungsfähigkeit der europäischen und der asiatischen Länder, auf deren Grundlage die europäischen Mächte wiederum die weltweite politische und ökonomische Vorherrschaft erringen konnten. Zwar finden sich in China ebenfalls große Kohlelagerstätten, doch seien diese, so Pomeranz in seiner wegweisenden Studie von 2000, zu weit von den wirtschaftlichen Zentren entfernt gewesen, als dass sie mit den damaligen Mitteln im großen Stil wirtschaftlich hätten genutzt werden können.[114] Diese Nuancierung des Arguments ist von allgemeiner Bedeutung: Nicht das Vorhandensein eines Naturstoffes, sondern dessen gesellschaftliche Verwandlung in eine natürliche Ressource entscheidet letztlich über deren Aneignung und somit gesellschaftliche Wirkungsmächtigkeit. Inzwischen betont die Forschung zu China genau diese Dimension. Die Ausdehnung der Kohleförderung und -nutzung im chinesischen Reich sei nicht an der Geografie gescheitert, sondern an staatlichen Unzulänglichkeiten und anderweitigen Prioritätensetzungen.[115]

112 Radkau, J., Holzverknappung und Krisenbewusstsein im 18. Jahrhundert, in: Geschichte und Gesellschaft 9 (1983), S. 513–543. Für den Stand der Diskussion siehe Grewe, B.-S., Power, Politics, and Protecting the Forest. Scares about Wood Shortages and Deforestation in Early Modern German States, in: F. Uekötter (Hg.), Exploring Apocalyptica. Coming to Terms with Environmental Alarmism, Pittsburgh 2018, S. 12–35.

113 Allen, R. C., Was There a Timber Crisis in Early Modern Europe?, in: S. Cavaciocchi (Hg.), Economia e energia secc. XIII – XVIII, Firenze 2003, S. 469–482. Für die Gegenposition siehe Kander, A., P. Malanima u. P. Warde, Power to the People. Energy in Europe over the Last Five Centuries, Princeton 2013, S. 90–102.

114 Pomeranz, K., The Great Divergence. China, Europe, and the Making of the Modern World Economy, Princeton 2000, S. 64–67.

115 Zu dieser Diskussion siehe Vries, P., Ursprünge des modernen Wirtschaftswachstums. England, China und die Welt in der Frühen Neuzeit, Göttingen 2013, S. 176–191.

Zur Bedeutung von Kohle

Bei all diesen Diskussionen droht allerdings ein entscheidendes Faktum vergessen zu gehen: nämlich, dass Kohle in der frühen Industrialisierung gar keine namhafte Bedeutung zukam.[116] Die Mechanisierung der Produktion, welche das Wesen der Industrialisierung ausmachte, fand in Großbritannien ebenso wie daraufhin auf dem Kontinent nicht auf Grundlage von Kohle und Dampf statt, sondern unter Nutzung der Wasserkraft. Wasserräder und später Turbinen produzierten zum weit überwiegenden Teil jene mechanische Energie, mit denen die neuen Maschinen angetrieben wurden. Die von Richard Arkwright 1769 erfundene Spinnmaschine Waterframe verweist schon in ihrem Namen auf die Energiequelle, welche die menschliche Kraft ersetzte. Steinkohle, deren Förderung in Großbritannien bis ins Mittelalter zurückreichte, wurde vorerst weiterhin zur Feuerung genutzt und zwar sowohl in gewerblich-industriellen Betrieben, wie Eisenschmelzen, als auch in Haushalten. Die Einwohnerinnen und Einwohner der rasch wachsenden Metropole London heizten bereits Anfang des 18. Jahrhunderts und damit deutlich vor Beginn der Industriellen Revolution überwiegend mit Steinkohle beziehungsweise dem daraus fabrizierten Koks. Dieses wurde über den Seeweg angeliefert, nahm wegen seiner höheren Energiedichte weniger Raum ein als Brennholz oder Holzkohle und war auch deshalb günstiger zu haben. Die Verfeuerung des Koks sorgte in London für eine zunehmend rauchgeschwängerte Stadtluft, den ersten Smog.[117]

Doch was ist mit der Dampfmaschine, jener Ikone der Industriellen Revolution? Dampfmaschinen kamen in Großbritannien seit dem frühen 18. Jahrhundert zum Einsatz. Mit ihnen konnte erstmals in der Menschheitsgeschichte Wärmeenergie maschinell in mechanische Energie umgewandelt werden. So revolutionär diese Neuerung konzeptionell war, so bescheiden waren lange Zeit die Anwendungsmöglichkeiten. Der Wirkungsgrad der ersten Dampfmaschinen, basierend auf dem 1712 von Thomas Newcomen eingeführten Prinzip, war mit 0,5 Prozent so niedrig, dass die Maschinen lediglich bei Kohlegruben eingesetzt werden konnten. Dort ersetzten sie an den Entwässerungspumpen die Arbeitspferde und nur dort, unmittelbar neben dem Grubenschacht, war der ständige Nachschub der benötigten großen Kohlemengen wirtschaftlich zu gewährleisten. Die ersten Dampfmaschinen ermöglichten also lediglich eine Ausweitung der Kohleförderung. Aber selbst nachdem es James Watt in den 1760er Jahren gelang, ihre Wirkungsweise deutlich zu verbessern, hielt die Dampfmaschine nur langsam und spärlich Einzug in die Industriebetriebe. Zu vermehrtem Einsatz gelangte sie in Großbritannien erst in den 1830er Jahren,

116 Bruland, K. u. K. Smith, Assessing the Role of Steam Power in the First Industrial Revolution. The Early Work of Nick von Tunzelmann, in: Research Policy 42 (2013), S. 1716–1723.

117 Cavert, W. M., Smoke of London. Energy and Environment in the Early Modern City, Cambridge 2016. Die Bedeutung des Londoner Heizmarkts für die Ausweitung der Kohlenutzung betont Allen, R. C., Backward into the Future. The Shift to Coal and Implications for the next Energy Transition, in: Energy Policy 50 (2012), S. 17–23.

also 60–70 Jahre nach Beginn der Industrialisierung. Andernorts verbreitete sie sich noch später.[118]

Damit verschiebt sich die Fragestellung dahingehend, was sich in dieser späteren Phase änderte, damit Dampfmaschine und Steinkohle als ihre bevorzugte Heizquelle in den mittleren Jahrzehnten des 19. Jahrhunderts doch noch die Industrialisierung zu prägen begannen und letztlich eine „Karbonisierung" der globalen Wirtschaft einleiteten. Darauf sind verschiedene Antworten gegeben worden: Der Wirtschaftshistoriker Robert C. Allen sieht in der im internationalen Vergleich einmaligen Kombination von hohen Löhnen sowie niedrigen Kapital- und Energiekosten den Hauptgrund, warum die britische Industrialisierung schon in der Frühphase einen kapital- und energieintensiven, aber Arbeitskosten einsparenden Weg eingeschlagen habe. Zugleich habe sich dieser Weg der Mechanisierung und schließlich Industrialisierung andernorts aufgrund anders gelagerter Produktionsfaktorenkosten nicht ausbezahlt.[119]

Dies erklärt allerdings noch nicht, warum Unternehmer zunehmend der Dampfmaschine gegenüber dem Wasserrad oder der Turbine den Vorzug gaben. Ausschlaggebend hierfür dürften weder, wie Allen vermutete, die technischen Verbesserungen gewesen sein, welche die Ökonomie der Dampfmaschine erhöhten, noch die Begrenztheit der verfügbaren Wasserkräfte, da diese Grenzen im 19. Jahrhundert noch lange nicht erreicht waren.[120] Der Schlüssel liegt vielmehr im Versprechen der Dampfmaschine, die Produktion unabhängig zu machen, und zwar sowohl von den Launen der Natur als auch den Ansprüchen der Nachbarn. Dampfkraft war, solange die Maschinen einwandfrei funktionierten und der Nachschub an Kohle klappte, eine verlässliche Energiequelle, welche die Produktion Tag und Nacht am Laufen halten konnte, ungeachtet der Witterungsverhältnisse. Auch musste die Nutzung der Ressource nicht wie bei der Wasserkraft mit den Interessen anderer Nutzer abgestimmt werden, zumindest solange nicht, als die mit der Kohleverfeuerung einhergehende Umweltverschmutzung keine Konsequenzen für die Betreiber hatte. Darüber hinaus emanzipierte sich die Energieversorgung dank der Dampfmaschine von Begrenzungen in Raum und Zeit: Sie war nicht mehr an Flüsse und deren Rhythmen gebunden, und die Energie der Kohle ließ sich sehr viel einfacher als jene des Wassers als Vorrat halten.[121]

---

118 Kander, Malanima u. Warde, Power to the People, S. 159–208. Eine ländervergleichende, statistische Analyse der Steigerung des Kohle- und Energieverbrauchs bietet Pallua, I., Historische Energietransitionen im Ländervergleich. Energienutzung, Bevölkerung, Wirtschaftliche Entwicklung, Wien 2013.

119 Siehe Allen, Backward into the Future; Allen, British Industrial Revolution. Kritisch dazu: Mokyr, The Enlightened Economy, S. 267–272; siehe auch Vries, Ursprünge des modernen Wirtschaftswachstums, S. 215–231.

120 So hielt das ländliche Kleingewerbe noch bis weit ins 20. Jh. hinein an der Produktion mit Wasserrädern fest. Siehe Zumbrägel, C., „Viele wenige machen ein Viel". Eine Kleingeschichte der Wasserkraft im 19. und frühen 20. Jahrhundert, Paderborn 2017.

121 Allen, D. W., The Institutional Revolution. Measurement and the Economic Emergence of the Modern World, Chicago 2011; Malm, A., Fossil Capital. The Rise of Steam-Power and the Roots

Diese Entgrenzung in Raum und Zeit war wiederum die Grundlage, auf der Dampf und Kohle im 19. Jahrhundert das Transportwesen revolutionieren konnten. Die eine zog also weitere raum-zeitliche Entgrenzungen nach sich: Eisenbahn und Dampfschiff senkten Kosten und Fahrzeiten massiv und beförderten den internationalen Warenhandel ebenso wie die Mobilität über weitere Strecken. Zugleich kurbelte insbesondere der Bau und Betrieb von Eisenbahnstrecken die Nachfrage nach Dampfmaschinen und nach Kohle, Eisen und Stahl an. Um diese Elemente bildete sich ein dynamischer industrieller Komplex, der, einmal in Schwung gekommen, sich systematisch selbst verstärkte. So ermöglichte der Ausbau der Eisenbahnen, Kohle in Gebiete fernab ihrer Förderung zu bringen; und dies zu Preisen, welche jene für lokales Brennholz, Holzkohle, Torf oder minderwertige lokale Kohle unterboten. Die Eisenbahnen beförderten zudem räumliche Konzentrationsprozesse, die wiederum die Kohleanwendung begünstigten: Neben Industrie und Gewerbe zogen Kohle und Kohleprodukte auch auf dem europäischen Kontinent in die städtischen Haushalte ein. In den größeren Städten entstanden Gaswerke, die ihrerseits den Grundstein für eine Energieversorgung durch kommunale Verwaltungen legten. In Anlehnung an Charles Dickens' kritischen Gesellschaftsroman „Hard Times" aus dem Jahr 1854 spricht John R. McNeill von der Coketown-Ära.[122]

Grenzen

War Kohle für die Industrialisierung also doch unabdingbar? Von den Vertretern dieser These wird gerne vorgebracht, wieviel Wald vonnöten gewesen wäre, um den Kohleverbrauch zu einem bestimmten Zeitpunkt mit Holz zu decken. So berechnet Wrigley, dass England und Wales um 1800 35% der Landfläche für die Brennholzproduktion hätten nutzen müssen, um ihren Kohleverbrauch substituieren zu können. Fünfzig Jahre später, um 1850, hätte die dafür erforderliche Waldfläche die gesamte Landfläche bereits um die Hälfte überstiegen, womit diese Möglichkeit auch theoretisch nicht mehr gegeben war.[123] Solche Zahlenspiele veranschaulichen eindrücklich, welche zusätzlichen Mengen an Energie damalige Gesellschaften in

---

of Global Warming, London 2016. Auch Radkau sieht im Kern keine ökologische Krise, sondern eine „Regulierungskrise" stehen. Radkau, J., Natur und Macht. Eine Weltgeschichte der Umwelt, München 2002², S. 226–237.

122 McNeill, J. R., Blue Planet. Die Geschichte der Umwelt im 20. Jahrhundert, Frankfurt a.M. 2003, S. 313. Siehe auch Kander, Malanima u. Warde, Power to the People, S. 159–208. Zu den Gaswerken siehe zudem Schott, D., Europäische Urbanisierung (1000–2000). Eine umwelthistorische Einführung, Köln 2014, S. 284–287 und das Kap. 7 zur Urbanisierung. Im 20. Jahrhundert beschleunigte und differenzierte der massenhafte Einsatz von Erdöl diesen Entgrenzungsprozess. Siehe dazu Kap. 11. Für den historischen Zusammenhang zwischen der Etablierung sowie dem Wechsel fossiler Energieregime und der Ausgestaltung demokratischer Herrschaft siehe die anregende Studie Mitchell, T., Carbon Democracy. Political Power in the Age of Oil, London 2011. Dass sich die Schwerindustrie in Gegenden ansiedelte, die über große Kohlevorkommen verfügten, zeigt, wo die räumliche Entgrenzung im 19. Jahrhundert an ihre Grenzen stieß.

123 Wrigley, Energy and the English Industrial Revolution, S. 99.

kurzer Zeit mobilisierten und wie rasch der Energieverbrauch mit der Industrialisierung anstieg. Daraus den Umkehrschluss zu ziehen, dass die Industrialisierung ohne Kohle nicht möglich gewesen wäre oder – und dies ist aufgrund der oben dargelegten geringen Bedeutung der Kohle in der frühen Industrialisierung die bei weitem interessantere, ja letztlich die einzig diskutable Variante des Arguments – rasch an Grenzen der Energieversorgung gestoßen wäre, welche ihre Wachstumsdynamik in der Folge abgewürgt hätte, ist jedoch nicht plausibel. Wirtschafts- und technikhistorische Studien haben vielfach gezeigt, dass sich neuzeitliche Wirtschaftsakteure den ökonomischen Rahmenbedingungen anzupassen und kreativ mit Knappheit umzugehen wussten. Sie reagierten auf Versorgungsengpässe und wurden innovativ. Ein gutes Beispiel ist die Umstellung der Heizungen im Britannien der Frühen Neuzeit von Holz- auf Kohlefeuerung. Diese Umstellung war von einem jahrzehntelangen Innovations- und Adaptionsprozess von Herstellern und Nutzerinnen begleitet. Sie brachte neue Öfen hervor, die auf die Verfeuerung von Koks ausgerichtet, die günstig zu bauen und komfortabel zu bedienen waren. Eine besonders effiziente Verbrennung und damit ein sparsamer Brennstoffverbrauch hatte im Umstellungsprozess auf Kohle hingegen keine Priorität. Koks war schließlich preiswert.[124]

Aus dieser prinzipiellen Veranlagung zur Innovation lässt sich folgern, dass eine Industrialisierung auch ohne Kohle hätte voranschreiten können, dass sie aber eine deutlich andere Form angenommen hätte, wenn Energie knapp und teuer gewesen und ihr Verbrauch stärker an die Zeit und den Ort ihrer Produktion gebunden geblieben wäre. Wahrscheinlich hätte eine kleinräumiger organisierte, vornehmlich an den von der Natur lokal bereitgestellten Kapazitäten ausgerichtete, energieextensivere und arbeitskraftintensivere sowie vermutlich langsamer voranschreitende Industrialisierung stattgefunden, die sich über die sie begleitenden weiträumigen Menschen-, Kapital- und Warenströme gleichwohl global verdichtet hätte.

Wie bei jeder kontrafaktischen Geschichtsschreibung lässt sich diese Hypothese nicht belegen, nur plausibilisieren. Dazu hilft es, Regionen in den Blick zu nehmen, die sich ohne namhaften Einsatz von Kohle und Dampfmaschinen erfolgreich industrialisierten. Dies trifft unter anderem auf den gesamten Alpenbogen zu. Die um 1800 in den an Kohlevorkommen armen alpinen und voralpinen Gebieten aufblühende Textil- und Maschinenindustrie setzte, wie zuvor jene in Großbritannien, auf die Wasserkraft. Der Einsatz von kohlebetriebenen Dampfmaschinen wurde erst in der zweiten Hälfte des 19. Jahrhunderts mit dem Anschluss ans internationale Eisenbahnnetz und damit an die Vertriebskanäle für Kohle zu einer valablen Option. Tatsächlich nahmen Unternehmer diese auch wahr und rüsteten ihre Fabriken mit Dampfmaschinen nach, die insbesondere helfen sollten, den Ausfall oder die Minderung der weiterhin für die Grundversorgung zuständigen Wasserkraft kompensieren oder aber die Produktion über die Wasserkraftgewinnung hinaus

124 In China wurde demgegenüber in energiesparende Technologien investiert. Allen, Backward into the Future, S. 20/21. Für eine allgemeine Diskussion von Dampfkraft, Innovation und Wirtschaftswachstum siehe Bruland u. Smith, Role of Steam Power.

ausweiten zu können. Dampfmaschinen erlangten in diesen Industrieregionen allerdings nie eine vorherrschende Position und wurden bald schon wieder durch die effizienteren sowie ruhiger und gleichmäßiger laufenden Elektromotoren verdrängt. Deren Strom wurde abermals vorwiegend hydraulisch, wenn auch nicht mehr unbedingt vor Ort, sondern auch in weiter entfernten Wasserkraftwerken gewonnen und über Überlandleitungen zu den Industriebetrieben transportiert.[125]

Industrialisierung, die nicht auf Kohle und Dampf setzte und keine schwerindustriellen Komplexe hervorbrachte, zeigte ein anderes, freundlicheres Gesicht. Es fehlten die „satanischen Mühlen", welche nicht nur, wie von Anna Seward poetisch beschrieben, den Himmel über Coalbrookdale, sondern über weitgestreckten Landschaften verdunkelten und sich in Bezeichnungen niederschlugen wie „Black Country" für das Industrierevier in den englischen Midlands oder „Schwarzes Dreieck" für das länderübergreifende schwerindustrielle Ballungsgebiet in Schlesien. Die industrielle Betriebsamkeit, welche die mit Wasserkraft mechanisierten Textilfabriken etwa in die Täler der Alpen und des Apennins brachten, war sehr viel leichter mit einer romantisch gefärbten Sicht auf die Landschaft und ihre Bewohnerinnen zu vereinbaren und auch reibungsloser in jene aufklärerischen und zunehmend nationalistischen Diskurse zu überführen, welche die industrielle Produktion priesen, da sie das Los der Menschen allgemein verbessern oder die nationale Wohlfahrt befördern würden.[126]

Kommodifizierung von Natur

Hinter der schönen wie der wüsten Fassade der Industrialisierung verbargen sich allerdings oftmals strukturell gleichgeartete Prozesse der Aneignung sozialer und natürlicher Ressourcen. Von Umwelthistorikerinnen und -historikern sind diese, in Erweiterung der klassischen marxistischen Kapitalismustheorie, als Kommodifizierung der Natur analysiert worden, als historische Transformationen, in der nicht nur Arbeit zur Ware gemacht wurde, sondern auch Natur.[127] Grundlage für beide Arten der Kommodifzierung, und damit für eine erfolgreiche Industrialisierung, war, dass die überkommenen feudalen Gesellschaftsstrukturen aufgebrochen werden konnten. Der napoleonischen Zeit kam diesbezüglich eine herausragende Rolle zu, nicht nur weil die Kontinentalsperre britische Waren für einige Jahre von den

125 Beispielhaft zur Schweiz Kupper, P. u. I. Pallua, Energieregime in der Schweiz seit 1800, Bern 2016.

126 Barca, S., Enclosing Water. Nature and Political Economy in a Mediterranean Valley, 1796–1916, Cambridge 2010.

127 Steinberg, T., Nature Incorporated. Industrialization and the Waters of New England, Princeton, NJ 2008; Barca, S., A "Natural" Capitalism. Water and the Making of the Italian Industrial Landscape, in: M. Armiero u. M. Hall (Hg.), Nature and History in Modern Italy, Athens 2009, S. 215–230; Fressoz, J.-B. u. T. Le Roux, Protecting Industry and Commodifying the Environment. The Great Transformation of French Pollution Regulation, 1700–1840, in: G. Massard-Guilbaud u. S. Mosley (Hg.), Common Ground. Integrating the Social and Environmental in History, Newcastle-upon-Tyne 2010, S. 340–366; Malm, Fossil Capital.

europäischen Festlandmärkten fernhielt und so den in verschiedenen Regionen des Kontinents gerade entstehenden Industrien bessere, von der übermächtigen britischen Konkurrenz geschützte Start- und Entwicklungsmöglichkeiten bot, sondern auch weil in den Gebieten, die unter napoleonische Vorherrschaft gerieten, die alten Herrschaftsstrukturen wenn nicht beseitigt, so doch erschüttert wurden. Gerade die Neuordnung von Eigentums- und Nutzungsrechten boten Unternehmern die Chance, natürliche Ressourcen in ihre Verfügungsgewalt zu bekommen. Wenn der Wirtschafts- und Sozialhistoriker Richard H. Tilly im europäischen Vergleich „das Nachwirken starker feudaler Traditionen" als Haupthemmnis für eine erfolgreiche Industrialisierung vieler Regionen vor allem Süd- und Osteuropas ausmacht, trifft sich dies mit der These der Umwelthistorikerin Stefania Barca, dass es die politischen Umwälzungen waren, die es italienischen Industriellen erlaubte, die Wasserkräfte für ihre Zwecke zu appropriieren.[128] Soziopolitische, sozioökonomische und sozionaturale Transformationen ergänzten und bestärkten sich.

Quantitativen Ansätzen wie den Stoffflussanalysen verdanken wir eindrückliche umwelthistorische Beschreibungen, welche die Industrialisierung über ihre gewaltigen materiellen Dimensionen in Raum und Zeit nachzeichnen und diesbezügliche Entwicklungsschübe identifizieren. Wenn es jedoch um die Begründung von Umbrüchen geht, stoßen diese Ansätze an ihre Grenzen. Dafür braucht es ergänzende qualitative Studien, die den Blick auf die Details des gesellschaftlichen Umgangs mit Natur richten und die Akteure, ihre Motive und Interessen ins Zentrum rücken. Solche umwelthistorischen Studien fehlen noch weitgehend.[129] Sie könnten eine weitere Ambivalenz herausarbeiten, nämlich, dass mit der Industrialisierung zugleich eine Intensivierung des Naturgebrauchs und eine Entfremdung von der Natur einhergingen.[130] Zwar befreite die Industrialisierung Produktion und Konsum von den Einschränkungen, welche ihr maßgeblich die lokale Natur gesetzt hatte. Allerdings ging diese Befreiung auf Kosten eines verstärkten Zugriffs auf und Abhängigkeit von nichtlokaler und sich nicht regenerierender Natur, was auch die Bestrebungen, Naturstoffe synthetisch herzustellen, nicht grundsätzlich ändern konnten. Technisierung und Kommodifizierung verschleierten ebenso wie die konzeptionelle Trennung in Kultur und Natur, wie innig die neuen Freiheiten mit neuen Abhängigkeiten einhergingen. Zudem entstand mit der Industrialisierung eine Sehnsucht nach „Natur", die es abseits der industriellen und urbanen

128 Tilly, Industrialisierung als historischer Prozess, S. 22; Barca, Enclosing Water, S. 36–58.

129 Ausnahmen sind Mutz, M., Industrialisierung als Umwelt-Integration. Konzeptionelle Überlegungen zur ökologischen Basis moderner Industrieunternehmen, in: G. Schulz u. R. Reith (Hg.), Wirtschaft und Umwelt vom Spätmittelalter bis zur Gegenwart. Auf dem Weg zu Nachhaltigkeit?, Stuttgart 2015, S. 191–214; und für den häuslichen Wärmesektor nach 1945: Pallua, I., Wohltemperiert ins 21. Jahrhundert? Die Geschichte der häuslichen Wärmeenergienutzung in der Schweiz von 1940–2000, Diss. Universität Innsbruck 2021.

130 Inspirierend hierzu Pritchard, S. B. u. T. Zeller, The Nature of Industrialization, in: M. Reuss u. S. H. Cutcliffe (Hg.), The Illusory Boundary. Environment and Technology in History, Charlottesville 2010, S. 69–100.

Zentren zu suchen und bewahren galt.[131] Auch die Ambivalenz von Intensivierung und Entfremdung ließe sich gewinnbringend für die Kategorien Natur und Arbeit parallel diskutieren.

Schluss

Die Industrialisierung war innig verbunden mit einer sozioökonomischen und einer soziopolitischen, aber auch mit einer in den Geschichtswissenschaften lange kaum beachteten sozionaturalen Transformation. Daher habe ich vorgeschlagen, von einer Tripelrevolution zu sprechen, die in allen drei Bereichen, in Gesellschaft, Wirtschaft und Umwelt, umwälzende Veränderungen einleitete und Wandlungsprozesse anstieß, die bis in unsere Gegenwart anhalten: die Demokratisierung von Gesellschaften, das Wachstum der Volkswirtschaften und die präzedenzlose Steigerung des Verbrauchs an natürlichen Ressourcen.

Dieser Weg in die Moderne war, wie die umfangreiche Forschung zeigt, vielfältig bedingt. Bereits Fernand Braudel schrieb, dass bis zur Industrialisierung jeder Wachstumsvorstoß „an der oberen Grenze der landwirtschaftlichen Produktion oder des Transportwesens oder der Energieversorgung oder der Nachfrage auf dem Markt" gescheitert sei.[132] Im Großbritannien der zweiten Hälfte des 18. Jahrhunderts und einige Jahrzehnte später in weiteren Regionen des europäischen Festlands gelang es, alle diese Grenzen zugleich nach oben zu verschieben. Eine leistungsfähige Landwirtschaft und hochentwickeltes Handwerk, praktisch verwertbares Wissen und verfügbares Kapital spielten darin ebenso eine Rolle wie findige Unternehmer und Arbeiterinnen, die ihre Arbeitskraft verkauften oder verkaufen mussten. Dazu kamen Staatswesen, die günstige Rahmenbedingungen schufen und den Zugriff auf Kolonien ermöglichten, deren Ökonomien Ressourcen lieferten und auf deren Märkten sich Fertigwaren absetzen ließen, eine Dimension, der in Kap. 8 zu Kolonialismus und Imperialismus die ihr gebührende Aufmerksamkeit geschenkt wird. Die Beschaffung von Energie in bis dahin unvorstellbaren Mengen, welche die rasch wachsende Zahl von Maschinen zum Laufen brachten und am Laufen hielten, war ebenfalls eine wichtige Grundlage des fortdauernden sozioökonomischen Wachstums und eine bestimmende Komponente des sozionaturalen Wandels. Die Hinwendung zu fossilen Energieträgern wiederum, die den Fortgang der Industrialisierung ab Mitte des 19. Jahrhunderts zunehmend prägten, war vornehmlich gesellschaftspolitisch bedingt. Jedoch führte von Anbeginn die Verbrennung von Kohle zu schwerwiegenden Beeinträchtigungen der Umwelt. Blieben diese zunächst regional auf industrielle und urbane Ballungszentren begrenzt, weiteten sie sich spätestens seit Mitte des 20. Jahrhunderts mit Erdöl und Verbrennungsmotor zunehmend in der Fläche aus, um mit der Klimaerwärmung eine definitiv globale

131 Dieser Aspekt wird in Kap. 9 Naturschutz vertieft.

132 Braudel, Sozialgeschichte, Bd. 3, S. 662.

Dimension anzunehmen. Die gesellschaftliche Verarbeitung dieses sozionaturalen Wandels und Bestrebungen gegenzusteuern setzten erst zeitverzögert ein.

Es spricht also viel dafür, Industrialisierung als Prozess zu verstehen, der es Gesellschaften erlaubte, bisherige Begrenzungen sozialer, wirtschaftlicher und ökologischer Art zu durchbrechen und auf einen expansiven Entwicklungspfad einzuschwenken. Kritisch zu hinterfragen ist jedoch die damit einhergegangene Betonung der Knappheit an Ressourcen, welche vorindustrielle Gesellschaften prägte und aus welcher industrielle Gesellschaften herausgefunden hätten. Zum einen blieb die Angst vor Knappheit ständige Begleiterin industrieller Entwicklung. Bereits Mitte des 19. Jahrhunderts wurden in Großbritannien erste gewichtige Stimmen laut, die auf die Endlichkeit der Kohleflöze hinwiesen, und in der zweiten Hälfte des 20. Jahrhunderts wurde vehement vor dem Versiegen der Erdölfelder in naher Zukunft gewarnt.[133] Beides bewahrheitete sich trotz weiterhin steigender Förderung bislang nicht. Zum anderen und insbesondere aber kann die einseitige Betonung der Überwindung von Knappheit den Blick auf die historischen Entwicklungen verstellen, wie ich am Beispiel der geringen Bedeutung von Kohle für die frühe Industrialisierung zu zeigen versucht habe. Diesen Punkt verallgemeinernd möchte ich anregen, die Industrialisierung und ihre Auswirkungen verstärkt unter dem gegenteiligen Gesichtspunkt zu verstehen, jenem des Überflusses: des Überflusses an Arbeitskräften, an Waren und an natürlichen Ressourcen. Damit einhergehend wären vermehrt die Schwierigkeiten zu fokussieren, die insbesondere kapitalistische Gesellschaften im Umgang mit diesem Überfluss hatten und haben. Denn, wie wir heute wissen, es ist nicht die Knappheit, sondern der Überfluss an fossilen Ressourcen und das Unvermögen früherer und gegenwärtiger Industriegesellschaften, deren Verbrauch einzuschränken, die der Menschheit als Ganzes zum Verhängnis zu werden drohen.

7. Urbanisierung

„In uns leben noch immer die dunklen Winkel, geheimnisvollen Gänge, blinden Fenster, schmutzigen Höfe, lärmenden Kneipen und verschlossenen Gasthäuser. Wir gehen durch die breiten Straßen der neuerbauten Stadt. Doch unsere Schritte und Blicke sind unsicher. Innerlich zittern wir noch so wie in den alten Gassen des Elends. Unser Herz weiß noch nichts von der durchgeführten Assanation. Die ungesunde alte Judenstadt in uns ist viel wirklicher, als die hygienische Stadt um uns.“ Mit diesen wehmütigen Worten soll sich Franz Kafka 1920 an das verschwundene alte

133 Etwa Jevons, W. S., The Coal Question. An Enquiry Concerning the Progress of the Nation, and the Probable Exhaustion of Our Coal-Mines, London 1865; und Hubbert, M. K., Nuclear Energy and the Fossil Fuels, Houston 1956.

Judenviertel Prags, an dessen Rande er aufgewachsen war, erinnert haben.[134] Das ehemalige Judenghetto, das 1850 zu Ehren Josephs II. in Josephstadt (tschechisch Josefov) umbenannt worden war, wurde im Zuge einer umfassenden städtischen Sanierung zwischen 1893 und 1914 zu großen Teilen abgerissen und in völlig neuer Form wieder aufgebaut.[135] „Assanation" oder „Assanierung" war der Begriff, der sich in der Habsburgermonarchie für solche tiefgreifenden Erneuerungen städtischer Strukturen einbürgerte, die nahezu alle Städte des Reichs gegen Ende des 19. und Anfang des 20. Jahrhunderts in größerem oder kleinerem Umfang erlebten.[136] Die Assanierungen zielten auf eine allgemeine Verbesserung der Lebensbedingungen durch umfangreiche technisch-bauliche Maßnahmen, die typischerweise über und unter dem Boden ansetzten und neben der Anlage und Bauweise der Häuser auch jene von Straßen und Plätzen betrafen sowie insbesondere die Errichtung von flächendeckenden Wasserversorgungssystemen und Kanalisationen beinhalteten. Dadurch veränderten die Städte nicht nur äußerlich ihr Gesicht, sondern auch ihre unsichtbaren Infrastrukturen wurden unter großem Aufwand erneuert und vielfach gänzlich neu angelegt, was zum einen die weitere Entwicklung dieser Städte langfristig in bestimmte Bahnen lenkte und zum anderen bedeutende Auswirkungen auf die Umwelt hatte. Seinen Ausgang nahm dieser Prozess der Stadterneuerung nicht in Österreich-Ungarn, sondern in den großen Metropolen Westeuropas. Insbesondere London und Paris wurden zu Leitsternen der modernen europäischen Stadt, ja zu Inbegriffen der Moderne und des Europäischen allgemein. Deren Strahlkraft reichte bis an die Ränder Europas und darüber hinaus.[137]

Die Stadtsanierungen sind im Rahmen der beschleunigten und teilweise stürmisch ablaufenden Urbanisierung zu sehen, welche ausgehend von Großbritannien den europäischen Kontinent im 19. Jahrhundert erfasste und in engem wechselseitigem Zusammenhang mit der Industrialisierung und dem Bevölkerungswachstum stand. Sie war durch ein rasches Wachstum sowohl der Zahl als auch der Größe der Städte und einem wachsenden Anteil der städtischen Bevölkerung an der insgesamt steigenden Gesamtbevölkerung gekennzeichnet. Dazu trug neben der Migration von ländlichen in städtische Gebiete auch der Umstand bei, dass mit Anbruch des letzten Viertels des 19. Jahrhunderts die Sterberaten in den Städten erstmals in der europäischen Geschichte dauerhaft unter die Geburtenraten fielen und sich

134 Nach der Überlieferung durch Gustav Janouch in Janouch, G., Gespräche mit Kafka. Erinnerungen und Aufzeichnungen, Frankfurt a.M. 1951, S. 42.

135 Bečková, K., Pražská asanace. K 100. výročí vydání asanačního zákona pro Prahu, Prag 1993; Giustino, C. M., Tearing Down Prague's Jewish Town. Ghetto Clearance and the Legacy of Middle-Class Ethnic Politics around 1900, New York 2003.

136 Rella, A., Die Assanierung der Städte in Österreich-Ungarn 1848–1898, Wien 1899; Melinz, G. u. S. Zimmermann (Hg.), Wien – Prag – Budapest. Blütezeit der Habsburgermetropolen: Urbanisierung, Kommunalpolitik, gesellschaftliche Konflikte (1867–1918), Wien 1996.

137 Lenger, F., Metropolen der Moderne. Eine europäische Stadtgeschichte seit 1850, München 2013; Dejung, C. u. M. Lengwiler (Hg.), Ränder der Moderne. Neue Perspektiven auf die Europäische Geschichte (1800–1930), Köln 2016.

so ein natürliches Bevölkerungswachstum ergab, was für den Umwelthistoriker John R. McNeill nichts weniger als „einen Wendepunkt der Menschheitsgeschichte und der Geschichte der Umwelt" markiert.[138] Und in der Tat, aus den ländlichen Gesellschaften des Europa um 1800 wurden urbane Gesellschaften: Lebte um 1800 nur etwa jeder achte Europäer in Städten mit mehr als 5000 Einwohnern, war es um 1900 bereits schon fast jeder dritte und um 1980 dann zwei von dreien.[139]

Der Prozess der Urbanisierung ist in seinen vielfältigen Ausprägungen intensiv erforscht worden und weiterhin zentraler Forschungsgegenstand unterschiedlicher Disziplinen von der Geografie über die Soziologie bis zur Architektur.[140] In den Geschichtswissenschaften trugen neben der Stadtgeschichte, die sich als eigenständige Teildisziplin etablierte, insbesondere die Wirtschafts- und Sozialgeschichte sowie die Medizin- und die Technikgeschichte zur historischen Urbanisierungsforschung bei.[141] Die folgenden Ausführungen konzentrieren sich auf spezifisch umwelthistorische Zugänge und weisen zugleich auf deren Verbindungen zu anderen Forschungssträngen hin.[142]

Umwelthistorisch war die im 19. Jahrhundert einsetzende beschleunigte Urbanisierung in mindestens dreierlei Hinsicht äußerst bedeutsam. Erstens, wie schon im Kapitel zur Industrialisierung dargelegt, konzentrierte sich die industrielle Umweltverschmutzung in urbanen Räumen. Zugleich wurden diese, wie im Folgenden ausgeführt werden soll, zu Zentren der Bekämpfung ebendieser Folgen von Industrialisierung und Urbanisierung. Damit zusammenhängend wandelte sich, zweitens, die städtische Umwelt im Zuge der fortschreitenden Urbanisierung grundlegend. Drittens schließlich beeinflussten die Veränderungen in den Städten die Stadt-Land-Beziehungen, die, von den Städten dominiert, tiefgreifende Modifikationen erfuhren.

138 McNeill, J. R., Blue Planet. Die Geschichte der Umwelt im 20. Jahrhundert, Frankfurt a.M. 2003, S. 311.

139 Paolo, M., Urbanization, in: K. H. O'Rourke u. S. N. Broadberry (Hg.), The Cambridge Economic History of Modern Europe. Bd. 1: 1700–1870, Cambridge 2010, S. 235–263. Regional unterscheiden sich die Zahlen stark. Tendenziell war der Anteil der städtischen Bevölkerung im Osten Europas geringer als im Westen.

140 Siehe etwa Frank, S. u. M. Gandy (Hg.), Hydropolis. Wasser und die Stadt der Moderne, Frankfurt a.M. 2006.

141 Siehe dafür Lenger, Metropolen der Moderne; Zierenberg, M., Stadtgeschichte, in: Docupedia-Zeitgeschichte, http://dx.doi.org/10.14765/zzf.dok.2.706.v1 (zuletzt eingesehen am 05.05.2021).

142 Als Einstieg in die Stadtumweltgeschichte empfehlen sich Schott, D., Europäische Urbanisierung (1000–2000). Eine umwelthistorische Einführung, Köln 2014 und die Sammelbände Soens, T. u. a. (Hg.), Urbanizing Nature. Actors and Agency (Dis)Connecting Cities and Nature since 1500, London 2019; Haumann, S., M. Knoll u. D. Mares (Hg.), Concepts of Urban-Environmental History, Bielefeld 2020.

Urbane Umweltverschmutzung und Hygienebewegung

Städtische Eliten initiierten im 19. Jahrhundert weitreichende Reformprogramme, in deren Mittelpunkt die öffentliche Gesundheit in den urbanen Zentren stand. Den zeitgenössischen Kontext bildete die sogenannte „soziale Frage“, die sich am Gegensatz zwischen einem aufsteigenden städtischen Bürgertum und einer wachsenden, in Armut verharrenden städtischen Arbeiterschaft auftat. Die bürgerlichen Sozialreformer setzten beim schlechten Gesundheitszustand vieler Notleidender an, den sie auf die beengten und muffigen Wohnverhältnisse sowie den allgegenwärtigen Schmutz in den Arbeiterunterkünften zurückführten. Durch die Hebung der Qualität der Wohnungen und Quartiere sollten Krankheiten eingedämmt und damit die Arbeitsfähigkeit der Bewohnerinnen und Bewohner erhöht und zugleich deren Abgleiten in die Bedürftigkeit verhindert werden. Zum Vorbild für Europa wurde die britische *Public Health*-Bewegung, die sich in den 1840er Jahren aus der Armenpolitik entwickelte. Die Reformer gründeten ihr Ansinnen nicht nur in einer paternalistisch-fürsorgerischen Haltung gegenüber den Armen, sondern verfolgten auch handfeste eigennützige Interessen. So motivierten die steigenden Kosten des Armenwesens, die Angst vor Ansteckung, drohende soziale Unrast und zunehmend auch die schlechte Reputation einer Stadt mit hohen Mortalitätsraten und unansehnlichen öffentlichen Räumen die Verbesserungsvorschläge und -maßnahmen. Seuchen, wie insbesondere die seit den 1830er Jahren in europäischen Städten grassierende Cholera, aber auch Typhus und Tuberkulose, wirkten häufig als Katalysatoren, welche stockenden Reformen politisch zum Durchbruch verhalfen.[143]

Die Reformer beriefen sich auf das medizinische Wissen der Zeit, in der die Miasmen-Theorie vorherrschend war, welche die fauligen Dämpfe, die bei der Verwesung organischen Materials freigesetzt werden, für die Krankheiten und deren Verbreitung verantwortlich machten. Dieses Wissen war zwar falsch, wie im letzten Viertel des 19. Jahrhunderts die Bakteriologie nachwies, die ergriffenen Maßnahmen waren aber durchaus effektiv, da sie die Übertragung der Krankheitserreger wirksam einzudämmen halfen. Insbesondere die Versorgung mit frischem Trinkwasser, aber auch die allgemeine Verbesserung der Hygiene trugen zum Rückgang der Seuchen und zur sinkenden Mortalität in den Städten bei.[144] Hygiene wurde auch zum zentralen zeitgenössischen Begriff, der die Diskussionen organisierte und es ermöglichte,

143 Schott, Europäische Urbanisierung, S. 223–252; Crook, T., Governing Systems. Modernity and the Making of Public Health in England, 1830–1910, Oakland 2016. Sammlungen von Fallstudien zu städtischen Umweltproblemen in (West-)Europa bieten Bernhardt, C. u. G. Massard-Guilbaud (Hg.), The Modern Demon. Pollution in Urban and Industrial European Societies, Clermont-Ferrand 2002; Bernhardt, C. (Hg.), Environmental Problems in European Cities in the 19th and 20th Century, Münster 2004²; Massard-Guilbaud, G. u. P. Thorsheim, Cities, Environments, and European History, in: Journal of Urban History 33 (2007), S. 691–701.

144 Schott, Europäische Urbanisierung, S. 230–238. Kritisch zu dieser kausalen Verknüpfung Vögele, J. u. U. Koppitz, Sanitäre Reformen und der epidemiologische Übergang in Deutschland (1850–1920), in: Frank u. Gandy, Hydropolis, S. 75–93.

unterschiedliche Phänomene, von Seuchen über Lärm bis zur Reinlichkeit, auf einen gemeinsamen Nenner zu bringen. Der Begriff erlaubte zudem ein Paket von Maßnahmen, das vom Neubau ganzer Quartiere über die Errichtung großtechnischer Infrastrukturen wie Kanalisationen und die sanitäre Ausstattung von Wohnungen bis zur Normierung des individuellen Verhaltens reichte, als einheitliche Politik der Hygienisierung zu verstehen. In ganz Europa entstanden Hygiene-Bewegungen, deren Experten sich über Fachzeitschriften und auf nationalen und internationalen Hygiene-Kongressen austauschten, während einschlägige Ausstellungen und populäre Beiträge das Wissen einer breiteren bürgerlichen Schicht vermittelten. Aber auch die Arbeiterschaft, auf die viele der Maßnahmen letztlich abzielten, wurde zusehends von dieser transnationalen Bewegung erfasst, sodass es „zu einem Verhaltenswandel auf breiter Basis“ kam.[145]

Der Hygiene-Begriff des 19. Jahrhunderts habe, so der Umwelt- und Stadthistoriker Dieter Schott, in vieler Hinsicht den gegenwärtigen Umwelt-Begriff vorweggenommen.[146] Aufgrund seiner synthetisierenden Funktion, dem Zusammenführen unterschiedlicher Missstände unter einem leitenden Gesichtspunkt, eröffnen sich tatsächlich interessante Parallelen. Den Ähnlichkeiten stehen aber auch deutliche Unterschiede entgegen. Der Hygiene-Begriff fokussierte die gesellschaftlichen Diskurse ganz auf die individuelle und öffentliche Gesundheit. Die natürliche Umwelt wie auch der Mitmensch erscheinen als potentielle Krankheitsherde und -träger. Um sich selbst und die Gesellschaft als Ganzes, wofür die organische Metapher des „Volkskörpers“ verwendet wurde, gesund zu erhalten, musste die unmittelbare Umwelt von krankheitserregendem Schmutz gereinigt und das individuelle Verhalten sozialhygienisch diszipliniert werden. In diese Vorstellungen flossen auch zeitgenössische antisemitische und rassistische Vorurteile ein, welche die Attribute „schmutzig“ und „krank“ bestimmten gesellschaftlichen Gruppen zuwiesen.[147] So scheinen in Osteuropa die Judenghettos bevorzugt für umfassende Sanierungen ins Auge gefasst worden zu sein. So auch in Prag. Dass die begüterteren Jüdinnen und Juden zur Zeit der Sanierung die Josephstadt längst verlassen hatten und die deutliche Mehrheit der Bewohner christlichen Glaubens waren, spricht nicht dagegen, dass antisemitische Motive die Assanierung unterfütterten, war das Armenviertel doch als Judenstadt gebrandmarkt.

Was dem Hygiene-Diskurs allerdings abging, war die für den Umwelt-Diskurs charakteristische Sorge um die Integrität der natürlichen Umwelt. Bezeichnenderweise, um nochmals das Prager Beispiel aufzugreifen, formierte sich Kritik gegen die Assanierung gerade in jenen bildungsbürgerlichen Kreisen, die sich mit der Denkmalpflege beschäftigten und aus denen wichtige Gründerfiguren der böhmischen Naturschutzbewegung hervorgingen. Diese Kreise wandten sich vergeblich gegen

145 Schott, Europäische Urbanisierung, S. 248.

146 Ebd., S. 247/248.

147 Hein-Kircher, H., Lemberg sichern. Kommunalpolitische Praktiken, Strategien und Visionen in einer multiethnischen Stadt der Habsburgermonarchie, Marburg 2017, S. 212–216.

die mit den Sanierungsmaßnahmen verbundene Schleifung bedeutender Teile der Altstadt.[148] Natürlich könnte es sich hier auch um unterschiedliche Prioritätensetzungen innerhalb einer Bewegung handeln, wie sie in der heutigen Umweltbewegung etwa bezüglich des Aufstellens von Windkraftanlagen zu beobachten ist. Jedoch verstanden sich die Hygieniker und die Natur- und Heimatschützer um 1900 nicht als Teil derselben Bewegung, selbst wenn sie sich vorwiegend aus denselben städtischen bildungsbürgerlichen Schichten rekrutierten und Problemlagen adressierten, für welche sie übereinstimmend Industrialisierung und Urbanisierung als ursächlich ausmachten.[149]

Der wesentliche Unterschied zwischen dem Naturschutz und auch vielen Ausprägungen der sogenannten Lebensreformbewegung auf der einen und der Hygienebewegung auf der anderen Seite scheint darin zu liegen, dass sich letztere im Gegensatz zu ersteren als ungebrochen modernisierende Kraft verstand.[150] Dies zeigte sich in der Wissenschafts- und Technikaffinität der Hygienebewegung, die sie zugleich zur Verbündeten der städtischen Verwaltungen machten. Die „sanitäre Stadt“[151] war ein attraktives Betätigungsfeld, auf dem die jungen, sich im Auf- und Ausbau befindlichen Behörden zum einen ihre Leistungsfähigkeit unter Beweis stellen und das sie sich zum anderen langfristig als zentralen Aufgabenbereich erschließen konnten. Dabei begaben sie sich in einen europäischen Wettbewerb, in welchem die westeuropäischen Metropolen, insbesondere London und Paris und zunehmend auch Berlin und weitere deutsche Städte, die Richtschnur vorgaben, an der sich die eigenen Defizite bemessen ließen.[152] Hygienemaßnahmen waren auch identitätsstiftend und konnten als „europäisch“ oder „deutsch“ und „französisch“ begriffen oder angefeindet werden.[153] Sinkende Mortalitätsraten und ausbleibende Seuchen bezeugten deren Erfolg, während ein hoher Wasserverbrauch, ähnlich wie dann im 20. Jahrhundert ein hoher Stromverbrauch, als Indikator für eine fortschrittliche, moderne und „europäische“ Stadt galt. So belegte in Lemberg ein Professor der Technischen Hochschule 1881 die Rückständigkeit der galizischen Hauptstadt mit der im Vergleich zu westeuropäischen Metropolen hohen Sterblichkeit und dem niedrigen täglichen Wasserverbrauch von zwölf Litern pro Einwohner gegenüber 60–100 Litern andernorts.[154]

148 Piňosová, J., Inspiration Natur. Naturschutz in den böhmischen Ländern bis 1933, Marburg 2017, S. 80–84.

149 Vgl. Uekötter, F., Deutschland in Grün. Eine zwiespältige Erfolgsgeschichte, Göttingen 2015, S. 60.

150 Zu diesen Bewegungen siehe das Kap. 9 Naturschutz.

151 Melosi, M. V., The Sanitary City. Environmental Services in Urban America from Colonial Times to the Present, Pittsburgh 2008.

152 Lenger, Metropolen der Moderne, S. 27–202. Siehe auch Behrends, J. C. u. M. Kohlrausch (Hg.), Races to Modernity. Metropolitan Aspirations in Eastern Europe, 1890–1940, Budapest 2014.

153 Siehe etwa zu Istanbul Dinçkal, N., Istanbul und das Wasser. Zur Geschichte der Wasserversorgung und Abwasserentsorgung von der Mitte des 19. Jahrhunderts bis 1966, München 2004; und zu Straßburg Bernhardt, C., Im Spiegel des Wassers. Eine transnationale Umweltgeschichte des Oberrheins (1800–2000), Köln 2016, S. 343–355.

154 Hein-Kircher, Lemberg sichern, S. 197/198.

Die Umgestaltung der Städte unter hygienischen Vorzeichen erfasste nach und nach den ganzen Kontinent. Allerdings ergaben sich deutliche zeitliche Abstände zwischen den Vorreiterinnen in Westeuropa und den Nachzüglerinnen in Süd- und Osteuropa.[155] Während in Paris, London und Berlin in den 1850er und 1860er Jahren die sanitärtechnischen Auf- und Umrüstungen einsetzten, dauerte es andernorts noch mehrere Jahrzehnte. Großes Vorbild für Stadtsanierungen großen Stils war Paris, das zwischen 1853 und 1870 unter Napoleon III. und seinem Pariser Präfekten Georges-Eugène Haussmann radikal erneuert wurde. Aushängeschilder des neuen Paris waren großzügig gestaltete Plätze und breite Boulevards, denen bestehende Bauten und Straßen weichen mussten. Bezeichnenderweise erhielt die zentrale Einkaufs- und Flaniermeile im ehemaligen Judenviertel Prags, welche Anfang des 20. Jahrhunderts im Rahmen der Stadtsanierung angelegt wurde, den Namen Pařížská třída (Pariser Straße). Die Gründe für die zeitlichen Verschiebungen sind vielfältig. Neben einer später einsetzenden und verhaltener ausfallenden Urbanisierung spielte das Vermögen von Reformern und Stadtverwaltungen eine Rolle, Sanierungsprojekte auszuarbeiten, die dafür notwendigen, teilweise beträchtlichen finanziellen Mittel aufzubringen und die Maßnahmen politisch durchzusetzen, etwa gegen den Widerstand betroffener Grundeigentümer, die enteignet oder zur Mitfinanzierung verpflichtet werden sollten. Weitreichende Möglichkeiten der staatlichen Enteignung waren schon für die Umgestaltung von Paris entscheidend und waren auch für jene in Prag grundlegend.[156]

Neben diesem Gefälle zwischen Städten und Regionen wandte sich die jüngere umweltgeschichtliche Forschung den Unterschieden innerhalb einzelner Städte zu. Mit Ansätzen aus der *environmental justice* oder Umweltgerechtigkeitsforschung fragte sie, ob die Städterinnen und Städter in gleichem Umfang einerseits von den neuen Umweltdienstleistungen profitierten und andererseits von neuen Umweltbelastungen betroffen waren und wie sie sich an den politischen Entscheidungsprozessen beteiligen konnten.[157] Zeigen sich Unterschiede entlang der Kategorien von Klasse, Geschlecht, Nationalität oder Religion? Die vorliegenden Ergebnisse weisen in unterschiedliche Richtungen, wobei eine Bilanzierung auf breiterer Grundlage noch aussteht. Zum einen wirkten die Hygienemaßnahmen ausgleichend. Die Städte waren bestrebt, Wasserversorgung und Kanalisation flächendeckend einzuführen und alle Eigentümer dazu zu bringen, ihre Häuser anzuschließen. Dies geschah zum

155 Schott, Europäische Urbanisierung, S. 246/247; Parrinello, G., Fault Lines. Earthquakes and Urbanism in Modern Italy, New York 2015, S. 49–57; Pichler-Baumgartner, L., Der Weg zu einer modernen Wasserinfrastruktur. Eine sozial- und umweltgeschichtliche Perspektive auf die Stadt Linz (ca. 1860–1920), Linz 2020; Turkowska, J. A., Der kranke Rand des Reiches. Sozialhygiene und nationale Räume in der Provinz Posen um 1900, Marburg 2020.

156 Zu Paris siehe Schott, Europäische Urbanisierung, S. 253–273; Ford, C. C., Natural Interests. The Contest over Environment in Modern France, Cambridge, Mass. 2016, S. 168–179.

157 Pichler-Baumgartner, L., „Environmental justice" als analytische Kategorie der Wirtschafts-, Sozial- und Umweltgeschichte? Schwierigkeiten und Potenziale einer Anwendung, in: Vierteljahrschrift für Sozial- und Wirtschaftsgeschichte (VSWG) 102 (2015), S. 472–491.

einen aus naheliegenden technischen und ökonomischen Gründen, zum anderen entsprach es aber auch den sozialhygienischen Zielen, stadtweit für gesündere Lebensbedingungen zu sorgen, bekannte Seuchenherde auszuschalten und so auch die Ansteckungsgefahr zu mindern. Zum anderen taten sich, wenig überraschend, bei der Ausstattung mit sanitären Einrichtungen wie Wasserklosetts entlang der sozialen Schichtung Unterschiede auf, was etwa die Zahl der Wasserklosetts pro Person oder deren Platzierung innerhalb oder außerhalb der Wohnungen oder Häuser anbetraf. Auch konnten kommunale Grenzen dazu führen, dass Vorstädte nicht in die städtische Infrastruktur und Dienstleistungen eingebunden wurden, obwohl sie im Zuge der Urbanisierung mit den Kernstädten zusammengewachsen waren. Gerade in der räumlichen Akzentuierung von Unterschieden dürfte die hauptsächliche Quelle von wachsenden Ungleichheiten in den Städten zu finden sein. Unterschiedlich verteilt waren sowohl die Belastungen als auch die Annehmlichkeiten, und die ökonomischen und sozialen Möglichkeiten, die eigenen Lebensumstände durch einen Umzug zu verbessern, spielten eine wesentliche Rolle. Auch dürften Sanierungen schon frühzeitig Prozesse der „Gentrifizierung" ausgelöst haben. So stiegen mit den Sanierungen die Mieten, da die Hauseigentümer die Kosten des Anschlusses an die städtischen Netze, die sie üblicherweise selbst zu tragen hatten, auf die Mieter überwälzten, was diese wiederum zur Aufgabe der Wohnung oder aber zu deren dichteren Belegung zwingen konnte. Beides konnte statt der intendierten Besser- eine Schlechterstellung mit sich bringen.[158]

Städtische Umwelten

Im Zuge von Urbanisierung und Hygienisierung veränderten sich die städtischen Räume markant. Mit der kommunalen Wasser- und Abfallwirtschaft und der Pflasterung und Reinigung der Straßen wurden die Städte sehr viel reinlicher, was sich merklich positiv auch auf den Geruch niederschlug, zumindest sofern nicht industrielle Immissionen die Verbesserungen gleich wieder aufhoben und bevor der motorisierte Verkehr die Qualität der Stadtluft erneut verschlechterte. Das städtische Wasser wurde neu organisiert: Die Stadtverwaltungen ließen Ziehbrunnen nach der Verlegung der Wasserleitungen schließen, während sie Stadtbäche in die Kanalisation einbanden und vielenorts zusammen mit diesen im Boden vergruben. Flüsse wurden reguliert und kanalisiert und die dabei gewonnenen, oft zentrumsnahen Flächen bebaut. Die innerstädtische Nutzung der Gewässer als mechanische Energiequelle und Transportwege ging mit dem Aufkommen fossiler Energieträger

158 Massard-Guilbaud, G. u. R. Rodger (Hg.), Environmental and Social Justice in the City. Historical Perspectives, Cambridge 2011. Für einen geschlechtergeschichtlichen Zugang siehe Frank, S., „Schmutziges Wasser" und „schmutzige Frauen". Zur Verbindung von Wasser- und Weiblichkeitsbildern in der Stadtentwicklung des 19. Jahrhunderts, in: Frank u. Gandy, Hydropolis, S. 146–168.

zurück.[159] Waren selbst die Zentren großer Städte in der frühen Neuzeit nachts nur spärlich von einigen Kerzen und mit Pflanzenölen betrieben Lampen erleuchtet, bauten die Kommunen im 19. Jahrhundert die öffentliche Beleuchtung von Straßen, Plätzen und Gebäuden sukzessive aus und verlängerten so die Tage in die Nacht. Dies geschah zunächst auf der Basis von Petroleum und Gas, seit den 1880er Jahren von Elektrizität. Mit dem Ausbau von privaten und öffentlichen Gasleitungen und Elektrizitätsnetzen wurden auch Wirtschaftsbetriebe und Privathaushalte in die Versorgung einbezogen, wodurch sich der Alltag der Menschen allmählich vom natürlichen Tag-Nacht-Rhythmus zu lösen begann.[160]

Urbanisierung war mit einem Wachstum der bebauten Flächen verbunden, wodurch das Umland immer weiter von den Stadtzentren wegrückte. Dies wurde von den städtischen Eliten kritisch beäugt, und jene sorgten dafür, dass die Städte quasi zum Ausgleich im Innern ergrünten: etwa durch die Errichtung öffentlicher Parks und das Pflanzen von Baumalleen an den Vorzeigestraßen.[161] Zudem galten Friedhöfe als wichtige städtische „Lungen". Zunehmend breitere soziale Schichten partizipierten an der Begrünung der Städte: Während Bürgerinnen und Bürger kleine Privatgärten anlegten und in den Wohnungen Pflanzentöpfe und Blumenvasen aufstellten, wurden große private Gartenanlagen zusehends für die Bevölkerung geöffnet und Flächen für Armen- und Schrebergärten bereitgestellt.[162] Am weitesten ging das Konzept der Gartenstadt, das die planmäßige Anlage neuer städtischer Siedlungen mit systematisch integrierten Grünflächen propagierte. Es wurde im 20. Jahrhundert europaweit an einer Reihe von Orten in die Praxis umgesetzt, wobei es aber meist auf Gartenvorstädte hinauslief.[163] Zu den bekanntesten gehören Letchworth unweit von London und Hellerau bei Dresden. Das frühe 20. Jahrhundert war allgemein die Hochzeit der Stadtplanung, an deren Geschichte sich auch die

159 Winiwarter, V. u. a., The Long-Term Evolution of Urban Waters and their Nineteenth Century Transformation in European Cities. A Comparative Environmental History, in: Water History 8 (2016), S. 209–233; siehe auch Kap. 4 Meliorationen.

160 Schivelbusch, W., Lichtblicke. Zur Geschichte der künstlichen Helligkeit im 19. Jahrhundert, Frankfurt a.M. 2004; Meier, J. u. a. (Hg.), Urban Lighting, Light Pollution, and Society, New York 2015.

161 Clark, P. (Hg.), The European City and Green Space. London, Stockholm, Helsinki and St. Petersburg, 1850–2000, Florenz 2006; Clark, P., M. Niemi u. C. Nolin (Hg.), Green Landscapes in the European City, 1750–2010, London 2016; Mathis, C.-F. u. É.-A. Pépy, Greening the City. Nature in French Towns from the 17th Century, Winwick, Cambridgeshire 2020.

162 Schwarz, A. (Hg.), Der Park in der Metropole. Urbanes Wachstum und städtische Parks im 19. Jahrhundert, Bielefeld 2005; Jones, K. R., 'The Lungs of the City'. Green Space, Public Health and Bodily Metaphor in the Landscape of Urban Park History, in: Environment and History 24 (2018), S. 39–58; Rudolph, H., Der Schrebergarten, in: E. François u. H. Schulze (Hg.), Deutsche Erinnerungsorte: eine Auswahl, Frankfurt a.M. 2005, S. 197–213; Stein, H., Inseln im Häusermeer. Eine Kulturgeschichte des deutschen Kleingartenwesens bis zum Ende des Zweiten Weltkriegs, Frankfurt a.M. 2000[2]; Ford, Natural Interests, S. 165–169.

163 Vgl. Schott, Europäische Urbanisierung, S. 316–320. Eine transnationale Geschichte der Gartenstadt steht aus.

wandelnden Vorstellungen über die wünschbare Beschaffenheit der städtischen Umwelt ablesen lässt.[164]

Noch wenig untersucht ist, wie sich die Veränderungen der urbanen Umwelt auf die städtische Flora und Fauna auswirkten. Nutztiere verschwanden allmählich aus dem städtischen Raum. Als erstes traf es die Schweine, die städtische Haushalte insbesondere zur Abfallverwertung und -beseitigung hielten. Dies verboten Stadtregierungen aus hygienischen Gründen jedoch zunehmend. An die Stelle der Schweine trat die öffentliche Abfallabfuhr.[165] Die Fleischproduktion wiederum wurde zentralen städtischen Schlachthöfen überantwortet, in denen das Vieh nach industriellen Verfahren und hygienischen Normen und unter veterinärmedizinischer Kontrolle zu Fleisch verarbeitet wurde.[166] Kleinere Nutztiere wie Hühner oder Kaninchen blieben in den städtischen Haushalten hingegen noch lange präsent, während die Zahl der Haustiere beträchtlich anstieg.[167] Pferde erlebten nach 1800 zunächst eine noch größere Verbreitung. Gerade in den großen Metropolen waren sie für den Transport von Menschen und Waren unerlässlich und wurden zu Hunderttausenden gehalten, bevor Ende des 19. Jahrhunderts die Elektrifizierung des öffentlichen Nahverkehrs und im 20. Jahrhundert der Verbrennungsmotor sie allmählich aus dem Transportwesen verdrängten.[168]

Interessant wäre es, mehr über die Verbreitung von Wildpflanzen und -tieren in urbanen Räumen in Erfahrung zu bringen. Während die Artenvielfalt auf dem Lande unter dem Einfluss der Agrarmodernisierung und der staatlichen Forstwirtschaft zurückging, stieg sie im städtischen Raum an. Zum einen boten Städte auf kleinem Raum vielfältige Lebensbedingungen und damit ökologische Nischen. Zum anderen kamen Städte als Verkehrsknotenpunkte mit vielen und auch fernen Gebieten in Kontakt, aus denen willentlich oder unwillentlich neue Arten eingeführt wurden, von denen sich einige etablieren konnten. Eine Geschichte wert wäre auch, wie sich die Tierwelt auf die neu geschaffenen Umwelten einstellte, in welchem Wechselver-

164 Lachmund, J., Greening Berlin. The Co-Production of Science, Politics, and Urban Nature, Cambridge, Mass. 2013; Platt, H. L., Building the Urban Environment. Visions of the Organic City in the United States, Europe, and Latin America, Philadelphia 2015; Ford, Natural Interests, S. 180–188; Dostalík, J., The Organicists. Planners, Planning, and the Environment in Czechoslovakia (1914–1949), in: Planning Perspectives 32 (2017), S. 147–173.

165 Eine europäische Geschichte der städtischen Schweinehaltung steht aus. Für die USA siehe Steinberg, T., Down to Earth. Nature's Role in American History, New York 2002, S. 157–172.

166 Siehe Nieradzik, L., Der Wiener Schlachthof St. Marx. Transformation einer Arbeitswelt zwischen 1851 und 1914, Wien 2017; Mazanik, A., 'Shiny Shoes' for the City. The Public Abattoir and the Reform of Meat Supply in Imperial Moscow, in: Urban History 45 (2018), S. 214–232.

167 Siehe Zelinger, A., Menschen und Haustiere im Deutschen Kaiserreich. Eine Beziehungsgeschichte, Bielefeld 2018.

168 Raulff, U., Das letzte Jahrhundert der Pferde. Geschichte einer Trennung, München 2015; Edgerton, D., The Shock of the Old. Technology and Global History Since 1900, London 2006, S. 32–36.

hältnis sich etwa Kanalisationen und Rattenpopulationen entwickelten oder wie sich die Beleuchtung der Städte auf Flora und Fauna auswirkte.[169]

Ein weiteres Feld der Stadtgeschichte, das vom umwelthistorischen Zugang profitiert, thematisiert den wechselseitigen Einfluss von (Natur-)Katastrophen und Stadtentwicklungen.[170] Zu den Katastrophen, welche Städte häufig heimsuchten, zählen Großbrände, Überschwemmungen und Erdbeben. Ein interessantes Fallbeispiel stellt Hamburg dar, das 1842 von einem Großbrand getroffen wurde, wobei ein starker Wind das Feuer weitertrug. Die Stadtregierung reagierte auf die Katastrophe nicht nur mit einer verbesserten Feuerprävention, sondern nutzte die großräumigen Verwüstungen für eine grundlegende Modernisierung der Stadt. Sie strukturierte das zerstörte Stadtzentrum neu und ließ für die ganze Stadt nach englischem Vorbild das damals fortschrittlichste Wasserversorgungs- und Abwassersystem des Kontinents bauen. Hamburg galt für ein halbes Jahrhundert als hygienische Vorzeigestadt. Der mit der Planung betraute englische Ingenieur William Lindley legte in Hamburg den Grundstein für eine steile Karriere als Stadtsanierer, dessen Expertise über Jahrzehnte in ganz Europa gefragt war und dessen Geschäft von seinem Sohn William Heerlein Lindley weitergeführt wurde.[171] Hochwasser und Fluten bedrohten und zerstörten oft gerade jene Stadtteile, die sich auf Flächen erhoben, die den Flüssen, Seen oder Meeren abgerungen worden waren.[172] Es gilt daher, nicht nur den Verlauf einer Katastrophe und die unmittelbare Bewältigungsphase zu analysieren, sondern auch die längere Vor- und Nachgeschichte in ihren breiten gesellschaftlichen und sozionaturalen Dimensionen in den Blick zu nehmen. Für zwei Erdbebenkatastrophen im Italien des 20. Jahrhunderts hat dies Giacomo Parrinello vorgemacht.[173]

Stadt-Land-Beziehungen

Städte waren für die Versorgung ihrer Bevölkerung schon immer auf das Umland angewiesen. Mit der beschleunigten Urbanisierung, dem Ausbau der städtischen Infrastrukturen und der durch die Eisenbahn und Dampfschifffahrt eingeläuteten Verkehrsrevolution vervielfältigten und vertieften sich aber zum einen die Stadt-Land-Beziehungen seit Mitte des 19. Jahrhunderts wesentlich, zum anderen gerieten

169 Zu Letzterem siehe Meier u. a., Urban Lighting; und zum Forschungsfeld insgesamt Wischermann, C., A. Steinbrecher u. P. Howell (Hg.), Animal History in the Modern City. Exploring Liminality, London 2019; Brantz, D., Animals in Urban-Environmental History, in: Haumann, Knoll u. Mares, Concepts, S. 191–202.

170 Massard-Guilbaud, G., H. L. Platt u. D. Schott (Hg.), Cities and Catastrophes. Coping with Emergency in European History, Frankfurt a.M. 2002.

171 Schott, Europäische Urbanisierung, S. 238/239. Lindley begutachtete auch die Prager Stadtsanierung.

172 Lübken, U., Rivers and Risk in the City. The Urban Floodplain as a Contested Space, in: S. Castonguay u. M. D. Evenden (Hg.), Urban Rivers. Remaking Rivers, Cities, and Space in Europe and North America, Pittsburgh 2012, S. 130–144. Zur Sturmflut, die Hamburg 1962 traf, siehe Hessler, M. u. C. Kehrt (Hg.), Die Hamburger Sturmflut von 1962. Risikobewusstsein und Katastrophenschutz aus zeit-, technik- und umweltgeschichtlicher Perspektive, Göttingen 2014.

173 Parrinello, Fault Lines. Siehe auch Kap. 5 Klimawandel und Naturkatastrophen.

zunehmend größere und weiter entfernte Gebiete unter den Einfluss urbaner Entwicklungen. Es gehört zu den Verdiensten der Umweltgeschichte, nicht nur auf diese Beziehungen und Abhängigkeiten aufmerksam gemacht, sondern sie auch über die Grenzen der Stadt hinaus verfolgt zu haben. 1991 publizierte William Cronon mit „Nature's Metropolis" eine wegweisende Monografie, in der er aufzeigte, wie Chicago in der zweiten Hälfte des 19. Jahrhunderts zur Metropole weiter Teile des amerikanischen Westens aufstieg. Cronon analysiert, wie die Stadt zum zentralen Knotenpunkt sich ausweitender Menschen-, Waren- und Kapitalströme wurde und wie diese Ströme Stadt und Land aneinanderbanden und beide Seiten zugleich umfassend veränderten.[174] In ähnlicher Absicht wurde von humangeografischer Seite der soziale Metabolismus oder gesellschaftliche Stoffwechsel von Städten untersucht. Bei diesem Ansatz werden Städte als Organismen verstanden, die aus ihrer Umwelt Inputs beziehen und ihrerseits Outputs an ihre Umwelt abgeben. Bei der Übertragung dieses Konzepts auf die Geschichte ergab sich allerdings die Schwierigkeit, den quantitativen Umfang von Stoffströmen aus den Quellen zu rekonstruieren, sodass stärker qualitativ gearbeitet werden musste. Zudem gilt es die zentrale Transportproblematik, nämlich, wie die Stoffe in die Städte herein- und aus ihnen hinausgeschafft wurden, in der Analyse nicht außen vor zu lassen.[175]

Tatsächlich eröffneten diese stoffzentrierten Ansätze neue Perspektiven auf die Stadtgeschichte. Wie stillten die Städte ihren rasch wachsenden Ressourcenhunger? Woher und auf welchen Wegen bezogen sie das Frischwasser und die Nahrungsmittel, die Brenn- und Baumaterialien, den Strom und andere Produkte? Was geschah mit den städtischen Abfällen und Abwässern? Wie wirkten sich der städtische Konsum und dessen Wandel auf jene Orte und Räume aus, welche die hierfür notwendigen Ressourcen bereitstellten oder die entstehenden Abfälle aufnahmen? Die Neuordnung der städtischen Wasserversorgung und -entsorgung beispielsweise hatte weitreichende Effekte auf das Umland. Zum einen wurden die zentralen Wasserversorgungssysteme auf eine stark wachsende Nachfrage ausgelegt. Ein hoher Pro-Kopf-Verbrauch an Frischwasser wurde regelrecht angestrebt, galt er doch, wie geschildert, als Grundlage einer fortschrittlichen, modernen und gesunden Stadtentwicklung. Wasser in der gewünschten Menge und Qualität war vor Ort aber oftmals nicht zu gewinnen, sodass es in entfernteren Gebieten gefasst und von dort in Rohren in die Städte geleitet wurde. Den entsprechenden Gebieten stand dieses Wasser nicht mehr zur Verfügung.

Zum anderen wurde das in den Kanalisationen gesammelte Abwasser anfänglich nicht oder kaum behandelt ins nächste Fließgewässer geleitet oder stadtnah

174 Cronon, W., Nature's Metropolis. Chicago and the Great West, Chicago 1991.

175 Siehe Winiwarter, V. u. M. Knoll, Umweltgeschichte. Eine Einführung, Köln 2007, S. 194–199; Schott, Europäische Urbanisierung, S. 17–21 und passim. Barles, S., Urban Metabolism, in: Haumann, Knoll u. Mares, Concepts, S. 109–124. Zudem Schott, D., B. Luckin u. G. Massard-Guilbaud (Hg.), Resources of the City. Contributions to an Environmental History of Modern Europe, Aldershot 2005.

auf sogenannten Rieselfeldern ausgebracht. In einigen Städten, allen voran Paris, wurde nur das Regen- und Haushaltswasser der Kanalisation zugeführt, während die Fäkalien weiterhin in Sickergruben gesammelt und mit Wagen aus der Stadt geschafft wurden, wo Bauern sie zur Düngung der Felder nutzten.[176] An den meisten Orten setzte sich jedoch die Misch- beziehungsweise Schwemmkanalisation nach Londoner Vorbild durch, welche sämtliche Abwässer erfasste. Dies hatte eine Änderung des Nährstoffkreislaufes zur Folge: Dem Landbau wurden die menschlichen Exkremente entzogen und stattdessen den Gewässern zugeführt, was diese wiederum in erheblichem und gesundheitsgefährdendem Umfang verschmutzte. Auf besonders direkte und tragische Weise zeigte sich dieser Zusammenhang in der Cholera-Epidemie, die 1892 Hamburg traf und mehrere tausend Todesopfer in der Stadt forderte. Die Cholera konnte sich deshalb so verheerend ausbreiten, weil das in die Elbe entsorgte städtische Abwasser zum einen nur ungenügend gereinigt wurde und es zum andern aufgrund einer speziellen Strömungslage in die weiter flussaufwärts gelegene Frischwasserfassung geschwemmt wurde. Dadurch gelangten die Erreger ins städtische Trinkwasser und verbreiteten sich rasch und flächendeckend. Im benachbarten Altona, das eine eigene Trinkwasserversorgung hatte, blieb der Anteil der Cholerafälle hingegen erheblich tiefer.[177]

Gegen die mit der Abwasserentsorgung verbundene Gewässerverschmutzung wurde in der Zeit von betroffener Seite durchaus vorgegangen. So kam es entlang von Flüssen zur typischen Konfliktkonstellation zwischen Ober- und Unterliegern, in denen sich die flussabwärts gelegenen Kommunen teilweise erfolgreich gegen die Wasserverschmutzung durch weiter oben gelegene Ortschaften oder Industrien zur Wehr setzten und etwa die Behandlung der Abwässer erreichten und eine regelmäßige Kontrolle der Wasserqualität durchsetzten. Solche Auseinandersetzungen lenkten die politische Aufmerksamkeit auf das Problem, ohne jedoch eine grundsätzliche, über den Einzelfall hinausgehende Veränderung zu bewirken.[178] Zwar gingen in den letzten beiden Jahrzehnten des 19. Jahrhunderts die ersten mechanischen Kläranlagen in Betrieb, deren flächendeckende Verbreitung und Aufrüstung um biologische und chemische Klärstufen fiel aber erst in die Zeit nach dem Zweiten Weltkrieg.[179] Die Badekultur breitete sich derweilen trotz der bedenklichen Wasserqualität aus. Badeanstalten und Badende zeigten sich erstaunlich wenig sensibel gegenüber den Belastungen.[180]

176 Barles, S., A Metabolic Approach to the City. Nineteenth and Twentieth Century Paris, in: Schott, Luckin u. Massard-Guilbaud, Resources of the City, S. 28–47; Schott, Europäische Urbanisierung, S. 267/268.

177 Evans, R. J., Tod in Hamburg. Stadt, Gesellschaft und Politik in den Cholera-Jahren 1830–1910, Hamburg 1990.

178 Siehe Bernhardt, Im Spiegel des Wassers, S. 355–362.

179 Gugerli, D., "Wir wollen nicht im Trüben fischen! " Gewässerschutz als Konvergenz von Bundespolitik, Expertenwissen und Sportfischerei (1950–72), in: Schweizer Ingenieur und Architekt 13 (2000), S. 281–287.

180 Bernhardt, Im Spiegel des Wassers, S. 361–362.

Ein alternatives Konzept zur Entsorgung in den Flüssen war die oben erwähnte Anlage von Rieselfeldern. Solche wurden Mitte des 19. Jahrhunderts bereits im Zusammenhang mit dem Bau der Londoner Kanalisation erwogen, realisiert wurden sie aber vorwiegend im östlichen Preußen und an vorderster Stelle für die Metropole Berlin. Damit konnten die Nährstoffe der Landwirtschaft erhalten bleiben, was dem System unter anderem die Zustimmung des geachteten Agrochemikers und vehementen Verfechters der Mineraldüngung Justus Liebig einbrachte. In der Praxis stieß die Verrieselung der Abwässer jedoch auf eine Reihe von Schwierigkeiten: Zum einen wurden für die Verrieselung der Abwässer einer Stadt große Agrarflächen benötigt und zum anderen ergaben sich Probleme, die Abwassermengen mit dem Bedarf an Nährstoffen in Übereinstimmung zu bringen, der zudem und nicht im Einklang mit den Abwassermengen jahreszeitlich schwankte. Darüber hinaus waren die Rieselfelder bei den Anwohnern unbeliebt, die sich über Geruchsbelästigungen beklagten. Vor Ort traf die Planung und Anlage solcher Felder denn auch zunehmend auf Opposition. Hinzu kam, dass ungenügend vorgefilterte Abwässer die Böden kontaminierten, etwa mit giftigen Schwermetallen, die aus Industrieabwässern stammten.[181]

Schließlich ging auch das Interesse auf landwirtschaftlicher Seite am problematischen Dung aus den Städten zurück, was in direktem Zusammenhang mit der Erschließung neuer Düngerquellen stehen dürfte, die den traditionellen Engpass beim Dünger aufhoben und auf lange Sicht die ländliche Kreislaufwirtschaft zusehends in eine Durchlaufwirtschaft verwandelten. Im 19. Jahrhundert kam zunächst aus Südamerika importierter Guano auf den Markt, bevor der Agrochemie Anfang des 20. Jahrhunderts die Herstellung von synthetischem Dünger gelang.[182] Die Rieselfelder gerieten ebenso wie die in Frankreich favorisierte, aber auch in Heidelberg mit einem zeitweise weit rezipierten Tonnensystem praktizierte gesonderte Abfuhr der Fäkalien ins Hintertreffen gegenüber einer Kombination von Schwemmkanalisation und Einleitung in die Gewässer.[183] Darin scheint sich ein allgemeines Paradox der modernen Entwicklung zu verbergen: Zum einen wurden Stoffströme und Warenketten zusehends länger und verhängter, zum anderen wurden sie jedoch auch aufgebrochen und in separate Sphären geschieden. Auch Stadt und Land wuchsen einerseits zusammen, wurden sich aber andererseits zugleich fremder.

181 Uekötter, F., City Meets Country. Recycling Ideas and Realities on German Sewage Farms, in: Journal for the History of Environment and Society 1 (2016), S. 89–107; zu Berlin siehe Mohajeri, S., 100 Jahre Berliner Wasserversorgung und Abwasserentsorgung 1840–1940, Stuttgart 2005, S. 153–167; und zu London Schott, Europäische Urbanisierung, S. 230–238.

182 Zu Guano siehe Cushman, G. T., Guano and the Opening of the Pacific World. A Global Ecological History, Cambridge 2013; zu synthetischem Dünger Uekötter, F., Die Wahrheit ist auf dem Feld. Eine Wissensgeschichte der deutschen Landwirtschaft, Göttingen 2010.

183 Beispielhaft dazu die Diskussionen um das Abwassersystem in Straßburg in Bernhardt, Im Spiegel des Wassers, S. 343–355. Zur Stadthygiene in Frankreich siehe Frioux, S., Les batailles de l'hygiène. Villes et environnement de Pasteur aux Trente Glorieuses, Paris 2013.

Schluss

Für viele, aber bei weitem nicht alle Stadtbewohner Europas, deren Zahl absolut und im Verhältnis zum Lande stetig wuchs, war die moderne Urbanisierung insgesamt ein Segen. Das Leben in den Städten wurde komfortabler und gesünder, die durchschnittliche Lebenserwartung übertraf gegen Ende des 19. Jahrhunderts jene in ländlichen Gebieten. Allerdings schrieben sich die sozialen Unterschiede in die Modernisierung der Städte ein, sodass die Menschen sehr ungleich von ihr profitierten. Bedeutsam für die Veränderung der Umwelt war, dass Städter und Städterinnen zusehends mehr natürliche Ressourcen konsumierten, welche vorwiegend im ländlichen Raum und in teilweise fernen Gebieten gewonnen und in die Städte transportiert wurden. Und sie produzierten mehr und mehr Abfall, den sie nicht selbst verarbeiteten, sondern ans Umland abgaben, was dort zu erheblichen Umweltbelastungen führte.[184] Ermöglicht wurden diese Transitionen wesentlich durch einen Auf- und Umbau großtechnischer Infrastrukturen, welche professionalisierte und ausgebaute Stadtverwaltungen planen und errichten ließen und die sie zunehmend auch durch eigene Betriebe selbst bewirtschafteten.[185] Die getätigten massiven Investitionen führten zu Pfadabhängigkeiten: Kanalisationen mussten und müssen unterhalten werden und sind für ihr Funktionieren auf bestimmte Mindestmengen Abwasser angewiesen, da sie ansonsten ihrer Schwemmwirkung verlustig gehen. Diese Abhängigkeiten sind nicht nur technischer und administrativer Natur, sondern können auch mentaler Art sein. Wer würde schon leichter Hand das Wasserklosett in der Wohnung gegen ein Plumpsklo im Vorgarten eintauschen? Unter umgekehrten Vorzeichen zeugen auch die eingangs zitierten Sätze Franz Kafkas von der Macht der Gewohnheit ebenso wie das Festhalten von Menschen an überkommenen Techniken und die anfänglich teils nur widerstrebende Annahme von Neuerungen. Mit den Infrastrukturen verbunden war schließlich auch eine Technisierung des städtischen Alltags. Eine Kaskade an Technologien schob sich einerseits zwischen die Produktion und den Konsum städtischer Güter und Dienstleistungen und ermöglichte andererseits den Stadtbewohnerinnen und -bewohnern die mühelose Entfernung der Überbleibsel.

In ihrer vergleichenden Studie zum Wandel der urbanen Wasserinfrastrukturen im 19. Jahrhundert in den Städten Brüssel, Lyon, München und Wien halten Verena Winiwarter et al. zum einen fest, dass jede der vier Städte ihr eigenen Besonderheiten aufwies, die sich sowohl aus der historischen Entwicklung als auch der natürlichen Umwelt ergaben. Zum anderen stellen sie eine zunehmende Ähnlichkeit im Wassergebrauch der vier Städte fest, etwa bezüglich des Frischwasserkonsums sowie der Abwasser- und Abfallentsorgung.[186] Unterschiede und Gemeinsamkei-

184 Barles, Metabolic Approach. Siehe auch das Kap. 11 Beschleunigung.

185 Schott, Europäische Urbanisierung, S. 279–306; Moss, T., Remaking Berlin. A History of the City through Infrastructure, 1920–2020, Cambridge, Mass. 2020.

186 Winiwarter u. a., Urban Waters.

ten städtischer Entwicklungen herauszuarbeiten, sowie ihre spezifischen Ursachen und Auswirkungen in Bezug auf die urbane und rurale sowie die lokale bis globale Umwelt herauszuarbeiten, sollte auch zukünftige Fallstudien anleiten und so die empirische Basis weiter verbreitern. Angesichts des auf globaler Ebene ungebrochenen Trends zunehmender Urbanisierung ist zudem die Frage nach der Nachhaltigkeit städtischer Infrastrukturen und urbaner Lebensweisen von äußerster Brisanz. Auch dazu kann die umwelthistorische Stadtforschung einen wichtigen Beitrag leisten.

8. Kolonialismus und Imperialismus

Der Tod ereilte Johann Jakob David „im dunkelsten Afrika". Im Frühling 1908 war er von Stanleyville in Belgisch-Kongo (heute Kisangani, Demokratische Republik Kongo) in Richtung Schweiz aufgebrochen, wo er sich den Sommer über von diversen Leiden zu erholen hoffte. Doch dazu kam es nicht mehr: Nahe der Ortschaft Lisala erlag er auf dem Schiff, das ihn auf dem Kongo stromabwärts beförderte, seinen Krankheiten.[187]

David hatte ein kurzes, aber abenteuerliches Leben geführt. 1871 in Basel in eine Kaufmannsfamilie geboren, las er in jungen Jahren begeistert Henry Morton Stanleys Afrika-Reiseberichte. Nach einem naturwissenschaftlichen Studium in Basel, Zürich und Berlin arbeitete er kurz in einer meeresbiologischen Station an der Côte d'Azur, bevor er 1894 seine Zelte abbrach, um nach Ägypten zu ziehen. Dort schlug er sich zunächst als Aushilfs- und Hauslehrer durch. Ab 1896 leitete er eine Baumwollversuchsstation im Nildelta und erschloss in der Libyschen Wüste Natronvorkommen. Mit seinem jüngeren Bruder Adam, der als Großwildjäger und Tierfotograf und -filmer bekannt werden sollte, unternahm er eine erste größere Expedition in den Sudan, kurz nachdem dieser unter britische Herrschaft gekommen war. 1902 erfüllte sich dann Davids größter Wunsch: Nach vielen Anläufen bekam er auf Empfehlung des deutschen Afrikaforschers Georg Schweinfurth endlich eine „Mission". Sie führte ihn nach Belgisch-Kongo, das er während der nächsten vier Jahre zusammen mit belgischen Mineningenieuren geologisch vermaß. Neben seinen geologischen Kartierungen betätigte sich David naturwissenschaftlich und ethnografisch, publizierte dazu einige Aufsätze und sammelte vor allem Artefakte, die er den natur- und völkerkundlichen Museen seiner Basler Heimatstadt zukommen ließ. Die letzten beiden Lebensjahre verbrachte er mit dem Aufbau einer Kupfermine vor Ort, was aber „trotz allen Gedeihens und aller äußeren Vorteile ihn nicht wahrhaft beglückte". Denn, so der Basler Arzt und Ethnograf Leopold Rütimeyer in seinem Nekrolog: „Ihm war eben diese Wildnis, die unentweihte Natur und Völkerwelt des innersten Afrikas der eigentliche Tempel seiner wahrhaft tief

187 Im Nachruf heißt es „schwere Anämie, schmerzhafteste Neuralgien aller Art und schliesslich Tuberkulose". Rütimeyer, L., J. J. David (1877–1908), in: Verhandlungen der Schweizerischen Naturforschenden Gesellschaft 91 (1908), S. 36–50, hier S. 48.

empfundenen Andachten, wo er die Träume, die ihm in der Jugend vorgeschwebt sind, erfüllt und sich in seinem tiefsten Empfinden wahrhaft beglückt sah."[188]

Johann Jakob David war einer von vielen, die es in der Hochzeit des Imperialismus aus Europa nach Afrika, Asien oder in noch entferntere Weltgegenden zog, getrieben von der Not zu Hause oder, wie im Falle Davids, von der Abenteuerlust und der Sehnsucht nach dem „Exotischen". Sie brachen als Auswanderer und Siedlerinnen auf, stellten sich in den Dienst einer Kolonialverwaltung oder eines Handelsunternehmens, waren missionarisch tätig oder nahmen an Forschungsexpeditionen teil, wobei diese Bereiche ebenso wenig klar abgetrennt waren wie die einzelnen Kolonialreiche. In ihren Briefen und Schriften beklagten wie David viele das Verschwinden der in ihren Augen urwüchsigen Natur und Volkskultur, ein Verschwinden, zu dem sie paradoxerweise mit ihren Aktivitäten zugleich maßgeblich beitrugen. Die Schätze dieser Natur außerhalb Europas, reale wie auch imaginierte, Rohstoffe wie Natron und Kupfer oder die scheinbar günstigen Anbaumöglichkeiten für Baumwolle und andere begehrte Kulturpflanzen, befeuerten den europäischen Kolonialismus und Imperialismus und trieben seine Akteure, so auch David, in vielfältiger Weise um.

Die Fragen, wie sich zum einen der europäische Kolonialismus und Imperialismus weltweit auf die Umwelt auswirkte und wie zum anderen Umweltbedingungen diesen Imperialismus prägten, stehen im Zentrum dieses Kapitels. Diesen Fragen gilt es sowohl in den Kolonialgebieten als auch in den imperialen Zentren nachzugehen, aber auch in all jenen Ländern, die formell weder Kolonialmacht noch Kolonialgebiet waren, die dennoch aber in der einen oder anderen Form am Kolonialismus partizipierten beziehungsweise partizipieren mussten. Dies betrifft zum einen die europäischen Länder, die wie etwa Davids Schweiz keine eigenen Kolonien besaßen, aber in mannigfaltiger, insbesondere wirtschaftlicher Weise in Kolonialismus und Imperialismus verstrickt waren, wofür der Begriff des „Kolonialismus ohne Kolonien" verwendet worden ist.[189] Zum anderen betrifft es die außereuropäische Welt. Wie Jürgen Osterhammel und Jan C. Jansen in ihrer kompakten Einführung zum

188 Rütimeyer, David, S. 48. Eine Biografie zu David steht aus. Das Wort „Mission" stammt aus einem Brief Davids an die berühmten Basler Forschungsreisenden Paul und Fritz Sarasin. Ebd., S. 41. Zu diesen und der Praxis der Forschungsreise siehe die exzellente Studie Schär, B. C., Tropenliebe. Schweizer Naturforscher und niederländischer Imperialismus in Südostasien um 1900, Frankfurt a.M. 2015; zu den Kupferminen in Belgisch-Kongo Seibert, J., In die globale Wirtschaft gezwungen. Arbeit und kolonialer Kapitalismus im Kongo (1885–1960), Frankfurt a.M. 2016, S. 105–134, 191–218; Ross, C., Ecology and Power in the Age of Empire. Europe and the Transformation of the Tropical World, Oxford 2017, S. 164–198.

189 Purtschert, P., B. Lüthi u. F. Falk (Hg.), Postkoloniale Schweiz. Formen und Folgen eines Kolonialismus ohne Kolonien, Bielefeld 2013². Zu den kolonialen Verwicklungen der Schweiz siehe auch die Studien Dejung, C., Die Fäden des globalen Marktes. Eine Sozial- und Kulturgeschichte des Welthandels am Beispiel der Handelsfirma Gebrüder Volkart 1851–1999, Köln 2013 und Schär, Tropenliebe. Der Begriff wird auch für ungleiche Zentrum-Peripherie-Beziehungen innerhalb von Nationalstaaten und Landimperien verwendet. Osterhammel, J. u. J. C. Jansen, Kolonialismus. Geschichte, Formen, Folgen, München 2012⁷, S. 21/22. Dass sich inner- und außereuropäischer Kolonialismus in zeitgenössischen Debatten durchaus überlappten, zeigt Simon Loidl am Beispiel

Kolonialismus festhalten, ging der politische und wirtschaftliche Wirkungsradius der imperialen Mächte über ihre formell beherrschten Kolonien hinaus. In einigen Gebieten begnügten sie sich mit einer informellen Kolonialpolitik, in wieder anderen verfolgten sie ihre Ziele durch militärisch gestützte Machtpolitik. Für die wirtschaftlichen Folgen vor Ort machte es „in der Regel keinen großen Unterschied aus, ob es eine Kolonie war oder ein quasi-kolonialer, nur nominell souveräner Staat, der fremde Wirtschaftsinteressen nahezu unbehindert gewähren lassen musste und selbst keinen Einfluss auf zentrale binnen- wie außenwirtschaftliche Entscheidungen besaß".[190]

Dasselbe lässt sich, wie wir sehen werden, mutatis mutandis für die Umweltfolgen sagen. Im Folgenden gehe ich zunächst dem Zusammenhang von Kolonialismus, Imperialismus und Ökologie nach, vermesse daraufhin das Forschungsfeld der Umweltgeschichte des Imperialismus, bevor ich abschließend am Beispiel der Baumwolle die Potentiale des umwelthistorischen Zugangs veranschauliche.

Kolonialismus, Imperialismus und Ökologie

Der europäische Imperialismus des 19. und 20. Jahrhunderts entwickelte sich aus dem frühneuzeitlichen Kolonialismus, mit dem er vielfältig verwoben blieb. Vom weiter existierenden Kolonialismus hob sich der Imperialismus in seinem Vermögen ab, die eigenen Interessen weltweit zur Geltung zu bringen. Er war auf den Auf- und Ausbau transkolonialer Herrschaft ausgerichtet und verfolgte sowohl geopolitische als auch wirtschaftliche Ziele, die in den imperialen Zentren festgelegt wurden. Seine Hochzeit erlebte er in den hundert Jahren zwischen der Mitte des 19. und der Mitte des 20. Jahrhunderts, in denen die globale Vormachtstellung Europas ihren Höhepunkt erreichte, was sich sowohl politisch und wirtschaftlich als auch kulturell ausdrückte. Daraus ergaben sich höchst asymmetrische Beziehungen, die sich insgesamt zugunsten der dominanten europäischen Mächte auswirkten, selbst wenn lokale Minderheiten an den Profiten teilzuhaben wussten.[191] In umwelthistorischer Perspektive interessieren die Wechselwirkungen, die im kolonialen und imperialen Rahmen zwischen Politik, Wirtschaft und Kultur auf der einen und Umwelt auf der anderen Seite auftraten. Es interessiert aber auch der Austausch zwischen europäischen und außereuropäischen Gesellschaften und deren jeweiligen Formen des Umgangs mit Natur. Und schließlich interessieren die „Naturen" selbst, insbesondere Tiere, Pflanzen und Mikroorganismen, die im Kolonialismus und Imperialismus

Österreich-Ungarns. Loidl, S., „Europa ist zu enge geworden". Kolonialpropaganda in Österreich-Ungarn 1885 bis 1918, Wien 2017.

190 Osterhammel u. Jansen, Kolonialismus, S. 25.

191 Diese Definition beschränkt sich auf den Kerngehalt des Imperialismus. Vgl. Ross, Ecology and Power in the Age of Empire, S. 2; MacKenzie, J. M., Introduction, in: J. M. MacKenzie (Hg.), European Empires and the People. Popular Responses to Imperialism in France, Britain, the Netherlands, Belgium, Germany and Italy, Manchester 2011, S. 1–18, hier S. 3; Osterhammel u. Jansen, Kolonialismus, S. 26–28.

zu geschichtsmächtigen Akteuren aufstiegen. Menschen banden Myriaden dieser Lebewesen bewusst oder unbewusst in ihre Aktivitäten ein oder führten sie auf ihren Reisen unfreiwillig mit, woraus sich vielfältigste und oft unerwartete Folgen sowie nicht intendierte Entwicklungen ergaben.

In seinem Werk "The Columbian Exchange" von 1972, das zu einem Klassiker der Umweltgeschichtsschreibung wurde, aber auch von der Kolonial- und Globalgeschichtsschreibung und selbst in den Naturwissenschaften, die sich mit der Ausbreitung von Arten befassen, breit rezipiert wurde, arbeitete Alfred W. Crosby die biologischen Grundlagen und Konsequenzen der neuzeitlichen europäischen Expansion heraus.[192] In einem Folgewerk erweiterte Crosby seine Untersuchung zeitlich und räumlich und verdichtete sie analytisch im Konzept des „ökologischen Imperialismus".[193] Seinen Untersuchungen zugrunde lag eine doppelte Frage: Warum konnten sich Europäer außerhalb Europas durchsetzen, und warum agierten sie auf einigen Kontinenten (Amerika und Ozeanien) sehr viel dominanter als auf anderen (Asien und Afrika)? Es war nicht die höher entwickelte Militärtechnik und schon gar nicht die angebliche kulturelle Überlegenheit, die den Europäern entscheidende Vorteile verschafften, sondern, so Crosby, biologische Faktoren: Diese arbeiteten in einigen Weltgegenden für, in anderen gegen die europäischen Invasoren. In gemäßigten Breiten gelang es den europäischen Kolonisatoren, wie es Crosby treffend nennt, „Neo-Europas" zu schaffen, indem sie ihre gewohnte Agrarwirtschaft beibehielten, ihre Nutztiere mitbrachten und ihre Kulturpflanzen anbauten oder auch unabsichtlich einschleppten.[194]

Die indigenen Bevölkerungen wurden rasch dezimiert. Verheerend waren insbesondere die Krankheitserreger, die mit den europäischen Kolonisatoren kamen und die in den Überseegebieten bis dahin nicht vorgekommen waren. Im Gegensatz zu den Europäern, die über unzählige Generationen und durch die Exposition von Geburt an Resistenzen und Immunitäten aufgebaut hatten, verfügten die Indigenen der „Neuen Welt" über keine entsprechenden körpereigenen Abwehrkräfte. Schätzungen zufolge brach die Bevölkerung der Amerikas in der Frühphase des kolonialen Kontakts im 16. Jahrhundert um 50 bis 90 Prozent ein, wobei der größte Teil auf eingeschleppte Seuchen zurückgeführt wird, die auf einigen Inseln der Karibik die indigene Bevölkerung vollständig auslöschten.[195] Besonders verheerend wüteten die Pocken. Diese spielten laut Crosby „as essential a role in the advance of white imperialism overseas as gunpowder – perhaps a more important role, because

192 Crosby, A. W., The Columbian Exchange. Biological and Cultural Consequences of 1492, Westport, Connecticut 1972.

193 Ders., Ecological Imperialism. The Biological Expansion of Europe, 900–1900, Cambridge 2004[2] (dt.: Ders., Die Früchte des weißen Mannes. Ökologischer Imperialismus 900–1900, Frankfurt a.M. 1991).

194 Siehe etwa Anderson, V. D., Creatures of Empire. How Domestic Animals Transformed Early America, Oxford 2004.

195 McNeill, J. R., Biological Exchange in Global Environmental History, in: J. R. McNeill u. E. S. Mauldin (Hg.), A Companion to Global Environmental History, Chichester 2012, S. 433–452, hier S. 442.

indigenes did turn the musket and then rifle against the intruders, but smallpox very rarely fought on the side of the indigenes."[196]

Ökologischer Imperialismus kennzeichnet also einen höchst ungleichen biotischen Austausch, der zugunsten der europäischen Kolonisatoren beziehungsweise Invasoren wirkte, wobei Crosby den Begriff Imperialismus für die ganze Spanne des Kolonialismus und selbst darüber hinaus verwendet. Die Bedeutung ökologischer Faktoren ist in der Forschung inzwischen anerkannt, kritisiert wurde Crosby hingegen für seine zuweilen stark umweltdeterministische Argumentation. Günstige biotische Umstände erleichterten den Konquistadoren und Kolonisatoren ihr Werk, motivierten es aber nicht. Auch gestaltete sich der Austausch weniger eindimensional, wie weitere Forschungsarbeiten zeigen konnten, und zudem entwickelte er sich dynamisch und in komplexen globalen Beziehungen.[197]

Bezüglich der Krankheitserreger sprach Emmanuel Le Roy Ladurie (ebenfalls bereits Anfang der 1970er Jahre) von einer im 14. Jahrhundert beginnenden „L'unification microbienne du monde".[198] So kamen Krankheiten wie Malaria und Gelbfieber erst in der Neuzeit, wahrscheinlich über den von Europa aus betriebenen transatlantischen Sklavenhandel, aus Afrika in die Amerikas, wo sie in den tropischen und subtropischen Gebieten rasch endemisch wurden. Die dortige Kolonialwirtschaft trug dazu auch insofern bei, als sie mit devastierenden Kahlschlägen und der Anlegung von Plantagen den Vektoren der Krankheiten, der Anopheles- und der ägyptischen Tigermücke, günstige Lebensbedingungen schuf. In dieser Weltgegend neigte sich die biologische Waagschale mit der Zeit zugunsten der einheimischen beziehungsweise einheimisch gewordenen Bevölkerung und gegen europäische Neuankömmlinge, die nun auf eine ihnen ähnlich feindliche mikrobielle Umwelt stießen wie in den asiatischen oder afrikanischen Tropen. Dies wirkte sich unter anderem erheblich auf die Auseinandersetzungen zwischen Kolonialmächten in der Karibik des 17. und 18. Jahrhunderts und die darauffolgenden Unabhängigkeitskriege aus. Von Tropenkrankheiten geplagt büßten frisch aus Europa entsandte Truppen jeweils rasch an Kampfkraft ein.[199]

Ein weiterer Aspekt, der zur Komplexität des „ökologischen Imperialismus" beitrug, war, dass sich europäische Arten unter Umweltbedingungen, wie sie sie in der Neuen Welt vorfanden, teilweise anders als bekannt entwickelten. Dies konnte den europäischen Kolonisatoren und Siedlern böse Überraschungen bereiten. Ein berühmt-berüchtigtes Beispiel sind die Kaninchen, welche die Briten Ende des 18. Jahrhunderts als Masttiere nach Australien einführten und dort auswilderten.

196 Crosby, Ecological Imperialism, S. 200.

197 Siehe Cushman, G. T., Guano and the Opening of the Pacific World. A Global Ecological History, Cambridge 2013, S. 75–108.

198 Le Roy Ladurie, E., Un concept. L'unification microbienne du monde (XIVe – XVIIe siècles), Basel 1973.

199 McNeill, J. R., Mosquito Empires. Ecology and War in the Greater Caribbean, 1620–1914, New York 2010. Zudem Sutter, P., What Is Yellow Fever? Disease and Causation in Environmental History, in: Arcadia 31 (2017), doi.org/10.5282/rcc/8123 (eingesehen am 11.04.2021).

Unter weitgehender Absenz von Feinden vermehrten sich die Kaninchen derart erfolgreich, dass sie sich rasch zur regelrechten und kaum beizukommenden Plage entwickelten.[200]

Der Columbian Exchange war auch nicht eingleisig, vielmehr überquerten Lebewesen den Atlantik in beiden Richtungen.[201] Ob Syphilis mit Kolumbus von den Amerikas nach Europa gekommen ist, bleibt umstritten.[202] Für die Tier- und Pflanzenwelt ist der Austausch hingegen gut dokumentiert: Bereits in die Frühe Neuzeit entfällt der erfolgreiche Transfer einer Reihe von Kulturpflanzen, welcher die Nahrungsmittelproduktion weltweit maßgeblich veränderte. So begannen Bauern in Europa, unter anderem den aus den Amerikas stammenden Mais anzupflanzen und ebenso die Tomate und die Kartoffel, welche für die Ernährung einer wachsenden Bevölkerung besonders wichtig wurde, da sie unter unterschiedlichen Umweltbedingungen gedieh und substantiell höhere Hektarerträge zu erzielen erlaubte als die traditionell angebauten Getreidearten. Die enorme Bedeutung, welche die Kartoffel für die Grundversorgung in Europa erlangte, zeigte sich auf tragische Weise in den 1840er Jahren, als die Kartoffelernten aufgrund eines Schädlingsbefalls in vielen Gebieten mager oder ganz ausfielen, was maßgeblich zur bislang letzten großen europäischen Hungerkrise beitrug.[203]

Umgekehrt führten die europäischen Kolonisatoren, neben Ratten und anderen „blinden Passagieren", auch Nutztiere wie Pferde, Kühe, Schweine, Ziegen und Schafe mit sich und machten insbesondere asiatische und afrikanische Pflanzen wie Zuckerrohr, Kaffee, Tabak oder Bananen und Orangen in den Amerikas heimisch. Für diese wie auch für den Anbau von Baumwolle ließen Kolonialherren mit Krediten aus Europa große Plantagen errichten, die sie zumeist mit aus Afrika stammenden Sklavinnen und Sklaven betrieben und deren Erzeugnisse sie vorwiegend nach Europa lieferten.[204] Daraus entspann sich der bekannte atlantische Dreieckshandel, der wiederum mit einem ebenfalls von europäischen Kaufleuten betriebenen asiatischen Fernhandel verknüpft war, wodurch sich weltumspannende, europäisch

200 Winiwarter, V. u. H.-R. Bork, Geschichte unserer Umwelt. Sechzig Reisen durch die Zeit, Darmstadt 2014, S. 66/67.

201 Zur Einführung siehe McNeill, Biological Exchange.

202 Lockau, L., A Question of Origins. Skeletal Evidence in the History of Venereal Syphilis, in: Arcadia 27 (2017), doi.org/10.5282/rcc/7952 (zuletzt eingesehen am 05.05.2021).

203 Schanbacher, A., Kartoffelkrankheit und Nahrungskrise in Nordwestdeutschland I845–I848, Göttingen 2016. Die Kartoffelfäule wurde vermutlich mit neuen Sorten aus Südamerika eingeschleppt, vgl. Cushman, Guano and the Opening of the Pacific World, S. 48/49; Nicht nur zwischen Europa und den Amerikas, sondern insbesondere auch zwischen Afrika und den Amerikas kam es zu einem Austausch an Kulturpflanzen mit weitreichenden Folgen, siehe beispielsweise die Studie zum Mais: McCann, J. C., Maize and Grace. Africa's Encounter with a New World Crop, 1500–2000, Cambridge, Mass. 2005.

204 Für Zucker klassisch: Mintz, S. W., Die süße Macht. Kulturgeschichte des Zuckers, Frankfurt a.M. 2007². Für Ansätze zu einer globalen Umweltgeschichte der Plantagenwirtschaft siehe Uekötter, F., Comparing Apples, Oranges, and Cotton. Environmental Histories of the Plantation, Frankfurt a.M. 2014.

administrierte und kontrollierte Handelsbeziehungen ergaben, die sich allmählich und im 19. Jahrhundert, im Zuge der Industrialisierung sowie der Verkehrs- und Kommunikationsrevolutionen, zusehends schneller verdichteten.[205]

Durch den anschwellenden Fernverkehr und -handel stiegen insbesondere die Chancen, dass sich mit den Menschen und ihren Waren auch Lebewesen und mit ihnen Viren über diese Routen weiträumig verbreiteten, deren Lebensraum bis dahin auf bestimmte Regionen begrenzt war. Die meisten dieser Arten, die sich zuhauf im Verbund mit den menschlichen Akteuren, wenn auch, zumindest anfänglich, ohne deren Wissen und explizite Zustimmung, durch die Welt bewegten, taten sich unter neuen Umweltbedingungen schwer. Einige, die von den heutigen Naturwissenschaften als invasive Arten bezeichnet werden, hatten hingegen enorme Auswirkungen: So wucherte der von europäischen Siedlern mit ihrem Vieh eingeschleppte Wegerich in Nordamerika. Indigene Völker New Englands und Virginias bezeichneten ihn als Engländerfuß, da er emporzukommen schien, wo immer die weißen Kolonisten ihren Fuß hinsetzten.[206] Die aus Bengalen stammende Cholera breitete sich im 19. Jahrhundert weltweit aus, und die Rinderpest wütete in der zweiten Hälfte dieses Jahrhunderts sowohl in Europa als auch in Afrika. Das Pestbakterium *Yersinia pestis*, um ein letztes Beispiel zu nennen, verursachte an der Wende zum 20. Jahrhundert eine Pandemie, die weltweit Millionen von Menschen das Leben kostete.[207]

Europäische Reisende brachten „exotische" Arten aber auch gezielt mit nach Hause oder verschifften sie in andere Weltgegenden und begannen sie mithilfe indigenen Wissens zu erforschen und zu züchten. Seit dem 18. Jahrhundert nahmen sich wissenschaftliche Institutionen, die in kolonialen und imperialen Kontexten agierten, diesen Tätigkeiten zunehmend systematisch an: naturwissenschaftliche Museen und universitäre Abteilungen, botanische und zoologische Gärten, Versuchsstationen und sogenannte Akklimatisierungsvereine. Zu den einflussreichsten gehörten die Royal Botanic Gardens im englischen Kew, der Londoner Zoo, das Muséum national d'histoire naturelle in Paris und der botanische Garten in Buitenzorg in Niederländisch-Indien.[208] In diesen Anstalten wurden hauptsächlich

205 Siehe Hausberger, B., Die Verknüpfung der Welt. Geschichte der frühen Globalisierung vom 16. bis zum 18. Jahrhundert, Wien 2015; Wendt, R., Vom Kolonialismus zur Globalisierung. Europa und die Welt seit 1500, Paderborn 2016[2]; Pomeranz, K. u. S. Topik, The World That Trade Created. Society, Culture, and the World Economy, 1400 to the Present, London 2017[4]; Wenzlhuemer, R., Mobilität und Kommunikation in der Moderne, Göttingen 2020.

206 Crosby, Ecological Imperialism, S. 156.

207 Echenberg, M. J., Plague Ports. The Global Urban Impact of Bubonic Plague, 1894–1901, New York 2007. Zur Rinderpest siehe Spinage, C. A., Cattle Plague. A History, Boston 2003; zur Cholera siehe das Kap. 7 zur Urbanisierung.

208 Siehe Osborne, M. A., Nature, the Exotic, and the Science of French Colonialism, Bloomington 1994; Grove, R., Green Imperialism. Colonial Expansion, Tropical Island Edens and the Origins of Environmentalism, 1600–1860, Cambridge 1995; Drayton, R. H., Nature's Government. Science, Imperial Britain, and the "Improvement" of the World, New Haven 2000; Beinart, W. u. K. Middleton, Plant Transfers in Historical Perspective. A Review Article, in: Environment and History 10 (2004), S. 3–29; Borowy, I., Akklimatisierung. Die Umformung europäischer Landschaft als Projekt im Dienst von Wirtschaft und Wissenschaft, 1850–1900, in: Themenportal Europäische Geschichte,

neue ertragreichere, anpassungsfähigere oder resistentere Sorten entwickelt, die dann an mannigfachen Orten der Welt ausgebracht wurden. Mit sehr unterschiedlichen Ergebnissen: Erfolg oder Misserfolg hingen nicht nur von der Ökologie ab, sondern auch von den politischen, sozialen und wirtschaftlichen Umständen. Zu den wichtigsten Einflussfaktoren zählten, unter welchen Arbeitsregimen angebaut wurde, mit Zwangsarbeit auf Plantagen oder von Kleinbauern auf ihren Feldern, ob und wie sich die neuen Pflanzensorten mit dem Anbau vorhandener, für die einheimischen Bauern wichtiger Kulturen kombinieren ließen, welche Preise sie auf dem Weltmarkt im Vergleich zu anderen Landwirtschaftsgütern erzielten und wie sich die Weltmarktpreise dieser sogenannten *cash crops* entwickelten. All dies wirkte sich auf die letztlich unabdingbare Bereitschaft der lokalen Bevölkerung zu kooperieren aus, wie im dritten Teil dieses Kapitels am Beispiel der Baumwolle exemplifiziert werden wird.[209]

Die vielleicht folgenreichste Neuanpflanzung war die Chinarinde, die in den Anden heimisch war und nach der Mitte des 19. Jahrhunderts von Briten und Holländern erfolgreich in Indien und auf Ceylon und Java kultiviert wurde. Aus der Rinde der kultivierten Bäume ließ sich auf kommerzieller Basis Chinin gewinnen, woraus sich wirksame Präparate gegen Malaria herstellen ließen, welche wiederum die imperiale Durchdringung der tropischen Gebiete Ende 19. und Anfang des 20. Jahrhunderts wesentlich erleichterte. Für Rohan Deb Roy wurde Chinin zu einer Metapher für den britischen Imperialismus in Indien: „bitter, expensive and transformative which could be mutated variously to appear as charitable, reasonable and even palatable".[210]

Zum Forschungsfeld Umweltgeschichte des Kolonialismus und Imperialismus

Ein beschleunigter sozioökonomischer und politischer Wandel bildete den Kontext für den Imperialismus des 19. und 20. Jahrhunderts, der die Welt in historisch gesehen einmalig kurzer Zeit grundlegend und nachhaltig umgestalten sollte. Umwelthistorisch sticht dabei in erster Linie der aus Europa vorgetragene Zugriff auf die weltweit vorhandenen natürlichen Ressourcen heraus: von deren Lokalisierung auf der ganzen Welt über die Herstellung und Ausbeutung vor Ort bis hin zur Verfrachtung nach und (Weiter-)Verarbeitung oder Konsumation in Europa. In zweiter Linie interessiert, wie sich weltweit Einstellungen und Praktiken angesichts des Raubbaus

www.europa.clio-online.de/essay/id/fdae-1493 (2009; zuletzt eingesehen am 05.05.2021); Angster, J., Erdbeeren und Piraten. Die Royal Navy und die Ordnung der Welt 1770–1860, Göttingen 2012; Flack, A., The Wild Within. Histories of a Landmark British Zoo, Charlottesville 2018. Siehe auch das Kap. 9 zum Naturschutz.

209 Siehe Ross, Ecology and Power, S. 25–98.

210 Deb Roy, R., Malarial Subjects. Empire, Medicine and Nonhumans in British India, 1820–1909, Cambridge 2017, S. 270. Und weiterhin die klassische Studie Headrick, D. R., The Tools of Empire. Technology and European Imperialism in the Nineteenth Century, New York 1981.

an den Ressourcen und den damit einhergehenden Umweltbeeinträchtigungen veränderten.

Für umwelthistorisch interessierte Forschung zu Kolonialismus und Imperialismus bieten sich vor allem folgende Zugriffe an. *Erstens* können Akteure des Imperialismus und deren Agieren in umweltrelevanten Bereichen ins Auge gefasst werden: Kolonialbeamte, im Kolonialhandel tätige Geschäftsleute, Wissenschaftler und Forschungsreisende, Kolonisatoren und Kolonialherren, Siedler und Plantagenbesitzer, aber auch außereuropäische Akteure wie Kleinbauern und Sklaven oder lokale Eliten, wie Potentaten, Beamte, Kaufleute. Dabei interessiert in einer umwelthistorischen Perspektive nicht nur, wie Akteure aus den imperialen Zentren und aus den Kolonien interagierten, sondern auch wie biophysische Umwelten und menschliche Handlungen zusammenwirkten. Als diesbezüglich fruchtbarer Ansatz hat sich, *zweitens*, erwiesen, einzelnen Kolonialwarenketten zu folgen oder sich auf bestimmte Warenwelten zu fokussieren. Die Auswahl an Waren ist groß und historisch noch lange nicht ausgeschöpft: von organischen Rohstoffen wie Baumwolle oder Kautschuk über Nahrungsmittel wie Zucker oder Früchte bis zu Genuss- und Rauschmitteln wie Kakao, Kaffee, Tee, Tabak, Rum oder Opium, von Luxusartikeln wie Porzellan, Seide, Edelsteine oder Elfenbein über Edelmetalle und Mineralien wie Silber und Gold, Zinn, Kupfer oder Erdöl. Dabei spielt die Ökologie und Materialität der Waren eine nicht zu unterschätzende Rolle: Grundsätzlich erwies sich die landwirtschaftliche Produktion als erstaunlich flexibel und variabel. Über imperiale Netzwerke vermittelt wurden Pflanzen- und Tierarten weiträumig verschoben und konnten, in einer gewissen Bandbreite, an unterschiedliche ökologische und gesellschaftliche Bedingungen angepasst werden. Umgekehrt richteten imperialistische Kräfte die sozionaturalen Bedingungen aber auch gezielt auf die gewünschte Produktion zu, was häufig fatale ökologische und gesellschaftliche (Langzeit-)Folgen zeitigte, die zuweilen von den imperialen Akteuren bewusst in Kauf genommen wurden, die sie oft aber auch nicht vorhersahen. Die Extraktion mineralischer Stoffe war hingegen an ihre geologischen Vorkommen gebunden, sodass den konkreten Lokalitäten und deren Erschließung hohe Bedeutung zukam.[211] *Drittens* schließlich bieten sich besonders umweltrelevante koloniale Handlungsfelder wie Forst- und Landwirtschaft oder Großwildjagd und Naturschutz zur Bearbeitung an, wobei sich diese Felder auch über die mit ihnen befassten Institutionen, wie etwa Forstbehörden oder Jagd- und Naturschutzvereine, erschließen lassen.

Viele umwelthistorisch inspirierte Arbeiten kombinieren eine oder mehrere dieser Zugänge. Als Einstieg und Übersicht empfiehlt sich die synthetische Studie von Corey Ross „Ecology and Power in the Age of Empire“, in welcher der Autor auf breiter Literaturbasis sechs Rohstoffe (Baumwolle, Kautschuk, Kakao, Kupfer, Zinn und Erdöl) und drei auf Erhaltung von Rohstoffen ausgerichtete Handlungsfelder (Nachhaltige Agrar- und Forstwirtschaft sowie Naturschutz) beleuchtet, wobei er,

211 Ross, Ecology and Power, S. 136.

die einzelnen Imperien übergreifend, die tropischen Weltgegenden Asiens und Afrikas fokussiert.[212] Zu den (ehemaligen) Siedlerkolonien bietet die klassische Studie von Thomas R. Dunlap einen guten Startpunkt, in welcher der amerikanische Historiker die Naturvorstellungen in den USA, in Kanada, Australien und Neuseeland vergleichend analysiert.[213]

Umwelthistorikerinnen und Umwelthistoriker partizipierten dabei mit ihren Arbeiten auch an den neueren Forschungstrends der Kolonial- und Globalgeschichte. Dazu gehört, *erstens*, dass Kolonialismus und Imperialismus zunehmend in einen globalgeschichtlichen Zusammenhang gestellt und in ihren Kontinuitäten vor und über die Kolonialzeit hinaus erfasst werden. So hat Kenneth Pomeranz vorgeschlagen, die Entwicklungen in der Neuzeit in global- und umwelthistorischer Perspektive als *developmentalist project* zu verstehen, das auf territoriale Staatenbildung, Sesshaftigkeit der Bevölkerung und Intensivierung der Ressourcenausbeutung abzielte und das Machteliten sowohl europäischer als auch außereuropäischer Provenienz verfolgten.[214] *Zweitens* wird den Rückwirkungen imperialer Praktiken in den Kolonien auf die Zentren verstärkte Aufmerksamkeit geschenkt. Zum einen werden Kolonien als „Laboratorien der Moderne" untersucht und wird eruiert, wie die dort erprobten Praktiken anschließend in Europa zur Anwendung kamen.[215] Zum anderen wird der Imperialismus in seinen Auswirkungen auf die europäische Eliten- und Massenkultur betrachtet, von Museen und Zoos über Zeitungsberichte, Bücher, Bilder und Filme bis zu den Essgewohnheiten.[216] *Drittens* wird der Diversität der lokalen gesellschaftlichen und eben auch ökologischen Verhältnisse vermehrt Rechnung getragen. Damit einher geht die Auslotung, wie handlungsmächtig lokale

---

212 Ross, Ecology and Power. Dazu H-Environment Roundtable Review 8 (2018), Nr. 5, https://networks.h-net.org/ross-ecology-and-power-age-empire-roundtable-review-vol-8-no-5-2018 (04.10.2018, zuletzt eingesehen am 05.05.2021). Mit Fokus auf die USA ergänzend Tucker, R. P., Insatiable Appetite. The United States and the Ecological Degradation of the Tropical World, Berkeley 2000.

213 Dunlap, T. R., Nature and the English Diaspora. Environment and History in the United States, Canada, Australia, and New Zealand, Cambridge 1999.

214 Pomeranz, K., Introduction. World History and Environment History, in: E. Burke u. K. Pomeranz (Hg.), The Environment and World History, Berkeley 2009, S. 3–32; Für die Frühe Neuzeit siehe das Standardwerk Richards, J. F., The Unending Frontier. An Environmental History of the Early Modern World, Berkeley 2003.

215 Allgemein: van Laak, D., Kolonien als „Laboratorien der Moderne"?, in: S. Conrad u. J. Osterhammel (Hg.), Das Kaiserreich transnational. Deutschland in der Welt 1871–1914, Göttingen 2004, S. 257–279; umwelthistorische Fallbeispiele: Gissibl, B., A Bavarian Serengeti. Space, Race and Time in the Entangled History of Nature Conservation in East Africa and Germany, in: B. Gissibl, S. Höhler u. P. Kupper (Hg.), Civilizing Nature: National Parks in Global Historical Perspective, New York 2012, S. 102–119; Sunseri, T., Exploiting the Urwald. German Post-Colonial Forestry in Poland and Central Africa, 1900–1960, in: Past & Present (2012), S. 305–342. Eine zeitgenössische Verwendung fand der Laboratoriumsbegriff im Falle des Albert-Nationalparks in Belgisch-Kongo. Bont, R. de, A World Laboratory. Framing the Albert National Park, in: Environmental History 22 (2017), S. 404–432.

216 MacKenzie, European Empires and the People.

Akteure waren, wie sie am Imperialismus partizipierten und wie gewisse einheimische Gruppen durchaus von ihm zu profitieren wussten. Zudem haben neuere Studien die Bedeutung transimperialer Verflechtungen herausgearbeitet, die bei der vorherrschenden Konzentration auf eine Kolonialmacht übersehen worden waren.[217] *Viertens* bestärkten umwelthistorische Arbeiten eine Phaseneinteilung des Imperialismus in die Zeit vor und nach 1920. Während die erste Phase von einer weitgehend unkontrollierten Ausbeutung von Menschen und Naturvorkommen geprägt war, setzte sich in der zweiten Phase in den Kolonialverwaltungen zusehends die Einsicht durch, dass den kolonialen Ressourcen Sorge zu tragen sei und sie nach wissenschaftlichen und ökonomischen Kriterien nachhaltig zu nutzen seien.[218]

Dass sich Kolonialismus und Imperialismus großmehrheitlich negativ, sozial zersetzend und umweltzerstörend auf die Kolonialgebiete auswirkten, ist in der Forschung weitestgehend Konsens. Umstritten ist hingegen, wie einträglich der Kolonialhandel für die europäischen Länder selbst war und wie weit sie wirtschaftlich von ihm profitierten oder gar abhingen. Zweifellos verarbeiteten die europäischen Industrien sowohl beachtliche Mengen an Ressourcen, allen voran Baumwolle, als auch spezifische in Europa nicht vorkommende oder seltene Rohstoffe aus dem Überseehandel und setzten Fertigwaren über diesen ab. Auch ergänzten Nahrungsmittelimporte aus Übersee die Versorgung der europäischen Bevölkerung mit Lebensmitteln, wobei vor allem auf die Bedeutung von Tee und Zucker für die Ernährung der wachsenden Industriearbeiterschaft in England hingewiesen wurde.[219] Kenneth Pomeranz und weitere Autoren berechneten die „fiktive" Nutzfläche und Arbeitskraft, die Großbritannien benötigt hätte, um importierte Güter im eigenen Land herzustellen. Alleine für den Ersatz der eingeführten Baumwolle durch einheimisch produzierte Wolle kommt Pomeranz für 1830 auf einen Bedarf von 9,3 Millionen Hektar Weideland.[220] Kontrovers diskutiert wird hingegen, welche Bedeutung dem Kolonialhandel zukam, der von den Kolonialmächten mit Zwangsmaßnahmen betrieben wurde, und welche Bedeutung der freie Handel besaß. Im Gegensatz zu Pomeranz erachtet Peer Vries die Kolonialwirtschaft als nicht

217 Siehe Beattie, J., E. D. Melillo u. E. O'Gorman (Hg.), Eco-Cultural Networks and the British Empire. New Views on Environmental History, London 2015; Gissibl, B., The Nature of German Imperialism. Conservation and the Politics of Wildlife in Colonial East Africa, New York 2016.

218 Ross, Ecology and Power, S. 419. Siehe auch Tilley, H., Africa as a Living Laboratory. Empire, Development, and the Problem of Scientific Knowledge, 1870–1950, Chicago 2011. Ein erstes Aufleben eines ressourcensensiblen Diskurses lässt sich mit Grove, Green Imperialism bereits im späten 18. Jahrhundert festmachen.

219 Hersh, J. u. H.-J. Voth, Sweet Diversity: Colonial Goods and the Rise of European Living Standards after 1492, in: CEPR Discussion Papers, https://dx.doi.org/10.2139/ssrn.1402322 (zuletzt eingesehen am 05.05.2021); Mintz, Die süße Macht.

220 Pomeranz, K., The Great Divergence. China, Europe, and the Making of the Modern World Economy, Princeton 2000, S. 313–315. Vgl. Hornborg, A., Footprints in the Cotton Fields. The Industrial Revolution as Time-Space Appropriation and Environmental Load Displacement, in: Ecological Economics 59 (2006), S. 74–81. Zugrunde liegt Georg Borgströms Konzept der „ghost acreage". Siehe dazu Robin, L., The Future of Nature. Documents of Global Change, New Haven 2013, S. 40–53. Bezüglich Holz und Kohle vgl. das Kap. 6 zur Industrialisierung.

wesentlich dafür, dass die europäischen Volkswirtschaften seit dem 18. Jahrhundert auf Wachstumspfade einschwenkten. Zum einen sei der freie Handel, insbesondere mit den USA sowie mit Zentral- und Osteuropa, höher zu gewichten, zum anderen und insbesondere sei das steigende Handelsvolumen „weniger Voraussetzung als Folge der Industrialisierung" gewesen.[221]

So wie sich die kolonialen und imperialen Wirtschaftsbeziehungen im 19. und 20. Jahrhundert entfalteten, prägten sie jedenfalls weltweit die gesellschaftlichen Entwicklungen. Sie unterstützten die Ausbildung einer globalen Arbeitsteilung zwischen Agrar- und Industrieländern, welche die wirtschaftliche Leistungsfähigkeit auseinanderdriften und große soziale und politische Ungleichheiten entstehen ließ, was seit Pomeranz' wegweisender Studie von 2000 unter dem Stichwort der „Great Divergence" verhandelt wird.[222] Wie die Umwelt in diese Entwicklung hineinspielte, soll im abschließenden Teil exemplarisch an einem Rohstoff, der Baumwolle, besprochen werden.[223]

Baumwolle

Als 1861 in den USA der Bürgerkrieg ausbrach und die Unionisten die Häfen der Konföderierten blockierten, fiel für die europäische Baumwollindustrie auf einen Schlag die mit Abstand wichtigste Bezugsquelle für Rohbaumwolle weg. Damit war nicht nur jener Industriezweig gefährdet, der knapp hundert Jahre früher am Anfang der englischen Industrialisierung gestanden hatte, sondern auch ein Sektor, der inzwischen in mehreren europäischen Regionen zu höchster volkswirtschaftlicher Bedeutung aufgestiegen war. Zeitgenössische Schätzungen gingen von zehn Millionen Beschäftigten aus, deren Arbeitsplätze nun gefährdet waren, was neben Industriellen auch Politiker auf den Plan rief, welche die Lage als sozial höchst brisant einstuften. Tatsächlich mussten in der Folge Betriebe geschlossen werden oder ihre Produktion reduzieren. Gerade in Lancashire, wo die Baumwollindustrie groß geworden war, ging das Gespenst der „cotton famine" um. Es griff aber auch auf dem Kontinent um sich, von der Normandie über die deutschen Länder bis ins Russische Reich.[224]

Bevor wir nun auf die Folgen dieser Lieferkrise eingehen, lohnt es sich, die Frage zu erörtern, wie es überhaupt zu dieser Abhängigkeit der europäischen Textilin-

221 Vries, P., Ursprünge des modernen Wirtschaftswachstums. England, China und die Welt in der Frühen Neuzeit, Göttingen 2013, S. 268–330, Zitat S. 323. Vries betont aber, dass die von Großbritannien im freien Handel erworbenen Güter vor Ort vielfach mit unfreier Arbeit produziert oder im unfreien Tausch gehandelt waren. Ebd. S. 287.

222 Pomeranz, The Great Divergence. Zur sehr umfangreichen Diskussion siehe Vries, P., State, Economy and the Great Divergence. Great Britain and China, 1680s–1850s, London 2015; Middell, M. u. P. R. Rössner (Hg.), The Great Divergence Revisited, Leipzig 2017.

223 Zudem sei an dieser Stelle auf das Kap. 9 zum Naturschutz verwiesen, wo die imperialen Verflechtungen in einem weiteren Kontext erneut aufgenommen werden.

224 Beckert, S., King Cotton. Eine Geschichte des globalen Kapitalismus, München 2014, S. 234–241.

dustrien von den Baumwollplantagen in den amerikanischen Südstaaten kommen konnte. Baumwolle war der erste Rohstoff, der in der zweiten Hälfte des 18. Jahrhunderts industriell verarbeitet wurde. Wieso Unternehmer und Fabrikanten gerade die Verarbeitung von Rohbaumwolle und nicht etwa der lokal erzeugten Schafwolle mechanisierten, wird in der einschlägigen Literatur zu Industrialisierung unter anderem mit den materiellen Eigenschaften von Rohbaumwolle und Wolle erklärt. Die Fasern der Rohbaumwolle waren gleichförmiger und stärker als jene von Schafwolle oder auch von Flachs, das zu Leinen verarbeitet wurde. Allerdings lag auch die Baumwolle nicht in einer einheitlichen Form vor, sondern die Pflanze war über Jahrhunderte kultiviert worden, wobei sich mehrere Sorten mit unterschiedlichen Eigenschaften ausgebildet hatten. In Afrika und Asien und so auch in Indien, dem lange Zeit wichtigsten Produktionsgebiet von Baumwolle, wurden die kurzstapeligen Sorten Gossypium arboreum und Gossypium herbaceum angebaut, während amerikanische Völker unabhängig davon die langstapeligen Sorten Gossypium hirsutum und Gossypium barbadense gezüchtet hatten. Diese Unterschiede fanden in der klassischen Industrialisierungsgeschichte keine Beachtung. Sven Beckert erwähnt sie in seinem 2014 erschienenen, hochgelobten Buch zur Globalgeschichte der Baumwolle zwar, fügt sie aber nicht in seine Argumentation ein.[225]

Ganz anders der amerikanische Umwelthistoriker Edmund Russell, der in der Züchtung der langstapeligen Baumwollsorten durch indigene amerikanische Bauern nichts weniger als die Vorbedingung und Grundlage der europäischen Industrialisierung sieht: „Amerindians, New World cottons, and anthropogenic evolution in the Americas made the Industrial Revolution possible." Der Erfolg der Mechanisierung habe davon abgehangen, dass lange Fäden gesponnen und aufgewickelt werden konnten, ohne dass sie rissen, und die Sorten aus der „Neuen Welt" hätten sich in dieser Hinsicht als deutlich besser erwiesen.[226] Damit betont Russell die fundamentale Bedeutung, die Rohstoffe im Allgemeinen und bezüglich ihrer spezifischen Eigenschaften für jeden Produktionsprozess haben, aber auch die Rolle der evolutiven Veränderungen und der kulturellen, wissensbasierten Beeinflussungen dieser Eigenschaften.

Russells Argumentation bezüglich der Industrialisierung mag überzogen sein, zum einen da sich die Vorliebe der europäischen Industriellen für die Baumwolle aus den amerikanischen Südstaaten nicht nur aus den Eigenschaften der Fasern erklären lässt. In den Südstaaten betrieben Agrarunternehmer mit Sklavenarbeit bewirtschaftete Plantagen, die Baumwolle preisgünstig und in guter Qualität produzierten und zugleich hohe Profite abwarfen. Anbau und Vertrieb der indischen

225 Ebd. Zur globalen Wirtschaftsgeschichte der Baumwolle siehe auch Parthasarathi, P., Why Europe Grew Rich and Asia Did Not. Global Economic Divergence, 1600–1850, Cambridge 2011 und Riello, G., Cotton. The Fabric that Made the Modern World, Cambridge 2013 und zur Konsumgeschichte der Baumwolle Trentmann, F., Herrschaft der Dinge. Die Geschichte des Konsums vom 15. Jahrhundert bis heute, München 2017, S. 37–108.

226 Russell, E., Evolutionary History. Uniting History and Biology to Understand Life on Earth, Cambridge 2011, S. 103–131. Zitat S. 104.

Rohbaumwolle war hingegen in der Hand von Bauern und einheimischen Händlern, die ihre hergebrachten Abnehmer hatten, nicht auf die europäischen Käufer angewiesen waren und so auch nicht auf deren Bedürfnis nach einer möglichst einheitlichen Qualität eingehen mussten. Zum anderen scheint es plausibel, dass sich die Erfinder und Entwickler mechanischer Produktionsverfahren auf andere Eigenschaften des Ausgangsmaterials eingestellt hätten. Zumindest gelang es, als nach 1861 die Rohstofflieferungen aus den USA ausblieben, die Fabrikproduktion an die weniger geeigneten Baumwollfasern aus Indien anzupassen.[227]

Ein Haupteffekt des temporären Wegfalls der USA vom Weltmarkt für Rohbaumwolle war, dass sich die europäischen Mächte um alternative Bezugsquellen bemühten. Zwar nahmen die Baumwollproduzenten aus den amerikanischen Südstaaten nach Ende des Sezessionskriegs 1865 rasch wieder eine dominierende Marktstellung ein, die Erinnerung an die Verwundbarkeit der eigenen Industrien blieb in Europa jedoch präsent. Dies bewirkte, dass in den Kolonialverwaltungen den Möglichkeiten, Baumwolle in Gebieten unter eigener Kontrolle anzubauen, großes Gewicht beigemessen und diese unter Einsatz erheblicher Mittel verfolgt wurden. Die Resultate dieser Bestrebungen waren sehr unterschiedlich, wobei politische, wirtschaftliche, soziale und ökologische Faktoren in verschiedensten Mischungen eine Rolle spielten. So entwickelte sich in Ägypten entlang des Nils eine florierende Plantagenwirtschaft, die basierend auf einer Kreuzung von Sorten der Alten und der Neuen Welt hochqualitative Rohbaumwolle erzeugte. Allerdings ging diese auf Europa ausgerichtete Produktion nicht nur zulasten der herkömmlichen Landwirtschaft, sondern erwies sich auch als ökologisch verheerend. Der Baumwollanbau erforderte ein ganz anderes Bewässerungsregime als jenes, das sich in Ägypten über Jahrhunderte entwickelt hatte. Diese Herausforderung wurde zuerst während der Muhammed-Ali-Dynastie und ab 1882 unter britischer Herrschaft mit enormen wasserbaulichen Massnahmen am Nil erfolgreich gemeistert, allerdings nur vordergründig und in kurzfristiger Sicht. Mittelfristig brachten das neue Bewässerungsregime und der Monokulturanbau nämlich eine Reihe verknüpfter Probleme: von steigendem Grundwasser über Versalzung und sinkende Fruchtbarkeit der Böden bis zu Schädlingsplagen.[228]

In den tropischen Teilen Afrikas bekamen den Baumwollpflanzungen zwar der reichlich fallende Regen und die warmen Temperaturen, die im Vergleich zu gemäßigteren Zonen kurzen Sommertage erwiesen sich aber als ungünstig. An vielen Standorten in Afrika, aber auch in Indien bereitete es den Europäern zudem Mühe, die Landbevölkerung für den Anbau von Baumwolle zu gewinnen. Sollte Baumwolle in den bestehenden kleinbäuerlichen Strukturen angebaut werden, musste ihre

227 Ross, Ecology and Power, S. 31.

228 Siehe ebd., S. 32–44, 61/62; Derr, J. L., The Lived Nile. Environment, Disease, and Material Colonial Economy in Egypt, Stanford 2019. Zum Wasserbau: Blocher, E., Der Wasserbau-Staat. Die Transformation des Nils und das moderne Ägypten 1882–1971, Paderborn 2016.

Kultivierung mit der Subsistenzwirtschaft in Einklang gebracht werden. Wurde hingegen auf Plantagen und Zwangsarbeit gesetzt, trafen die Kolonialherren auf aktiven und passiven Widerstand. Auch war die Produktion von den Unabwägbarkeiten der Weltmärkte abhängig. Die Anbaustandorte standen nicht nur in globaler Konkurrenz zueinander, bezüglich der Qualität der Baumwolle und der Produktionskosten, sondern sie konkurrierten auch mit anderen *cash crops* wie etwa Erdnüssen. Verschoben sich die globalen Preise, schlug dies auf die Anbaupräferenzen der lokalen Produzenten durch. Zudem konnten mit der kolonial betriebenen Kommerzialisierung der Landwirtschaft zugleich lokale Märkte entstehen oder wachsen, die den Produzenten sodann alternative Absatzmöglichkeiten zum Verkauf an europäische Händler boten.[229]

Die Kolonialherren blieben nicht tatenlos, sondern versuchten die mannigfachen Schwierigkeiten zu meistern. Sie führten andere Sorten ein und betrieben vor Ort Versuchsfelder und -stationen in der Hoffnung, Sorten zu finden oder durch Kreuzungen neu zu züchten, die zum einen den lokalen ökologischen und sozioökonomischen Verhältnissen besser angepasst waren und zum anderen weltmarktfähige Produkte lieferten. Damit beschäftigte sich unter vielen anderen auch Johann Jakob David in Ägypten. Zudem waren die Kolonialherren bestrebt, einschlägiges Know-how aus kommerziell produzierenden Baumwollregionen in die von ihnen neu auserkorenen Anbaugebiete zu transferieren. So wandte sich das deutsche Kolonialwirtschaftliche Komitee Anfang des 20. Jahrhunderts in seinem Bestreben, im westafrikanischen Togo eine Baumwollexportwirtschaft aufzubauen, an das Tuskegee Institute, eine renommierte Ausbildungsstätte für Schwarze in Alabama, welches daraufhin afroamerikanische Experten in die deutsche Kolonie entsandte. Welche Verflechtungen und Verwerfungen sich aus dieser ungewöhnlichen Konstellation ergaben, lässt sich im Buch von Andrew Zimmerman nachlesen.[230] Hier bleibt lediglich Raum, um festzuhalten, dass in Togo wie auch übers Gesamte gesehen die Ergebnisse weit hinter den Erwartungen der imperialen Initiatoren aus Europa zurückblieben. Zwar gelang es ihnen, an vielen Orten eine Baumwollproduktion aufzuziehen, der Anteil der kolonialwirtschaftlich erzeugten Rohbaumwolle an den europäischen Importen blieb aber marginal. Mit der Ausnahme Ägyptens erreichte die Baumwollproduktion nirgends die Qualität, dass sie auf dem Weltmarkt mit der US-amerikanischen Ware hätte mithalten können. Gleichwohl hielten Kolonialherren und -administratoren hartnäckig an ihren Illusionen blühender Baumwollfelder fest, welche zukünftig den Rohstoff für die Textilindustrie des europäischen Mutter-

229 Siehe Ross, Ecology and Power, S. 44–65. Zu den von Ross nicht behandelten russischen und sowjetischen Bestrebungen in Zentralasien siehe Obertreis, J., Imperial Desert Dreams. Cotton Growing and Irrigation in Central Asia, 1860–1991, Göttingen 2017.

230 Zimmerman, A., Alabama in Africa. Booker T. Washington, the German Empire, and the Globalization of the New South, Princeton 2010. Siehe zudem Habermas, R., Skandal in Togo: Ein Kapitel deutscher Kolonialherrschaft, Frankfurt a.M. 2016.

lands liefern würden. Sie drangsalierten die lokalen Bauern und hinterließen bei ihrem Abgang nur allzu oft degradierte Landschaften.[231]

Schluss

Die Thematisierung des Imperialismus macht deutlich, dass in der europäischen Umweltgeschichte die globalen Zusammenhänge und die weltweiten Machtgefälle stets mitbedacht werden müssen. Zugleich kann die europäische Umweltgeschichte zur Global- beziehungsweise Imperialismusgeschichte beitragen. Denn der weltumspannende Zugriff auf die sozionaturalen Ressourcen war beileibe kein Nebenaspekt des Imperialismus, sondern bildete vielmehr, wie Ross betont, dessen Kern: „At the heart of European imperialism was an attempt to transform forests, savannahs, rivers, coastal plains, and deserts into productive and legible spaces, all of which brought hefty environmental consequences: deforestation, erosion, siltation, pollution, disease, and habitat destruction. Eventually these consequences encouraged the formation of extensive counter-attempts to conserve soil, woodlands, game, and other resources. European imperialism thus engendered not only new ways to exploit the physical environment, but also new anxieties about the human impact on the rest of nature."[232]

Über Johann Jakob David, den „eine leidenschaftliche Liebe zur unentweihten, von zivilisierten Menschen noch unbetretenen großen Natur" angetrieben habe, schrieb Rütimeyer: „Schmerzlich empfand er oft auf seinen langen Wanderungen die zerstörende Wirkung der modernen Zeit auf die großen Szenerien der klassischen Zeit der Afrika-Forschung."[233] Auf die Ängste von Europäern vor dem Verlust der „wilden Natur" und wie diese Ängste auf Europa rückwirkten, werden wir im folgenden Kap. 9 zum Naturschutz eingehen.

9. Naturschutz

Als Paul Sarasin am 16. August 1910 auf dem 8. Internationalen Zoologenkongress in Graz das Rednerpult betrat, um sein Referat „Weltnaturschutz" zu halten, entschuldigte er sich zuerst einmal, dass er sich „mit diesem so anders gearteten Begriffe" in die Gedankenkreise der Fachkollegen eindränge. Jedoch sei er auf seinen vielen Forschungsreisen zur Überzeugung gelangt, „dass der Schutz der mit schwerer Schädigung, ja mit Untergang bedrohten lebendigen Natur auch dem streng geschulten Forscher als eine neue, ernste Pflicht entgegengebracht werden muss". Der Forscher müsse, fuhr Sarasin eindringlich fort, von seinen Büchern und

231 Siehe Ross, Ecology and Power, S. 25–66.

232 Ebd., S. 3.

233 Rütimeyer, David, S. 42.

Instrumenten aufsehen und seinen Blick aus dem Laboratorium hinaus werfen, „um mit Schrecken zu erfahren, dass wir einer traurigen Verarmung unserer all geliebten Natur entgegengehen, dass, wenn wir nicht energisch eingreifen im Sinne ihres Schutzes, wir verstummen müssen vor den Anklagen, welche schon eine nahe Zukunft uns entgegenschleudern wird, dass wir ihr, aus dumpfem Hinbrüten zu spät erwachend, eine verödete Welt hinterlassen haben; darum: Wachet auf! ruft auch uns der Wächter Stimme, und da nun die Welt erobert ist, gilt es jetzt; die Welt zu erhalten."[234]

Wer hier zur Rettung der Welt aufrief, war kein Unbekannter. 1856 in eine gut situierte, weitverzweigte Basler Kaufmannsfamilie geboren, studierte Paul Sarasin in Basel und Würzburg Medizin und Zoologie und promovierte beim Zoologen und Forschungsreisenden Karl Semper. In seiner wissenschaftlichen Betätigung blieb er nicht bei der Zoologie stehen. In der Tradition des ungebundenen Universalgelehrten – eine universitäre Stellung hatte er nie inne, und auf einen Broterwerb war er nicht angewiesen – publizierte Sarasin zudem zu Botanik und Geologie, Geografie und Völkerkunde und machte auch vor Prähistorie, Kunstgeschichte und Astronomie nicht halt. Mit seinem jüngeren Vetter, Fritz Sarasin, unternahm er über einen Zeitraum von drei Jahrzehnten ausgedehnte Forschungsreisen nach Südostasien. Diese teilweise mehrere Jahre dauernden Expeditionen führten die beiden nach Ceylon und Celebes und brachten sie nicht nur in hautnahen Kontakt mit fremden Menschen und Kulturen und deren für sie teilweise verstörenden Sitten und Gebräuchen, sondern konfrontierten sie auch mit den Auswirkungen des europäischen Imperialismus. Wo immer die Sarasins hinkamen, stießen sie auf Indizien einer wachsenden Durchdringung der dortigen Gesellschaften mit europäischen Kulturgütern. Paul und Fritz Sarasin zeigten sich tief gespalten über die Umwälzungen und die Geschwindigkeit, in denen sich diese abspielten. Auf der einen Seite begrüßten sie im Sinne der sogenannten europäischen „Zivilisierungsmission" die Verbreitung der Errungenschaften Europas, auf der anderen Seite ergriff sie ein leiser Schauder beim Gedanken, dass die europäische Zivilisation bald einmal zur globalen Zivilisation werden würde. Es sei gewiss der Bewunderung wert, welche Veränderung Kolonialverwaltung und Mission in nur 70 bis 80 Jahren zustande gebracht hätten, schrieb Fritz Sarasin an einer Stelle in den gemeinsamen, 1905 publizierten Tagebüchern zu den Reisen durch Celebes. „Der Menschenfreund wird sich hierüber freuen müssen. Der Naturforscher und Ethnograf dagegen blickt angesichts der civilisierten Minahassa nicht ohne ein geheimes Grauen in eine Zukunft, in der der ganze Erdball ein und dieselbe Livree tragen wird!"[235]

234 Sarasin, P., Weltnaturschutz, Basel 1910, S. 1/2. Für eine umsichtige Erörterung der Rede siehe Wöbse, A.-K., Weltnaturschutz. Umweltdiplomatie in Völkerbund und Vereinten Nationen 1920–1950, Frankfurt a.M. 2012, S. 36–53.

235 Sarasin, P. u. F. Sarasin, Reisen in Celebes ausgeführt in den Jahren 1893–1896 und 1902–1903, Wiesbaden 1905, S. 45–46. Zu den Sarasins als Forschungsreisenden siehe die ausgezeichnete Studie Schär, B. C., Tropenliebe. Schweizer Naturforscher und niederländischer Imperialismus in Südostasien um 1900, Frankfurt a.M. 2015. Zur Prägung der europäischen Naturschutzpraxis

Hing Paul Sarasin in seiner breiten, an Alexander von Humboldt erinnernden Forschungspraxis einem durch Spezialistentum überholten Wissenschaftsideal an, so zeigte er sich mit seinem weitläufigen Horizont und seinem geschärften Blick für globale Veränderungen andererseits als Vertreter jener kosmopolitischen Avantgarde, die an der Wende zum 20. Jahrhundert die Welt als einen großen Handlungszusammenhang zu begreifen begann. Sarasin erkannte, dass der zivilisatorische Fortschritt seinen Preis hatte und inner- wie außerhalb Europas ebenjene biologische und kulturelle Vielfalt bedrohte, deren wissenschaftlicher Erkundung er sich verschrieben hatte. Mitte der Nullerjahre des 20. Jahrhunderts wandte sich Sarasin daher voll und ganz einer neuen Aufgabe zu, der Erhaltung der Erde, und wurde so in seinem sechsten Lebensjahrzehnt zum Pionier des Naturschutzes: des nationalen und schweizerischen sowie des europäischen und internationalen.

Wie und warum entstand um die Jahrhundertwende ein rasch breiter organisierter Naturschutz? Genügt die voranschreitende Naturzerstörung als Erklärung oder welche weiteren Faktoren müssen hinzugezogen werden? Wie wir sehen werden, stand Sarasins Initiative nicht alleine. Wer adressierte mit dem Naturschutz welche Problemlagen und schlug welche Lösungswege vor? Wie veränderte der Naturschutz die gesellschaftliche Naturwahrnehmung, wie das Handeln von Menschen und die Ausgestaltung von Institutionen? Im Folgenden werden zunächst die sozionaturalen Hintergründe ausgeleuchtet und jene Wandlungsprozesse des modernen Europa nachgezeichnet, die dem Naturschutz den Nährboden bereiteten. Wie und warum sich dann gerade um die vorletzte Jahrhundertwende innerhalb weniger Jahre eine lautstarke und sich rasch in Europa und darüber hinaus vernetzende Naturschutzbewegung bildete, beschäftigt uns in einem zweiten Teil, bevor wir uns abschließend den Ideen und Errungenschaften des sich etablierenden Naturschutzes zuwenden wie auch seinen problematischen und unzulänglichen Seiten.[236]

Von der bedrohlichen zur bedrohten Natur

„Der geografischen Entdeckung der Erde, welche im großen Ganzen als abgeschlossen betrachtet werden darf, folgte mit Riesenschritten die Ausbeutung ihrer Reichtümer und ihrer bisher in Verborgenheit harmonisch dahinlebenden und eben

durch außereuropäische Erfahrungen siehe Gissibl, B., A Bavarian Serengeti. Space, Race and Time in the Entangled History of Nature Conservation in East Africa and Germany, in: B. Gissibl, S. Höhler u. P. Kupper (Hg.), Civilizing Nature: National Parks in Global Historical Perspective, New York 2012, S. 102–119; Kupper, P. u. B. C. Schär, Moderne Gegenwelten. Ein mikrohistorischer Beitrag zur europäischen Globalgeschichte, in: C. Dejung u. M. Lengwiler (Hg.), Ränder der Moderne. Neue Perspektiven auf die Europäische Geschichte (1800–1930), Köln 2016, S. 93–114; Bont, R. de, Imagining Natures for 'Global' Conservation. Europe and its Environmental Other(s), in: A.-K. Wöbse u. P. Kupper (Hg.), Greening Europe. Environmental Protection in the Long Twentieth Century – A Handbook, München 2022, Kap. 3.

236 Meine Ausführungen in diesem Kapitel folgen in weiten Teilen Kupper, P., Wildnis schaffen. Eine transnationale Geschichte des Schweizerischen Nationalparks, Bern 2012.

dadurch in ihrer freudigen Existenz geschützten Geschöpfe; überall griff eine rücksichtslose industrielle Ausbeutung zerstörend in die Lebensgenossenschaften des Erdballs und brachte vorübergehenden (sic) Nutzen oder der Eitelkeit des weißen Menschen die Zierde unserer Mutter Erde zum Opfer."[237] Mit diesen Worten resümierte Sarasin in seiner Grazer Rede eine globale umwelthistorische Transformation, die wesentlich von Europa ausging, sich in der zweiten Hälfte des 18. Jahrhunderts deutlich beschleunigte und in deren Verlauf sich nicht nur Gesellschaft und Umwelt nachhaltig veränderten, sondern auch die gesellschaftliche Wahrnehmung der Natur: Neben die für den Menschen bedrohliche Natur trat zusehends die durch den Menschen bedrohte Natur. Anfang der 1930er Jahre fand der Wiener Wissenschaftstheoretiker Otto Neurath für diese Wendung ein prägnantes Bild: „Wenn früher ein Mensch und ein Sumpf zusammenkamen, verschwand der Mensch, jetzt der Sumpf."[238] Doch nicht nur das: Zudem wurde der Sumpf, der noch nicht verschwunden war, von einem menschenfeindlichen Ort zu einem erhaltens- und damit schützenswerten Ort. Er verbreitete nicht mehr Schrecken, sondern weckte vielmehr Sehnsucht. Wildnis bekam einen gesellschaftlichen Wert.[239] Tier- und Pflanzenarten galt es vor der Ausrottung zu bewahren und zwar, wie Sarasin in seiner Rede betonte, „ganz unbekümmert um die Frage nach menschlichem Nutzen oder Schaden".[240] Damit löste sich das naturschützerische Denken vom utilitaristischen Naturdiskurs, der das 19. Jahrhundert dominiert hatte: Die Natur an sich und in all ihren Formen war schützenswert. Wenn man nach den Gründen für diesen Wandel fragt, so findet sich in der inzwischen umfangreichen, aber disparaten Literatur eine Vielzahl von Antworten, die sich zu vier Strängen bündeln lassen:

Erstens kann die Entwicklung mit der Verknappung erklärt werden, die Natur jenseits der Produktionssphäre im 19. Jahrhundert erfuhr. Im Zuge der Industrialisierung und der mit ihr einhergehenden Intensivierung und Ausweitung des Bergbaus, der Land- und Forstwirtschaft sank der Anteil derjenigen Flächen, die nicht produktiv genutzt wurden. Die Weltbevölkerung wuchs, und insbesondere europäische Siedler sorgten für eine immer lückenlosere Bewirtschaftung der globalen Landfläche. Die zivilisatorischen *frontiers*, deren Verschiebung die europäische Expansion über Jahrhunderte beflügelt hatte, waren an der Wende zum 20. Jahrhundert überall am Verschwinden, in den tropischen Wäldern ebenso wie in den Polarregionen, in den Wüsten und in den Gebirgen. Neue Fortbewegungstechniken, insbesondere das Dampfschiff und die Eisenbahn, weiteten nicht nur den Markt aus, sondern erhöhten auch die menschliche Mobilität und legten nicht zuletzt die infrastrukturelle Grundlage für den aufkommenden Tourismus. Dieser steigerte

237 Sarasin, Weltnaturschutz, S. 1/2.

238 Zit. nach Schmoll, F., Erinnerung an die Natur. Die Geschichte des Naturschutzes im deutschen Kaiserreich, Frankfurt a.M. 2004, S. 11.

239 Nash, R., Wilderness and the American Mind, New Haven 1982[3]; Lewis, M. (Hg.), American Wilderness. A New History, New York 2007; Kupper, Wildnis schaffen.

240 Sarasin, Weltnaturschutz, S. 7.

seinerseits das Bedürfnis seiner vorwiegend städtisch-bürgerlichen Klientel nach „echten" Naturerlebnissen, nur um das Angebotene durch seine Verfügbarmachung fortlaufend selbst zu entwerten. Mit der wissenschaftlichen Erkundung und der topografischen Vermessung der Welt verschwanden zur gleichen Zeit die letzten weißen Flecken von den zunehmend ubiquitären Landkarten. Lediglich die Pole und einige Berggipfel harrten Anfang des 20. Jahrhunderts noch der europäischen Erstbegehung. Wir seien an den Grenzen unseres Käfigs angekommen, schrieb 1909 der französische Geograf Jean Brunhes ebenso treffend wie pointiert.[241]

Zweitens ist auf die Herausbildung einer neuen Naturwahrnehmung zu verweisen.[242] Mit der Romantik setzte eine Ästhetisierung und Moralisierung der Natur ein. Jean-Jacques Rousseau und andere wurden zu Wegbereitern einer neuen Sichtweise auf die Natur, die zur Natur als physische Lebensgrundlage eine Natur gesellte, die einen inneren Wert hatte, der sich dem öffnete, der sich auf sie einzulassen wusste. Naturerlebnisse bekamen eine transzendente Qualität und konnten als beglückend und moralisch erhebend empfunden werden. Berg- oder Küstenlandschaften, die zuvor wenig Aufmerksamkeit erhalten hatten – und wenn, dann am ehesten als Verkehrshindernisse –, wurden zu lohnenswerten Reisezielen.[243] Neben der Philosophie war auch die sich formierende Naturwissenschaft an der Konstruktion einer neuen Naturwahrnehmung beteiligt. Die christliche Schöpfungsgeschichte, die über Jahrhunderte das Naturbild in Europa geprägt hatte, geriet im 19. Jahrhundert unter Druck. Naturwissenschaftliche Funde und Erkenntnisse, stellvertretend sei hier Charles Darwins epochemachendes Werk „The Origin of Species" von 1859 genannt, ließen sich immer weniger mit der biblischen Überlieferung vereinbaren. Die Welt war offensichtlich nicht nur viel älteren Datums als bislang angenommen, sondern hatte sich im Laufe der Zeit auch stark verändert. Mit dieser Einsicht stieg zugleich das Interesse an der Geschichte der Natur und an Orten, an denen diese Geschichte studiert werden konnte. Neben der Taxonomie, die seit dem 18. Jahrhundert anhand von Sammlungen toter Pflanzen und Tieren betrieben wurde, interessierte zunehmend, lebende Pflanzen und Tiere in ihrer natürlichen Umgebung zu beobachten, ihre Ökologie (Ernst Haeckel, 1866), das hieß die Beziehungen eines Organismus zur umgebenden Außenwelt, zu studieren beziehungsweise weitergehend sie in ihrer Biozönose (Karl August Möbius, 1877), ihrer biologischen Lebensgemeinschaft, zu erforschen.[244] Naturschauplätze konnten die Qualität von Wallfahrtsorten annehmen und die in der Natur gefundene Spiritualität konnte Glaubensbekenntnisse und

241 Brunhes, J., Les limites de notre cage, Fribourg 1911.

242 Für einen Überblick über die Entwicklung europäischer Naturvorstellungen siehe Coates, P., Nature. Western Attitudes Since Ancient Times, Berkeley 1998 und Worster, D., Nature's Economy. A History of Ecological Ideas, Cambridge 1985.

243 Siehe etwa Corbin, A., Meereslust. Das Abendland und die Entdeckung der Küste; 1750–1840, Berlin 1990; Reichler, C., Entdeckung einer Landschaft. Reisende, Schriftsteller, Künstler und ihre Alpen, Zürich 2005.

244 Siehe Trepl, L., Geschichte der Ökologie. Vom 17. Jahrhundert bis zur Gegenwart, Frankfurt a.M. 1987; Nyhart, L. K., Modern Nature. The Rise of the Biological Perspective in Germany, Chicago 2009;

Gottesdienste, die an die Bibel und die kirchlichen Institutionen gebunden waren, ersetzen. Oft verbanden sich aber christliche Religiosität und die neue Wertschätzung der Natur. Mit seinem „Wachet auf!“ verwies Sarasin in seiner Grazer Rede auf den bekannten Choral von Philipp Nicolai, den unter anderen Johann Sebastian Bach vertont hatte. In den Alpen drückte sich die Sakralisierung der Natur auf den Berggipfeln aus, die im 19. Jahrhundert einer nach dem anderen mit Kreuzen besetzt wurden.[245]

Drittens verbreitete sich das neue Interesse an der Natur nicht gleichmäßig in der Gesellschaft. Vielmehr gediehen Naturethik und -wissenschaft vor allem in einem spezifischen Milieu, das sich in den sich industrialisierenden Gesellschaften zeitgleich herausbildete: dem städtischen Bildungsbürgertum. Dieser Schicht entstammten die große Mehrzahl der Denker und Wissenschaftler, die das Naturbild revolutionierten, und später die Träger der Naturschutzbewegung. Neben einer aufgeklärten Grundhaltung hatte sich diese Schicht auch einen gewissen Wohlstand erworben, der es ihr erlaubte, Gedanken zu verfolgen, die über die Deckung der Grundbedürfnisse hinausgingen. Die Bildungsbürger, die uns im Naturschutz begegnen, lasen Rousseau und Darwin und trafen sich in naturwissenschaftlichen Gesellschaften. Sie lebten nicht von der eigenen Arbeit an der Natur, schwärmten aber für die Natur und entwickelten auf ihren naturkundlichen Exkursionen und Forschungsreisen ein waches Sensorium für landschaftliche Veränderungen. Die Objekte ihrer Begierde fanden sie in peripheren Gebieten inner- und außerhalb Europas, während sie selbst den urbanen Ballungsgebieten entstammten und meist dort wohnhaft blieben.[246]

Schließlich ist *viertens* auf den Prozess der Territorialisierung hinzuweisen, der mit dem Imperialismus und der Nationalstaatenbildung eine neue Qualität gewann.[247] Zum einen teilten sich die bestehenden Kolonialmächte und die weltpolitisch aufstrebenden Länder wie Deutschland, Italien, die USA und Japan die Welt nicht nur fast vollständig unter sich auf, sondern sie bemühten sich auch unter Zuhilfenahme modernster Wissenschaft und Technologie, ihre alten oder neuen Kolonien stärker an die koloniale Zentrale anzubinden und herrschaftstechnisch

---

Bont, R. de u. J. Lachmund (Hg.), Spatializing the History of Ecology: Sites, Journeys, Mappings, New York 2017.

245 Mathieu, J., The Sacralization of Mountains in Europe during the Modern Age, in: Mountain Research and Development (2006), S. 343–349. Das Verhältnis von sich wandelnder Religiosität, Naturwahrnehmung und Naturschutz harrt für Europa einer historischen Aufarbeitung. Zu den USA siehe Stoll, M., Inherit the Holy Mountain. Religion and the Rise of American Environmentalism, Oxford 2015.

246 Siehe Bachmann, S., Zwischen Patriotismus und Wissenschaft. Die Schweizerischen Naturschutzpioniere (1900–1938), Zürich 1999; Schmoll, Erinnerung an die Natur; Piňosová, J., Inspiration Natur. Naturschutz in den böhmischen Ländern bis 1933, Marburg 2017; Franke, N. M., Naturschutz – Landschaft – Heimat. Romantik als eine Grundlage des Naturschutzes in Deutschland, Wiesbaden 2017.

247 Maier, C. S., Consigning the Twentieth Century to History. Alternative Narratives for the Modern Era, in: American Historical Review 105 (2000), S. 807–831.

zu durchdringen.[248] Zum anderen entstanden mit den Nationalstaaten staatliche Territorien, die zu einem wichtigen Bezugspunkt für die Herausbildung nationaler Identitäten wurden. Im gemeinsamen Raum ließen sich die *imagined communities* erden.[249] Im Verbund mit naturdeterministischen Sichtweisen konnte aus natürlichen Gegebenheiten auf nationale Eigenschaften geschlossen und der nationalen Gemeinschaft eine naturgeschichtliche Grundlage verschafft werden. Die geografische Einheit des Landes garantierte quasi die charakterliche Einheit des Volkes.[250]

Die internationale Naturschutzbewegung und die „Krise der Moderne"

Die geschilderten Prozesse entfalteten ihre Wirkung langfristig über viele Jahrzehnte, der Naturschutz als organisierte Bewegung entstand hingegen in einer kurzen Zeitspanne. Zwischen circa 1890 und 1914, binnen weniger als einer Generation, bildeten sich in Nordamerika, Europa und in den europäischen Kolonialgebieten Vereinigungen, die sich die Bewahrung der Natur auf die Fahnen schrieben. Stand der Sierra Club bei seiner Gründung 1892 noch mehr oder weniger alleine da, so existierten 1910 gegen zwanzig zielverwandte Organisationen in den USA.[251] In Großbritannien wurden der National Trust und die Society for the Preservation of the Wild Fauna of the Empire gegründet (1895 beziehungsweise 1903), und auch auf dem Kontinent entstanden seit der Jahrhundertwende Naturschutzorganisationen in dichter Folge, etwa der deutsche Bund für Vogelschutz, die französische Société pour la Protection des Paysages, der schweizerische Bund für Naturschutz oder die schwedische Naturskyddsföreningen, die alle zwischen 1899 und 1909 gegründet wurden. Zu den nationalen Organisationen gesellte sich nochmals eine Vielzahl regionaler und lokaler Vereine.[252]

---

248 Ross, C., Ecology and Power in the Age of Empire. Europe and the Transformation of the Tropical World, Oxford 2017. Siehe auch das Kap. 8 Kolonialismus und Imperialismus.

249 Anderson, B., Imagined Communities. Reflections on the Origin and Spread of Nationalism, London 1991^{2}.

250 Siehe für Deutschland Lekan, T. M., Imagining the Nation in Nature. Landscape Preservation and German Identity, 1885–1945, Cambridge 2004. Wie sich diese spezifische Engführung von Natur und Nation auf Volksgruppen auswirkte, die sich sprachlich oder ethnisch abhoben und nach 1918 als nationale Minderheiten kategorisiert wurden, ist erst in Ansätzen erforscht. Siehe Piňosová, J. u. a. (Hg.), Minderheit – Macht – Natur. Verhandlungen im Zeitalter des Nationalstaats, Bautzen 2021.

251 Runte, A., National Parks. The American Experience, Lanham 2010^{4}, S. 84/85.

252 Wie sich der Naturschutz auf europäischer Ebene entfaltete, ist erst ansatzweise untersucht. Bezüglich Nationalparks siehe Kupper, P., Nationalparks in der europäischen Geschichte, in: Clio-online. Themenportal „Europäische Geschichte", http://www.europa.clio-online.de/2008/Article=330 (2008; zuletzt eingesehen am 05.05.2021); zum Landschafts- und Heimatschutz Schlimm, A., Eine „entente cordiale" für den Schutz der Heimat? Europäische Kooperationsversuche von Landschafts- und Heimatschützern vor dem Ersten Weltkrieg, in: Themenportal Europäische Geschichte, https://www.europa.clio-online.de/essay/id/fdae-1651 (2015; zuletzt eingesehen am 05.05.2021); zum Vogelschutz Wöbse, A.-K., Counting Birds. Protecting European Avifauna and Habitats, in: Wöbse u. Kupper, Greening Europe, Kap. 2. Für weitergehende Informationen muss auf national und imperial angelegte Studien zurückgegriffen werden, die zahlreich und in guter Qualität vorliegen, u. a.: Evans,

Dass sich das im 19. Jahrhundert aufgebaute Potenzial an der Wende zum 20. Jahrhundert entlud, war nicht zufällig. Die frühe Naturschutzbewegung war vielmehr in doppelter Hinsicht ein Produkt jener Jahre, in denen sich Prozesse der Globalisierung nicht nur immer deutlicher in den Bewegungen von Menschen, Massen und Medien manifestierten, sondern auch zunehmend kritisch reflektiert wurden, was schließlich eine breite gesellschaftliche Verunsicherung auslöste, die der Soziologe Peter Wagner als die „erste Krise der Moderne" bezeichnet hat.[253] Die hohe Geschwindigkeit des Wandels entwertete hergebrachte Orientierungs- und Handlungsmuster, was wiederum Gefühle der Desorientierung und Verlorenheit auslösen konnte. Nervosität und Hast, Reizüberflutung und Sinnentleerung gehörten zu den viel beklagten Zeitphänomenen und Ängste vor Degenerierung und Neurasthenie waren in Europa und Amerika gleichermaßen verbreitet. Der Expressionismus der Jahrhundertwende verlieh diesem Unbehagen einen ebenso beklemmenden wie bleibenden künstlerischen Ausdruck. Der Kubismus wiederum versuchte, den raschen Wandel und die Vervielfältigung der Perspektiven einzufangen und zugleich an einfache Grundformen zurückzubinden. Zeitgleich erschütterten Wilhelm Conrad Röntgens Strahlen und Marie Curies Radioaktivität, Max Plancks Quanten- und Albert Einsteins Relativitätstheorie die auf Newton aufbauende physikalische Weltsicht in ihren Grundfesten, während Sigmund Freuds Psychoanalyse unterdrückte und verdrängte Lebenswelten erkundete und diese damit zum gesellschaftlichen Gesprächsthema machte. Dies alles trug dazu bei, dass die Welt in kurzer Zeit vielschichtiger wurde, der eigene Standort unsicherer, die Orientierung schwieriger und die Halbwertzeit von Überzeugungen kürzer. Der französische Soziologe Henri Lefebvre spricht von einem „Verfall des Referenziellen", eines soliden sprachlichen und sozialen Bezugsrahmens für das alltägliche Leben, den er auf die Jahre 1905 bis 1910 festlegt.[254]

Viele Zeitgenossen begaben sich angesichts der sich auftürmenden Unsicherheiten auf die Suche nach Rückhalt und Orientierung und schlossen sich hierzu

---

D., A History of Nature Conservation in Britain, London 1997; Bachmann, S., Zwischen Patriotismus und Wissenschaft; Schmoll, Erinnerung an die Natur; Piccioni, L., Il volto amato della patria. Il primo movimento per la protezione della natura in Italia 1880–1934, Trento 2014[2]; Piňosová, J., Inspiration Natur; Ford, C. C., Natural Interests. The Contest over Environment in Modern France, Cambridge, Mass. 2016; MacKenzie, J. M., The Empire of Nature. Hunting Conservation and British Imperialism, Manchester 1997[2]; Gissibl, B., The Nature of German Imperialism. Conservation and the Politics of Wildlife in Colonial East Africa, New York 2016. Einen deutsch-französischen Vergleich bietet Trom, D., Natur und nationale Identität. Der Streit um den Schutz der „Natur" um die Jahrhundertwende in Deutschland und Frankreich, in: E. François, H. Siegrist u. J. Vogel (Hg.), Nation und Emotion. Deutschland und Frankreich im Vergleich, 19. und 20. Jahrhundert, Göttingen 1995, S. 147–167.

253 Wagner, P., Soziologie der Moderne. Freiheit und Disziplin, Frankfurt a.M. 1995.

254 Lefebvre, H., Das Alltagsleben in der modernen Welt, Frankfurt a.M. 1972, S. 155–178. Eine atmosphärisch dichte Darstellung dieser Jahre bietet Blom, P., Der taumelnde Kontinent. Europa 1900–1914, München 2009.

einer der vielen in jenen Jahren entstehenden sozialen Bewegungen an: einer religiösen Gruppierung, einer Strömung der Lebensreform oder der Hygienebewegung, einem Männerklub oder Frauenverein oder eben dem Heimat- und Naturschutz. Mit ihren Analysen zu Zustand und Befindlichkeit der Natur und zugleich der abendländischen Zivilisation beförderten die Naturschützer die gesellschaftliche Verunsicherung, bedienten aber auch die durch diese Verunsicherung ausgelösten existentiellen persönlichen und gesellschaftlichen Fragen. Das Sich-in-Beziehung-Setzen zur Natur wurde zu einem Grundthema der damaligen Sinnsuche. Während sich die gesellschaftlichen Veränderungen überstürzten, ließ sich in der Natur eine heilsame Beständigkeit finden, ein ruhender Pol im Strudel der Ereignisse. So bezeichnete der Mitbegründer des Schweizerischen Nationalparks, Carl Schröter, als ersten Zweck solcher Schutzgebiete, das „Bild der Heimatnatur wiederherzustellen, dem verhetzten Menschen der Gegenwart ruhigen Naturgenuss zu erhalten".[255] Schröter und viele andere beklagten den Verlust einer intimen Beziehung zur Natur und sahen darin nicht nur eine Schattenseite des zivilisatorischen Fortschritts, sondern eine moralische Gefährdung der Zivilisation selbst. Indem die Zivilisation die Bindung an die Natur löse, lautete der Subtext der Argumentation, säge sie an ihrem eigenen Ast. Der Bruch des Astes würde die Lebensader der Zivilisation kappen, sie von ihrem organischen Ursprung trennen und damit auch von der natürlichen Quelle ihrer Erneuerung. Die Natur in all ihren Formen zu bewahren, würde diese Quellen hingegen erhalten und zugleich ein zivilisatorisches Zeichen setzen.

Die Betonung des Konservatorischen brachte den Naturschutz in enge Verbindung mit dem Heimatschutz und der Denkmal- und Kulturlandschaftspflege.[256] In seinem Naturbezug fügte sich die Naturschutz- in die Lebensreformbewegung jener Zeit ein, wobei viele Strömungen letzterer vor allem auch auf die innere Natur und damit den eigenen Körper fokussierten und sich fließende Übergänge zur Hygienebewegung finden, die in jenen Jahren ebenfalls einen Aufschwung erlebte.[257] Innerhalb der Arbeiterbewegung entstanden in vielen europäischen Ländern seit 1895 Sektionen der „Naturfreunde", die einen sozialistischen Zugang zur Natur such-

255 Schröter, C., Die Aufgaben der wissenschaftlichen Erforschung in Nationalparken, in: E. Abderhalden (Hg.), Handbuch der biologischen Arbeitsmethoden, Abt. 11: Allgemeine Methoden zur Untersuchung des Pflanzenorganismus, Berlin 1924, S. 387–394, hier S. 387.

256 Siehe Schmoll, Erinnerung an die Natur; Oberkrome, W., Deutsche Heimat. Nationale Konzeption und regionale Praxis von Naturschutz, Landschaftsgestaltung und Kulturpolitik in Westfalen-Lippe und Thüringen (1900–1960), Paderborn 2004; Piňosová, J., Inspiration Natur. Für eine europäische Geschichte der Bewegung zum Schutz des Kulturerbes siehe Swenson, A., Rise of Heritage. Preserving the Past in France, Germany and England, 1789–1946, Cambridge 2013.

257 Zur Lebensreform siehe Buchholz, K. u. a. (Hg.), Die Lebensreform. Entwürfe zur Neugestaltung von Leben und Kunst um 1900, Darmstadt 2001; Williams, J. A., Turning to Nature in Germany. Hiking, Nudism, and Conservation, 1900–1940, Stanford 2007; Wedemeyer-Kolwe, B., Aufbruch: Die Lebensreform in Deutschland, Darmstadt 2017. Zu Hygiene und Körper Sarasin, P., Reizbare Maschinen. Eine Geschichte des Körpers 1765–1914, Frankfurt a.M. 2001.

ten und diesen im gemeinsamen „sozialen Wandern“ und Bergsteigen fanden.[258] In der Vielfalt der Berufungen auf die Natur taten sich rasch auch Gräben zwischen diesen Bewegungen auf. Die Nacktkultur etwa, die Lebensreformerinnen und -reformer propagierten, dürfte für die große Mehrheit der biederen Naturschützer kein Ausdruck von Natürlichkeit, sondern schlicht und einfach eine Unsitte gewesen sein. Auch unterschied sich die gefühlte Betroffenheit nach Klasse, Geschlecht und Herkunft. Als besonders exponiert gegenüber den Zivilisationskrankheiten der Zeit galt der bürgerliche Mann, den das moderne urbane Leben zu verweichlichen drohte. Eine vorzugsweise bereits im Kindesalter einsetzende und periodisch zu wiederholende Konfrontation mit den wilden Kräften der Natur wurde als probates Mittel gesehen, um die Männlichkeit zu regenerieren und einer latenten Feminisierung der Gesellschaft entgegenzuwirken, die zu allem Übel zugleich die Wehrkraft der Nation schwächte.[259] Dieser diskursive Konnex von urbaner Zivilisation und schwindender Männlichkeit war weitgehend dafür verantwortlich, dass der Schutz „wilder Natur“ zu einer nahezu exklusiven Angelegenheit von Männern wurde. Die gesellschaftlichen Möglichkeiten von Frauen waren zwar auch in vielen anderen Bereichen begrenzt, in wenigen jedoch so stark wie im Naturschutz. Ihr Wirkungsfeld beschränkte sich vorwiegend auf den Tierschutz und hier insbesondere auf den Vogelschutz, wo sich weibliches Engagement mit mütterlicher Empathie für das leidende Geschöpf und mit Kritik der zeitgenössischen Frauenmode, dem Tragen von Pelzen und Federnhüten, trefflich verbinden ließ.[260] In den Mitgliederlisten der

258 Hasenöhrl, U., „Vergessene Traditionen: Der Touristenverein ‚Die Naturfreunde' und der proletarische Naturschutz“, in: H.-W. Frohn u. J. Rosebrock (Hg.), Spurensuche. Lina Hähnle und die demokratischen Wurzeln des Naturschutzes, Essen 2017, S. 147–160, hier S. 148/149.

259 Vgl. Haraway, D., Primate Visions. Gender, Race, and Nature in the World of Modern Science, New York 1989², S. 26–58; Isenberg, A. C., The Destruction of the Bison. An Environmental History, 1750–1920, Cambridge 2000, S. 164–192; Jarvis, K. A., Gender and Wilderness Conservation, in: M. Lewis (Hg.), American Wilderness. A New History, New York 2007, S. 149–166. Dieses Narrativ war in den Alpenvereinen ausgeprägt vorhanden (siehe Keller, T., Apostles of the Alps. Mountaineering and Nation Building in Germany and Austria, 1860–1939, Chapel Hill 2016; Roeder, C. F., European Mountaineers Between East and West. A Transnational History of Alpinism in the Twentieth Century. Doctoral Dissertation, Harvard 2017; Anderson, B., Cities, Mountains and Being Modern in Fin-de-Siècle England and Germany, London 2020); und auf dessen Boden gedieh auch die globale Pfadfinderbewegung.

260 Zu Deutschland siehe Wöbse, A.-K., Lina Hähnle – eine Galionsfigur der frühen Naturschutzbewegung, in: Stiftung Naturschutzgeschichte (Hg.), Naturschutz hat Geschichte, Essen 2003, S. 113–130; Gissibl, B., Paradiesvögel. Kolonialer Naturschutz und die Mode der deutschen Frau am Anfang des 20. Jahrhunderts, in: J. Paulmann, D. Leese u. P. Söldenwagner (Hg.), Ritual – Macht – Natur. Europäisch-ozeanische Beziehungswelten in der Neuzeit, Bremen 2005, S. 131–154; Ahr, B., „Naturschutz ist Pflicht – eine strenge, männliche …“. Was taten Frauen im Naturschutz?, in: H. W. Frohn u. J. Rosebrock (Hg.), Ehrenamtliche Kartierungen für den Naturschutz. Historische Analysen, aktuelle Situation und Zukunftspotenziale, Münster 2012, S. 173–202; zu Großbritannien Gates, B. T., Kindred Nature. Victorian and Edwardian Women Embrace the Living World, Chicago 1998; Roscher, M., Ein Königreich für Tiere. Die Geschichte der britischen Tierrechtsbewegung, Marburg 2009, insb. S. 124–173. In den USA war das Spektrum weiblicher Aktivität etwas breiter, siehe Merchant, C., Women of the Progressive Conservation Movement. 1900–1916, in: Environmental Review 8 (1984), S. 57–85; Isenberg, A. C. u. N. C. Unger, Women and Gender, in: A. C. Isenberg

sozialistischen Naturfreunde waren Frauen immerhin in zweistelliger Prozentzahl vertreten, während sie in den bürgerlichen Naturschutzorganisationen ebenso wie in den Alpenvereinen die Ausnahme blieben und zumeist als Ehefrauen oder Töchter männlicher Mitglieder mittaten.[261]

Nationalpark und Naturdenkmal

Zunächst habe Unsicherheit geherrscht, wie die große Aufgabe des Naturschutzes anzupacken sei, erklärte Sarasin 1910 seinen Fachkollegen in Graz. Daher sei es vordinglich gewesen, „eine systematische Ordnung in das wild durcheinander gewürfelte Material zu bringen".[262] Dieses Ordnen geschah auf mehreren Ebenen. Zum einen bemühten Sarasin und andere die etablierten naturwissenschaftlichen Fachbereiche und teilten das „Material" in geologisches, hydrologisches, botanisches, zoologisches und prähistorisches ein. Zum anderen führten die Naturschützer der ersten Stunde neue Konzepte und neue Begrifflichkeiten ein beziehungsweise versahen diese mit neuen Inhalten und Bedeutungen. Besonders prägend wurden zwei Konzepte: der Nationalpark und das Naturdenkmal. Für den deutschen Sprachraum ist zudem hervorzuheben, dass auch der Begriff Naturschutz erst in der zweiten Hälfte der Nullerjahre des 20. Jahrhunderts breitere Anwendung fand, um sich dann rasch als Oberbegriff zu etablieren und für Orientierung zu sorgen.[263] Auf europäischer und internationaler Ebene fand das französische „Protection de la Nature" Verwendung.[264]

Der Begriff des Nationalparks wurde im Jahr 1872 etabliert, in dem der amerikanische Kongress für weltweites Aufsehen sorgte, als er ein 3300 Quadratmeilen großes Gebiet zum „public park or pleasuring-ground" erklärte. Als populäre Bezeichnung für diesen riesigen öffentlichen Park bürgerte sich von Beginn an der Name Yellowstone-Nationalpark ein. Die Intention der Gründer war aber nicht etwa, wie rückblickend oft fälschlich unterstellt wurde, ein großes zusammenhängendes Naturschutzgebiet zu schaffen, sondern lediglich zu verhindern, dass die dortigen Naturkuriositäten und -spektakel, die für das weiße Amerika kurz zuvor entdeckt worden waren, auf privater Basis touristisch ausgebeutet und sie damit dasselbe Schicksal erleiden würden wie einige Jahre zuvor die Niagarafälle. Erst im Laufe der

(Hg.), The Oxford Handbook of Environmental History, Oxford 2014. Für viele Länder wie auch für Europa insgesamt fehlen entsprechende Untersuchungen.

261 Hasenöhrl, U., Zivilgesellschaft und Protest. Eine Geschichte der Naturschutz- und Umweltbewegung in Bayern 1945–80, Göttingen 2010, S. 452–457.

262 Sarasin, Weltnaturschutz, S. 3. Sarasin bezieht sich hier auf die Schweiz, die er seinen Fachkollegen als Anschauungsbeispiel präsentierte.

263 Siehe Piňosová, Inspiration Natur, S. 21–31.

264 Zum internationalen Naturschutz siehe Wöbse, Weltnaturschutz; Meyer, J.-H., From Nature to Environment. International Organizations and Environmental Protection before Stockholm, in: W. Kaiser u. J.-H. Meyer (Hg.), International Organizations and Environmental Protection, New York 2016, S. 31–73; Bont, R. de, S. Schleper u. H. Schouwenburg, Conservation Conferences and Expert Networks in the Short Twentieth Century, in: Environment and History 23 (2017), S. 569–599.

1880er Jahre erweiterte sich die Perspektive, und neben den heißen Quellen und Geysiren wurde zunehmend auf die Funktion des Parks als Zufluchtsstätte für die letzten amerikanischen Bisons und andere bedrohte Tierarten hingewiesen.[265]

Gleichzeitig tauchte Yellowstone nun im kolonialen Kontext als mögliches Vorbild für die Einrichtung von Wildreservaten in Afrika auf. Die rasche Dezimierung der afrikanischen Megafauna, insbesondere des Elefanten, hatte europäische Forschungsreisende, Großwildjäger und Kolonialbeamte aufgeschreckt, die nun Schutzmaßnahmen zur Arterhaltung forderten. 1900 einigten sich die europäischen Kolonialmächte in London auf eine Konvention „for the Preservation of Wild Animals, Birds and Fish in Africa". Die Konvention selbst trat nie in Kraft, beförderte aber dennoch die Ausweisung von Wildschutzreservaten in mehreren afrikanischen Kolonien.[266] In Europa selbst, wo die USA in erster Linie für oberflächlichen Kommerz standen, wurde die Nationalparkidee zögerlicher adaptiert.[267] Das klischierte Amerikabild konnte allerdings auch zugunsten des Nationalparks in Anschlag gebracht werden: Durch die Kontrastierung der idealistischen Nationalparkidee mit dem materialistischen Yankee-Kapitalismus ließ sich die Schaffung von europäischen Äquivalenten erst recht zu einer kulturellen Dringlichkeit machen. Wilhelm Wetekamp war vielleicht der erste, der sich dieser Strategie bediente, als er 1898 im Preußischen Abgeordnetenhaus Nordamerika, „das uns sonst mit seinem Materialismus so gern als abschreckendes Beispiel hingestellt wird", als nachahmenswertes Vorbild präsentierte und die Schaffung von „Staatsparks" in Preußen forderte, um die „Denkmäler der Entwickelungsgeschichte (sic) der Natur uns zu erhalten".[268]

Wetekamps Anstoß wurde, wenn auch zögerlich, vom preußischen Kultusministerium aufgenommen. Die Weiterbearbeitung, die dem Biologen und Direktor des Danziger Provinzialmuseums Hugo Conwentz übertragen wurde, führte allerdings nicht in Richtung amerikanischer Nationalparks. Vielmehr stellte Conwentz in einer 1904 erschienen Denkschrift die Bewahrung sogenannter Naturdenkmäler ins Zentrum, die als Zeugen ursprünglicher Natur in größtmöglicher Vielfalt zu erhalten seien. Er konnte sich dabei auf keinen Geringeren als den Übervater

265 Jones, K., Unpacking Yellowstone. The American National Park in Global Perspective, in: B. Gissibl, S. Höhler u. P. Kupper (Hg.), Civilizing Nature: National Parks in Global Historical Perspective, New York 2012, S. 31–49. Zur globalen Nationalparkgeschichte siehe Gissibl, Höhler u. Kupper, National Parks; Howkins, A., J. Orsi u. M. Fiege (Hg.), National Parks beyond the Nation. Global Perspectives on "America's Best Idea", Norman 2016.

266 Siehe MacKenzie, Empire of Nature; Cioc, M., The Game of Conservation. International Treaties to Protect the World's Migratory Animals, Athens 2009; Gissibl, The Nature of German Imperialism.

267 Kupper, P., Translating Yellowstone. Early European National Parks, Weltnaturschutz and the Swiss Model, in: Gissibl, Höhler u. Kupper, National Parks, S. 123–139. Siehe auch Hardenberg, W. G., Monastery for the Ibex. Conservation, State, and Conflict on the Gran Paradiso 1919–1949, Pittsburgh 2021.

268 Stenographische Berichte über die Verhandlungen des Preußischen Herrenhauses, 3. Bd. 1898, S. 1958/1959. Vgl. Frohn, H.-W., Naturschutz macht Staat – Staat macht Naturschutz. Von der Staatlichen Stelle für Naturdenkmalpflege in Preußen bis zum Bundesamt für Naturschutz 1906 bis 2006 – eine Institutionengeschichte, in: Bundesamt für Naturschutz (Hg.), Natur und Staat: Staatlicher Naturschutz in Deutschland 1906–2006, Bonn 2006, S. 85–314.

der deutschen Naturforschung Alexander von Humboldt berufen, der den Begriff Naturdenkmal in einem seiner Reiseberichte verwendet hatte.[269] Nationalparks amerikanischer Art lehnte Conwentz, der 1906 zum Leiter der neu geschaffenen Staatlichen Stelle für Naturdenkmalpflege berufen wurde, für Deutschland ab. Dessen Kultivierung hielt er für so fortgeschritten, dass Natur nicht mehr großflächig, sondern nur mehr gezielt in vielen kleinen Einzelelementen zu bewahren sei. Als sich seit 1909 der deutsch-österreichische Verein Naturschutzpark für den Schutz „der typisch deutschen Landschaft" in drei großen Parks stark machte, die er in den Alpen, im Mittelgebirge und in der norddeutschen Tiefebene realisiert sehen wollte, stieß dies bei Conwentz nicht auf Gegenliebe. Da half es auch nicht, dass der Verein den Begriff Nationalpark durch Naturschutzpark ersetzte, um seinem Anliegen einen deutschen Anstrich zu geben. Ohne staatliche Unterstützung blieb der Verein weit hinter seinen selbstgesetzten Zielen zurück und musste sich mit der Etablierung eines kleineren privaten Parks in der Lüneburger Heide bescheiden. Einen zweiten Park in den Hohen Tauern konnte er nur ansatzweise umsetzen, ein dritter Park im Mittelgebirge und ein kurzzeitig erwogener vierter Park am Meer blieben Papier.[270]

Conwentz vertrat seine Ideen engagiert und verbreitete sie über Deutschland hinaus, wo sie auf einen raschen und positiven Widerhall stießen. Das Naturdenkmal wurde zum Leitbegriff eines frühen europäischen Naturschutzdiskurses, der staatliche und sprachliche Grenzen erstaunlich leicht überwand. In den Niederlanden wurde die Vereeniging tot Behoud von Natuurmonumenten (1905) gegründet, in der Schweiz die Kommission für die Erhaltung von Naturdenkmälern und prähistorischen Stätten (1906) und in Italien die Lega Nazionale per la Protezione dei monumenti naturali (1913). In Frankreich wurden gesetzliche Grundlagen zum Schutz der monuments de la nature (1906) und in Schweden der naturminnen (1909) geschaffen, während sich die Naturschützer in Russland in dieser Zeit um den Fortbestand ihrer *pamiatniki prirody* zu sorgen begannen.[271] Das europäische Naturdenkmal[272] stand für eine Schutzstrategie auf vielen kleinen Flächen, während der amerikanische Nationalpark zum Inbegriff einer auf den Schutz großer Flächen ausgerichteten Strategie wurde. Mit dem Denkmal und dem Park referierten beide Konzepte auf etablierte Begrifflichkeiten und waren leicht in verschiedene Sprachen

269 Conwentz, H., Die Gefährdung der Naturdenkmäler und Vorschläge zu ihrer Erhaltung, Berlin 1904.

270 Kupper, P. u. A.-K. Wöbse, Geschichte des Nationalparks Hohe Tauern. Mit Beiträgen von Ute Hasenöhrl, Georg Stöger, Ortrun Veichtlbauer, Ronald Würflinger, Innsbruck 2013. Das Zitat stammt aus Floericke, K., Entwicklung, Stand und Aussichten der Naturschutzparkbewegung, in: Naturschutzpark (Hg.), Naturschutzparke in Deutschland und Österreich: Ein Mahnwort an das deutsche und österreichische Volk, Stuttgart 1913, S. 7–18, hier S. 13.

271 Kupper, Nationalparks in der europäischen Geschichte.

272 Der Begriff Naturdenkmal fand auch in den USA Verwendung (siehe Rothman, H., Preserving Different Pasts. The American National Monuments, Urbana 1989). Unklar ist, ob es sich um mehr als eine zufällige zeitliche und terminologische Übereinstimmung handelt, da konkrete Verbindungen zur europäischen Diskussion bislang nicht nachgewiesen wurden.

übertragbar, was ihrer internationalen Zirkulation und Adaption förderlich war. Die mit den beiden Schutzkonzepten aufgeworfene Frage, ob wenige große oder viele kleine Naturreservate dem Artenschutz mehr dienen würden, wurde indessen zum wiederkehrenden Streitpunkt einer ausgedehnten ökologischen Debatte, die bis heute nicht abgeschlossen ist.[273]

Dass sich beide Strategien kombiniert verfolgen ließen, demonstrierte Schweden, das 1909 gleichzeitig zwei Gesetze erließ, ein Naturdenkmal- und ein Nationalparkgesetz. Für das Konzept des Naturdenkmals bedienten sich die Schweden bei Conwentz, während sie für den Nationalpark weitgehend das amerikanische Modell adaptierten. Die parlamentarische Gesetzeskommission sprach vom Doppelcharakter des Nationalparks, der zugleich eine natürliche Kuriosität, die es zu bewahren, und eine Touristenattraktion war, die es nicht zuletzt auch in patriotischer Absicht zu erschließen galt. Damit übernahm Schweden neben der nationalstaatlichen Zuständigkeit auch die paradoxe Zielsetzung des amerikanischen Vorbilds: Schutz bei gleichzeitiger Nutzung.[274] Anders entwickelte sich die Diskussion zur selben Zeit in der Schweiz, wo sich unter Paul Sarasins Führung eine naturwissenschaftliche Sichtweise durchsetzte und ab 1909 ein um die 150 km^2 großes Naturreservat realisiert wurde, das außergewöhnlich strengen Schutzbestimmungen unterlag. Zur fortlaufenden Beobachtung und Dokumentation des ausgeschiedenen Gebiets in den Südbündner Alpen richtete die Schweizerische Naturforschende Gesellschaft eine wissenschaftliche Kommission ein. Unter dem Namen Schweizerischer Nationalpark wurde das Schutzgebiet zum globalen Vorbild für einen wissenschaftlich begründeten Naturschutz.[275]

Einig waren sich die Naturschützer, dass es die autochthonen Pflanzen und Tiere umfassend zu bewahren gelte, wozu die seltenen Arten öffentlich geschützt gehörten. Mit einigem Erfolg bewirkten sie schon vor 1914 den Erlass einschlägiger Gesetze, die Ausweisung von Schongebieten und die Einrichtung staatlicher Fachstellen. Eine Minderheit, deren wichtigstes Sprachrohr Paul Sarasin war, wollte auch den Schutz von „Naturvölkern" in den Arbeitsbereich des Naturschutzes aufnehmen, wobei Sarasin für diese Völker, die er mitunter als „anthropologische Naturdenkmäler" bezeichnete, „unantastbare Reservationen" vorschwebten. Europäer hätten diese nach Sarasins Vorstellungen nur mit staatlicher Genehmigung für Forschungszwecke betreten und die „Eingeborenen" sie nicht verlassen dürfen.[276] Diese Ausweitung des Tätigkeitfeldes ging vielen zu weit, zumal der Naturschutz damit in bestehende Zuständigkeiten der Bevölkerungs- beziehungsweise Biopolitik eingedrungen wäre.

273 Siehe Lewis, M., Wilderness and Conservation Science, in: Ders. (Hg.), American Wilderness. A New History, New York 2007, S. 205–222.

274 Siehe Mels, T., Wild Landscapes. The Cultural Nature of Swedish National Parks, Lund 1999.

275 Kupper, Wildnis schaffen.

276 Sarasin, Weltnaturschutz, S. 22/23. Siehe dazu Wöbse, A.-K., Paul Sarasins „anthropologischer Naturschutz". Zur ‚Größe' Mensch im frühen internationalen Naturschutz. Ein Werkstattbericht, in: G. Gröning u. J. Wolschke-Bulmahn (Hg.), Naturschutz und Demokratie!?, München 2006, S. 207–214.

Gleichwohl entwickelte sich der Umgang mit der lokalen Bevölkerung zu einem neuralgischen Punkt der Naturschutzpolitik. Die Einrichtung von Schutzgebieten beinhaltete oft die Aussiedlung von dort wohnhaften Menschen und beinahe immer die Unterbindung hergebrachter Nutzungsformen des Sammelns und Jagens sowie der Land- und Forstwirtschaft, was erklärlicherweise dazu führte, dass dem Naturschutz vor Ort oftmals und in ländlichen Gebieten im Speziellen Ablehnung und Obstruktion entgegenschlugen. Andernorts wurde Sarasins Vorschlag adaptiert und Einheimische in Nationalparks belassen, was allerdings mit der Erwartung verknüpft war, dass diese sich „naturgemäß" verhalten würden, was wiederum eine habituelle Folklorisierung und im schlimmeren Fall ein erzwungenes Verharren in überholten Lebensweisen mit sich bringen konnte. Beispiele dafür finden sich vorwiegend im globalen Süden, aber auch in peripehreren Regionen Europas, etwa in den von Samen besiedelten Gebieten Skandinaviens oder in der polnischen Hohen Tatra.[277]

Die Naturschutzpioniere machten sich einen globalen Blick auf die Welt zu eigen. Gleichzeitig blieb ihr Denken und Handeln in den politischen Strukturen ihrer Zeit verhaftet, die durch ein dynamisches Nebeneinander von Nationalstaaten und (vorwiegend europäischen) Imperien sowie einen sich schwungvoll entwickelnden Internationalismus geprägt waren. Von Letzterem versprachen sich optimistische Zeitgenossen große Fortschritte für die Menschheit. Aber nicht etwa die Bildung supranationaler Strukturen war die vor 1914 dominierende Zukunftsvision, sondern eine internationale Koordination und mithin Assimilation national konstituierter Einheiten, die als organisatorische Grundbausteine letztlich unhinterfragt blieben.[278] So übertrug auch Paul Sarasin in seinem Entwurf für einen Weltnaturschutz „alle naturschützerischen Gebiete, welche von einer Nation selbst innerhalb ihrer politischen Grenzen bewältigt werden können und bewältigt werden sollen", dem nationalen Naturschutz. „[…] so bleibt dem internationalen die Kontrolle des nationalen Naturschutzes, welcher übrigens seinerseits den Kern des Weltnaturschutzes bildet."[279] Naturschutz war ein globales Anliegen, seine Durchführung sollte jedoch den einzelnen Nationen obliegen.[280]

277 Siehe Bont, R. de, "Primitives" and Protected Areas: International Conservation and the "Naturalization" of Indigenous People, ca. 1910–1975, in: Journal of the History of Ideas 76 (2015), S. 215–236; Mels, Wild Landscapes; Hoenig, B., Geteilte Berge. Eine Konfliktgeschichte der Naturnutzung in der Tatra, Göttingen 2018; Hamilton, S. R., Cultivating Nature. The Conservation of a Valencian Working Landscape, Seattle 2018.

278 Siehe Geyer, M. H. u. J. Paulmann (Hg.), The Mechanics of Internationalism. Culture, Society and Politics from the 1840s to the First World War, Oxford 2001; Herren, M., Hintertüren zur Macht. Internationalismus und modernisierungsorientierte Außenpolitik in Belgien, der Schweiz und den USA, 1865–1914, München 2000; und zum Verhältnis von Nationalstaaten und Imperien zudem Leonhard, J. u. U. v. Hirschhausen, Empires und Nationalstaaten im 19. Jahrhundert, Göttingen 2009.

279 Sarasin, Weltnaturschutz, S. 9.

280 Immerhin schlug Sarasin vor, Spitzbergen, dessen staatliche Zugehörigkeit in jenen Jahren debattiert und verhandelt wurde, zu einem europäischen Naturschutzgebiet zu erklären. Für die Polargebiete

Schluss

Im Rückblick fragt es sich, wieso es Naturschutz, Lebensreform und Hygienebewegung nicht fertigbrachten, sich anfangs des 20. Jahrhunderts zu einer umfassenderen Umweltbewegung zusammenzuschließen.[281] Die Probleme waren drängend, wurden als solche auch erkannt, und es standen holistische Konzepte wie etwa die Lebensgemeinschaft zur Verfügung, mit denen sie in einen Gesamtzusammenhang hätten gebracht werden können. Dies geschah aber nicht. Da die Fragen nach dem Wieso-nicht hypothetischer Art sind, können sie auch nur in hypothetischer Form beantwortet werden. Vieles spricht dafür, dass die damaligen Protagonisten damit absorbiert waren, ihre jeweiligen Problemstellungen zu klären und ihnen Nachdruck und Unterstützung zu verschaffen. Auch galt es erst einmal, das eigene Arbeitsfeld gegen andere abzugrenzen und so den jungen Bewegungen zu einer unverwechselbaren eigenen Identität sowie zu einem sicheren und gefestigten Rückhalt zu verhelfen. Dies führte zu einer Betonung der Unterschiede und vertrug sich schlecht mit einer systematischen Koordinierung der Aktivitäten.

Die Bewegungen übten zwar eine zuweilen durchaus scharfe Gesellschaftskritik, in ihren Lösungsvorschlägen hielten sie sich aber, von kleinen Gruppen radikaler Lebensreformer und sozialistischer Arbeiter abgesehen, an die Normen der bürgerlichen Gesellschaft. Daher sind sie zugleich als Produkte einer bürgerlichen Moderne und als Ausdruck von deren Krisenhaftigkeit zu verstehen. Der Naturschutz und verwandte Bewegungen rückten die Bedrohung der Natur durch die Modernisierung ins Zentrum und versuchten dem entgegenzutreten, was sie für naturschädigende Auswüchse der zivilisatorischen Entwicklung erachteten. Sie waren darum bemüht, dem Strom der Modernisierung Elemente zu entreißen und zu bewahren, die sie für besonders ursprünglich und unberührt und damit natürlich hielten. Die Bewegungen setzten sich hohe Ziele und erzielten, gerade in den Anfangsjahren, durchaus beachtliche Erfolge. So wurde beispielsweise, um auf die Eingangsszene dieses Kapitels zurückzukommen, noch auf dem Kongress in Graz 1910 ein „provisorisches Komitee für Weltnaturschutz" gebildet und Sarasin das Präsidium übertragen. Auf dessen Betreiben lud die Schweizer Regierung daraufhin zu einer Weltnaturschutzkonferenz nach Bern ein, der 1913 mit Ausnahme des aufstrebenden Japan alle wichtigen zeitgenössischen Mächte Folge leisteten. Sie endete mit der Einrichtung einer Internationalen Naturschutzkommission mit Sitz in Basel. Die Einladungen für eine Folgekonferenz waren bereits verschickt, als im Sommer 1914 der Krieg ausbrach, der die Weiterführung der Arbeiten abrupt stoppte.[282]

Der Erste Weltkrieg wurde zur Zäsur. Er versetzte dem zivilisatorischen Optimismus der Naturschutzbewegung wie auch der Bewegung selbst einen nach-

---

wünschte er sich internationale Naturschutzgesetze, für deren Durchsetzung er aber eine Aufteilung des Mare liberum unter die angrenzenden Nationen für erforderlich hielt. Ebd., S. 12–17.

281 Vgl. Radkau, J., Die Ära der Ökologie. Eine Weltgeschichte, München 2011, S. 58–81.

282 Kupper, Wildnis schaffen, S. 81–92.

haltigen Dämpfer. Die Bestrebungen gingen in der Zwischenkriegszeit weiter, die Aufbruchsstimmung war aber verflogen. Die Mittel waren knapp, national und regional hatte der Naturschutz kaum irgendwo Priorität und die zumeist angespannte internationale Lage erschwerte ein länderübergreifendes Vorgehen. Obwohl die Naturschutzorganisationen weiterhin neue Mitglieder gewannen und erfolgreich Naturschutzgesetze und -verordnungen auf den Weg brachten, waren sie enttäuscht angesichts der langsamen Umsetzung und schlechten Durchsetzung dieser Erlasse. Politisch zeigten sich viele Naturschützer indifferent und arrangierten sich mit den unterschiedlichsten Regimen, wodurch sie sich in Teilen in menschenverachtende Praktiken verstrickten.[283]

Auf internationaler Ebene eröffnete die Zeit nach dem Zweiten Weltkrieg dann neue Möglichkeiten, bevor mit Beginn der 1970er Jahre die Umweltdebatte für frische Impulse und eine Erneuerung der Bewegung sorgte. Zur 1948 gegründeten Weltnaturschutzorganisation IUCN gesellten sich in den folgenden Jahrzehnten eine Reihe internationaler Nichtregierungsorganisationen. Seit den 1960er Jahren übernahmen weltweit die UNESCO und auf europäischer Ebene der Europarat wichtige ergänzende Funktionen.[284] Der Schwund der Artenvielfalt und der naturnahen Lebensräume hielt allerdings trotz beharrlicher Aktivitäten dieser und einer Vielzahl nationaler und lokaler Naturschutzorganisationen nicht nur durch das ganze 20. Jahrhundert und bis in die Gegenwart hinein an, sondern er dürfte sich gar weiter beschleunigt haben.[285]

10. Politische Regime

Vier Jahre nach dem Marsch auf Rom und seiner Machtübernahme wandte sich Benito Mussolini Ende Oktober 1926 in Reggio Emilia an seine Anhänger: „In zehn Jahren, Kameraden, wird Italien nicht wiederzuerkennen sein! Wir werden es umgestaltet haben, wir werden ein anderes Italien gemacht haben: von den Bergen, die wir mit den erforderlichen grünen Baumkronen bedeckt haben, zu den Feldern, die wir vollständig urbar gemacht haben, zu den Eisenbahnen, die wir ausgebaut haben, und den Häfen, die wir ausgerüstet haben, denn Italien muss seine seefahrende Seele wiederfinden. Dies sind die politischen und moralischen Umgestaltungen. Wir werden den neuen Italiener schaffen, einen Italiener, der

283 Siehe das Kap. 10 Politische Regime.

284 Kaiser, W. u. J.-H. Meyer, International Organizations and Environmental Protection. Conservation and Globalization in the Twentieth Century, New York 2016; Schleper, S., Planning for the Planet. Environmental Expertise and the International Union for Conservation of Nature and Natural Resources, 1960–1980, New York 2019; Wöbse u. Kupper, Greening Europe. Siehe auch Kap. 12 Umweltschutz.

285 Siehe Adams, W. M., Against Extinction. The Story of Conservation, London 2004.

dem von gestern nicht ähneln wird."[286] In dieser kurzen Passage brachte der Duce, der sich 1926 endgültig zum Diktator aufgeschwungen hatte, nicht nur seinen ungeheuren Anspruch prägnant zum Ausdruck, mit der Vergangenheit radikal zu brechen und mit seiner faschistischen Bewegung einen gänzlich neuen Menschen zu schaffen, sondern er strich auch die zentrale Bedeutung heraus, die er der Gestaltung der Umwelt bei der Verwirklichung seines Vorhabens zuwies.[287]

Wie sind die Aussagen Mussolinis historisch auszulegen und einzuordnen? Offenbaren sie einen spezifischen Zugang des italienischen Faschismus zur Umwelt, und falls ja, was charakterisierte ihn, und wie wirkte er sich realpolitisch aus? Oder weist Mussolinis Rede über den italienischen Fall hinaus? Zeigen sich Analogien zum Nationalsozialismus und dessen Praxis, sodass sich ein faschistisches beziehungsweise faschistisch-nationalsozialistisches Naturverständnis oder Umwelthandeln herauspräparieren ließe? Oder könnte die Totalitarismus-Theorie als Interpretationsrahmen dienen, sodass etwa Stalins Sowjetunion unter derselben Rubrik zu führen wäre? Doch damit nicht genug: Eine weitere Möglichkeit der Ein- und Zuordnung bietet die Kategorie Autoritäre Regime, die ebenfalls faschistische und realsozialistische Herrschaftssysteme in sich vereint, aber einerseits über diese hinausgeht und etwa auch Militärdiktaturen einbezieht und andererseits nicht den totalitären, sondern den autoritären Charakter einer Herrschaft als deren bestimmendes Wesensmerkmal festlegt.

Darüber hinaus gilt es zu erörtern, ob die im italienischen Faschismus vorgefundenen Merkmale nicht im engeren oder weiteren Sinn zeit- und raumspezifisch sind. Dies würde heißen, dass sie zum einen Ausprägungen eines im Europa der Zwischenkriegszeit vorherrschenden Naturverständnisses wären oder zumindest wesentliche Ingredienzien eines solchen aufweisen würden, oder aber in der weiteren Variante, dass sie sich in die Entwicklung einer europäischen Moderne einfügten. Diese Fragestellung lässt sich wiederum auf zwei Wegen angehen: zum einen über einen synchronen zeitgenössischen Vergleich mit liberalem Gedankengut und der Politik demokratischer Länder und zum anderen in einer diachronen Betrachtung, die nach Brüchen und Kontinuitäten zu vorangehenden und nachfolgenden politischen Systemen fragt. Hinter der Suche nach Gemeinsamkeiten und Unterschieden, Brüchen und Kontinuitäten verbirgt sich eine weitere für die Umweltgeschichte zentrale Frage, nämlich, wie stark politische Regime die Sicht auf die Umwelt, den gesellschaftlich Umgang mit ihr und letztlich die Umwelt selbst prägten. Hatten sie entscheidenden Einfluss darauf, wie sich die sozionaturalen Verhältnisse entwickelten, oder war ihre Reichweite eher beschränkt? Kräuselten die politischen

286 Mussolini, B., Opera Omnia di Benito Mussolini, vol. XXII: Dall'attentato Zaniboni al discorso dell'Ascensione (5 novembre 1925 – 26 maggio 1927), Firenze 1957, S. 246. Meine Übersetzung.

287 Zum „neuen Menschen" siehe Gentile, E., Der „neue Mensch" des Faschismus. Reflexionen über ein totalitäres Experiment, in: T. Schlemmer (Hg.), Der Faschismus in Europa. Wege der Forschung, München 2014, S. 89–106.

Geschehnisse, um mit Fernand Braudel zu sprechen, lediglich die Oberfläche des Geschehens, waren somit zwar gut sichtbar, blieben aber letztlich ohne große Wirkung auf die tieferen, richtungsbestimmenden Strömungen der Geschichte?

Der Militärhistoriker sähe sich bei der Erörterung solcher Fragen wohl ein Minenfeld durchschreiten. Für den Umwelthistoriker gleicht sie eher einer Gratwanderung auf schmalem Pfade. Um einen Absturz auf die eine oder andere Seite zu verhindern, gilt es, zum einen die Tragfähigkeit groß angelegter Vergleiche und Kategorisierungen politischer Systeme und deren Grenzen für das geschichtswissenschaftliche Arbeiten im Auge zu behalten[288] und zum anderen nicht vorschnell analytische Zuordnung und moralische Bewertung zusammenzulegen. Eine konsequente Umweltpolitik rehabilitiert in keiner Weise ein Unrechtsregime. Umgekehrt wird ein umweltpolitisches Engagement nicht pauschal desavouiert, weil es mit Billigung eines Unrechtsregimes geschah. Zum Beispiel: Wenn Nationalsozialisten Naturschutz betrieben, muss dieser vorbehaltslos in seinen konkreten historischen Zusammenhängen ergründet werden, wozu auch und insbesondere gehört, dass die Diskurse und Handlungen sorgfältig in den breiteren zeitgenössischen Kontext und die längeren Entwicklungslinien eingeordnet werden. So ist zu fragen, was die Nationalsozialisten antrieb, sich für Naturschutzanliegen einzusetzen, wie sie den Naturschutz verstanden und wie ihr Regime davon profitierte. Ebenso ist zu fragen, wie der etablierte Naturschutz, seine Exponenten und Organisationen, reagierten, ob und wie weit sie sich mit dem nationalsozialistischen Regime einließen, mit welchen Absichten sie es taten, und welche Konsequenzen ihre Handlungen im und nach dem Nationalsozialismus hatten.

Die folgenden Ausführungen konzentrieren sich auf die Zwischenkriegszeit, die sich für die vorliegende Problemstellung besonders anbietet, da dieser Zeitabschnitt wesentlich durch den scharfen Wettbewerb und die gewaltsame Konfrontation von Weltanschauungen geprägt war.[289] Im Mittelpunkt stehen zunächst das faschistische Italien und das nationalsozialistische Deutschland. Anschließend wenden wir uns der stalinistischen Sowjetunion zu, bevor wir abschließend erörtern, wie einerseits Ansätze zu bewerten sind, die verschiedene Regime in den Kategorien des Totalitarismus oder Autoritarismus zu fassen suchen, und in welchem Verhältnis andererseits hergebrachte liberal oder auch monarchisch-parlamentarisch verfasste politische Systeme zu den besprochenen, in jener Zeit sich neu etablierenden Regimen stehen. Veranschaulicht werden die Ausführungen durch kurze Exkurse in die Naturschutzpolitik der jeweiligen Regime.

---

288 Vgl. Schmiechen-Ackermann, D., Diktaturenvergleich, in: Docupedia-Zeitgeschichte, http://dx.doi.org/10.14765/zzf.dok.2.599.v1 (zuletzt eingesehen am 05.05.2021).

289 Siehe etwa Raphael, L., Imperiale Gewalt und mobilisierte Nation. Europa 1914–1945, Bonn 2014.

Faschismus

„Relatively little scholarly attention has been paid to the environmental profile of fascist regimes and movements", liest man im Eintrag zu Faschismus in der 2004 erschienenen Encyclopedia of World Environmental History.[290] Dies hat sich seither gründlich geändert. Insbesondere zum Nationalsozialismus erschienen in den 2000er Jahren mehrere substanzielle Publikationen, welche die Forschung auf eine neue Grundlage stellten.[291] Mit leichter Verspätung ist auch der Umweltgeschichte des italienischen Faschismus eine erhöhte Aufmerksamkeit zuteil geworden,[292] während die Umweltgeschichte zu anderen faschistischen Regimen noch am Anfang steht. Dies gilt für den kurzlebigen Austrofaschismus ebenso wie für das langlebige Franco-Regime in Spanien, um nur zwei bedeutende Beispiele zu nennen.[293]

Um zunächst auf den italienischen Faschismus zu sprechen zu kommen, soll nochmals die eingangs zitierte Rede Mussolinis aufgegriffen werden. Bemerkenswert ist die Reihenfolge, in der Mussolini die Maßnahmen aufzählt, dank derer in nur zehn Jahren ein neues Italien entstehen sollte. Zunächst nannte Mussolini die Berge, die aufgeforstet werden sollten. Davon versprach er sich ein milderes Klima, das den Charakter seines neuen Italieners positiv beeinflussen, ihn leistungsfähiger und kriegerischer machen würde – bezeichnenderweise verwendete Mussolini nur die männliche Form. An die zweite Stelle setzte der Duce die Landwirtschaft, die er bis aufs letzte brauchbare Feld auszudehnen versprach, bevor er abschließend

290 Staudenmaier, P., Fascism, in: S. Krech, J. R. McNeill u. C. Merchant (Hg.), Encyclopedia of World Environmental History, New York 2004, S. 517–521, hier S. 517.

291 Siehe insbesondere Zeller, T., Straße, Bahn, Panorama. Verkehrswege und Landschaftsveränderung in Deutschland von 1930 bis 1990, Frankfurt a.M. 2002; Radkau, J. u. F. Uekötter (Hg.), Naturschutz und Nationalsozialismus, Frankfurt a.M. 2003; Lekan, T. M., Imagining the Nation in Nature. Landscape Preservation and German Identity, 1885–1945, Cambridge 2004; Oberkrome, W., Deutsche Heimat. Nationale Konzeption und regionale Praxis von Naturschutz, Landschaftsgestaltung und Kulturpolitik in Westfalen-Lippe und Thüringen (1900–1960), Paderborn 2004; Brüggemeier, F.-J., M. Cioc u. T. Zeller (Hg.), How Green Were the Nazis? Nature, Environment, and Nation in the Third Reich, Athens, Ohio 2005; Uekötter, F., The Green and the Brown. A History of Conservation in Nazi Germany, Cambridge 2006. Für neuere Überblicke siehe Brüggemeier, F.-J., Schranken der Natur. Umwelt, Gesellschaft, Experimente 1750 bis heute, Essen 2014, S. 188–210; Uekötter, F., Deutschland in Grün. Eine zwiespältige Erfolgsgeschichte, Göttingen 2015, S. 63–79.

292 Siehe Armiero, M. u. W. Graf v. Hardenberg, Green Rhetoric in Blackshirts. Italian Fascism and the Environment, in: Environment and History 19 (2013), S. 283–311.

293 Zum Austrofaschismus siehe Groß, R., Zwischen Kruckenkreuz und Hakenkreuz: Tourismuslandschaften während der 1000-Reichsmark-Sperre, in: Montfort (2013), S. 53–72; zu Spanien Swyngedouw, E., Liquid Power. Contested Hydro-Modernities in Twentieth-Century Spain, Cambridge 2015; Hamilton, S. R., Environmental Change and Protest in Franco's Spain, 1939–1975, in: Environmental History 22 (2017), S. 257–281; Gorostiza, S., "There Are the Pyrenees!" Fortifying the Nation in Francoist Spain, in: Environmental History 23 (2018), S. 797–823. Welche weiteren Regime als faschistisch klassifiziert werden, ist definitionsabhängig. Siehe Esposito, F., Faschismus – Begriff und Theorien, in: Docupedia-Zeitgeschichte (2016), doi.org/10.14765/zzf.dok.2.701.v1 (zuletzt eingesehen am 06.05.2021). In vielen europäischen Ländern entstanden in der Zwischenkriegszeit schlagkräftige faschistische Bewegungen, von denen einige im Zuge des Zweiten Weltkriegs kurzfristig an die Macht gelangten.

mit den Eisenbahnen und den Häfen die Erneuerung der technischen Infrastruktur ansprach, nicht ohne die Gelegenheit auszulassen, mit der angeblich verloren gegangenen seefahrenden Seele die glorreiche Vergangenheit des Landes zu beschwören. Auf dieser durch eine systematische Verbesserung der natürlichen und der technischen Umwelt geschaffenen Grundlage sollte sich der neue Italiener des Faschismus erheben.

Von besonderem umwelthistorischem Interesse ist zum einen der hohe Stellenwert, den Mussolini und seine Faschisten Natur und Landschaft zuschrieben, und zum anderen, dass sie die Überhöhung der Berge und des ländlichen Raums mit einer forst- und agrarwirtschaftlichen Durchdringung des gesamten Territoriums und dessen technischer Erschließung kombinierten. Die faschistische Natur war eine durch und für den Menschen oder, genauer gesagt, den „neuen Italiener" zugerichtete Natur. Die wilde Natur war nur insofern von Interesse, als sich der faschistische Mann an ihr beweisen und stählen konnte, indem er sie etwa mittels Meliorationen kultivierte oder in Form von Gipfelbesteigungen bezwang. Die Trockenlegung der Pontinischen Sümpfe südöstlich von Rom war neben den zahlreichen Monumentalbauten vielleicht das Vorzeigeprojekt des faschistischen Italien. Neben dem Seefahrer diente der Bergsteiger und allgemein der kräftige, durch die raue Umgebung abgehärtete Bewohner der Alpen als faschistisches Männlichkeitsideal. Es war auch diese im Zuge der Unterwerfung der äußeren Natur hart erarbeitete innere Natur des italienischen Mannes, die ihn über andere erhob und somit zur Herrschaft bestimmte. Sie legitimierte, ja erforderte in der verqueren Logik des Faschismus geradezu Italiens militärische Expansion und seine angestrebte Rolle als europäische Groß- und Kolonialmacht.[294]

Die ideologische Ausrichtung kam auch in der Naturschutzpolitik des Regimes zum Tragen und zeigte sich etwa in der Einrichtung und dem Betrieb von Nationalparks. Während der faschistischen Zeit wurden die vier ersten italienischen Nationalparks eingerichtet, wobei die Parkgründungen in zwei unterschiedlichen Phasen erfolgten. Die ersten beiden Parkgründungen Gran Paradiso (Ende 1922) und Abruzzo (1923) erfolgten kurz nach der Machtergreifung Mussolinis und waren das Resultat von Aushandlungen, die vor dem Faschismus geführt worden waren. Hauptanliegen der Parkpromotoren aus Naturschutz- und Tourismuskreisen war der Schutz charismatischer Säugetiere, des Steinbocks in den Alpen und des Bären in den Abruzzen, in Verbindung mit einer touristischen Erschließung. Die beiden folgenden Parkgründungen Circeo und Stelvio (deutsch Stilfserjoch) fielen hingegen auf den Höhepunkt der faschistischen Herrschaft Mitte der 1930er Jahre. Bei beiden Parks spielten Naturschutzgedanken eine marginale Rolle. Der 1934 gegründete Circeo-Nationalpark war Teil der Trockenlegungskampagne der Pontinischen

294 Hardenberg, W. G., Act Locally, Think Nationally. A Brief History of Access Rights and Environmental Conflicts in Fascist Italy, in: M. Armiero u. M. Hall (Hg.), Nature and History in Modern Italy, Athens 2009, S. 141–160; Armiero, M., A Rugged Nation. Mountains and the Making of Modern Italy, Cambridge 2011, S. 109–154.

Sümpfe und sollte zu einer Schaulandschaft gestaltet werden, die archaische und antike Elemente verband und so an die römischen Wurzeln Italiens erinnerte. Der Stelvio-Nationalpark wurde 1935 in den östlichen Alpen gegründet. Das Gebiet interessierte wegen seiner landschaftlichen Schönheit und des touristischen Potentials, vor allem aber lag es an der italienisch-deutschen Sprachgrenze im nach dem Ersten Weltkrieg dazugewonnenen Trentino-Südtirol. Der Park war in erster Linie ein Nationalmonument für den Irredentismus und die italienischen Opfer des Ersten Weltkriegs.[295]

Nationalsozialismus

Der Nationalsozialismus stand dem italienischen Faschismus ideologisch nahe, was sich auch in ähnlichen Naturkonzeptionen niederschlug. Beide Weltanschauungen kennzeichneten eine Engführung von nationalem Charakter und heimischer Landschaft, die agrarromantische Verherrlichung des Landlebens, die zivilisationskritische Ablehnung des Urbanen und das Zelebrieren einer organischen Volksgemeinschaft. Die vorgestellte ideale Natur war jene einer intensiv gepflegten Kulturlandschaft, in der die innere Natur des Volksgenossen mit der ihn umgebenden äußeren Natur zu ihrer nationalen und (rassen-)biologischen Übereinstimmung und Bestimmung fand. Wo die Landschaft diese Anforderungen (noch) nicht erfüllte, war sie in Besitz zu nehmen und entsprechend der ideologischen Vorgaben zu kultivieren und zivilisieren. Beide Ideologien kämpften auch mit inneren Widersprüchen, die sich zwangsläufig aus der Kombination rückwärtsgewandter Ansichten mit vorwärts gerichteten Elementen ergaben. So vertrug sich die nostalgische Besinnung auf die heimische Scholle und den bodenständigen Landbewohner nur bedingt mit einer Agrarpolitik, die darauf abzielte, die Landwirtschaft zwecks Ertragssteigerung rasch zu erneuern und auszuweiten, oder mit einer Wirtschaftspolitik, die dem Wachstum der industriellen Kapazitäten absoluten Vorrang einräumte. Bekenntnisse zur Ruralität auf der einen und zur Modernität auf der anderen Seite erzeugten im italienischen Faschismus und im Nationalsozialismus ein permanentes Spannungsverhältnis.[296]

Es gab auch ideologische Unterschiede. In der nationalsozialistischen Ideologie spielte der Rassismus eine viele dominantere Rolle, und der alles beherrschende Antisemitismus war ihr eigen. Antisemitismus, Rassismus und Kriegsvorbereitung waren im Nationalsozialismus denn auch die Leitplanken, denen sich alle anderen Anliegen ein- und unterzuordnen hatten. Die bedeutenderen Unterschiede als in

295 Armiero u. Graf v. Hardenberg, Green Rhetoric in Blackshirts, S. 298–309; Hardenberg, W. G., A Nation's Parks. Failure and Success in Fascist Nature Conservation, in: Modern Italy 19 (2014), S. 275–285; Ders., Monastery for the Ibex. Conservation, State, and Conflict on the Gran Paradiso 1919–1949, Pittsburgh 2021.

296 Siehe Bavaj, R., Die Ambivalenz der Moderne im Nationalsozialismus. Eine Bilanz der Forschung, München 2003, insb. S. 142–152.

der Anschauung zeigten sich denn auch in der Praxis. Während Mussolini, wie gesehen, Natur und Landschaft in seinen Reden aktiv thematisierte und sich auch gerne selbst in ihr inszenierte, so etwa bei der ersten Ernte in der trockengelegten Pontinischen Ebene, wo er vor laufenden Kameras den Oberkörper entblößte und gleich selbst anpackte, überließ Hitler dieses Feld vornehmlich Gefolgsmännern. So setzten sich etwa Hermann Göring, Fritz Todt, Rudolf Hess und Heinrich Himmler zeitweise für Anliegen des Naturschutzes ein. Von einem grünen Flügel innerhalb der Nationalsozialistischen Partei, wie ihn die ältere Literatur teilweise erkennen wollte, kann jedoch keine Rede sein.[297] Vielmehr gesellte sich zu den ideologischen Widersprüchen und Unbestimmtheiten eine Vielstimmigkeit, die bis in den engeren Führungszirkel reichte. Von einer einheitlichen und kontinuierlichen Politik war das NS-Regime in diesen wie auch in anderen Fragen weit entfernt. Vielmehr zeigte sich der polykratische Charakter der nationalsozialistischen Herrschaft. Politische Entscheidungen hingen stark von persönlichen Interessen, internen Machtkämpfen und momentanen Kräftekonstellationen ab, während sich die praktische Umsetzung auf dem Hintergrund von Kompetenzwirrwarr und -gerangel staatlicher Institutionen und NS-Organisationen abspielte.[298]

Am Naturschutz lässt sich die vielschichtige Wirklichkeit unter dem Nationalsozialismus beispielhaft aufzeigen. Nachdem der Naturschutz in der Weimarer Republik stagniert hatte, verabschiedete das NS-Regime 1935 ein Reichsnaturschutzgesetz, das die Anliegen der Naturschutzbewegung weitgehend aufnahm und viele Naturschützer optimistisch in die Zukunft blicken ließ. Das Gesetz profitierte nicht unwesentlich vom persönlichen Einsatz Hermann Görings, der den Naturschutz zugleich dem Reichsforstamt und damit seinem eigenen Zuständigkeitsbereich einverleibte. Fortan konnte sich der Naturschutz auf eine ungleich bessere gesetzliche Grundlage stützen, die teilweise sehr weit reichte: Sie erlaubte etwa, Flächen zugunsten des Naturschutzes entschädigungslos zu enteignen. Wie erfolgreich die Naturschützer die neuen Instrumente in den folgenden Jahren anzuwenden wussten, ist noch nicht definitiv geklärt. Dafür fehlen derzeit noch repräsentative Fallstudien in genügend großer Zahl. Eindeutig ist aber, dass die Anliegen des Naturschutzes im Nationalsozialismus trotz der innovativen Gesetzgebung insgesamt unter massiven Druck gerieten. Andere Maßnahmen des Regimes liefen dem Naturschutz nämlich diametral entgegen. Die Agrarpolitik und der Reichsarbeitsdienst setzten den naturschützerisch wertvollen, bis dahin nur extensiv genutzten Landstrichen erheblich zu.[299] Der forciert vorangetriebene Autobahnbau zerschnitt derweilen

297 Siehe Uekötter, F., Natur- und Landschaftsschutz im Dritten Reich. Ein Literaturbericht, in: Radkau u. Uekötter, Naturschutz und Nationalsozialismus, S. 447–482.

298 Für eine kritische Bestandsaufnahme der Polykratie-Diskussion siehe Hachtmann, R., Polykratie – Ein Schlüssel zur Analyse der NS-Herrschaftsstruktur?, in: Docupedia-Zeitgeschichte, doi.org/10.14765/zzf.dok.2.1177.v1 (zuletzt eingesehen am 06.05.2021).

299 Zur Landwirtschaft siehe Langthaler, E., Schlachtfelder. Alltägliches Wirtschaften in der nationalsozialistischen Agrargesellschaft 1938–1945, Wien 2016; zum Arbeitsdienst Patel, K. K., Soldiers of Labor. Labor Service in Nazi Germany and New Deal America, 1933–1945, Washington 2005;

Landschaften. Zwar begleiteten sogenannte Landschaftsanwälte Planung und Bau der Autobahnen. Ihre Ratschläge und Gutachten zur landschaftskonformen Trassenführung und zur Begrünung der Autobahnränder wurden von der planenden Behörde und den ausführenden Ingenieuren aber regelmäßig ignoriert. Die touristischen Massenveranstaltungen, welche die NS-Organisation Kraft durch Freude durchführte, kontrastierten wiederum größtmöglich mit den Vorstellungen der Naturschützer des stillen, erbaulichen und respektvollen Naturgenusses. Letztlich blieb die Naturschutzpolitik des NS-Regime weit hinter den gesetzlichen Erlassen zurück und entpuppte sich vornehmlich als eine der leeren Versprechungen sowie der permanenten Vertröstungen auf einen späteren Zeitpunkt, an dem nicht mehr dringendere Erfordernisse, Konzessionen nötig machen würden, an dem nicht die Bewältigung der Wirtschaftskrise Vorrang habe, nicht die Aufrüstung und die Nahrungsautarkie sowie nicht die Kriegswirtschaft und die Kriegführung, und damit auf einen Zeitpunkt, der nie kam.[300]

Die vielversprechenden Ansätze und Bekundungen reichten allerdings, dass sich die Naturschutzbewegung mit dem NS-Regime nicht nur mehrheitlich arrangierte, sondern auch dessen Unterstützung aktiv suchte. Einzelne Exponenten dienten sich dem Regime geradezu bedenkenlos an und verstrickten sich so in die Verbrechen des Nationalsozialismus. Am weitesten ging diesbezüglich zweifellos die Mitarbeit während des Kriegs in den eroberten Gebieten im Osten.[301] Insgesamt reiht sich die Naturschutzbewegung in die Geschichte anderer bürgerlich geprägter Bewegungen im Nationalsozialismus ein. Die Naturschutzbewegung wurde gleichgeschaltet, nicht-arische oder dem Regime anderweitig nicht genehme Mitglieder wurden aus aktiven Rollen entfernt, die der Arbeiterbewegung zugehörende Organisation Die Naturfreunde wurde verboten. Das Verhalten einzelner Akteure des Naturschutzes reichte von innerer Distanzierung über pragmatische Mitarbeit und opportunistischem Profitschlagen bis zur überzeugten Mittäterschaft.[302]

Die Umweltgeschichte des Nationalsozialismus gehört inzwischen zu den gut erforschten Themen. Gleichwohl gibt es noch Lücken. Insbesondere wären zum einen Arbeiten wünschenswert, welche die Kenntnisse erweiterten, wie sich die zwölfjährige Herrschaft des Nationalsozialismus auf der lokalen und regionalen Ebene

---

und zur wechselvollen Geschichte des biologisch-dynamischen Landbaus im Nationalsozialismus Gerhard, G., Richard Walther Darré – Naturschützer oder ‚Rassenzüchter'?, in: Radkau u. Uekötter, Naturschutz und Nationalsozialismus, S. 257–272.

300 Siehe Zeller, Straße, Bahn, Panorama; Radkau u. Uekötter, Naturschutz und Nationalsozialismus; Lekan, Imagining the Nation in Nature; Oberkrome, Deutsche Heimat; Dirscherl, S., Tier- und Naturschutz im Nationalsozialismus. Gesetzgebung, Ideologie und Praxis, Göttingen 2012.

301 Blackbourn, D., Die Eroberung der Natur. Eine Geschichte der deutschen Landschaft, München 2007, S. 340–356.

302 Vgl. Uekötter, Deutschland in Grün, S. 72–79. Frohn, H.-W., Naturschutz macht Staat – Staat macht Naturschutz. Von der Staatlichen Stelle für Naturdenkmalpflege in Preußen bis zum Bundesamt für Naturschutz 1906 bis 2006 – eine Institutionengeschichte, in: Bundesamt für Naturschutz (Hg.), Natur und Staat: Staatlicher Naturschutz in Deutschland 1906–2006, Bonn 2006, S. 85–314, hier S. 157–193.

auswirkte. Zum anderen sind die 1938 dem Reich angeschlossenen beziehungsweise annektierten Gebiete der Ostmark (Österreich) und des Reichsgaus Sudetenland (Teil der Tschechoslowakei) bislang weitgehend unbearbeitet geblieben.[303]

Stalinismus

Wie nahm sich im selben Zeitraum zwischen den beiden Weltkriegen die Politik in der Sowjetunion im Vergleich zu jener im faschistischen Italien und im nationalsozialistischen Deutschland aus? Welche Parallelen zeigen sich, welche Unterschiede und welche Eigenheiten? Die sowjetischen Kader und ihre Erfüllungsgehilfen interessierte die Natur hauptsächlich in Bezug auf ihre ökonomische Verwertbarkeit und wie sich diese steigern ließ. In dieser Ausrichtung auf Produktion und Produktivität waren die sowjetischen den faschistischen und nationalsozialistischen Bestrebungen nicht unähnlich. Insbesondere nachdem Stalin Ende der 1920er Jahre die „Neue Ökonomische Politik“ Lenins aufgegeben hatte und der sowjetischen Wirtschaft 5-Jahres-Pläne zu verschreiben begann, nahm die zentralstaatlich gesteuerte Wirtschaftsentwicklung kaum mehr Rücksichten auf bestehende ökonomische, soziale und ökologische Strukturen. Die Industrialisierung wurde massiv vorangetrieben, wobei der Schwerpunkt auf die Schwerindustrie gelegt wurde, welche die Umwelt besonders stark belastete. Ganze Schwerindustriekonglomerate inklusive Planstädten für die Beschäftigten und ihre Familien wurden in kurzer Zeit aus dem Boden gestampft. Für Belange des Naturschutzes und für Rücksichten auf die Umwelt blieb bei der hektischen Aufbauarbeit ebenso wenig Zeit und Aufmerksamkeit wie für den Schutz der Gesundheit der Arbeiterinnen und Arbeiter. Zwangsarbeit, zu der das Regime Millionen politisch unliebsamer oder auch nur politisch verdächtiger Personen verurteilte, wurde, ebenso wie im Nationalsozialismus, ein integraler Teil des Systems. Wie in Italien und Deutschland war zudem die militärische Aufrüstung und Vorbereitung auf kommende Kriege, welche die sowjetische Führung für unvermeidlich hielt, von absoluter Priorität.[304]

Wie Mussolini machte auch Stalin den „Großen Bruch“ mit der Vergangenheit zum politischen Programm.[305] Im Gegensatz zu Mussolini und auch den Nationalsozialisten verstrickten sich die Sowjets jedoch in keine ideologischen Widersprüche,

303 Zur Naturschutz- und Umweltgeschichte des nationalsozialistischen Österreichs siehe das Kapitel von O. Veichtlbauer in Kupper, P. u. A.-K. Wöbse, Geschichte des Nationalparks Hohe Tauern. Mit Beiträgen von Ute Hasenöhrl, Georg Stöger, Ortrun Veichtlbauer, Ronald Würflinger, Innsbruck 2013; und Veichtlbauer, O., Port of Vienna. Infrastructures and War on the Danube River in Vienna, 1850–1950, in: M. D. Landry, P. Kupper u. V. Winiwarter (Hg.), Austrian Environmental History, Innsbruck 2018, S. 73–102.

304 Josephson, P. R. u. a., An Environmental History of Russia, Cambridge 2013, S. 128–131. Als Einstieg in die Umweltgeschichte des Russischen Reichs und der Sowjetunion siehe zudem Breyfogle, N. B. (Hg.), Eurasian Environments. Nature and Ecology in Imperial Russian and Soviet History, Pittsburgh 2018.

305 Josephson u. a., An Environmental History of Russia, S. 71–74.

war ihre Weltanschauung doch ausschließlich vorwärts gerichtet. Im Gegensatz zum italienischen und zum deutschen war der neue sowjetische Mensch durch und durch modern: Er war ein Fabrikarbeiter, der in der Stadt wohnte, oder ein Mitglied eines ländlichen sozialistischen Kollektivs, der in einer Kolchose mitwirkte. Agrarromantizismus war dem Stalinismus fremd, vielmehr war die vollständige Zerschlagung der ländlichen bäuerlichen Strukturen ein Hauptanliegen Stalins, das er mit eiserner Hand vorantrieb. Die Landwirtschaft wurde unter massiver Anwendung von Gewalt und ohne Rücksicht auf Produktionseinbußen flächendeckend kollektiviert. Als in direkter Folge davon Anfang der 1930er Jahre Hungerskrisen insbesondere in der Ukraine Millionen von Opfern forderten, nahm dies Stalin zumindest stillschweigend in Kauf.[306] Die Zahl der Menschenleben und der Umfang des menschlichen Leids, welche das stalinistische Regime zu verantworten hat, sind dermaßen enorm, dass sie die gravierenden Umweltschäden, die dieselbe Politik verursachte, vorerst zu Recht in den Schatten stellen. Gerade die Langzeitwirkung der Umweltbeeinträchtigungen und ihre negativen Auswirkungen nicht nur auf die Natur, sondern auch auf die Gesundheit der Menschen, machen sie jedoch zu einer begleitenden Tragödie.[307]

Die Sicht auf die Natur, welche unter Stalin vorherrschend wurde, war eine rein utilitaristische. Die Natur war so anzupassen, dass sie den gesellschaftlichen Vorstellungen der sowjetischen Führung den größten Nutzen brachten. In diesem Geiste nahmen sowjetische Ingenieure gigantische Projekte in Angriff, etwa für Dämme und Reservoirs an den mächtigen Flüssen im europäischen Teil: Don, Dnjepr und Wolga, oder für Irrigationssysteme zur Bewässerung der trockenen Steppen in Zentralasien. Nachdem der Zweite Weltkrieg den Fortschritt solcher Projekte zwischenzeitlich behindert hatte, wurden sie nach Kriegsende mit neuer Kraft vorangetrieben und fanden im „Großen Stalinschen Plan zur Umgestaltung der Natur", der 1948 von der Kommunistischen Partei verabschiedet wurde, ihre verschriftlichte Programmatik und ideologische Basis. Diese entfalteten sodann auch in den osteuropäischen Ländern des sowjetischen Machtbereichs ihre Wirkung.[308]

306 Ebd., S. 73–77. Ob Stalin die Hungersnöte gar bewusst forcierte, ist historisch umstritten.

307 Gestwa, K., Ökologischer Notstand und sozialer Protest. Ein umwelthistorischer Blick auf die Reformunfähigkeit und den Zerfall der Sowjetunion, in: Archiv für Sozialgeschichte 43, Umweltgeschichte und Umweltbewegungen (2003), S. 349–383; Josephson u. a., An Environmental History of Russia. Für eine deutlich positivere, revisionistische Bewertung des Stalinismus siehe Brain, S., Song of the Forest. Russian Forestry and Stalinist Environmentalism, 1905–1953, Pittsburgh 2011 und Ders., The Environmental History of the Soviet Union, in: J. R. McNeill u. E. S. Mauldin (Hg.), A Companion to Global Environmental History, Chichester 2012, S. 222–244.

308 Gestwa, K., Die Stalinschen Großbauten des Kommunismus. Sowjetische Technik- und Umweltgeschichte, 1948–1967, München 2010; Olšáková, D. (Hg.), In the Name of the Great Work. Stalin's Plan for the Transformation of Nature and its Impact in Eastern Europe, New York 2016; Stanzel, A., Wasserträume und Wasserräume im Staatssozialismus. Ein umwelthistorischer Vergleich anhand der tschechoslowakischen und rumänischen Wasserwirtschaft 1948–1989, Göttingen 2017.

Erstaunlicherweise konnte der Naturschutz in der Sowjetunion der Zwischenkriegszeit trotz dieser Parteilinie beachtliche Erfolge erzielen.[309] Die russische Naturschutzbewegung war zur zaristischen Zeit entstanden und zeichnete sich durch eine große Nähe zu den Naturwissenschaften aus. Noch während des Ersten Weltkriegs konnte sie ein erstes großes Naturreservat schaffen, das ihr vornehmlich zur wissenschaftlichen Forschung diente. Die 1924 gegründete Allrussische Gesellschaft für Naturschutz führte die Arbeit erfolgreich fort. Unter ihrer Ägide wurden in den 1920er und 1930er Jahren zahlreiche weitere Naturschutzreservate geschaffen, die Sapowedniki genannt wurden und in denen Wissenschaftler über Langzeitbeobachtungen und -versuchsreihen insbesondere die Entwicklung ökologischer Gemeinschaften in ihrer natürlichen Umgebung studieren konnten. Nach Douglas R. Weiner waren die Sapowedniki für die Wissenschaftler aber viel mehr als dies. Zusammen mit der Naturschutzbewegung bildeten sie ein „Archipel der Freiheit", das den Wissenschaftlern half, die Stalinzeit durchzustehen.[310] Dass sie ihre Anliegen ebenfalls in die politisch geforderte Diktion der Nützlichkeit und Verwertbarkeit kleiden mussten, war ein geringer Preis.

Totalitarismus, Autoritarismus und zeitgenössischer Kontext

Das Beispiel des Naturschutzes zeigt, dass der Ansatz des Totalitarismus umwelthistorisch wenig hergibt. Zwar hatten politische Regime wie jene Mussolinis, Hitlers oder Stalins einen totalitären Anspruch, vollständig einzulösen vermochten sie ihn jedoch nicht. Am interessantesten in Bezug auf die Totalitarismusperspektive ist daher die Frage nach den Freiräumen, die ein Regime gewährte, und zwar sowohl willentlich, da es in ihnen einen Nutzen für den eigenen Machterhalt oder -ausbau erkannte, als auch unwillentlich, da es ihm an Mitteln fehlte, um sich alle Bereiche unterzuordnen und sie zu kontrollieren. Damit bewegt man sich aber zugleich auf einen Ansatz zu, der das Autoritäre von Regimen zu ihrem gemeinsamen Nenner erhebt.

Einen diesbezüglichen und gerade für umwelthistorische Untersuchungen inspirierenden Vorschlag hat der amerikanische Anthropologe James C. Scott in seinem breit diskutierten Buch „Seeing Like a State" von 1998 vorgelegt. Darin thematisiert Scott das Scheitern groß angelegter Unternehmungen zur Umgestaltung der gesellschaftlichen und auch der (sozio-)naturalen Verhältnisse. Als ermöglichend für solche Unternehmungen sieht er vier Faktoren: *Erstens* einen starken Staat mit einer leistungsfähigen Verwaltung, wie er sich in Europa seit der Frühen Neuzeit ausbildete; *zweitens* eine „hypermoderne Ideologie", die dem wissenschaftlichen

309 Weiner, D. R., Models of Nature. Ecology, Conservation, and Cultural Revolution in Soviet Russia, Bloomington 1988; Weiner, D. R., A Little Corner of Freedom. Russian Nature Protection from Stalin to Gorbachëv, Berkeley 1999. Vgl. Josephson u. a., An Environmental History of Russia, S. 57–69, 106–112.

310 Weiner, A Little Corner of Freedom, S. 38.

und technischen Fortschritt fest vertraut und ihm entsprechend unkritisch gegenübersteht. Ausgestattet mit einem wissenschaftlichen Verständnis der Naturgesetze glauben die Anhänger und Anhängerinnen dieser Ideologie, sowohl die Natur, inklusive der menschlichen Natur, als auch die soziale Ordnung nach ihren Vorstellungen formen zu können. Um ihre Vorstellungen umsetzen zu können, sind die Hypermodernen, *drittens*, auf ein autoritäres politisches Regime angewiesen, das gewillt ist, die staatliche Macht für diese Zwecke einzusetzen. *Viertens* schließlich braucht es eine schwache oder geschwächte Zivilgesellschaft, die solchen Vorhaben keinen Widerstand entgegenzusetzen vermag. Im Untertitel lautet Scotts Buch: „How Certain Schemes to Improve the Human Condition Have Failed“, und entsprechend erzählt das Buch anhand einer zeitlich und räumlich breiten Palette von Fallstudien, von der staatlichen Forstwirtschaft der Frühen Neuzeit über die sowjetische Kollektivierung bis zur Anlage von Planstädten wie Brasilia, wie hypermoderne Großprojekte ein ums andere Mal kläglich fehlschlugen. Scheitern würden die Unternehmungen an ihrem schematischen Vorgehen, das die wirklichen Verhältnisse vor Ort ignoriere, und an der hegemonischen Planungsmentalität, welche das lokale Wissen übergehe und bei unweigerlich auftretenden, unerwarteten Ereignissen keinen Raum für notwendige Improvisationen biete.[311]

An Scotts Buch wurde teilweise harsche Kritik geübt, wobei sich diese auf drei wesentliche Punkte konzentrierte. Erstens wurde Scott vorgehalten, staatliches Handeln zu verteufeln und neoliberalen Anliegen des Rückbaus staatlicher Kompetenzen das Wort zu reden. Zweitens würde er Expertenwissen generell herabstufen und zugleich den Wert lokalen und traditionellen Wissens verklären.[312] Drittens schließlich schere er viel zu unterschiedliche historische Beispiele über den gleichen Kamm. Damit mache er sich gerade des Vergehens schuldig, das er in seinem Buch anklage, nämlich der undifferenzierten „hypermodernen“ Vereinheitlichung ohne Rücksichtnahme auf die spezifischen historischen, gesellschaftlichen und natürlichen Gegebenheiten.[313]

Diese Kritiken sind ernst zu nehmen. Gerade für die politischen Regime, die in Europa in den Jahrzehnten der beiden Weltkriege und der Weltwirtschaftskrise entstanden, steckt Scotts Zugang aber einen interessanten Interpretationsrahmen ab. Oft würden, wie Scott zu Recht festhält, Kriege, Revolutionen und wirtschaftliche Krisen einerseits die Zivilgesellschaft schwächen und andererseits die Menschen für neue Ideen empfänglicher machen.[314] Dazu gehört auch, dass sich Menschen enttäuscht von der bisherigen Politik und deren Vertretern abwenden und ihre

311 Scott, J. C., Seeing Like a State. How Certain Schemes to Improve the Human Condition Have Failed, New Haven 1998, S. 1–7.

312 Gegen beide Vorwürfe verwehrt sich Scott vorbeugend in der Einleitung zu seinem Buch, siehe ebd. S. 7.

313 So etwa Cooper, F., Colonialism in Question. Theory, Knowledge, History, Berkeley 2005, S. 140–142.

314 Scott, Seeing Like a State, S. 5.

Hoffnungen auf jene Kräfte setzen, die einen radikalen Bruch und Neuanfang versprechen.

Zum Aufstieg neuer politischer Regime gehört also auch die Krise bestehender Regime, von denen sich die neuen Regime abzuheben trachten: vom russischen Zarenreich, der liberalen parlamentarischen Monarchie Italiens und Deutschlands Weimarer Republik. Der Rhetorik des radikalen Bruchs zum Trotz erbten die neuen Regime allerdings stets von den alten und bauten gerade in den ersten Jahren ihrer Herrschaft auf Vorarbeiten aus der vorangehenden Periode auf. Dies ist deutlich beim Naturschutz sowohl in der Sowjetunion als auch in Italien und Deutschland zu sehen. Am deutschen Beispiel lässt sich auch gut zeigen, dass andererseits die elitäre, konservative und oft auch kapitalismus- und demokratiekritische Grundhaltung vieler deutscher Naturschützer es diesen erleichterte, sich von der Weimarer Republik zu verabschieden und dem neuen Regime anzudienen. Dazu gesellte sich die Überzeugung, dass es sich bei Naturschutz um eine apolitische Angelegenheit handle, die über jeglichen ideologischen und parteipolitischen Fragen stehe. Diese Haltung wiederum ermöglichte nach dem Ende des Nationalsozialismus, dass Kontinuitäten in inhaltlicher und personeller Form insbesondere in die Bundesrepublik hineinwirkten, aber auch in Österreich ausgeprägt waren.[315]

Zur Abrundung der Thematik sei abschließend in vergleichender Absicht ein kurzer Blick auf die liberal verfassten Staaten Europas geworfen: Wie stand es um deren Politik in der Zwischenkriegszeit? Allgemein rückten Anliegen um Natur und Umwelt nach dem Ersten Weltkrieg hinter Probleme zurück, die verständlicherweise als drängender eingestuft wurden, wie jene der politischen Neuordnung, der nationalen, nationalstaatlichen und gesellschaftlichen Kohäsion und des wirtschaftlichen Wiederaufbaus. Ein utilitaristischer Zugang zur Natur war vorherrschend, wobei die USA zu einem Vorbild aufstiegen, das quer durch alle ideologischen Lager, von den Nationalsozialisten über Liberale bis zu den Bolschewiken, als nachahmenswert eingestuft wurde. Innerhalb der liberalen Staaten gab es große Unterschiede, was die politische Behandlung der Umwelt betraf. Diese sind insbesondere auf das in den Ländern vorherrschende Staatsverständnis zurückzuführen, welches die Zuständigkeiten vorgab, die dem Staat zugewiesen wurden oder die dieser von sich aus usurpieren konnte. Während die Weimarer Republik an die staatliche Kompetenzfülle der Kaiserzeit anzuknüpfen versuchte, hielt sich der britische Staat lange vornehm zurück. In Großbritannien war es eine lebhafte Zivilgesellschaft, die den Natur-, Landschafts- und Gesundheitsschutz vorantrieb, jedoch rasch an die Grenzen ihrer

315 Siehe Radkau u. Uekötter, Naturschutz und Nationalsozialismus; Uekötter, F., Die Autoritäre Versuchung: Das Reichsnaturschutzgesetz, in: Ders. (Hg.), Ökologische Erinnerungsorte, Göttingen 2014, S. 86–100; Kupper u. Wöbse, Geschichte des Nationalparks Hohe Tauern; zur DDR: Dix, A. u. R. Gudermann, Naturschutz in der DDR: Idealisiert, ideologisiert, instrumentalisiert?, in: H.-W. Frohn u. F. Schmoll (Hg.), Natur und Staat. Staatlicher Naturschutz in Deutschland, 1906–2006, Bonn 2006, S. 535–624.

Möglichkeiten stieß.[316] Wie in anderen Kolonialmächten auch konzentrierten sich zudem viele gerade naturschützerische Aktivitäten auf die Kolonien.[317] Welche Rolle dem Staatsaufbau und der Aufgabenverteilung zwischen dem Zentralstaat auf der einen und den untergeordneten politischen Einheiten auf der anderen Seite zukam, also den Ausprägungen von Zentralismus und Föderalismus, wäre vertieft zu klären. Für eine Beurteilung des staatlichen Handelns ist zudem nicht nur zu veranschlagen, was von staatlicher Seite unternommen, sondern auch was unterlassen wurde: also, inwiefern umweltschädigendem Verhalten privatwirtschaftlicher Akteure staatlicherseits Einhalt geboten wurde oder ob private Nutzenmaximierung auf Kosten der Umwelt und damit auch der Allgemeinheit toleriert oder gar gefördert wurde. Damit könnte auch die Frage in den Blick genommen werden, ob und wie die Ausbildung demokratischer Institutionen und Lebensweisen mit dem Schutz von Natur und Umwelt korrelierten.

Schluss

In der Einleitung zu einem 2018 erschienenen Sammelband zum Umweltschutz unter autoritären Regimen beklagen die beiden Herausgeber Stephen Brain und Viktor Pál, dass autoritären Regimen in der historischen Forschung zu Unrecht eine allgemein umweltfeindliche Haltung unterstellt werde, und betonen, dass auch autoritäre Regime sowohl linker wie rechter Prägung Umweltmaßnahmen ergriffen und eigene Formen des Umweltschutzes entwickelt hätten.[318] Ihre Forderung nach einer unparteiischen Einschätzung der Umweltleistungen autoritärer Regime liest sich stellenweise allerdings wie eine umwelthistorische Rehabilitation autoritärer Regierungsformen. Angesichts der breiten gegenwärtigen Tendenz zu autoritären Politiken als auch der immer wieder aufkommenden Forderung nach einer Öko-Diktatur ist ein solcher Diskurs äußerst gefährlich. Zwar ist der Aussage der Herausgeber zuzustimmen, dass zwischen den Formen politischer Herrschaft und den umweltpolitischen Agenden vielfältigste Beziehungen möglich sind, wie auch die Ausführungen in diesem Kapitel beispielhaft dargelegt haben. Hingegen sollte aufs Deutlichste klargestellt werden, dass Herrschaftsformen nicht primär nach ihren Umweltleistungen zu beurteilen sind, sondern nach ihrer Rechtmäßigkeit. Wer liberale, demokratische und rechtsstaatliche Werte vertritt, wird die Möglichkeiten politischer Teilhabe, den Grad individueller Freiheit und eine funktionierende Gewaltenteilung zur Richtschnur nehmen und vielleicht zudem nach dem Maß der sozialen Gerechtigkeit, inklusive der Umweltgerechtigkeit, fragen. Als Historikerin

316 Frohn u. Schmoll, Natur und Staat; Sheail, J., An Environmental History of Twentieth-Century Britain, Basingstoke 2002.

317 Ross, C., Ecology and Power in the Age of Empire. Europe and the Transformation of the Tropical World, Oxford 2017; siehe auch das Kap. 8 Kolonialismus und Imperialismus.

318 Pál, V. u. S. Brain, Introduction, in: Dies. (Hg.), Environmentalism under Authoritarian Regimes. Myth, Propaganda, Reality, London 2019, S. 1–10.

oder Historiker wird sie oder er zugleich behutsam sein, nicht die gegenwärtigen über die zu der jeweiligen Zeit geltenden Normen zu stülpen, sondern dem zeitgenössischen Kontext Rechnung tragen.

Entscheidend ist, die Argumentation stets historisch spezifisch zu halten und sich nicht zu unbedachten Verallgemeinerungen hinreißen zu lassen. Wie in früheren Kapiteln gezeigt wurde, stieg der moderne Staat seit dem ausgehenden 18. Jahrhundert zu einer mächtigen gesellschaftlichen Kraft auf, welche auch die Umwelt gestaltete und sich selbst über diese Gestaltung legitimierte. Wie dies geschah, mit welchen Absichten, Mitteln und Konsequenzen, ist in den konkreten historischen Zusammenhängen darzustellen und mit Umsicht und Augenmaß zu bewerten. Nur so lässt sich die äußerst vielschichtige und wechselhafte Geschichte „grüner Politik" angemessen erzählen und für die Gegenwart fruchtbar machen.

11. Beschleunigung

„In Frankreich, da ist eine Autobahn ein Stummel aus Zement, auf dem Minister sich die Zeit mit Einweihungen vertreiben, auf dem das Fernsehen die Muße damit verbringt, Filme zu drehen, die den Zuschauern als Illustrationen unseres außerordentlichen Wirtschaftsaufbaus vorgezeigt werden. In Deutschland [...], da kommen Sie auf der Autobahn aus dem Staunen nicht mehr heraus, nämlich das dauert – wissen Sie – zehn, zwanzig, dreißig, hundert (und so weiter) Kilometer. Das ist kein Stück Zement, hingeschmissen zur Wut der französischen Autofahrer und zur Bewunderung der spanischen Touristen; nein, es ist ein gigantisches Werk."[319] Als der links-intellektuelle Journalist und Schriftsteller Jean Cau Mitte der 1960er Jahre die Bundesrepublik bereiste, kam er aus dem Staunen nicht heraus. Nicht nur die deutschen Autobahnen, sondern auch die Weitläufigkeit von Städten wie Stuttgart oder das in Neonlicht getauchte Frankfurt, das ihn glauben ließ, in Chicago zu sein, beeindruckten Cau, ebenso wie die ungeheure Betriebsamkeit des ganzen Landes und die immense Schaffenskraft, die er als Wesen des deutschen Volks ausmachte. Er habe „den Eindruck, im Innern einer Druckwelle zu leben. Alles ist so groß hier, so schwer und so kolossal, daß alles nach außen drückt. [...] Im Ernst: Der Kessel ist zu voll. Er muß überlaufen. Gestern schüttete er Kriege, Kanonen und Panzer über die Erde aus, heute Autos, Trecker und Fernsehapparate."[320]

Das (west-)deutsche „Wirtschaftswunder", der rasche Wiederaufstieg der Bundesrepublik aus den Ruinen des Zweiten Weltkriegs in den Kreis der führenden

319 Cau schrieb seinen Bericht für den Nouvel Observateur. Die Zeit brachte eine Übersetzung in drei Folgen. Die Zeit, 26. Februar, 5. und 12. März 1965. Das Zitat stammt aus der Ausgabe vom 26. Februar 1965. Cau, J., Deutsche sind eben Deutsche. Der Siegfried ist Geschäftsmann geworden – Beobachtungen eines Franzosen (I), Die Zeit, Nr. 09, 26.02.1965.

320 Ebd.

Industrieländer und zu einer der wichtigsten Exportökonomien, versetzte die Zeitgenossen in Erstaunen und Bewunderung und verlangte ihnen Respekt ab. Doch nicht nur in Deutschland lief der Wirtschaftsmotor heiß, sondern Europa und die Welt insgesamt erlebten nach 1945 einen stürmischen wirtschaftlichen Aufschwung, der sich in außergewöhnlich hohen jährlichen Wachstumsraten niederschlug und der den Wohlstand der Menschen steigen ließ, zwar ungleich, aber doch für sehr viele merklich. Auch die Bevölkerung Europas wuchs, allerdings weniger schnell als die Wirtschaft und weniger schnell als jene in anderen Weltregionen, sodass sich zum einen das europäische Sozialprodukt pro Kopf wesentlich erhöhte und zum anderen der Anteil der europäischen an der Weltbevölkerung rückläufig war. Die nördlichen Länder Westeuropas partizipierten überdurchschnittlich am wirtschaftlichen Erfolg, aber auch die Ökonomien der südeuropäischen Länder und der sozialistischen Länder Osteuropas konnten ein beachtliches Wachstum ausweisen.[321]

Die drei Jahrzehnte zwischen Kriegsende und 1975, als die Erdölpreiskrise die Weltwirtschaft in eine scharfe Rezession trieb, wurden denn auch mit positiven Etiketten belegt und als das „Goldene Zeitalter“, die „Glorreichen Dreißig“ (les Trente Glorieuses) oder schlicht als „Der Boom“ bezeichnet.[322] Ins strahlende Bild eines prosperierenden und weitgehend friedlichen Europas mischten sich aber stets schon Grautöne. Sie betrafen zum einen die Spaltung Europas in zwei verfeindete Lager, die permanente atomare Bedrohung, die damit einherging, und die Kolonial- und Stellvertreterkriege auf der ganzen Welt. Zum anderen meinten sie den sozialen Zwang zur Konformität, den es nicht nur im Osten, sondern auch im Westen gab, die geistige Enge und den gesellschaftlichen Mief, an denen sich vornehmlich Intellektuelle und Jugendliche zunehmend rieben.[323]

Zu diesen politik- und sozialgeschichtlichen Relativierungen der Gloriosität der Nachkriegszeit gesellte sich in den letzten Jahrzehnten eine vernichtende umwelthistorische Beurteilung der Epoche: Die Jahre des Booms wurden als jene verhängnisvollen Jahre ausgemacht, in denen die Industrieländer den Pfad der nachhaltigen Entwicklung endgültig und mit großen und immer größeren Schritten verließen und so die Welt in die gegenwärtige Klima- und Umweltkrise führten. In einem neueren französischen Sammelband werden die Trente Glorieuses zu den dreißig verlogenen, zerstörerischen und umweltschädlichen Jahren („les trente menteuses, ravageuses, polluantes“).[324] In diesem Kapitel will ich mich dieser Neuinterpretati-

321 Für Wirtschafts- und Bevölkerungsdaten siehe Groningen Growth and Development Centre, Maddison Historical Statistics, https://www.rug.nl/ggdc/historicaldevelopment/maddison/ (zuletzt eingesehen am 05.05.2021).

322 Hobsbawm, E., Das Zeitalter der Extreme. Weltgeschichte des 20. Jahrhunderts, München 1995; Fourastié, J., Les Trente Glorieuses ou la Révolution invisible de 1946 à 1975, Paris 1979; Kaelble, H. (Hg.), Der Boom 1948–1973. Gesellschaftliche und wirtschaftliche Folgen in der Bundesrepublik Deutschland und in Europa, Opladen 1992.

323 Siehe Kaelble, H., Kalter Krieg und Wohlfahrtsstaat. Europa 1945–1989, Bonn 2011, S. 98–107.

324 Pessis, C., S. Topçu u. C. Bonneuil (Hg.), Une autre histoire des „Trente Glorieuses“. Modernisation, contestations et pollutions dans la France d'après-guerre, Paris 2016. Am holländischen Beispiel

on der Nachkriegszeit durch die Umweltgeschichte annehmen und erörtern, auf welchen Grundlagen sie beruht, welche Erkenntnisse sie zum Verständnis jener historischen Epoche, aber auch zum Verständnis der Gegenwart beiträgt und welche Aspekte und Fragen bislang unterbelichtet oder offen geblieben sind. Dazu setze ich mich zunächst mit den zentralen umwelthistorischen Interpretationsfiguren des „1950er Syndroms“ und der „Großen Beschleunigung“ auseinander. Daraufhin formuliere ich einige Einwände und offene Fragen, bevor ich abschließend auf Vorläufer und Langzeitwirkung zu sprechen komme.

Das „1950er Syndrom“ und die „Große Beschleunigung“

Das Konzept des 1950er Syndroms wurde in den 1990er Jahren vom Schweizer Umwelthistoriker Christian Pfister ausgearbeitet. Pfister sieht in den 1950er Jahren eine historische Sattelzeit beginnen, vergleichbar mit der klassischen Sattelzeit um 1800. Während sich in der ersten Sattelzeit der Übergang von der Agrargesellschaft zur Industriegesellschaft vollzogen habe, habe sich in der zweiten Sattelzeit aus der Industriegesellschaft heraus die gegenwärtige Gesellschaftsform gebildet, die Pfister aufgrund der zentralen Bedeutung des Konsums als Konsumgesellschaft bezeichnet.[325] Die Industriegesellschaften entwickelten sich noch vergleichsweise umweltverträglich: „Bis in die fünfziger Jahre bewegten sich Wirtschafts- und Lebensweise in Westeuropa auf einem Entwicklungspfad, der diesbezüglich zumindest in mittelfristiger Perspektive keine bedrohlichen Züge trug. Nennenswerte Schädigungen der Umwelt blieben auf Inseln (schwer-)industrieller Verschmutzung und kohlebeheizte Metropolen wie London beschränkt.“[326] Mit dem Übergang in die Konsumgesellschaft änderte sich dies. Nicht nur das rasche wirtschaftliche Wachstum war außergewöhnlich, sondern auch Ressourcenverbrauch und Umweltbelastung stiegen in einem bisher unbekannten Ausmaß. In Pfisters Worten: „Von den fünfziger Jahren an erfuhren der Energieverbrauch, das Bruttoinlandprodukt, der Flächenbedarf von Siedlungen, das Abfallvolumen und die Schadstoffbelastung von Luft, Wasser und Boden den für die heutige Situation entscheidenden Wachstumsschub. Die Gesamtheit der damit einhergehenden tiefgreifenden Veränderungen der Produktions- und Lebensweise wird als ‚1950er Syndrom‘ bezeichnet.“[327] Den

zu einer anderen Einschätzung kommen Lintsen, H. u. a., Well-Being, Sustainability and Social Development. The Netherlands 1850–2050, Cham 2018.

325 Pfister, C., Das „1950er-Syndrom“ – die umweltgeschichtliche Epochenschwelle zwischen Industriegesellschaft und Konsumgesellschaft, in: Ders. (Hg.), Das 1950er Syndrom: der Weg in die Konsumgesellschaft, Bern 1995, S. 51–95. Zur Geschichte der Konsumgesellschaft siehe Haupt, H.-G. u. C. Torp, Die Konsumgesellschaft in Deutschland 1890–1990. Ein Handbuch, Frankfurt a.M. 2009; König, W., Kleine Geschichte der Konsumgesellschaft. Konsum als Lebensform der Moderne, Stuttgart 2013².

326 Pfister, C. u. a., „Das 1950er Syndrom“. Zusammenfassung und Synthese, in: Pfister, C. (Hg.), 1950er Syndrom, S. 21–47, hier S. 21.

327 Ebd., S. 23.

Wachstumsschub belegte Pfister mit einer Reihe von Kurven-Diagrammen, die auf globalen und nationalen, vor allem die Schweiz betreffenden Statistiken beruhten und deren Entwicklungslinien alle um 1950 scharf nach oben zeigten.

Offensichtlich ohne Kenntnis von Pfisters Konzept erarbeitete in den 2000er Jahren eine internationale und interdisziplinäre Gruppe von Wissenschaftlern das ganz ähnlich gelagerte Konzept der „Großen Beschleunigung“ („Great Acceleration“). Im Rahmen des International Geosphere-Biosphere Programme strebten Erdwissenschaftler nach einer Synthese der bisherigen Forschung zum Verhalten des Erdsystems. Angeregt durch die damals von Paul J. Crutzen eben erst vorgetragene These, dass die Erde das Holozän verlassen und in ein neues geologisches Zeitalter eingetreten sei, das er aufgrund der umfassenden Prägung durch menschliche Tätigkeiten als Anthropozän zu bezeichnen vorschlug, wollten die Wissenschaftler insbesondere den Entwicklungsverlauf des menschlichen Einflusses auf das Erdsystem rekonstruieren, um so mögliche Startpunkte für dieses neue Zeitalter zu finden und zu belegen. Hierzu entwickelten sie eine Reihe globaler Indikatoren, die zum einen das menschliche Schaffen (u. a. Bevölkerung, BIP und Wasserverbrauch) und zum anderen die Merkmale des Erdsystems (u. a. CO_2-Gehalt der Atmosphäre, Versauerung der Meere und Abnahme der Tropenwälder) abbildeten. Die 24 Diagramme, die den Verlauf seit 1750 wiedergaben, zeigten dasselbe Bild wie bei Pfister: ein steiler Anstieg der Kurven um 1950.[328]

In seiner 2000 erschienenen globalen Umweltgeschichte des 20. Jahrhunderts war der amerikanische Historiker John R. McNeill zu ähnlichen Schlüssen gelangt.[329] Die Wissenschaftler begannen zusammenzuarbeiten, was sich unter anderem 2007 in einen gemeinsamen Aufsatz niederschlug, in dem die Autoren das Anthropozän in Stadien einteilten. Sie ließen es mit der Industrialisierung um 1800 beginnen und sahen es nach 1945 in ein neues Stadium eintreten, das sich dadurch auszeichnete, dass die Gesamtheit menschlicher Tätigkeiten plötzlich zunahm und in der Folge exponentiell anwuchs, was die Umwelt global unter einen rasch steigenden Druck geraten ließ. Diesen Prozess bezeichneten sie als die Große Beschleunigung.[330]

Sowohl im 1950er Syndrom als auch bei der Großen Beschleunigung wird den fossilen Energieträgern und insbesondere dem Erdöl eine zentrale Rolle zugewiesen. Die fossilen Brenn- und Treibstoffe ermöglichten einen steigenden Energieeinsatz,

328 Steffen, W. u. a., Global Change and the Earth System. A Planet under Pressure; Executive Summary, Stockholm 2004. Vgl. Pfister, C., The “1950s Syndrome” and the Transition from a Slow-Going to a Rapid Loss of Global Sustainability, in: F. Uekötter (Hg.), The Turning Points of Environmental History, Pittsburgh 2010, S. 90–118. Ergänzend zudem Steffen, W. u. a., The Trajectory of the Anthropocene. The Great Acceleration, in: The Anthropocene Review 2 (2015), S. 81–98, in deutscher Übersetzung: Dies., Zum Entwicklungsverlauf des Anthropozäns: „Die Große Beschleunigung“. Eine Einführung in das Thema und die Animationen, https://www.bpb.de/gesellschaft/umwelt/anthropozaen/234831/entwicklungsverlauf-des-anthropozaens?p=all (zuletzt eingesehen am 05.05.2021). Zum Anthropozän siehe auch Kap. 2 Umwelthistorische Zeiten.

329 McNeill, J. R., Blue Planet. Die Geschichte der Umwelt im 20. Jahrhundert, Frankfurt a.M. 2003.

330 Steffen, W., P. J. Crutzen u. J. R. McNeill, The Anthropocene. Are Humans Now Overwhelming the Great Forces of Nature?, in: AMBIO: A Journal of the Human Environment 36 (2007), S. 614–621.

welcher maßgeblich für die wachsende Umweltbelastung verantwortlich war: zum einen direkt durch den Ausstoß von CO_2 und zum anderen indirekt, indem er die Produktion und den Konsum einer wachsenden Zahl von Gütern begünstigte. Dazu gehörte auch die neue, rasch expandierende Warenwelt der Kunststoffe, deren Herstellung wesentlich auf Erdöl als Rohstoff basierte.[331] Pfister sieht die Ursache für die Beschleunigung von Energiekonsum und Umweltbelastung seit den 1950er Jahren im Rückgang der relativen Preise für fossile Energieträger. Der Preiszerfall für Rohöl und Erdölprodukte, der 1957 einsetzte und bis 1973 anhielt, sei zum einen der Zündstoff für das exponentielle Wirtschaftswachstum gewesen und habe zum anderen zu einer energieintensiven Wirtschaftsweise geführt, da der Produktionsfaktor Energie im Vergleich zu Arbeit billiger geworden sei und es sich daher lohnte, Arbeit durch Energie zu substituieren. Auch der Konsum sei durch die tiefen Erdölpreise energieintensiver geworden. So fielen die Benzinpreise im Vergleich zu anderen Gütern des täglichen Bedarfs, was Autofahren und Fliegen relativ billiger machte und eine massive Steigerung der individuellen Mobilität beförderte.[332]

Basierend auf reichlich fließendem und billigem Erdöl entwickelte sich ein neuer Lebensstil, der sich in den USA bereits in der Zwischenkriegszeit entfaltete und dessen Markenzeichen eine welthistorisch bislang unerreichte Fülle von Konsumgütern war. Herr und Frau Amerikaner zogen mit Vorliebe in eine der rasch wachsenden Vorstädte, errichteten sich ein mit neuester Haushaltstechnik wie Waschmaschine und elektrischem Herd ausgestattetes Einfamilienhaus und nutzten ihr Automobil (und zunehmend ihre Automobile) für den täglichen Arbeitsweg in die Stadt, den Großeinkauf und die Wochenendausflüge ins Grüne. Mit ihrem American Way of Life dienten die USA „Europa, später der Dritten Welt als Vorbild und übernahmen damit beim Übergang zur Konsumgesellschaft jene Vorreiterrolle, die Großbritannien bei der Industrialisierung im 19. Jahrhundert gespielt hatte".[333]

Nicht zufällig zeigte sich Jean Cau, wenn er Mitte der 1960er Jahre sein Frankreich mit Deutschland verglich, vom amerikanisch anmutenden Frankfurt ebenso begeistert wie von den vielen Autobahnanschlüssen Stuttgarts: „Plötzlich – während Sie zügig dahinsausen wie ein Kosmonaut [...] – zeigen Ihnen Schilder ein Stuttgart-Süd, ein Stuttgart-West, ein Stuttgart-Hier, ein Stuttgart-Dort, fünf Stuttgarts, zehn... Und jedesmal wirft die Autobahn ihre Ableger in Richtung dieser unsichtbaren Stadt Stuttgart, die Sie irgendwo da unten ahnen: angewachsen ans Ende eines Zementzweiges wie eine Frucht, die gefüllt ist mit Fabriken, Häusern, Straßen, Plätzen, mit

331 Westermann, A., Plastik und politische Kultur in Westdeutschland, Zürich 2007.

332 Pfister, C., Energiepreis und Umweltbelastung. Zum Stand der Diskussion über das „1950er Syndrom", in: W. Siemann (Hg.), Umweltgeschichte. Themen und Perspektiven, München 2003, S. 61–86, hier S. 71–77. Ganz ähnlich argumentiert Robert Allen, wieso die Industrielle Revolution in Großbritannien begann. Allen, R. C., Why Was the Industrial Revolution British?, in: Oxonomics 4 (2009), S. 50–54. Vgl. dazu meine Ausführungen in Kap. 6 zur Industrialisierung.

333 Pfister, Das „1950er-Syndrom", S. 67. Vgl. Radkau, J., Natur und Macht. Eine Weltgeschichte der Umwelt, München 2002[2], S. 284–287.

Menschen und mit Leben."[334] Dass die Grande Nation im Autobahnbau weit hinter Deutschland, aber auch etwa hinter Italien zurückgeblieben war und gemessen an Deutschland nur über einen Bruchteil an Autobahnkilometern verfügte, die zudem kein zusammenhängendes Netz bildeten und lediglich noch die Touristen aus Spanien, das selbst noch keine Autobahnen hatte, beeindrucken konnten, wurde im Frankreich jener Jahre zu einem öffentlichen Ärgernis und Politikum ersten Ranges. Die Pariser Fachzeitschrift „L'Auto-Journal" veröffentlichte über Monate hinweg eine Karte des europäischen Autobahnnetzes unter der Überschrift „Die Karte unserer Schande".[335] Auto und Autobahnen wurden in den Jahrzehnten nach dem Zweiten Weltkrieg zum Symbol für den Aufschwung, für kollektiven Wohlstand und für individuellen sozialen Status und eine neu gewonnene Freiheit. An dessen Lack kratzt die Umweltbewegung seit den 1970er Jahren beharrlich, aber mit bislang bescheidenem Erfolg.

Einwände und offene Fragen

Die Thesen des 1950er-Syndroms, der Großen Beschleunigung und des damit verbundenen Anthropozäns sind in der Umweltgeschichte lebhaft diskutiert worden und dass diese Diskussion zu einem Abschluss kommen könnte, ist derzeit nicht abzusehen. Im Folgenden diskutiere ich Kritikpunkte aus dieser Debatte und weise auf offene Fragen und lose Enden hin.

Erstens wurde die Datenbasis in Zweifel gezogen. Zum einen wurde gefragt, ob die Datengrundlage nicht zu schmal sei für die verallgemeinernden Aussagen und inwiefern sich die am schweizerischen Beispiel entwickelte These des 1950er Syndroms auf andere Länder und Regionen übertragen lasse. Zum anderen wurden die global aggregierten Zahlen zur sozioökonomischen Entwicklung der Welt, welche der These der Großen Beschleunigung zugrunde lagen, dafür kritisiert, dass sie statistisch unzuverlässig seien, vor allem aber, dass sie die markanten Unterschiede zwischen den Ländern und Weltregionen nicht abbildeten, sondern diese auf globale Durchschnittswerte nivellierten. Die Autoren und Verfechter der beiden Thesen reagierten, indem sie ihre Aussagen mit Daten aus mehreren Ländern belegten (Pfister) und indem sie die globalen Indikatoren überarbeiteten sowie die sozioökonomischen Daten nach den drei international gängigen Ländergruppen, den Industrie-, den Schwellen- und den Entwicklungsländern, aufschlüsselten.[336]

334 Cau, Deutsche sind eben Deutsche (I).

335 O. A., Das dauert, in: Der Spiegel (1965), S. 66.

336 Pfister, Energiepreis und Umweltbelastung; Steffen u.a., The Trajectory of the Anthropocene. Für die 2015er Version der 24 Diagramme siehe International Geosphere Biosphere Programme Global Change, Great Acceleration, http://www.igbp.net/globalchange/greatacceleration.4.1b8ae20512db692f2a680001630.html (zuletzt eingesehen am 05.05.2021). Zudem: Bundeszentrale für politische Bildung, Texte und Grafiken zur Großen Beschleunigung – „The Great Acceleration", https://www.bpb.de/gesellschaft/umwelt/anthropozaen/216918/die-grosse-beschleunigung-the-great-acceleration (zuletzt eingesehen am 05.05.2021).

Damit wurde die Datengrundlage auf eine solidere und differenziertere Basis gestellt, wobei es noch viel Raum für weitere Ausgestaltungen gibt, etwa auf der Ebene des Vergleichs von Ländern oder Regionen. Hingegen blieb, zweitens, das Problem, dass „sich globale Tendenzen nur schwer in einen historischen Argumentationszusammenhang einbringen [lassen], weil das vielfältige Zusammenspiel der Akteure und Tendenzen nur auf nationaler oder regionaler Ebene untersucht werden kann."[337] Dieses Problem stellte sich etwa bei der Frage, wer denn diese Entwicklung losgetreten und vorangetrieben habe. In einer weiterhin lesenswerten, frühen Auseinandersetzung mit dem 1950er Syndrom meinte der Wirtschaftshistoriker Hansjörg Siegenthaler, dass die in diesen Jahren stark zunehmende Umweltverschmutzung als nicht intendierte Handlungsfolge der auf Wohlstandssteigerung ausgerichteten Aktivitäten der Menschen in der damaligen Zeit begriffen werden sollte. „Dass sich mit der Erwärmung des Schlafzimmers dereinst die Welt überhaupt erwärmen könnte, das haben sie nicht vorausgesehen."[338] Ähnlich beurteilt John R. McNeill den Vorgang, wenn er schreibt, „im 20. Jahrhundert hat die Menschheit begonnen, mit der Welt zu spielen, ohne jedoch alle Regeln des Spiels zu kennen. Unbeabsichtigt hat sie auf der Erde ein gigantisches, unkontrolliertes Experiment in Gang gesetzt."[339] Und in diese Richtung gehen auch Pfisters Darlegungen, wie er seine Metapher des Syndroms verstanden haben will. In der Medizin bezeichne ein Syndrom ein Krankheitsbild mit verschiedenen Symptomen, „die auf Anhieb nicht als zusammengehörig erkennbar sind". Ebenso hätten die Zeitgenossen die Zusammenhänge ihres umweltzerstörerischen Tuns nicht erkennen können.[340] Tatsächlich erlebten die meisten Menschen die gesellschaftliche Entwicklung der Nachkriegsjahrzehnte nicht als krankhaft, sondern als befreiend. Nach drei krisengebeutelten, entbehrungsreichen und desillusionierenden Jahrzehnten und zwei verheerenden Weltkriegen begrüßten sie die hohe politische Stabilität und partizipierten eifrig am wirtschaftlichen Aufschwung und den neuen Konsummöglichkeiten. Erst in den 1970er Jahren begannen breitere Gesellschaftskreise diese Entwicklung als ökologisch bedenklich einzustufen.[341]

Gleichwohl erschienen bereits Ende der 1940er Jahre erste Mahnschriften, welche die Ausbeutung der natürlichen Schätze des Planeten anprangerten, und nicht erst in den 1970er Jahren, sondern auch schon in den 1950er und 1960er Jahren

337 Pfister, Energiepreis und Umweltbelastung, S. 67.

338 Siegenthaler, H., Zur These des „1950er Syndroms". Die wirtschaftliche Entwicklung der Schweiz nach 1945 und die Bewegung relativer Energiepreise, in: Pfister, Das 1950er Syndrom, S. 97–103, hier S. 103.

339 McNeill, Blue Planet, S. 17. Vgl. auch McNeill, J. R. u. P. Engelke, Mensch und Umwelt im Zeitalter des Anthropozän, in: A. Iriye u. J. Osterhammel (Hg.), Geschichte der Welt 1945 bis heute. Die globalisierte Welt, München 2013, S. 357–534.

340 Pfister, Energiepreis und Umweltbelastung, S. 71.

341 Kupper, P., Die „1970er Diagnose". Grundsätzliche Überlegungen zu einem Wendepunkt der Umweltgeschichte, in: Archiv für Sozialgeschichte 43, Umweltgeschichte und Umweltbewegungen (2003), S. 325–348. Siehe dazu auch Kap. 12 zum Umweltschutz.

protestierten Menschen gegen Naturzerstörung, etwa gegen die Stauung von Flüssen und die Verschandelung von Landschaften.[342] Es war nicht so, dass nicht gesehen wurde, dass das Wirtschaftswachstum auf Kosten der Umwelt ging. Vielmehr nahmen die Mehrheit der Menschen oder diejenigen, die das Sagen hatten, solche Kosten bewusst in Kauf und ordneten sie dem Wirtschaftswachstum unter. Auch brach sich in den 1950er Jahren ein geradezu zwanghafter Glauben an wissenschaftlichen Fortschritt, an Planung und Technik Bahn, der zeitgenössische Beeinträchtigungen und Probleme als vorübergehende Phänomene verstehen ließ, für die zwar gegenwärtig keine Lösungen vorlagen, die aber doch mit Bestimmtheit in Zukunft solchen zugeführt werden würden. Die Atomenergie ist das paradigmatische Beispiel für diesen Fortschritts- und Technikoptimismus. Die Problematik des radioaktiven Abfalls etwa wurde von Beginn weg erkannt, deren Behandlung aber mit großem Vertrauen zukünftig zu entwickelnden technischen Möglichkeiten überantwortet.[343]

Der Systemstreit zwischen West und Ost und das permanente Vergleichen des Entwicklungsstandes der Länder führten zudem zu einem globalen Wettlauf. An volkswirtschaftlichen Indikatoren wie dem Bruttosozialprodukt oder dem Energieverbrauch und an Spitzentechnologien wie Raumfahrt und Waffensystemen, aber auch an Alltagstechnologien wie Fernsehern und Kühlschränken, am Ausbaustand von Infrastrukturen wie Autobahnen und Elektrizitätsnetzen oder an den Leistungen, die Spitzensportlerinnen und -sportler eines Landes bei Olympischen Spielen erbrachten, wurde abgelesen, wer die Nase vorn hatte und wer wie viel zurücklag. Ein permanenter Wettlauf unter Wettkampfbedingungen prägte die Ära.[344]

Somit können zeitspezifische soziale und politische Triebkräfte identifiziert werden, welche die Große Beschleunigung antrieben. Den Begriff wählten seine Schöpfer in Anlehnung an Karl Polanyis Klassiker „The Great Transformation“ von 1944, in welchem der bedeutende Wirtschaftshistoriker die Katastrophen der ersten Hälfte des 20. Jahrhunderts, den Aufstieg des Faschismus und die Weltkriege, auf

342 Am bekanntesten sind Vogt, W., Road to Survival, New York 1948; Osborn, F., Our Plundered Planet, London 1949. Zu den Protesten siehe beispielsweise Hasenöhrl, U., Zivilgesellschaft und Protest. Eine Geschichte der Naturschutz- und Umweltbewegung in Bayern 1945–80, Göttingen 2010.

343 Kupper, P., Atomenergie und gespaltene Gesellschaft. Die Geschichte des gescheiterten Projektes Kernkraftwerk Kaiseraugst, Zürich 2003; Kirchhof, A.M. (Hg.), Pathways into and out of Nuclear Power in Western Europe. Austria, Denmark, Federal Republic of Germany, Italy, and Sweden, München 2020; Kaijser, A. u. a. (Hg.), Engaging the Atom. The History of Nuclear Energy and Society in Europe from the 1950s to the Present, Morgantown 2020; Kirchhoff, A. u. J.-H. Meyer, Revealing Risks. European Moments in Nuclear Politics and the Anti-Nuclear Movement, in: A.-K. Wöbse u. P. Kupper (Hg.). Greening Europe. Environmental Protection in the Long Twentieth Century – A Handbook, München 2022, Kap. 13.

344 Zur Umweltgeschichte des Kalten Krieges siehe McNeill, J. R. u. C. R. Unger (Hg.), Environmental Histories of the Cold War, Washington 2010; Berger Ziauddin, S., D. Eugster u. C. Wirth (Hg.), Der kalte Krieg: Kältegrade eines globalen Konflikts, Zürich 2017; Kirchhof, A. u. J. R. McNeill (Hg.), Nature and the Iron Curtain. Environmental Policy and Social Movements in Communist and Capitalist Countries, 1945–1990, Pittsburgh 2019.

die kapitalistische Entwicklung im 19. Jahrhundert zurückführte. Mit der Durchsetzung des Kapitalismus habe sich das Marktprinzip verallgemeinert, was zu einer Vorherrschaft des Ökonomischen und zu einer „Entbettung“ der Wirtschaft aus ihrem sozialen Gefüge geführt habe. In letzter Konsequenz habe der Kapitalismus das Fundament der liberal-demokratischen Gesellschaften unterminiert und zerstört.[345] Zwar schildern Autoren wie John R. McNeill die Große Beschleunigung als in politische, soziale und mentale Strukturen eingebetteten Prozess, der kapitalismuskritischen Seite von Polanyis Argumentation schenken sie aber keine Beachtung.[346] Es könnte sich jedoch lohnen, Polanyis Analyse ernster zu nehmen und die Große Beschleunigung stärker mit der Geschichte des Kapitalismus zu verknüpfen. Dabei ist natürlich zu bedenken, dass die Große Beschleunigung auch die real-sozialistische Welt erfasste, also auch außerhalb des kapitalistischen Systems stattfand. Dies spricht den Kapitalismus aber nicht frei. Vielmehr ist systemvergleichend vorzugehen und nach Übereinstimmungen und Unterschieden, aber auch nach wechselseitigen Beeinflussungen und Abhängigkeiten zu fragen. Wünschenswert wären insbesondere Studien, welche die Große Beschleunigung in Europa unter sozialistischen Vorzeichen thematisierten.[347] Jedenfalls sollten die hinter der Großen Beschleunigung stehenden Wachstumsprozesse ihres quasi natürlichen Charakters entkleidet und in ihren gesellschaftspolitischen Dimensionen konturiert werden, nicht zuletzt auch im Hinblick auf die gegenwärtigen Diskussionen um wirtschaftliches Wachstum und nachhaltige Entwicklung.

Eine dritte Kritikebene bezieht sich auf die Rolle des Erdöls und die Bedeutung der relativen Preise. Schon in den ersten Reaktionen auf das 1950er Syndrom wurde angemerkt, dass diese Faktoren überbewertet sein könnten.[348] Sobald die Analyse auf eine konkretere Ebene überführt wird, wird denn auch klar, dass die Nutzung von Erdöl und Erdölprodukten gesellschaftlich voraussetzungsreich war und etwa den Aufbau und den Unterhalt von bestimmten Industrien und Infrastrukturen erforderte. Zudem mussten Produktion, Vertrieb und Konsum ebenso in politisch-administrative Regelungen wie in die Lebenswelt der Menschen eingebunden werden, die sich Geräte und Güter leisten können und bereit sein mussten, sich

345 Polanyi, K., The Great Transformation. Politische und ökonomische Ursprünge von Gesellschaften und Wirtschaftssystemen, Frankfurt a.M. 1977.

346 Steinberg, T., Can Karl Polanyi Explain the Anthropocene? The Commodification of Nature and the Great Acceleration, in: Geographical Review 109 (2019), S. 265–270. Dasselbe gilt für die viel zitierte Studie: Wissenschaftlicher Beirat der Bundesregierung Globale Umweltveränderungen, Welt im Wandel. Gesellschaftsvertrag für eine große Transformation, Berlin 2011[2], deren Titel explizit auf Polanyi verweist. Kritisch dazu Sachs, W., Missdeuteter Vordenker. Karl Polanyi und seine „Great Transformation“, in: Politische Ökologie 31 (2013), S. 18–23.

347 Einige Anhaltspunkte finden sich in den Sammelbänden Förster, H., J. Herzberg u. M. Zückert (Hg.), Umweltgeschichte(n). Ostmitteleuropa von der Industrialisierung bis zum Postsozialismus, Göttingen 2013 und Olšáková, D. (Hg.), In the Name of the Great Work. Stalins Plan for the Transformation of Nature and its Impact in Eastern Europe, New York 2016.

348 Siegenthaler, Zur These des „1950er Syndroms“; Radkau, Natur und Macht, S. 286.

Praktiken anzueignen und Gewohnheiten zu ändern.[349] Hier bedarf es Fallstudien, welche die Mechanismen aufzeigen, die die Karbonisierung von Wirtschaft und Alltag vorantrieben, und die Akteure und ihre Handlungen benennen und deren Motive offenlegen. So können Irene Pallua und Odinn Melsted in ihren Dissertationen zeigen, dass die Transformationen des Heizungssektors in der Schweiz beziehungsweise in Island von einer Vielzahl von Faktoren bestimmt waren. Neben verfügbaren Energieträgern und deren Preisen spielten Techniken, Gebäude und Infrastrukturen eine Rolle ebenso wie neue Bauarten und -materialien, das Wissen und die Aspirationen von Architekten, Ingenieuren und Baufirmen und die Struktur des Haus- und Wohnmarkts. Dazu kamen kommunale und nationale politische Programme, Zukunftserwartungen von Immobilienbesitzern sowie die Heizpraktiken der Nutzerinnen und ihre Vorstellungen eines komfortablen Wohnens und Arbeitens.[350]

Aus energiehistorischer Perspektive ist bislang die Rolle der Elektrizität unterschätzt geblieben, welche Produktion und Konsum so weit durchdrang, dass sie für das Funktionieren von Gesellschaften unentbehrlich wurde, die aber mit einer rein quantitativen Herangehensweise kaum zu fassen ist. Dies gilt auch für andere Bereiche, etwa den Tourismus oder die Abfallwirtschaft, zu denen jüngst aufschlussreiche Studien erschienen sind, wobei jene von Robert Groß zum Wintertourismus explizit auf das Phänomen der Beschleunigung fokussiert. Groß analysiert beispielhaft, wie beschleunigte Prozesse, Kapazitätserhöhungen und Rationalisierungen in einem Bereich andernorts zu Synchronisierungsschwierigkeiten und Engpässen führten, was wiederum deren Anpassung zwingend zu machen schien und so eine quasi-natürliche Wachstumsspirale in Gang setzte.[351]

Solche Studien sind auch von politischer Relevanz, indem sie zum einen die Reichweite marktwirtschaftlicher Instrumente wie CO_2-Steuern einzuschätzen helfen und zum anderen Hinweise auf die Frage geben, ob eine Entkarbonisierung der Wirtschaft ausreicht, um die Umwelt lebenswert zu halten, oder ob dafür das Gesellschaftssystem grundlegender zu reformieren oder revidieren wäre. 1965 schrieb Jean Cau über die bundesdeutsche Nachkriegswirtschaft: „Wahrhaftig, diese Autobahnen

349 Dies war Pfister selbstverständlich bewusst, siehe Pfister, Energiepreis und Umweltbelastung, S. 76–85. Vgl. Kupper, P. u. I. Pallua, Energieregime in der Schweiz seit 1800, Bern 2016, S. 55–72.

350 Melsted, O., Icelandic Energy Regimes. Fossil Fuels, Renewables, and the Making of a Low-Carbon Energy Balance, 1940–1980, Diss. Universität Innsbruck 2020; Pallua, I., Wohltemperiert ins 21. Jahrhundert? Die Geschichte der häuslichen Wärmeenergienutzung in der Schweiz von 1940–2000, Diss. Universität Innsbruck 2021. Zudem Melsted, O. u. I. Pallua, The Historical Transition from Coal to Hydrocarbons: Previous Explanations and the Need for an Integrative Perspective, in: Canadian Journal of History 53 (2018), S. 395–422.

351 Groß, R., Die Beschleunigung der Berge. Eine Umweltgeschichte des Wintertourismus in Vorarlberg/Österreich (1920–2010), Wien 2019. Zum Sommertourismus siehe Glaser, M., Wandel durch Tourismus. Spanien als Strand Europas, 1950–1983, Konstanz 2017; zum Abfall: Köster, R., Hausmüll. Abfall und Gesellschaft in Westdeutschland 1945–1990, Göttingen 2017; Weber, H., Recycling Europe's Domestic Wastes. The Hope of "Greening" Mass Consumption through Recycling, in: Wöbse u. Kupper, Greening Europe, Kap. 11.

sind bestimmt, ihre Zementzweige über alle Grenzen hinweg auszubreiten. Es ist ein lächerlicher Anblick zu sehen, wie sie vor den Toren Straßburgs aufhören [...] Diese Fabriken, diese Unternehmen müssen ihre Erzeugnisse über die ganze Welt ausbreiten, sie haben nichts Gezähmtes."[352] Ein halbes Jahrhundert später fragt sich, ob dem Expansionsdrang, welcher der kapitalistischen Wirtschaftsweise inhärent zu sein scheint, nicht entschieden politisch entgegenzutreten wäre, ob es den globalen Kapitalismus nicht zu zähmen gälte und ob er einer anderen Wirtschafts- und Gesellschaftsweise Platz machen müsste.[353] Vor diesem Hintergrund öffnet sich ein weites Feld für umwelthistorische Studien, die sich den vielfältigen Aspekten der Transformation der Nachkriegsgesellschaften zu Wachstumsgesellschaften annehmen.

Vorläufer und Langzeitwirkung

Einer der offenen Punkte, der anknüpfend an das eben Gesagte weiterzudiskutieren ist, betrifft die Frage, ob es sich bei der Großen Beschleunigung um einen historisch eigenen Prozess handelt oder um die Rückkehr auf jenen Wachstumspfad, den moderne Gesellschaften mit der Industrialisierung im 19. Jahrhundert eingeschlagen hatten, oder mit anderen Worten: Haben wir es bei der Großen Beschleunigung mit einem historischen Bruch zu tun, oder sollten wir vielmehr die Kontinuitäten zu früheren Beschleunigungen herausstreichen? Für beide Sichtweisen ist argumentiert worden. So plädieren sowohl Pfister mit dem Übergang von der Industrie- zur Konsumgesellschaft und der Hervorhebung der einzigartigen Rolle des billigen Erdöls als auch jene Autoren, die das Anthropozän um 1950 beginnen lassen wollen, für das Setzen einer historischen Epochenschwelle beziehungsweise gar des Startpunkts für ein neues geologisches Zeitalter.[354] Allerdings weisen sie zugleich auf Kontinuitäten hin: zu den Entwicklungen in den USA der Zwischenkriegszeit oder zur Belle Époque zwischen ca. 1890 und 1914, in der die globale Wirtschaft bereits einmal rasch und kräftig wuchs, bevor der Erste Weltkrieg und die protektionistische Wirtschaftspolitik der Zwischenkriegszeit dieser Phase der wirtschaftlichen Globalisierung ein Ende setzten.[355] Dem Ausbruch des Ersten Weltkriegs folgten

352 Cau, Deutsche sind eben Deutsche (I).

353 Siehe dazu aus den vielen jüngeren Publikationen etwa Wallerstein, I. u. a., Does Capitalism Have a Future?, Oxford 2013. Kompakt und kompetent in die Geschichte und Historiografie des Kapitalismus führen Kocka, J., Geschichte des Kapitalismus, München 2013 und Lenger, F., Die neue Kapitalismusgeschichte. Ein Forschungsbericht als Einleitung, in: Archiv für Sozialgeschichte 56 (2016), S. 3–37 ein. Zum „grünen" Kapitalismus: Berghoff, H. u. a. Rome (Hg.), Green Capitalism? Business and the Environment in the Twentieth Century, Philadelphia 2017.

354 Pfister, Energiepreis und Umweltbelastung; Steffen u. a., The Trajectory of the Anthropocene.

355 Pfister, Das „1950er-Syndrom", S. 67; Steffen, Crutzen u. McNeill, The Anthropocene, S. 617. Siehe auch Bonneuil, C. u. J.-B. Fressoz, The Shock of the Anthropocene. The Earth, History, and Us, London 2016.

dreißig Jahre der weltwirtschaftlichen Stagnation und des Rückgangs des internationalen Handels. In dieser längeren Perspektive können die Jahrzehnte nach 1945 als Anknüpfen an die Zeit vor 1914 und als Rückkehr zur Normalität modernen Wachstums verstanden und die außergewöhnlich hohen Wachstumsraten als nachholende Kompensation des ausgebliebenen Wachstums der vorangehenden Jahrzehnte interpretiert werden.[356] Dafür spricht, dass dem Wachstum der Nachkriegszeit in vielen Bereichen, so etwa im Energiesektor, technologische und organisatorische Entwicklungen und Infrastrukturen zugrunde lagen, die bereits in der Zwischenkriegszeit etabliert worden waren.[357]

Der Konsum wurde zu einem prägenden Aspekt der Nachkriegsgesellschaft und die konsumentenseitige Nachfrage zu einem wichtigen Faktor des anhaltenden Wachstums. Paradoxerweise stieg zugleich die Investitionsrate deutlich an, weshalb in ökonomischer Diktion eigentlich nicht von einer Konsumgesellschaft gesprochen werden kann, sondern die Nachkriegsgesellschaften vielmehr als Investitionsgesellschaften charakterisiert werden müssen.[358] Im Einklang mit dieser Feststellung halten Fridolin Krausmann und Mitautoren fest, dass der globale Bestand an materiellen Gütern im 20. Jahrhundert nie so rasch zunahm wie in den dreißig Jahren nach 1945, als er jährlich um 4% wuchs. Gleichzeitig wurden mehr Güter denn je weggeworfen, was die Abfallberge anwachsen ließ. Die Recyclingrate sank auf einen Tiefpunkt, bevor sie nach 1970 unter dem Eindruck der Ressourcenverknappung und der Umweltbewegung wieder anzusteigen begann; womit wir bei einem weiteren Paradox wären: Die „Wegwerfgesellschaft" betrieb zugleich eine historisch einzigartige Akkumulation von Gütern.[359] Hielten in den Nachkriegsjahrzehnten ein Hang zur Verschwendung und eine Wegwerfmentalität Einzug, oder waren es vielmehr die angebotenen Produkte, die einen verschwenderischen und nicht

356 Hobsbawm, Das Zeitalter der Extreme.

357 Vgl. Kupper u. Pallua, Energieregime in der Schweiz seit 1800. Der Soziologe Hartmut Rosa hat Beschleunigung als Merkmal moderner Zeitstrukturen interpretiert, deren beschleunigte Beschleunigung aber erst in die jüngsten Jahrzehnte der „Spätmoderne" gelegt. Rosa, H., Beschleunigung. Die Veränderung der Zeitstrukturen in der Moderne, Frankfurt a.M. 2005 und Ders., Beschleunigung und Entfremdung. Auf dem Weg zu einer kritischen Theorie spätmoderner Zeitlichkeit, Berlin 2013. Für eine kritische Erörterung des Beschleunigungsbegriffs siehe das Kap. 2 Umwelthistorische Zeiten.

358 In den Wirtschaftswissenschaften wird als Konsum der Teil der Produktion bezeichnet, die endverbraucht wird. Der andere Teil wird Investitionen genannt. Die Zeit seit 1950 ist gerade durch hohe Investitionsraten und einen im historischen Vergleich entsprechend niedrigen Anteil des Konsums am BIP gekennzeichnet. Siehe Samuelson, P. A. u. W. D. Nordhaus, Economics, New York 1992[14], S. 434–454.

359 Krausmann, F. u. a., Global Socioeconomic Material Stocks Rise 23-fold over the 20th Century and Require Half of Annual Resource Use, in: Proceedings of the National Academy of Sciences of the United States of America 114 (2017), S. 1880–1885. Vgl. Trentmann, F., Herrschaft der Dinge. Die Geschichte des Konsums vom 15. Jahrhundert bis heute, München 2017, S. 835–910; Köster, Hausmüll; König, W., Geschichte der Wegwerfgesellschaft. Die Kehrseite des Konsums, Stuttgart 2019; Oldenziel, R. u. H. Weber, Introduction. Reconsidering Recycling, in: Contemporary European History 22 (2013), S. 347–370; Weber, Recycling Europe's Domestic Wastes.

nachhaltigen Umgang mit Waren beförderten? Waren es die relativen Preise, die zu schnelllebigen und energieintensiven Lösungen führten, oder eine Kultur, die das Neue dem Alten vorzog, oder eine Konsumgüterwirtschaft, die ihre Warenpalette endlos variierte und erfolgreich zum Kauf des jeweils neuesten Produkts animierte, obwohl es das alte auch noch tat? Dies gilt es weiter zu klären und zu diskutieren. Tatsache ist, dass nicht nur die Güterproduktion nach 1945 markant anstieg, sondern dass in den ersten stürmischen Wachstumsjahrzehnten auch die Energieintensität zunahm und damit der CO_2-Ausstoß pro produzierte Einheit anwuchs, bevor, wiederum seit 1970, allmählich eine Trendwende einsetzte, die im Fachjargon als relative Entkoppelung von Wirtschaftswachstum und Energieverbrauch bezeichnet wird.[360]

Schluss

Nach dem Zweiten Weltkrieg erlebte die Welt eine historisch beispiellose Phase des Wachstums, welches Wirtschaft und Bevölkerung global erfasste und das sich in steigendem Wohlstand einer wachsenden Zahl von Menschen niederschlug, das aber auch gravierende Folgen für die Umwelt hatte, die teilweise in Kauf genommen und teilweise wie beim Klimawandel erst zeitverzögert wahrgenommen wurden. Über die historische Einordnung dieser Phase und über die Gewichtung der Triebkräfte und der handelnden Akteure herrscht noch keine Einigkeit. Klar ist aber, dass Entwicklungen entweder in Gang gesetzt oder beschleunigt fortgesetzt wurden, die unsere gegenwärtige Welt prägen und beschäftigen. In der historischen Aufarbeitung zeigt sich dies etwa darin, dass die Folgezeit seit den 1970er Jahren im deutschen Sprachraum als die Zeit „nach dem Boom" verhandelt und somit über die Vorperiode des „Booms" definiert wird.[361]

Umwelthistorisch bedeutsam ist, dass materielle Strukturen geschaffen wurden, die zum einen einen hohen Energie- und Ressourcenverbrauch und zum anderen sogenannte Pfadabhängigkeiten mit sich brachten.[362] Eine weitläufige suburbane Besiedlung und räumlich segregierte Erwerbs- und Wohn-, Versorgungs- und Freizeitwelten erfordern eine hohe individuelle Mobilität und einen fortlaufenden Unterhalt der Infrastrukturen. Die geschaffene Raumordnung benötigt große Mengen an Energie, ansonsten würde sie rasch zerbrechen. Ob und inwieweit diese Raumordnung vom industriell-automobilen in einen postindustriell-digitalen

360 Siehe Krausmann u. a., Global Socioeconomic Material Stocks Rise, S. 4.

361 Doering-Manteuffel, A. u. L. Raphael, Nach dem Boom. Perspektiven auf die Zeitgeschichte seit 1970, Göttingen 2012[3]; Doering-Manteuffel, A., L. Raphael u. T. Schlemmer (Hg.), Vorgeschichte der Gegenwart. Dimensionen des Strukturbruchs nach dem Boom, Göttingen 2015.

362 Vgl. Mattioli, G. u. a., The Political Economy of Car Dependence: A Systems of Provision Approach, in: Energy Research & Social Science 66 (2020), doi.org/10.1016/j.erss.2020.101486 (zuletzt eingesehen am 06.05.2021).

Betriebsmodus überführt werden kann und welche gesellschaftlichen und umweltbezogenen Konsequenzen dies hätte, wird seit Längerem diskutiert.[363] Neben den materiellen verdienten in dieser Diskussion die mentalen Strukturen mehr Aufmerksamkeit: die zur Selbstverständlichkeit gewordenen Gewohnheiten und Annehmlichkeiten.

12. Umweltschutz

„The pride of having reached the moon is cancelled out by the humiliation of having gone so far to making a slum of our own native planet", konstatierte 1970 der altgediente britische Naturschützer Max Nicholson.[364] Die triumphale Mondlandung des Vorjahrs, dieser scheinbare Höhepunkt menschlicher Ingeniösität, verblasste in Nicholsons Augen angesichts jener umfassenden Zerstörung, die menschliches Handeln auf der Erde selbst bewirkt habe. Er forderte daher nichts weniger als eine globale „Umweltrevolution". Und die Zeit für eine solche Revolution hielt der bestens informierte und international vernetzte Nicholson für gekommen: „Quite suddenly, the long struggle of a small minority to secure conservation of nature has been overtaken by a broad wave of awakening mass opinion reacting against the conventional maltreatment and degradation of the environment."[365]

Tatsächlich sticht auch im historischen Rückblick ins Auge, welche enorme Betriebsamkeit sich in den Jahren um 1970 länderübergreifend in Bezug auf die Umweltthematik entspann: In kurzer Folge wurden Fachabteilungen und Umweltministerien geschaffen, Bürgerinitiativen lanciert und Umweltorganisationen gegründet, nationale und internationale Konferenzen abgehalten, Verfassungsartikel, Gesetze und Verordnungen erlassen sowie nationale und internationale Kommissionen eingesetzt und Programme gestartet. Die Medien berichteten nun vermehrt über Umweltfragen, und der Buchmarkt wurde von Publikationen wie jener von Nicholson überschwemmt, von denen einige sehr hohe Auflagen erzielten und umgehend in diverse Sprachen übersetzt wurden. Nicht zuletzt etablierte sich erst in diesen Jahren die seither vorherrschende Verwendung des Begriffs Umwelt als Be-

363 Vgl. etwa Bell, D., The Coming of Post-Industrial Society. A Venture in Social Forecasting, New York 1973; Rifkin, J., The Zero Marginal Cost Society. The Internet of Things, the Collaborative Commons, and the Eclipse of Capitalism, New York 2014. Zu Geschichte und Bedeutung von Infrastrukturen siehe van Laak, D., Alles im Fluss. Die Lebensadern unserer Gesellschaft – Geschichte und Zukunft der Infrastruktur, Frankfurt a.M. 2018.

364 Nicholson, M., The Environmental Revolution. A Guide for the New Masters of the World, London 1970, Foreword.

365 Ebd., Foreword. Zum britischen Kontext siehe Evans, D., A History of Nature Conservation in Britain, London 1997. Eine Biografie zu Max Nicholson (1904–2003) steht aus.

zeichnung für die natürlichen Lebensgrundlagen, während die Begriffskomposition Umweltschutz gar erst in diesen Jahren aufkam.[366]

Wie kam es zu diesem scheinbar plötzlichen Aufgreifen der Umweltthematik und der daraus folgenden Betriebsamkeit? Welche Wirkungen entfalteten die ergriffenen Initiativen und Maßnahmen? Fand jene Umweltrevolution statt, die Nicholson 1970 ebenso anstrebte wie herbeiwünschte? Oder blieb es hauptsächlich bei der Erklärung guter Absichten, bei Stückwerk und notdürftigen Anpassungen, während die Zerstörung der Umwelt weitgehend ungebremst und ungehindert voranschritt? Dieser Fragen hat sich die Umweltgeschichte intensiv angenommen. In zahlreichen Studien hat sie die Entwicklungen in den ereignisreichen Jahren um 1970 rekonstruiert und Zusammenhänge zwischen verschiedenen Ereignisketten herausgearbeitet.[367] Zum einen setzte sich die Sicht durch, dass das Geschehen um 1970 so einschneidend war, dass es gerechtfertigt ist, von einer umwelthistorischen Zäsur zu sprechen, von einer „ökologischen Revolution“ oder, etwas weniger weit gehend, von einer „umweltpolitischen Wende“.[368] Zum anderen förderte die Forschung eine ungeheure historische Komplexität zutage, sodass allzu simple Erklärungen der damaligen Geschehnisse rasch an Überzeugungskraft verloren, wie etwa jene, die nach einem schlichten Reiz-Reaktions-Muster das Aufkommen des Umweltschutzes als direkte Antwort auf die steigende Umweltverschmutzung verstanden haben wissen wollte. So schreibt Joachim Radkau, der sich von allen Umwelthistorikerinnen und Umwelthistorikern wohl am umfassendsten mit der Thematik auseinandergesetzt hat: „Die ‚ökologische Revolution‘ von 1970 lässt sich aus keiner bestimmten Kausalität heraus erklären: weder aus einer vorhergegangenen Umweltkatastrophe noch aus bestimmten Diskursen oder den Interessen bestimmter sozialer Gruppen. Bei zeitlich und räumlich begrenzten Geschichten mögen sich bestimmte Kausalitäten abzeichnen,

366 Hünemörder, K. F., Die Frühgeschichte der globalen Umweltkrise und die Formierung der deutschen Umweltpolitik (1950–1973), Stuttgart 2004. Siehe auch die Literatur in der folgenden Fußnote.

367 Eine Auswahl mit Schwerpunkt auf das globale Europa: McCormick, J., The Global Environmental Movement, Chichester 1995; Guha, R., Environmentalism. A Global History, New York 2000; Kupper, P., Die „1970er Diagnose“. Grundsätzliche Überlegungen zu einem Wendepunkt der Umweltgeschichte, in: Archiv für Sozialgeschichte 43, Umweltgeschichte und Umweltbewegungen (2003), S. 325–348; Hünemörder, Frühgeschichte der globalen Umweltkrise; Brüggemeier, F.-J. u. J. I. Engels (Hg.), Konflikte, Konzepte, Kompetenzen. Beiträge zur Geschichte des Natur- und Umweltschutzes seit 1945, Frankfurt a.M. 2005; Radkau, J., Die Ära der Ökologie. Eine Weltgeschichte, München 2011; Schulz-Walden, T., Anfänge globaler Umweltpolitik. Umweltsicherheit in der internationalen Politik (1969–1975), München 2013; Kaiser, W. u. J.-H. Meyer, International Organizations and Environmental Protection. Conservation and Globalization in the Twentieth Century, New York 2016; Warde, P., L. Robin u. S. Sörlin, The Environment. A History of an Idea, Baltimore 2018; Kirchhof, A. u. J. R. McNeill (Hg.), Nature and the Iron Curtain. Environmental Policy and Social Movements in Communist and Capitalist Countries, 1945–1990, Pittsburgh 2019. Engels, J. I., Modern Environmentalism, in: F. Uekötter (Hg.), The Turning Points of Environmental History, Pittsburgh 2010, S. 119–131. Umwelthistorisch sind die Vorgänge um die ökologische Revolution vergleichsweise gut untersucht, auch wenn es insbesondere zu Ost- und Südeuropa noch bedeutende Lücken zu schließen gilt und die Abwägung des historischen Gewichts, das verschiedenen Faktoren zuzugestehen ist, weiterhin im Gange ist.

368 Radkau, Die Ära der Ökologie; Hünemörder, Frühgeschichte der globalen Umweltkrise.

aber diese zerfasern, sobald man den räumlichen und zeitlichen Horizont weiter spannt."[369] Einerseits geraten mit dem Weiterspannen des Horizonts sowohl ähnlich gelagerte Entwicklungen in den Blick, die zeitgleich räumlich getrennt abliefen, als auch transnationale Bewegungen, welche die Entwicklungen länderübergreifend beeinflussten. Erklärungen, die in einem nationalgeschichtlichen Rahmen überzeugend scheinen, verlieren dadurch augenblicklich an Erklärungskraft. Wenn sich der Blick andererseits in der zeitlichen Dimension weitet, fällt er auf eine disparate Vielfalt an Entwicklungen, die der Umweltrevolution vorausgingen und die ihr den Boden bereiteten, und er kann Kontinuitäten zu erfassen suchen, die durch die Revolution hindurch Bestand hatten, diese beeinflussten und ihre Hinterlassenschaft mitbestimmten.

Im Folgenden gehe ich chronologisch vor und schildere zunächst die Bestrebungen zum Schutz der Umwelt, die der begrifflichen Fassung als Umweltschutz vorangingen. Daraufhin gehe ich auf die ökologische Revolution selbst und die Jahre um 1970 ein, bevor ich abschließend erörtere, wie der revolutionäre Umschwung in den folgenden Jahren und Jahrzehnten fortwirkte.

Umweltschutz avant la lettre

Menschen engagierten sich in Europa und andernorts schon vor 1970 für Anliegen, die nach 1970 unter den Begriff des Umweltschutzes fielen. So gingen Stadtverwaltungen seit der Mitte des 19. Jahrhunderts gegen die Verschmutzung der Gewässer und die Verunreinigung der Luft vor, ließen Bäume pflanzen und legten Parks an. Unter dem Leitbegriff der Hygiene sammelte sich ein bunter Strauß zivilgesellschaftlicher Akteure, die diese Themen vorwiegend in urbanen Gegenden vorantrieben. Dazu wurden Gesetze und Verordnungen erlassen, und es entstanden staatliche Einrichtungen, denen diese Belange zur systematischen Überwachung und Bearbeitung übertragen wurden.[370] Mit Beginn des 20. Jahrhunderts organisierte sich zudem der Natur-, Heimat- und Landschaftsschutz und bewirkte, dass hauptsächlich in den aus Sicht der auch hier dominierenden städtischen Eliten peripheren Gegenden Maßnahmen zum Schutz der Natur ergriffen wurden. Diese reichten vom Schutz gefährdeter Pflanzen und Tiere über die Deklaration von Naturdenkmälern und die Einrichtung von Naturschutzgebieten und Nationalparks bis zu Verordnungen, die großflächig die Schönheit von Landschaften bewahren helfen sollten. Auch hier bildeten sich staatliche Institutionen und zudem gut organisierte zivilgesellschaftliche Verbände, die in teilweise enger Kooperation mit staatlichen Akteuren den Naturschutz in den ländlichen Gebieten ebenso zu prägen wussten, wie in den Kolonien.[371]

---

369 Radkau, Die Ära der Ökologie, S. 160.

370 Siehe Kap. 7 zur Urbanisierung.

371 Siehe die Kap. 8, Kap. 9 und Kap. 10 Kolonialismus und Imperialismus, Naturschutz sowie Politische Regime.

Auf allen diesen Feldern wurden in den Nachkriegsjahrzehnten Fortschritte erzielt. Um nur einige Beispiele anzuführen: Mehr und besser ausgerüstete Kläranlagen sorgten für die Behandlung der Siedlungs- und Industrieabwässer. Flächendeckende Systeme lagen zwar noch in weiter Ferne, Planungen für solche wurden aber in mehreren Ländern in Angriff genommen.[372] Im Bereich der Luftverschmutzung sorgte der britische Clean Air Act von 1956 für Aufsehen, der erlassen wurde, nachdem London im Dezember 1952 mehrere Tage in einer so dichten Smoghülle gefangen war, dass die Sichtweite auf einige Zentimeter schrumpfte und Zehntausende Spitäler aufsuchten, da sie an Atembeschwerden litten. Die zeitgenössischen amtlichen Schätzungen gingen von 4000 Todesfällen aus, während spätere Berechnungen eine zwei- bis dreimal so hohe Opferzahl ergaben.[373] Im Naturschutz wurde 1948 im Rahmen der UNESCO die International Union for Conservation of Nature IUCN gegründet, der staatliche und private Institutionen beitreten konnten und die sich rasch als das maßgebende Forum für den internationalen Expertendiskurs und die Etablierung internationaler Standards einsetzte. Mit dem WWF schufen sich führende Exponenten aus der IUCN, unter ihnen Max Nicholson, 1962 zudem eine internationale Naturschutzorganisation, die operativ tätig wurde und die ebenso wie die IUCN mithalf, die kolonial geprägten Netzwerke des Naturschutzes in internationale Netzwerke der nachkolonialen Zeit zu überführen.[374] Zudem nutzten sie den Europarat, um Naturschutz auf die europäische Agenda zu setzen.[375] Auch auf nationaler Ebene betrieben die Naturschutzorganisationen, von denen viele schon vor 1914 oder in der Zwischenkriegszeit gegründet worden waren, die Etablierung und Pflege von Schutzgebieten und wandten sich, teilweise mit großer Vehemenz, wenn auch meist erfolglos, gegen Infrastrukturprojekte, insbesondere gegen den groß angelegten Ausbau der Wasserkräfte zur Energiegewinnung.[376] Als

---

372 Siehe Gugerli, D., „Wir wollen nicht im Trüben fischen!" Gewässerschutz als Konvergenz von Bundespolitik, Expertenwissen und Sportfischerei (1950–72), in: Schweizer Ingenieur und Architekt 13 (2000), S. 281–287; Bernhardt, C., Im Spiegel des Wassers. Eine transnationale Umweltgeschichte des Oberrheins (1800–2000), Köln 2016, S. 458–464. Dieses Thema harrt einer vertieften historischen Bearbeitung.

373 Thorsheim, P., Inventing Pollution. Coal, Smoke, and Culture in Britain since 1800, Athens 2006, S. 159–192.

374 Schwarzenbach, A., WWF. Die Biografie, München 2011; Gissibl, B., S. Höhler u. P. Kupper (Hg.), Civilizing Nature. National Parks in Global Historical Perspective, New York 2012; Bont, R. de, S. Schleper u. H. Schouwenburg, Conservation Conferences and Expert Networks in the Short Twentieth Century, in: Environment and History 23 (2017), S. 569–599; Schleper, S., Planning for the Planet. Environmental Expertise and the International Union for Conservation of Nature and Natural Resources, 1960–1980, New York 2019.

375 Ziemek, H.-P. u A.-K. Wöbse, Rewilding. Unleashing European Wildlife, in: A.-K. Wöbse u. P. Kupper (Hg.). Greening Europe. Environmental Protection in the Long Twentieth Century – A Handbook, München 2022, Kap. 4; und Vetter-Schultheiss, S., Visualizing the (In-)Visible. Communicating Europes Nature, in: Wöbse u. Kupper, Greening Europe, Kap. 12.

376 Engels, J. I., Naturpolitik in der Bundesrepublik. Ideenwelt und politische Verhaltensstile in Naturschutz und Umweltbewegung 1950–1980, Paderborn 2006; Hasenöhrl, U., Zivilgesellschaft und Protest. Eine Geschichte der Naturschutz- und Umweltbewegung in Bayern 1945–80, Göttingen

neue Themen tauchten in den 1950er Jahren die Atomwaffen auf, gegen die sich in Westeuropa eine lebhafte Friedensbewegung formierte, und die Erhöhung der Radioaktivität in der Atmosphäre aufgrund der Atomwaffentests. In den 1960er Jahren zogen Chemikalien vermehrt Aufmerksamkeit auf sich, wobei die Diskussionen in Europa hinter jenen der USA zurückblieben, wo Rachel Carsons Buch „Der stumme Frühling" von 1962 selbst Präsident John F. Kennedy zum Handeln veranlasste.[377]

Durch ihre Bearbeitung verloren die erwähnten Themenfelder nicht an Brisanz. Vielmehr schien es den Akteuren, dass die Schutzmaßnahmen nicht mit der stürmischen wirtschaftlichen Entwicklung mithalten konnten, sie dauernd aus der Defensive heraus agieren mussten und ihre Anhängerschaft zu klein und ihre Mittel zu beschränkt waren, um sich gegen die Entwicklung zu stellen. Auch für sie galt daher eines der Zauberwörter jener Epoche: Planung, vorausschauend und in möglichster Übereinstimmung mit den wirtschaftlichen Interessen, den politischen Programmen sowie den wissenschaftlichen und technischen Entwicklungen. Dies galt für den kapitalistischen Westen ebenso wie für den sozialistischen Osten Europas. Stimmen, die diese Herangehensweise für nicht ausreichend hielten, gab es stets, sie verfingen aber nur bei kleinen Minderheiten.[378]

Die umweltschützerischen Bestrebungen in den Nachkriegsjahrzehnten sind am besten in ihrer Kontinuität zu den Aktivitäten der ersten Jahrhunderthälfte zu verstehen. Gleichwohl sind sie wichtig für die revolutionären Vorgänge, die ab den späten 1960er Jahren losgetreten wurden und die um 1970 richtig Fahrt aufnahmen. Erhellend ist hierfür der Begriff der Kapazitäten, den Franz-Josef Brüggemeier in die Diskussion eingeführt hat. Laut Brüggemeier können Themenfelder nur dann eine steigende Resonanz in Gesellschaft und Politik finden, wenn in verschiedenen gesellschaftlichen Teilsystemen gewisse Bearbeitungskapazitäten vorhanden sind. Diese zunächst vielleicht weitgehend unabhängig voneinander existierenden Bearbeitungen können eine „kritische Masse" erreichen, die es braucht, um bestimmten Themen eine privilegierte gesellschaftliche Aufmerksamkeit zuteil werden zu lassen. Für das Erreichen einer kritischen Masse sei in modernen Gesellschaften wichtig, dass ein Anliegen wissenschaftlich solide fundiert sei und bereits größere Diskussionen innerhalb der Wissenschaften ausgelöst habe. Zudem müssten soziale Gruppierungen und staatliche Institutionen das Anliegen aufnehmen und zu

---

2010; Aschwanden, R., M. Buck, P. Kupper u. K. Schmidt, Moving Mountains. The Protection of the Alps, in: Wöbse u. Kupper, Greening Europe, Kap. 9.

377 Carson, R., Der stumme Frühling, München 2007³; Nehring, H., Politics of Security: British and West German Protest Movements and the Early Cold War 1945–1970, Oxford 2013; Stoff, H., Gift in der Nahrung. Zur Genese der Verbraucherpolitik Mitte des 20. Jahrhunderts, Stuttgart 2015.

378 Schlimm, A., Ordnungen des Verkehrs. Arbeit an der Moderne – deutsche und britische Verkehrsexpertise im 20. Jahrhundert, Bielefeld 2011; Christian, M., S. Kott u. O. Matějka (Hg.), Planning in Cold War Europe. Competition, Cooperation, Circulations (1950s–1970s), Berlin 2018; Schleper, Planning for the Planet.

möglichst breit gestreutem Interesse verhelfen, sodass auch die Medien darüber zu berichten beginnen.[379]

Zur Vorstellung der kritischen Masse passt jene der Kippmomente, wie sie beim Verhalten von Stoffen zu beobachten sind, die auf kontinuierliche äußere Einwirkung hin nur träge reagieren und die Einwirkung zunächst puffern, um dann an einem bestimmten Punkt schlagartig ihren Aggregatzustand zu verändern. In dieser Weise veranschaulicht David Blackbourn den unerwartet raschen Gesinnungswandel um 1970: „Es war so, wie wenn Wasser plötzlich zu Dampf wird oder zu Eis gefriert, ein plötzlicher Umschlag, wie er gelegentlich auch in der menschlichen Welt vorkommt."[380] Im Gegensatz zum Wasser, dessen Siede- und Gefrierpunkt bekannt sind und dessen Verhalten sich vorausberechnen lässt, fällt dies für die menschliche Welt sehr viel schwerer. Und selbst im Nachhinein ist es oft kompliziert, die Prozesse, die zum Umschlag führten, festzumachen. Was lässt sich diesbezüglich für die Revolution um 1970 historisch festhalten?

Die ökologische Revolution

Nach Blackbourn war es die hohe Politik, die im Herbst 1969 in der Bundesrepublik Deutschland den Umschwung auslöste. Die an die Macht gekommene Regierungskoalition aus Sozialdemokraten und Freien Demokraten stellte die Verwaltung um. Eine bestehende Abteilung für Gewässerschutz, Luftreinhaltung und Lärmbekämpfung kam ins Innenministerium von Hans-Dietrich Genscher, wo sie auf Vorschlag eines Spitzenbeamten einen neuen und, wie sich herausstellen sollte, sehr zukunftsweisenden Namen erhielt: Abteilung für Umweltschutz.[381] Dieser Vorgang hat aber eher episodenhaften Charakter und vermag den Umschwung entsprechend nur unzureichend zu erfassen. Entnehmen lassen sich der Episode für den Umschwung wichtige Elemente: insbesondere jenes, dass bislang getrennt verhandelte Themenfelder neu unter der Bezeichnung Umwelt und Umweltschutz zusammengezogen wurden und im Folgenden als Bestandteile eines größeren Zusammenhangs verstanden und verhandelt werden konnten. Auch spielten jene staatlichen Behörden, Beamte und Politiker eine wichtige Rolle, die das Thema Umweltschutz mit Verve aufgriffen und das neue Politikfeld gestalteten. Wenn wir aber mit Radkau den Analysehorizont erweitern, wird unmittelbar klar, dass es bei dem Vorgang in einer Bonner Amtsstube nur um ein Puzzleteil im Gesamtbild und nicht um den zentralen Auslöser des Umschwungs handeln kann. Zum einen ließen sich die Bonner

379 Brüggemeier, F.-J., Tschernobyl, 26. April 1986. Die ökologische Herausforderung, München 1998, S. 191/192; Ders., Schranken der Natur. Umwelt, Gesellschaft, Experimente 1750 bis heute, Essen 2014, S. 351–353.

380 Blackbourn, D., Die Eroberung der Natur. Eine Geschichte der deutschen Landschaft, München 2007, S. 401.

381 Ebd., S. 401. Eine ausführlichere Schilderung des Vorgangs findet sich bei Hünemörder, Frühgeschichte der globalen Umweltkrise, S. 154–159. Im Gegensatz zur Gewässer- und Luftverschmutzung hat der Lärm in der historischen Forschung bislang kaum Beachtung gefunden.

Beamten bei ihrer Umbenennung von der unlängst in den USA aufgekommenen Bezeichnung *environmental protection* leiten. Den USA kam in mancherlei Hinsicht eine Vorbild- und Orientierungsfunktion zu: Zwar lässt sich die oft geäußerte Ansicht, dass die USA in Umweltfragen allgemein vorausgegangen sei und Europa diese letztlich lediglich aus Übersee übernommen habe, bei genauerem Hinsehen nicht halten.[382] Aber was in Amerika vor sich ging, wurde in den europäischen Ländern besonders genau verfolgt, sodass die dortigen Entwicklungen oft stärker rezipiert wurden als jene in benachbarten europäischen Ländern. Zum anderen war die bundesdeutsche Regierung weder die erste, die ein Amt für Umweltschutz einrichtete – Schweden hatte diesen Schritt in ganz ähnlicher Form bereits 1967 vollzogen –, noch war sie das Vorbild für alle anderen europäischen Länder, in denen in dichter Folge ebenfalls administrative Einheiten für den Umweltschutz eingerichtet wurden, wobei einige Länder diesen gleich auf Ministeriumsebene hoben, so Großbritannien 1970, Frankreich 1971 und die DDR 1972.[383]

Die bislang vergebliche Suche nach dem einen zentralen Auslöser der ökologischen Revolution, dem ausschlaggebenden Ereignis, etwa einer Umweltkatastrophe, dem revolutionären Skript oder dem einen charismatischen Anführer, dürfte ihren Grund letztlich darin finden, dass diese Revolution schlicht keinen zentralen Auslöser kannte, sondern mehr oder weniger gleichzeitig an vielen Stellen ausbrach und die losgetretenen Prozesse sich rasch gegenseitig stützten und verstärkten. Diesbezüglich waren, wie oben angesprochen, die in den Gesellschaften vorhandenen Kapazitäten zur Aufnahme und Bearbeitung der Thematik ebenso wichtig wie Netzwerke und Kommunikationskanäle, in denen die Neuigkeiten rasch und weitläufig zirkulieren konnten. Dafür spricht, dass sich der Begriff Umweltschutz mit dem Jahr 1970 in mehreren europäischen Sprachen parallel rasant verbreitete, etwa als *protection de l'environnement* im Französischen oder etwas zögerlicher auch im Russischen als *ochrana okruschajuschtschej sredy*.[384] Initiativen, die in den 1960er Jahren ergriffen wurden, passten oft um 1970 ihre Begriffswahl an. So stand das vom Europarat initiierte Europäische Naturschutzjahr von 1970 unter dem Leitspruch „Der Mensch in seiner Umgebung", doch schon die zentrale Naturschutzkonferenz im Februar des Jahres endete mit einer „Erklärung zur Gestaltung der natürlichen Umwelt Europas". Ein parlamentarischer Vorstoß, der einen Immissionsschutz verlangte, mündete in der Schweiz 1971 in einem Verfassungsartikel zum Umweltschutz, den

382 Zu den USA siehe Rome, A., The Genius of Earth Day. How a 1970 Teach-In Unexpectedly Made the First Green Generation, New York 2013.

383 Robinson, M., The Greening of British Party Politics, Manchester 1992, S. 10–12; Bess, M., The Light-Green Society. Ecology and Technological Modernity in France, 1960–2000, Chicago 2003, S. 83/84; Möller, C., Umwelt und Herrschaft in der DDR. Politik, Protest und die Grenzen der Partizipation in der Diktatur, Göttingen 2020, S. 193–208.

384 Dies bilden entsprechende Volltextsuchen in den Katalogen von Google Ngram deutlich ab.

das Stimmvolk mit rekordverdächtiger Einmütigkeit und 93 Prozent Ja-Stimmen annahm.[385]

Entscheidende Vorarbeiten, die dem revolutionären Umschwung zu einem stabilen Standbein verhalfen, wurden in den 1960er-Jahren in den Wissenschaften geleistet. Rückgängige Pflanzen- und Tierpopulationen trieben eine wachsende Zahl der in großer Mehrheit weiterhin männlichen Wissenschaftler ebenso um wie die drohende Erschöpfung natürlicher Ressourcen, die wachsende Weltbevölkerung und die Grenzen der globalen Nahrungsmittelproduktion.[386] In militärischen Zusammenhängen wurde zu atomarer, biologischer und chemischer Kriegführung geforscht und dabei auch die Möglichkeiten eruiert, die natürliche Umwelt in großräumigen bis globalen Maßstäben zu manipulieren.[387] Malthusianische Bevölkerungstheorien feierten Urstände, insbesondere aber beeinflussten die Siegeszüge der Ökologie, der Kybernetik und systemtheoretischer Ansätze die Analyse einer breiten Palette von Themen, als deren gemeinsame Klammer sich mehr und mehr die Beschäftigung mit Umweltsystemen etablierte.[388] Diese Umweltsysteme, die letztlich alle in einer einzigen globalen Umwelt aufgingen, bestanden aus komplexen, interdependenten Ökosystemen, in denen biologische Gleichgewichte herrschten und sich natürliche Kreisläufe abspielten, die allerdings immer stärker durch den Menschen beeinflusst waren. In der Tradition des Holismus sah das ökologische Denken alles mit allem vernetzt und das Einzelne immer auch als Bestandteil des Ganzen. Die vorherrschende Herangehensweise, welche Gegenstände spezialisierten Fachbereichen zuteilte, stand daher einer ganzheitlichen Erfassung der Problematik im Wege und verhinderte, diese in ihrer tatsächlichen Dimension wahrzunehmen. Insbesondere entging ihr, dass eine gesellschaftliche Entwicklung, die auf ein andauerndes Wachstum abstellte, die begrenzten Kapazitäten der Ökosysteme früher oder später zwangsläufig überschreiten musste, was wiederum unweigerlich zu einem Zusammenbruch der natürlichen und gesellschaftlichen Systeme führen musste. Dies war die Botschaft des epochemachenden Berichts „Grenzen des Wachstums“ im Auftrag des Club of Rome, der im Frühling 1972 gleich in mehreren Sprachen erschien.[389]

Es war dieses wissenschaftliche Weltbild, das den Kern der Revolution ausmachte, für die daher auch die Kennzeichnung als ökologische treffend ist. Auf einer

385 Schulz, T., Das Europäische Naturschutzjahr 1970 – Versuch einer europaweiten Umweltkampagne, WZB Berlin 2006; Kupper, Die „1970er Diagnose“.

386 Warde, Robin u. Sörlin, The Environment.

387 Hamblin, J. D., Arming Mother Nature. The Birth of Catastrophic Environmentalism, Oxford 2013.

388 Warde, Robin u. Sörlin, The Environment; Robertson, T., The Malthusian Moment. Global Population Growth and the Birth of American Environmentalism, New Brunswick 2012.

389 Meadows, D. u. a., Die Grenzen des Wachstums. Bericht des Club of Rome zur Lage der Menschheit, Stuttgart 1972. Zur historischen Einordnung des Berichts siehe Kupper, P. u. E. Seefried, “A Computer’s Vision of Doomsday”. On the History of the 1972 Study The Limits to Growth, in: F. Uekötter (Hg.), Exploring Apocalyptica. Coming to Terms with Environmental Alarmism, Pittsburgh 2018, S. 49–74.

konzeptionellen Metaebene lassen sich drei revolutionäre Neuerungen identifizieren: An erster Stelle ist das bereits erwähnte Denken in komplexen interdependenten Systemen zu erwähnen. Zweitens zeichnete ein globaler Blickwinkel die Problemanalysen aus, wie er auf semantischer Ebene in der Metapher vom „Raumschiff Erde“ zum Ausdruck kam.[390] Drittens schließlich expandierte das Denk- und Sagbare nicht nur im Raum, sondern auch in der Zeit. Die Darstellung der erdgeschichtlichen Entwicklung entlang einer einjährigen Zeitachse oder die Rede des „Fünf vor Zwölf“ verbildlichten diese dritte Neuerung. In den räumlichen und zeitlichen Perspektivierungen offenbart sich der starke Einfluss, den der Kalte Krieg, die atomare Konfrontation und die Weltraumfahrt auf die Konzeptionen der bedrohten Umwelt ausübten. Die Atomuhr stand Pate für die akute Gefährdung und die Dringlichkeit des Handelns, und die Ansicht der Welt als der eine Erdball war durch die Fotografien des Planeten aus dem Weltraum eben erst medienwirksam aktualisiert worden. Im Kalten Krieg war das Denken in globalen Maßstäben eingeübt worden, auch in den Unterteilungen in die Erste, die Zweite und die Dritte Welt. Mit den Atomwaffen entstand in den 1950er Jahren das Bewusstsein, dass das Schicksal der Erde in menschlichen Händen lag. Mit dem ökologischen Umdenken wuchs das Bewusstsein, dass dies nicht nur für den Bereich der Kriegführung galt, sondern auch für die zivile Entwicklung, dass sich die Menschheit nicht nur in einem kriegerischen Akt unmittelbar auslöschen konnte, sondern dass sie ihre Lebensgrundlagen auch in dem Prozess der Übernutzung der natürlichen Ressourcen allmählich und unwiederbringlich untergraben konnte.[391]

Für die umfassende Neudefinierung der Mensch-Natur-Beziehungen im Rahmen der ökologischen Revolution habe ich in Anlehnung an das „1950er Syndrom“, mit dem Christian Pfister die seit diesem Jahrzehnt stark steigende Umweltbelastung fasste, den Begriff der „1970er Diagnose“ vorgeschlagen.[392] Mit der Wahl der ebenfalls in der Medizin gebräuchlichen Diagnosemetapher brachte ich zum Ausdruck, dass die Umdeutung der Umweltfrage nach 1970 nicht als direkte Antwort auf den steigenden Grad der Umweltverschmutzung verstanden werden kann. Die Diagnose eines Arztes hängt schließlich nicht alleine vom Zustand des Patienten ab, sondern mindestens so stark vom Wissen und den Überzeugungen des Arztes, seinen Instrumenten der Analyse und seiner Fähigkeit, einzelne Indizien zu einem Krankheitsbild zusammenzufügen. Die materielle Veränderung von umweltrelevan-

390 Höhler, S., Spaceship Earth in the Environmental Age, 1960–1990, London 2015; Selcer, P., The Postwar Origins of the Global Environment. How the United Nations Built Spaceship Earth, New York 2018.

391 Kupper, P., Weltvernichtungsmaschinen: Die Bombe, die ökologische Revolution und die Transformation der Zukunft als Katastrophe, in: G. Pfleiderer, H. Matern u. J. Köhrsen (Hg.), Krise der Zukunft II. Verantwortung und Freiheit angesichts apokalyptischer Szenarien, Baden-Baden 2019, S. 123–139.

392 Kupper, Die „1970er Diagnose“; Pfister, C. (Hg.), Das 1950er Syndrom: der Weg in die Konsumgesellschaft, Bern 1995.

ten Größen ist eine Sache, die gesellschaftliche Wahrnehmung und Interpretation dieser Umweltveränderungen sowie die sozialen Handlungsfolgen sind eine andere.

Radkau sieht die ökologische Revolution als letztlich in den Umweltproblemen selbst fußend.[393] Demgegenüber möchte ich die gesellschaftlichen Bedingungen und Konstellationen betonen, die es erstens ermöglichten, Beeinträchtigungen von Natur und Gesundheit in gesellschaftsrelevante Probleme zu übersetzten, und zweitens gesellschaftliche Anreize schufen, die problemorientiertes Handeln auslösten.[394] Weiten wir den Analysehorizont thematisch aus, zeigt sich, dass sich die Problematisierung der natürlichen Umwelt parallel zur Problematisierung anderer grundlegender Gesellschaftsfragen ereignete. Dazu gehörten die Debatten über den raschen wirtschaftlichen Wandel und die Veränderung der Arbeitswelt, über die Ordnung der Geschlechter, den Generationenkonflikt und die Rebellion der Jugend und die Migrationsfrage ausgetragen am Status von Ausländer und Gastarbeiterinnen oder auf internationaler Ebene über die Ausgestaltung des westeuropäischen Integrationsprozesses, die Entspannung zwischen Ost und West und die Neuverortung der Nord-Süd-Beziehungen. In der Gesamtschau fügen sich diese Debatten zum Zeitbild einer europäischen Gesellschaft, die nach zwei Jahrzehnten stürmischen Wachstums Ende der 1960er-Jahre in Ost und West eine Orientierungskrise befiel und deren Mitglieder sich in der Folge scharenweise auf die Suche nach neuen Gewissheiten machten. Davon zeugt etwa die Entstehung einer Vielzahl neuer sozialer Bewegungen, die sich den oben genannten Problemfeldern annahmen, ebenso wie Verschiebungen im politischen Spektrum der westeuropäischen Länder, wo neben einer Neuen Linken sich in diesen Jahren auch eine Neue Rechte ausformte, während in den osteuropäischen Ländern der Aufbruch zu einem neuen Sozialismus erprobt wurde, was, von der sowjetischen Führung und den Politkadern der meisten Länder allerdings argwöhnisch beäugt, nur in engen Grenzen toleriert und in Prag 1968 gewaltsam in die Schranken verwiesen wurde. Die neuen Formen der politischen Artikulation können als Zeichen dafür gewertet werden, dass die Interessensvertretung durch die traditionellen Parteien und Verbände nicht mehr genügte. Diskursanalytisch ausgedrückt änderten sich in den Jahren um 1970 die Regeln, welche die Diskussionen strukturierten: Gegenstandsbereiche wurden neu konstituiert, Diskurse neu formiert und Resonanzräume neu eingerichtet. Die ökologische Revolution entfaltete ihre Wirkung in und dank einem gesellschaftlichen Klima, das von der Infragestellung althergebrachter Gewissheiten und Selbstverständlichkeiten geprägt war.[395]

393 Radkau, Die Ära der Ökologie, S. 161/162.

394 Für eine theoretische Begründung dieser Position siehe Kupper, Die „1970er Diagnose". Ähnlich, wenn auch mit thematisch teilweise anderen Schwerpunktsetzungen, argumentiert Uekötter, F., Deutschland in Grün. Eine zwiespältige Erfolgsgeschichte, Göttingen 2015, S. 13–21.

395 Ferguson, N. (Hg.), The Shock of the Global. The 1970s in Perspective, Cambridge, Mass. 2010; Leendertz, A. u. W. Meteling (Hg.), Die neue Wirklichkeit. Semantische Neuvermessungen und Politik seit den 1970er-Jahren, Frankfurt a.M. 2016.

Für die Formationsphase wichtig war die internationale Ebene. Dass die Gewässerverschmutzung eine genuin internationale Dimension aufwies, war früh klar und manifestierte sich etwa in der 1950 erfolgten Gründung der Internationalen Kommission zum Schutz des Rheins, der sämtliche Anliegerstaaten angehörten. In der zweiten Hälfte der 1960er Jahre wurde immer deutlicher, dass auch die Luftverschmutzung weiträumige Auswirkungen hatte. So gelang einem schwedischen Forscher 1967 der Nachweis, dass der saure Regen ein europäisches Phänomen war und sich die Emissionen der schwerindustriellen Ballungsgebiete in der Hauptwindrichtung von Westen nach Osten über den Kontinent verbreiteten und auch Gebiete in Mitleidenschaft zogen, die Hunderte von Kilometern von der Schadstoffquelle entfernt lagen. Dies bewog Schwedens Regierung, international eine Führungsrolle einzunehmen und 1968 dem Wirtschafts- und Sozialrat der Vereinten Nationen eine internationale Konferenz vorzuschlagen, die vier Jahre später, 1972, in Stockholm als erste UN-Umweltkonferenz stattfand und in der Einrichtung des UN-Umweltprogramms kulminierte. Da die DDR aufgrund des Alleinvertretungsanspruchs der BRD nicht zur Konferenz zugelassen wurde, boykottierte der Ostblock die Veranstaltung. Dies wurde aber nicht zur Regel, vielmehr erkannten Politiker in Ost und West ebenso wie Wissenschaftler in der Umweltfrage ein interessantes Feld, um den Austausch und selbst die Kooperation über die ideologischen Lager hinweg zu befördern. In Westeuropa thematisierten der Europarat und die OECD die Umweltfrage bereits in den späten 1960er Jahren, während die Europäische Gemeinschaft die Thematik mit Verspätung erst 1971 aufnahm und ihr selbst die NATO zwischenzeitlich einen hohen Stellenwert zuweisen und sich selbst als zentraler Akteur in der Debatte positionieren wollte. Ob der Rat für gegenseitige Wirtschaftshilfe und der Warschauer Pakt in Osteuropa in ähnlicher Weise aktiv wurden, ist noch nicht hinreichend geklärt.[396]

Wirkungen

1970 und 1971 bildete sich in Europa ein länder- und systemübergreifender gesellschaftlicher Konsens, dass es sich beim Schutz der Umwelt um eine vordringliche Aufgabe handelte, wenn nicht um die wichtigste Gegenwartsfrage überhaupt. Ebenso herrschte große Einigkeit, dass dringend etwas zum Schutz der Umwelt getan werden musste. Das Wer, Was und Wie war jedoch weitestgehend offen. Weder waren Zuständigkeiten und Verantwortungen bestimmt, noch war auch nur in Grundzügen geklärt, an welchen Stellen anzusetzen war, welche Prioritäten zu legen, woher die Mittel kommen sollten und wer welche Konsequenzen in Kauf zu nehmen hatte. Tatsächlich zerbrach die große Allianz für die Umwelt in kürzester

396 Schulz-Walden, Anfänge globaler Umweltpolitik; Kaiser u. Meyer, International Organizations and Environmental Protection; Kirchhof u. McNeill, Nature and the Iron Curtain; van de Grift, L. u. W. van Meurs, Europeanising Biodiversity. Reframing Flora, Fauna and Habitat, in: Wöbse u. Kupper, Greening Europe, Kap. 16.

Zeit: Einerseits zeigte sich an konkreten Sachfragen, dass sich unter der gemeinsamen Worthülse Umweltschutz ganz unterschiedliche Standpunkte verbargen. In der Initialphase und wiederum auf lange Sicht hinaus bewirkte dieser Begriff eine Bündelung gesellschaftlicher Aufmerksamkeiten, die ideologischen Differenzen zwischen den verschiedenen politischen Lagern vermochte er hingegen nur kurzfristig zu übertünchen. Mit dem Erdölpreisschock und der 1974 scharf hereinbrechenden Wirtschaftskrise verhärtete sich zudem das politische Klima.[397] In der anfänglichen Euphorie gemachte weitreichende Reformvorschläge wurden auf der politischen und gesellschaftlichen Ebene in der Folge zerpflückt. Die um 1970 initiierten Änderungen institutioneller Ordnungen wurden bald blockiert oder durch mangelhafte Kompetenz- und Mittelzuteilung bagatellisiert. In Frankreich trat deswegen der erste Umweltminister Robert Poujade 1974 frustriert zurück.[398] Seinen im Folgejahr in Buchform publizierten Rechenschaftsbericht betitelte er „Le ministère de l'impossible“: das Ministerium für das Unmögliche.

Viele Anliegen blieben liegen und fanden erst in den 1980er Jahren unter dem Eindruck des Waldsterbens eine konsequentere Umsetzung.[399] Immerhin waren Institutionen geschaffen und zivilgesellschaftliche Organisationen entstanden, die sich von ihrem Selbstverständnis her der Umweltproblematik annahmen. Dass diese über der Parteipolitik schweben würde oder außerparlamentarisch behandelt werden könnte, stellte sich alsbald als Irrtum heraus, sodass es in den 1980er Jahren zur Gründung grüner Parteien kam, die sich einer progressiven Politik verschrieben und sich vorwiegend im politisch linken Spektrum der Parteienlandschaft einordneten. Auch im sozialistischen Osten blieb der Umweltschutz ein wichtiges Ziel. Jedoch gelang es den dortigen Gesellschaften deutlich weniger als den kapitalistisch verfassten Westeuropas, den postulierten Umweltschutz auch umzusetzen. Die steigenden realwirtschaftlichen Schwierigkeiten, die letztlich den politischen Kollaps des sozialistischen Lagers Ende 1980er Jahre beförderten, hinterließen ihre Spuren in einer verheerenden Umweltbilanz.[400]

---

397 Hohensee, J., Der erste Ölpreisschock 1973/74. Die politischen und gesellschaftlichen Auswirkungen der arabischen Erdölpolitik auf die Bundesrepublik Deutschland und Westeuropa, Stuttgart 1996; Graf, R., Öl und Souveränität. Petroknowledge und Energiepolitik in den USA und Westeuropa in den 1970er Jahren, Berlin 2014.

398 Bess, The Light-Green Society, S. 83.

399 Auf europäischer Ebene etwa die Luftreinhaltung. Siehe Kaijser, A., Combatting "Acid Rain". Protecting the Common European Sky, in: Wöbse u. Kupper, Greening Europe, Kap. 14.

400 Engels, Naturpolitik in der Bundesrepublik; Mende, S., „Nicht rechts, nicht links, sondern vorn“. Eine Geschichte der Gründungsgrünen, München 2011; Radkau, Die Ära der Ökologie; Uekötter, Deutschland in Grün. Zu Osteuropa siehe Josephson, P. R. u. a., An Environmental History of Russia, Cambridge 2013; Petric, H. u. I. S. Zebec (Hg.), Environmentalism in Central and Southeastern Europe. Historical Perspectives, Lanham 2017; Pál, V., Technology and the Environment in State-Socialist Hungary. An Economic History, Cham 2017; Huff, T., Natur und Industrie im Sozialismus. Eine Umweltgeschichte der DDR, Göttingen 2015; Stief, M., „Stellt die Bürger ruhig“. Staatssicherheit und Umweltzerstörung im Chemierevier Halle-Bitterfeld, Göttingen 2019; Möller, Umwelt und Herrschaft in der DDR.

Nicht mehr aus der Welt zu bringen war vor allem die ökologische Sichtweise und ihr Versprechen, die Welt in eine bessere (umwelt-)gerechtere Zukunft zu führen. Waren die allerersten Revolutionsjahre durch Voraussagen einer rasch nahenden globalen Umweltkrise und -katastrophe geprägt, setzte bald schon eine intensive Suche nach alternativen Wegen der gesellschaftlichen Entwicklung ein. Damit verbunden war eine Bewegung vom Großen ins Kleine, von globalen Weltverbesserungsentwürfen zu Versuchen, auf einer lokalen bis nationalen Ebene oder auch im privaten Bereich konkrete Schritte zu realisieren. „Think globally – act locally" hieß die Parole. Eine wichtige Publikation in diesem Zusammenhang war das Buch des deutschen Ökonomen Ernst Friedrich Schumacher mit dem bis heute sprichwörtlich gebliebenen Titel „Small is Beautiful", das 1973 in englischer Sprache erschien. Der programmatische Untertitel der deutschsprachigen Ausgabe lautete „Die Rückkehr zum menschlichen Maß".[401] Diese und andere Entwürfe geronnen zur Vision der „sanften Gesellschaft": einer Gesellschaft, die durch die dezentrale Organisation in kleinen, überschaubaren und geschlossenen Kreisläufen charakterisiert wurde. Sie bildete die ideologische Grundlage einer breit gefächerten Alternativkultur, die von Wohngemeinschaften über Dritte-Welt- und Friedens-Bewegungen bis zu Umwelt- und Anti-AKW-Organisationen reichte.[402]

Eines der wichtigsten Felder, auf dem die anfänglich noch recht vagen, meist auf globaler Ebene angesiedelten Gesellschaftsentwürfe getestet, präzisiert, modifiziert und neu konzipiert wurden, war das Feld der Energie im Allgemeinen und der Atomenergie im Besonderen.[403] Mitte der 1960er Jahre hatten Naturschutzorganisationen die zivile Nutzung der Atomenergie noch befürwortet. Sie hofften, der Einsatz der Atomenergie würde die Flusslandschaften vor der Wasserkraftnutzung retten. Zehn Jahre später vollzogen sie eine 180-Grad-Wende und engagierten sich nun im Kampf gegen Atomkraftwerke. Die ökologische Revolution lieferte die Argumente dafür: Die Atomenergie erschien diesen Organisationen nun als gänzlich untauglich, das Energieproblem zu lösen. Die ökologischen Risiken und die Umweltbelastung mit radioaktiven Stoffen schätzten sie als unverantwortbar ein.

401 Schumacher, E. F., Small is Beautiful. Die Rückkehr zum menschlichen Maß, München 2019, Neuauflage.

402 Siehe beispielsweise Schregel, S., Der Atomkrieg vor der Wohnungstür. Eine Politikgeschichte der neuen Friedensbewegung in der Bundesrepublik 1970–1985, Frankfurt a.M. 2011; Kuhn, K. J., Entwicklungspolitische Solidarität. Die Dritte-Welt-Bewegung in der Schweiz zwischen Kritik und Politik (1975–1992), Zürich 2011; Kemper, C. (Hg.), Gespannte Verhältnisse: Frieden und Protest in Europa während der 1970er und 1980er Jahre, Essen 2017; Zelko, F., Greenpeace. Von der Hippiebewegung zum Ökokonzern, Göttingen 2014.

403 Kupper, P., Atomenergie und gespaltene Gesellschaft. Die Geschichte des gescheiterten Projektes Kernkraftwerk Kaiseraugst, Zürich 2003; Milder, S., Greening Democracy. The Anti-Nuclear Movement and Political Environmentalism in West Germany and Beyond, 1968–1983, Cambridge 2017; Tompkins, A. S., Better Active than Radioactive! Anti-Nuclear Protest in 1970s France and West Germany, Oxford 2016; Augustine, D. L., Taking on Technocracy: Nuclear Power in Germany, 1945 to the Present, Oxford 2018; Kirchhoff, A. u. J.-H. Meyer, Revealing Risks. European Moments in Nuclear Politics and the Anti-Nuclear Movement, in: Wöbse u. Kupper, Greening Europe, Kap. 13.

Stattdessen setzten sie kurzfristig auf Energiesparen, mittelfristig auf die Entwicklung nachhaltiger Technologien wie der Sonnen- oder Windenergie und langfristig auf einen gesellschaftlichen Wandel.[404]

„Lebensqualität" lautete die neue gesellschaftliche Zielvorstellung. Sie sollte jene des wirtschaftlichen Wachstums ablösen. Dies stellte sich als eine Wunschvorstellung heraus, die sich weder national, wo die Alarmglocken mit zuverlässiger Sicherheit zu schrillen begannen, sobald das Bruttoinlandprodukt ins Minus zu rutschen drohte, noch international erfüllte. Bereits auf der Konferenz in Stockholm brach in Abwesenheit des Ostens ein Nord-Süd-Konflikt zutage. Viel Aufmerksamkeit erhielt die Rede der indischen Premierministerin Indira Gandhi, in der sie festhielt, dass Hunger und Armut die global größten Umweltprobleme darstellten und dass zu deren Beseitigung die Länder des Südens sich wirtschaftlich entwickeln können müssten. „Only one Earth" hieß die Programmschrift zum Gipfel in Stockholm. Fünfzehn Jahre später überschrieb die UN-Weltkommission für Umwelt und Entwicklung, nach ihrer Vorsitzenden, der vormaligen norwegischen Ministerpräsidentin Gro Harlem Brundtland, auch Brundtland-Kommission genannt, den ihrem Bericht vorangestellten Überblick mit „From One Earth to One World". Im Bericht selbst führte sie aus: „The Earth is one but the world is not. We all depend on one biosphere for sustaining our lives. Yet each community, each country, strives for survival and prosperity with little regard for its impact on others."[405] Eine „nachhaltige Entwicklung" sollte den Spagat zwischen der Bewahrung der Umwelt und der gesellschaftlichen Weiterentwicklung ermöglichen. Nachhaltigkeit wurde just dann zum neuen gesellschaftlichen Leitbegriff, als sich mit der Klimaerwärmung ein bis dahin wenig beachtetes Problem in den Vordergrund zu schieben begann.[406]

Schluss

Die Umwelt und Umweltschutz drangen um 1970 machtvoll ins Zentrum der europäischen Gesellschaften vor. Max Nicholson sah zu Recht eine breite Welle der Unterstützung für Umweltanliegen anrollen und ein Bewusstsein für ökologische Fragen erwachen. Die ökologische Revolution verhalf insbesondere einem neuen

404 Kupper, P., Gestalten statt Bewahren. Die umweltpolitische Wende der 1970er-Jahre am Beispiel des Atomenergiediskurses im Schweizer Naturschutz, in: F.-J. Brüggemeier u. J. I. Engels (Hg.), Konflikte, Konzepte, Kompetenzen. Beiträge zur Geschichte des Natur- und Umweltschutzes seit 1945, Frankfurt a.M. 2005, S. 145–161.

405 World Commission on Environment and Development, Our Common Future, Chapter 1: A Threatened Future, http://www.un-documents.net/ocf-01.htm (zuletzt eingesehen am 05.05.2021). Dazu Borowy, I., Defining Sustainable Development for Our Common Future. A History of the World Commission on Environment and Development (Brundtland Commission), London 2014; Macekura, S. J., Of Limits and Growth. The Rise of Global Sustainable Development in the Twentieth Century, Cambridge 2015.

406 Seefried E., Developing Europe. The Formation of Sustainability Concepts, in: Wöbse u. Kupper (Hg.), Greening Europe, Kap. 15.

Denken zum Durchbruch, das die Perspektive auf Gesellschaft und Umwelt veränderte und das sich nicht mehr aus der Welt schaffen ließ. Die Umgestaltung der Gesellschaft nach ökologischen Kriterien geschah allerdings nicht in revolutionärer Weise, sondern entpuppte sich als mühsames, konfliktreiches und vor Rückschlägen nicht gefeites Langzeitprojekt. Mit der Frauenbewegung teilte die Umweltbewegung, dass ihre Anliegen zwar im Grundsatz anerkannt wurden, in der Umsetzung jedoch zurückblieben. Gleichwohl schrieb sich der Umweltschutz wie kaum ein anderes Anliegen in den letzten Jahrzehnten tief in die europäischen Gesellschaften ein. Eine eigentliche Umweltrevolution blieb dennoch bislang aus, stieg doch der Ressourcenverbrauch weiter an und konnte eine Reihe von europäischen und zugleich globalen Umweltprobleme nicht entschärft werden, wie die steigenden Treibhausgasemissionen, der Verlust an Kulturland oder die sinkende Artenvielfalt.

IV. Coda

Umweltgeschichte und die Rolle Europas

Was kennzeichnete die Umweltgeschichte des modernen Europa, wie fügt sie sich in die Allgemeine Geschichte des modernen Europa ein und wie verändert sie unser Verständnis dieser Allgemeinen Geschichte? Diesen Fragen soll abschließend nachgegangen werden.

Eine der großen Fragen, welche die Geschichtswissenschaften seit Generationen immer wieder von Neuem umtreibt, ist jene nach den Gründen, die dazu führten, dass sich die europäischen Mächte in der Neuzeit zur globalen Vorherrschaft aufschwingen konnten. Die Publikationen, die diese Frage zu beantworten suchen, füllen ganze Bibliotheken. In jüngerer Zeit brachten einige Beiträge mehr oder minder prominent die Umwelt mit ins Spiel: Europas Aufstieg zum Machtzentrum der Welt sei auch durch dessen günstige beziehungsweise günstigere Umweltbedingungen zu erklären. Bereits Anfangs der 1980er Jahre betonte Eric L. Jones in seinem Klassiker „Das Wunder Europa" die Umweltfaktoren, worunter er in Anlehnung an Karl Marx die „ursprünglichen Produktionsbedingungen" verstand, die „selbst nicht erzeugt werden können". Konkret verwies er auf „Besonderheiten der Lage, des Standorts und der Ausstattung mit Naturschätzen".[1] Zu letzteren beiden zählte er, dass Europa vergleichsweise wenig von Naturkatastrophen heimgesucht worden sei, dass es dank seiner geologischen, klimatischen und topografischen Vielfalt verschiedenartigste Naturschätze aufwies und die vielen schiffbaren Wasserwege deren Austausch erleichtert habe. Bezüglich Europas Lage sei von Vorteil gewesen, dass es fern von den zentralasiatischen Steppen und deren Nomadenvölkern, aber nahe zur hoch entwickelten islamischen Welt lag und die Atlantikküste den Zugriff auf Amerika und die Weltmeere ermöglicht habe. Die „Eigenheiten der räumlichen Lage" seien aber nicht entscheidend gewesen. Vielmehr, und damit grenzte er sich klar von einem geografischen Determinismus ab, liege die Wirklichkeit dort, „wo der

1 Jones, E. L., Das Wunder Europa. Umwelt, Wirtschaft und Geopolitik in der Geschichte Europas und Asiens, Tübingen 2012², S. 258.

gesellschaftliche Prozess und sein physischer Handlungsraum in Wechselbeziehung treten. Die Rolle der Umweltfaktoren bestand darin, dem menschlichen Handeln Minimalkostenpfade anzugeben. Ceteris Paribus sollten wir erwarten, dass diese auch beschritten wurden."[2] Spätere Arbeiten, wie jene von Kenneth Pomeranz zur „Great Divergence" und von Rolf Peter Sieferle zum „Europäischen Sonderweg", brachten weitere Umweltfaktoren ins Spiel und gewichteten deren Bedeutung höher.[3] Alle diese Erklärungen kämpfen aber mit zwei zentralen Schwierigkeiten: Zum einen müssen sie nicht nur darlegen, dass die europäischen Umweltbedingungen günstiger waren als jene anderer Weltregionen, sondern auch, dass diese Unterschiede so bedeutend waren, dass sie den Aufstieg Europas wesentlich erklären können. Während den Umweltbedingungen zweifellos eine bedeutende geschichtliche und in der historischen Betrachtung lange unterschätzte Rolle zukam, ist das Herauspräparieren entscheidender Vorteile Europas diesbezüglich bislang nicht gelungen. Daran dürfte sich auch kaum etwas ändern. Vorteile gegenüber der einen Weltregion zählen oft nicht für eine andere, und immer finden sich auch Nachteile, welche bestimmte Vorteile wieder relativieren.[4] Zum anderen müssten solche Erklärungen aufzeigen können, wieso diese Umweltbedingungen sich gerade in der Neuzeit zugunsten Europas auszuwirken begannen und nicht schon früher. Letztlich müssten sich die Umweltbedingungen, um eine solche Erklärung zu stützen, signifikant verändert haben.

In diesem Buch habe ich durchaus argumentiert, dass die Umweltbedingungen nicht als stabil, sondern als veränderlich zu sehen sind. Entscheidend waren aber die Wechselwirkung zwischen gesellschaftlichen und natürlichen Prozessen und der damit einhergehende Wandel der sozionaturalen Verhältnisse. Mit Jones betone ich die Wechselwirkungen, im Gegensatz zu Jones sehe ich jedoch keine ursprünglichen Produktionsbedingungen, sondern über Jahrhunderte historisch geformte sozionaturale Verhältnisse und einen physischen Handlungsraum, dessen Beschaffenheit sich durch die Handlungen verändert. Das spezifisch Europäische sehe ich wiederum nicht in den Umweltbedingungen des gesellschaftlichen Handelns, sondern vielmehr umgekehrt im gesellschaftlichen Handeln und in dessen Wirkungen auf die Umweltbedingungen. Eine spezifisch europäische Umwelt war nicht die Grundlage gesellschaftlichen Handelns, sondern dessen Konsequenz.

Im modernen Europa wirkte das gesellschaftliche Handeln in einer bislang ungekannten Dimension und Tiefe auf die Umweltbedingungen ein, mit weitreichenden, teilweise nicht intendierten Folgen. Da dieses Handeln weltumspannende Wirkung

2 Ebd., S. 261.

3 Pomeranz, K., The Great Divergence. China, Europe, and the Making of the Modern World Economy, Princeton 2000; Sieferle, R. P., Der europäische Sonderweg. Ursachen und Faktoren, Stuttgart 2003[2]; siehe dazu das Kap. 6 zur Industrialisierung.

4 Ich folge hier Vries, P., Ursprünge des modernen Wirtschaftswachstums. England, China und die Welt in der Frühen Neuzeit, Göttingen 2013, S. 67–75.

entfaltete, lässt sich umwelthistorisch im Übergang zur Moderne eine auch globalgeschichtliche Zäsur setzen. Dafür spricht, dass sich seit der Aufklärung spezifisch moderne Ordnungsmuster auch bezüglich der gesellschaftlichen Naturwahrnehmung und -verarbeitung entwickelten und dass der Wandel der sozionaturalen Verhältnisse nicht nur eine deutlich erhöhte Geschwindigkeit erreichte, sondern zusehends auch räumliche Beschränkungen sprengte.

Wie fügen sich diese Beobachtungen in eine allgemeine Geschichte ein? Die Geschichte des modernen Europa ist geprägt durch eine dynamische gesellschaftliche Entwicklung. Ein anhaltendes ökonomisches Wachstum verband sich in den letzten 250 Jahren mit einem tiefgreifenden sozialen Wandel, mit politischen Reformen und Revolutionen, der Bildung und dem Zerfall von Staaten, mit länderübergreifenden Bündnissen und Kriegen, mit einem wissenschaftlichen und technischen Fortschritt und mit dem Zugriff auf und der Belastung von natürlichen Ressourcen in zuvor ungekanntem Ausmaß. All diese Entwicklungen und andere mehr blieben nicht auf Europa beschränkt, sondern erfassten von Europa ausgehend die ganze Welt. Beeindruckend erscheinen im Rückblick die Innovationskraft, die europäische Gesellschaften an den Tag legten, und ihre Fähigkeit, sich an den raschen Wandel anzupassen und diesen gesellschaftlich zu verarbeiten. Dies gelang ihnen allerdings nicht immer gleich gut. So drohte das moderne Europa im 20. Jahrhundert in Krieg, Terror und Diktatur unterzugehen. Die Opfer gingen in die Hunderte Millionen.

Schrecken und Verbrechen säumten die Geschichte des modernen Europa. Sie weist aber auch bedeutende, über Jahrzehnte und Jahrhunderte erkämpfte Errungenschaften auf. Dazu zählen bei all ihrer Unvollkommenheit die Entwicklung der Rechtsstaatlichkeit und die Demokratisierung der Gesellschaften, Meinungs- und Redefreiheit, die Gleichberechtigung der Geschlechter, ein wachsender Wohlstand und sinkende Armut, der Aufbau und die Etablierung des Wohlfahrtsstaats, die Einführung und Durchsetzung der allgemeinen Bildung und eines öffentlichen Gesundheitswesens. In langfristiger Sicht negativ ins Gewicht fallen insbesondere die tendenziell steigende soziale Ungleichheit innerhalb der europäischen Gesellschaften und zwischen den Ländern Europas und der Welt sowie die fortlaufende Beeinträchtigung der Umwelt, die sich ebenfalls nicht auf Europa beschränkte, sondern sich auf globaler Ebene auswirkte. Diese Faktoren wiegen schwer. Unter dem Strich muss von einer nicht nachhaltigen gesellschaftlichen Entwicklung gesprochen werden. Errungenschaften und Vorteile wurden sozial nicht gerecht verteilt, und ökologisch steuert die Entwicklung auf eine gesellschaftliche Katastrophe zu. Der sich akzentuierende Klimawandel und der dramatische Schwund der Artenvielfalt lassen hier keinen Zweifel zu. Mittelfristig ist damit auch die ökonomische Wohlfahrt gefährdet.

Was ist angesichts dieses Befunds zu tun? Die zur Lösung vorgebrachten Vorschläge lassen sich in drei Kategorien unterteilen. Erstens wird eine Durchbrecherthese vertreten, die besagt, dass sich die sozialen und ökologischen Probleme technisch und ökonomisch lösen ließen. Die wissenschaftlich-technische Innovationskraft gepaart mit der Effizienz marktwirtschaftlicher Ressourcenallokation würden vergangene Umweltschäden beseitigen und zukünftige Umweltnutzungen auf Nachhaltigkeit trimmen. Es gelte vor allem den Durchbruch der entsprechenden Technologien zu fördern und allenfalls marktkonforme Steuerungsinstrumente einzusetzen. Historisch spricht wenig für diese These: Die beeindruckende Innovationskraft war mit einer ebenso beeindruckenden Expansion der Ressourcennutzung verknüpft. Während gewisse Umweltprobleme technisch gelöst wurden, entstanden fortan neue, die in der Tendenz größer dimensioniert waren als die entschärften. In die zweite Kategorie der Lösungsvorschläge fallen die Forderungen nach einem Systemwechsel, zumeist in Richtung einer nicht-kapitalistischen Gesellschaftsordnung und/oder einer Öko-Diktatur. Historisch gesehen ist dieser Ansatz äußerst riskant. Zum einen setzt er die oben genannten Errungenschaften aufs Spiel. Zum anderen müsste das neue System fähig sein, die Probleme umstandslos anzugehen und zu lösen. Dies ist wenig wahrscheinlich. So bleiben drittens jene Vorschläge, die auf eine Adjustierung des herrschenden Systems setzen. Fünfzig Jahre nach der sogenannten ökologischen Revolution braucht es allerdings mehr als Retuschen. Gefragt sind tiefgreifende Reformen, die rasch einen gesellschaftlichen Wandlungsprozess anstoßen und die sozionaturalen Verhältnisse grundlegend zu ändern beginnen. Die ökologischen Probleme, insbesondere der Klimawandel, sind nicht lösbar, indem ein paar Verordnungen angepasst und einige Cent Verbraucherabgaben erhoben werden. Dafür haben sich die nicht nachhaltigen sozionaturalen Verhältnisse viel zu tief in der gesellschaftlichen Entwicklung der modernen Gesellschaften eingegraben. Entsprechend tief gilt es jetzt anzusetzen.

Lässt sich aus der europäischen Umweltgeschichte eher eine pessimistische oder optimistische Sicht ableiten, dass ein solches Reformprogramm in naher Zukunft auf den Weg gebracht und konsequent verfolgt werden könnte? Während die Tatsache, dass die Beeinträchtigung der Umwelt in den vergangenen Jahrzehnten trotz aller ökologischen Einsichten weiter vorangeschritten ist, Anlass zu Pessimismus gibt, lässt sich aus den Umweltschutz- und Klimabewegungen der letzten Jahre und Jahrzehnte Optimismus schöpfen. Optimismus tut auch not. Unsere Gesellschaften ökologisch umzugestalten, bedeutet, dicke Bretter zu bohren, und dafür werden – so viel lässt sich mit Bestimmtheit vorhersagen – die Reformerinnen und Reformer große Ausdauer, einen weiten Blick und eine hohe Frusttoleranz brauchen.

Danksagung

Wie alles hat auch dieses Buch eine Geschichte. Von den ersten Überlegungen bis zur Fertigstellung des Manuskripts sind gut fünf Jahre vergangen. Aufgrund anderer Verpflichtungen musste ich die Arbeit daran öfters für Monate ruhen lassen. Entscheidend vorantreiben konnte ich sie in einem Forschungsfreisemester, das mir die Universität Innsbruck im Herbst und Winter 2018-19 gewährte und das ich zu Teilen als Senior Research Fellow am Leibniz Institut für Europäische Geschichte in Mainz verbringen durfte. Konzeptionelle Überlegungen und Textentwürfe habe ich im Kernfach Wirtschafts- und Sozialgeschichte sowie an den Forschungszentren Europakonzeptionen und Globaler Wandel – Regionale Nachhaltigkeit (alle Universität Innsbruck), am Leibniz Institut für Europäische Geschichte und am Mittwochskolloquium der Universität Linz vorgetragen. Von den Teilnehmerinnen und Teilnehmern dieser und weiterer Veranstaltungen habe ich ebenso mannigfache Anregungen erhalten wie von Studierenden der Universität Innsbruck, die sich verschiedentlich im Rahmen meiner Lehre mit der Thematik beschäftigten.

Namentlich bedanken möchte ich mich bei Maria Buck, Bernhard Gißibl, Robert Groß, Ute Hasenöhrl, Odinn Melsted und Reinhard Nießner, die Kapitelentwürfe gegengelesen und kritisch kommentiert haben, und bei Jana Piňosová, die unzählige Gedanken zur Umweltgeschichte mit mir geteilt und an jedem meiner Arbeitsschritte Anteil genommen hat. Bei der Vorbereitung des Manuskripts waren mir Martin Kriechbaum und Andreas Spornberger eine große Hilfe. Mein Dank geht zudem an Julia Angster und Johannes Paulmann, die mich mit dem Verfassen dieses Bandes für ihre Reihe betraut und das finale Manuskript begutachtet haben, und an Kai Pätzke und Katrin Reineke, die mich von Verlagsseite kompetent betreut haben.

Literaturverzeichnis

I. Einführung – Umweltgeschichte und das Werden des modernen Europa

Literatur

Bayly, C. A., Die Geburt der modernen Welt. Eine Globalgeschichte 1780–1914, Frankfurt a.M. 2006.

Berger J., J. Willenberg u. L. Landes, EGO | Europäische Geschichte Online – eine transkulturelle Geschichte Europas im Internet, http://ieg-ego.eu/de/ego/einfuehrung (zuletzt eingesehen am 05.05.2021).

Braudel, F., Das Mittelmeer und die mediterrane Welt in der Epoche Philipps II., Frankfurt a.M. 1990, Bd. 1.

Delort, R. u. F. Walter, Histoire de l'environnement européen, Paris 2010[2] (2001).

Dipper, C., Moderne. Version: 2.0, in: Docupedia-Zeitgeschichte, http://dx.doi.org/10.14765/zzf.dok.2.1114.v2 (zuletzt eingesehen am 05.05.2021).

European Society for Environmental History ESEH, Notepad, http://eseh.org/resources/notepad-newsletter/ (zuletzt eingesehen am 05.05.2021).

European Society for Environmental History ESEH, Past Conferences, http://eseh.org/event/events-archive/ (zuletzt eingesehen am 05.05.2021).

Freytag, N., Natur und Umwelt, in: Europäische Geschichte Online, http://www.ieg-ego.eu/freytagn-2016-de (zuletzt eingesehen am 05.05.2021).

Headrick, D. R., Humans versus Nature. A Global Environmental History, Oxford 2020.

Hughes, J. D., What is Environmental History?, Malden 2016.

Kalb, M., Moving Beyond the Nation State? Reflections on European Environmental History, in: Global Environment 6 (2013), S. 130–165.

McNeill, J. R., Blue Planet. Die Geschichte der Umwelt im 20. Jahrhundert, Frankfurt a.M. 2003.

McNeill, J. R. u. E. S. Mauldin (Hg.), A Companion to Global Environmental History, Chichester 2012.

Radkau, J., Natur und Macht. Eine Weltgeschichte der Umwelt, München 2002[2].

Uekötter, F., Gibt es eine europäische Geschichte der Umwelt? Bemerkungen zu einer überfälligen Debatte, in: Themenportal Europäische Geschichte, http://www.europa.clio-online.de/2009/Article=374 (2009, zuletzt eingesehen am 05.05.2021).

Uekötter, F., Im Strudel. Eine Umweltgeschichte der modernen Welt, Frankfurt a.M. 2020.
Whited, T. L. u. a., Northern Europe. An Environmental History, Santa Barbara 2005.

II.1 Sozionaturale Verhältnisse im Wandel

Literatur

Arndt, M., Umweltgeschichte. Version: 3.0, in: Docupedia-Zeitgeschichte, http://dx.doi.org/10.14765/zzf.dok.2.703.v3 (zuletzt eingesehen am 05.05.2021).
Becker, E., Soziale Ökologie. Grundzüge einer Wissenschaft von den gesellschaftlichen Naturverhältnissen, Frankfurt a.M. 2006.
Beinart, W. u. P. Coates, Environment and History. The Taming of Nature in the USA and South Africa, London 1995.
Bowler, P. J., Viewegs Geschichte der Umweltwissenschaften. Ein Bild der Naturgeschichte unserer Erde, Braunschweig 1997.
Braudel, F., Das Mittelmeer und die mediterrane Welt in der Epoche Philipps II., Frankfurt a.M. 1990.
Burke, E., The Big Story. Human History, Energy Regimes, and the Environment, in: E. Burke u. K. Pomeranz (Hg.), The Environment and World History, Berkeley 2009, S. 33–53.
Coates, P., Nature. Western Attitudes Since Ancient Times, Berkeley 1998.
Cronon, W., A Place for Stories. Nature, History, and Narrative, in: Journal of American History 78 (1992), S. 1347–1376.
Crosby, A. W., The Columbian Exchange. Biological and Cultural Consequences of 1492, Westport 1972.
Descola, P., Jenseits von Natur und Kultur, Berlin 2011.
Di Castri, F., On Invading Species and Invaded Ecosystems. The Interplay of Historical Chance and Biological Necessity, in: A. J. Hansen, M. Debussche u. F. Di Castri (Hg.), Biological Invasions in Europe and the Mediterranean Basin, Dordrecht 1990, S. 3–16.
Fischer-Kowalski, M. u. K.-H. Erb, Core Concepts and Heuristics, in: H. Haberl u. a. (Hg.), Social Ecology. Society-Nature Relations across Time and Space, Cham 2016, S. 29–62.
Gesing, F. u. a. (Hg.), NaturenKulturen. Denkräume und Werkzeuge für neue politische Ökologien, Bielefeld 2019.
Glacken, C. J., Traces on the Rhodian Shore. Nature and Culture in Western Thought from Ancient Times to the End of the Eighteenth Century, Berkeley 1967.
Hölzl, R., Umkämpfte Wälder. Die Geschichte einer ökologischen Reform in Deutschland 1760–1860, Frankfurt a.M. 2010.
Isenberg, A. C. (Hg.), The Oxford Handbook of Environmental History, New York 2014.
Isenberg, A. C., Introduction. A New Environmental History, in: Ders. (Hg.), The Oxford Handbook of Environmental History, New York 2014, S. 1–20.
Kirchhoff, T. u. L. Trepl (Hg.), Vieldeutige Natur: Landschaft, Wildnis und Ökosystem als kulturgeschichtliche Phänomene, Bielefeld 2009.
Krausmann, F. u. M. Fischer-Kowalski, Gesellschaftliche Naturverhältnisse. Globale Transformationen der Energie- und Materialflüsse, in: R. Sieder u. E. Langthaler (Hg.), Globalgeschichte 1800–2010, Wien 2010, S. 39–68.

Kupper, P., Wildnis schaffen. Eine transnationale Geschichte des Schweizerischen Nationalparks, Bern 2012.

Küster, H., Schöne Aussichten. Kleine Geschichte der Landschaft, München 2009.

Luebken, U., Undiszipliniert. Ein Forschungsbericht zur Umweltgeschichte, www.hsozkult.de/literaturereview/id/forschungsberichte-1111 (zuletzt eingesehen am 05.05.2021).

Luebken, U., Umweltgeschichte, in: L. Busse u. a. (Hg.), Clio-Guide. Ein Handbuch zu digitalen Ressourcen für die Geschichtswissenschaften, Berlin 2018[2].

Luhmann, N., Ökologische Kommunikation. Kann die moderne Gesellschaft sich auf ökologische Gefährdungen einstellen?, Opladen 1986.

McNeill, J. R., Observations on the Nature and Culture of Environmental History, in: History and Theory. Studies in the Philosophy of History 42 (2003), S. 5–43.

McNeill, J. R., Environmental History, in: U. Rublack, (Hg.), A Concise Companion to History, Oxford 2011, S. 299–315.

Neumann, R. P., Making Political Ecology, London 2005.

Nünning, A., Vielfalt der Kulturbegriffe, in: Bundeszentrale für politische Bildung (Hg.), Dossier „Kulturelle Bildung“, Bonn 2009.

Radkau, J., Natur und Macht. Eine Weltgeschichte der Umwelt, München 2002[2].

Schipperes, H., Natur, in: O. Brunner, W. Conze u. R. Koselleck (Hg.), Geschichtliche Grundbegriffe. Historisches Lexikon zur politisch-sozialen Sprache in Deutschland, Stuttgart 2004, S. 215–244.

Schmid, M. u. V. Winiwarter, Umweltgeschichte als Untersuchung sozionaturaler Schauplätze? Ein Versuch, Johannes Colers „Oeconomia“ umwelthistorisch zu interpretieren, in: T. Knopf (Hg.), Umweltverhalten in Geschichte und Gegenwart. Vergleichende Ansätze, Tübingen 2008, S. 158–173.

Schmid, M., Die Donau als sozionaturaler Schauplatz. Ein konzeptueller Entwurf für umwelthistorische Studien in der Frühen Neuzeit, in: S. Ruppel (Hg.), „Die Natur ist überall bey uns“. Mensch und Natur in der Frühen Neuzeit, Zürich 2009, S. 59–79.

Schmidt, A., Der Begriff der Natur in der Lehre von Marx, Hamburg 1993[4].

Sieferle, R. P., Rückblick auf die Natur. Eine Geschichte des Menschen und seiner Umwelt, München 1997.

Siemann, W. u. N. Freytag, Umwelt – eine geschichtswissenschaftliche Grundkategorie, in: W. Siemann (Hg.), Umweltgeschichte. Themen und Perspektiven, München 2003, S. 7–20.

Snow, C. P., Die zwei Kulturen. Literarische und naturwissenschaftliche Intelligenz, Stuttgart 1967 (1959).

Sutter, P. S., The World with Us. The State of American Environmental History, in: Journal of American History 100 (2013), S. 94–119.

Toepfer, G., Historisches Wörterbuch der Biologie. Geschichte und Theorie der biologischen Grundbegriffe, Bd. 3: Parasitismus – Zweckmäßigkeit, Stuttgart 2011, S. 566–607.

Trepl, L., Geschichte der Ökologie. Vom 17. Jahrhundert bis zur Gegenwart, Frankfurt a.M. 1987.

Warde, P., L. Robin u. S. Sörlin, The Environment. A History of an Idea, Baltimore 2018.

Weisz, H., Gesellschaft-Natur Koevolution. Bedingungen der Möglichkeit nachhaltiger Entwicklung, Diss. Humboldt-Universität zu Berlin 2002.

Williams, M., Deforesting the Earth. From Prehistory to Global Crisis, Chicago 2003.

Winiwarter, V. u. M. Knoll, Umweltgeschichte. Eine Einführung, Köln 2007.

Worster, D., Nature's Economy. A History of Ecological Ideas, Cambridge 1985.
Worster, D., Appendix: Doing Environmental History, in: Ders. (Hg.), The Ends of the Earth. Perspectives on Modern Environmental History, Cambridge 1988, S. 289–308.
Zechner, J., Der deutsche Wald. Eine Ideengeschichte zwischen Poesie und Ideologie: 1800–1945, Darmstadt 2016.

II.2 Umwelthistorische Zeiten

Literatur

Bonneuil, C. u. J.-B. Fressoz, The Shock of the Anthropocene. The Earth, History, and Us, London 2016.
Borowy, I., Defining Sustainable Development for Our Common Future. A History of the World Commission on Environment and Development (Brundtland Commission), London 2014.
Bowler, P. J., Viewegs Geschichte der Umweltwissenschaften. Ein Bild der Naturgeschichte unserer Erde, Braunschweig 1997.
Brüggemeier, F.-J., Schranken der Natur. Umwelt, Gesellschaft, Experimente. 1750 bis heute, Essen 2014.
Brunner, O., W. Conze u. R. Koselleck (Hg.), Geschichtliche Grundbegriffe. Historisches Lexikon zur politisch-sozialen Sprache in Deutschland, Stuttgart 2004.
Burke, E., The Big Story. Human History, Energy Regimes, and the Environment, in: E. Burke u. K. Pomeranz (Hg.), The Environment and World History, Berkeley 2009, S. 33–53.
Caradonna, J. L., Sustainability. A History, Oxford 2014.
Chakrabarty, D., The Climate of History. Four Theses, in: Critical Inquiry 35 (2009), S. 197–222.
Chakrabarty, D., Anthropocene Time, in: History and Theory 57 (2018), S. 5–32.
Costanza, R. (Hg.), Sustainability or Collapse? An Integrated History and Future of People on Earth, Cambridge, Mass. 2007.
Crutzen, P. J., Geology of Mankind – The Anthropocene, in: Nature 415 (2002), Nr. 23, S. 211–215.
Diamond, J., Collapse. How Societies Choose to Fail or Succeed, New York 2005.
Emmett, R. u. T. Lekan (Hg.), Whose Anthropocene? Revisiting Dipesh Chakrabarty's "Four Theses", München 2016.
Fabian, J., Time and the Other. How Anthropology Makes its Object, New York 1983.
Guha, R., Environmentalism. A Global History, New York 2000.
Hölzl, R., Historicizing Sustainability. German Scientific Forestry in the Eighteenth and Nineteenth Centuries, in: Science as Culture 19 (2010), S. 431–460.
Hölzl, R. u. K. J. Oosthoek, Transforming Woodlands. European Forest Protection in Global Context, in: A.-K. Wöbse u. P. Kupper (Hg.), Greening Europe. Environmental Protection in the Long Twentieth Century – A Handbook, München 2022, Kap. 7.
Jordheim, H., Introduction. Multiple Times and the Work of Synchronization, in: History and Theory 53 (2014), S. 498–518.
Kander, A., P. Malanima u. P. Warde, Power to the People. Energy in Europe over the Last Five Centuries, Princeton 2013.

Koselleck, R., Zeitschichten. Studien zur Historik, Frankfurt a.M. 2000.
Krabbe, W. R., Die Lebensreformbewegung, in: K. Buchholz, R. Latocha, H. Peckmann u. K. Wolbert (Hg.), Die Lebensreform. Entwürfe zur Neugestaltung von Leben und Kunst um 1900, Darmstadt 2001, S. 25–29.
Krausmann, F. u. M. Fischer-Kowalski, Gesellschaftliche Naturverhältnisse: Globale Transformationen der Energie- und Materialflüsse, Wien 2010.
Kupper, P., Die „1970er Diagnose". Grundsätzliche Überlegungen zu einem Wendepunkt der Umweltgeschichte, in: Archiv für Sozialgeschichte 43 Umweltgeschichte und Umweltbewegungen (2003), S. 325–348.
Kupper, P. u. I. Pallua, Energieregime in der Schweiz seit 1800, Bern 2016.
Kupper, P., Energie und Fortschritt. Eine universalhistorische Annäherung an die Energiewende(n), in: C. Newinger, C. Geyer u. S. Kellberg (Hg.), energie.wenden. Chancen und Herausforderungen eines Jahrhundertprojekts, München 2017, S. 12–15.
Kupper, P. u. E. Seefried, "A Computer's Vision of Doomsday". On the History of the 1972 Study The Limits to Growth, in: F. Uekötter (Hg.), Exploring Apocalyptica. Coming to Terms with Environmental Alarmism, Pittsburgh 2018, S. 49–74.
Landwehr, A., Von der „Gleichzeitigkeit des Ungleichzeitigen", in: Historische Zeitschrift 295 (2012), S. 1–34.
Lewis, S. L. u. M. A. Maslin, Defining the Anthropocene, in: Nature 519 (2015), S. 171–180.
Lotz, C., Nachhaltigkeit neu skalieren. Internationale forstwissenschaftliche Kongresse und Debatten um die Ressourcenversorgung der Zukunft im Nord- und Ostseeraum (1870–1914), Köln 2018.
Macekura, S. J., Of Limits and Growth. The Rise of Global Sustainable Development in the Twentieth Century, Cambridge 2015.
Malanima, P., Europäische Wirtschaftsgeschichte. 10.–19. Jahrhundert, Wien 2010.
McNeill, J. R. u. P. Engelke, Mensch und Umwelt im Zeitalter des Anthropozän, in: A. Iriye u. J. Osterhammel (Hg.), Geschichte der Welt. 1945 bis heute. Die globalisierte Welt, München 2013.
McNeill, J. R. u. P. Engelke, The Great Acceleration. An Environmental History of the Anthropocene since 1945, Cambridge 2014.
McNeill, J. R., Energy, Population, and Environmental Change since 1750. Entering the Anthropocene, in: J. R. McNeill u. K. Pomeranz (Hg.), The Cambridge World History. Bd. 7: Production, Destruction and Connection, 1750–Present, Part 1: Structures, Spaces, and Boundary Making, New York 2015, S. 51–82.
Osterhammel, J., Die Verwandlung der Welt. Eine Geschichte des 19. Jahrhunderts, München 2009.
Plumpe, W., Wirtschaftskrisen. Geschichte und Gegenwart, München 2010.
Radkau, J., Die Ära der Ökologie. Eine Weltgeschichte, München 2011.
Rosa, H., Beschleunigung. Die Veränderung der Zeitstrukturen in der Moderne, Frankfurt a.M. 2005.
Schipperes, H., Natur, in: O. Brunner, W. Conze u. R. Koselleck (Hg.), Geschichtliche Grundbegriffe. Historisches Lexikon zur politisch-sozialen Sprache in Deutschland, Stuttgart 2004, S. 215–244.
Seefried E., Developing Europe. The Formation of Sustainability Concepts, in: A.-K. Wöbse u. P. Kupper (Hg.), Greening Europe. Environmental Protection in the Long Twentieth Century – A Handbook, München 2022, Kap. 15.

Sieferle, R. P., Der unterirdische Wald. Energiekrise und Industrielle Revolution, München 1982.
Sieferle, R. P., Rückblick auf die Natur. Eine Geschichte des Menschen und seiner Umwelt, München 1997.
Siegenthaler, H., Regelvertrauen, Prosperität und Krisen. Die Ungleichmäßigkeit wirtschaftlicher und sozialer Entwicklung als Ergebnis individuellen Handelns und sozialen Lernens, Tübingen 1993.
Steffen, W., P. J. Crutzen u. J. R. McNeill, The Anthropocene. Are Humans Now Overwhelming the Great Forces of Nature?, in: AMBIO: A Journal of the Human Environment 36 (2007), S. 614–621.
Steinmetz, W., M. Freeden u. J. Fernández-Sebastián (Hg.), Conceptual History in the European Space, New York 2017.
Trepl, L., Geschichte der Ökologie. Vom 17. Jahrhundert bis zur Gegenwart, Frankfurt a.M. 1987.
Trischler, H., Das Anthropozän. Eine Herausforderung für die Geschichte der Wissenschaften, Technik und Umwelt, in: NTM Zeitschrift für Geschichte der Wissenschaften, Technik und Medizin 24 (2016), S. 309–335.
Uekötter, F. (Hg.), The Turning Points of Environmental History, Pittsburgh 2010.
Wakild, E. u. M. K. Berry, A Primer for Teaching Environmental History. Ten Design Principles, Durham 2018.
Warde, P., L. Robin u. S. Sörlin, The Environment. A History of an Idea, Baltimore 2018.
Warde, P., The Invention of Sustainability. Nature and Destiny, c. 1500–1870, Cambridge 2018.
Winiwarter, V. u. M. Knoll, Umweltgeschichte. Eine Einführung, Köln 2007.
Worster, D., Nature's Economy. A History of Ecological Ideas, Cambridge 1985.

II.3 Umwelthistorische Räume

Literatur

Anderson, B., Imagined Communities. Reflections on the Origin and Spread of Nationalism, London 1991².
Backhaus, N., C. Reichler u. M. Stremlow, Alpenlandschaften. Von der Vorstellung zur Handlung, Zürich 2007.
Bernhardt, C., Im Spiegel des Wassers. Eine transnationale Umweltgeschichte des Oberrheins (1800–2000), Köln 2016.
Blackbourn, D., Die Eroberung der Natur. Eine Geschichte der deutschen Landschaft, München 2007.
Burke, E. u. K. Pomeranz (Hg.), The Environment and World History, Berkeley 2009.
Büttner, N., Geschichte der Landschaftsmalerei, München 2006.
Coen, D. R., Climate in Motion. Science, Empire, and the Problem of Scale, Chicago 2018.
Conrad, S., Globalisierung und Nation im deutschen Kaiserreich, München 2006.
Corona, G., What is Global Environmental History? Conversation with Piero Bevilacqua, Guillermo Castro, Ranjan Chakrabarti, Kobus du Pisani, John R. McNeill, Donald Worster, in: Global Environmental Change 1 (2008), S. 228–249.

Cushman, G. T., Guano and the Opening of the Pacific World. A Global Ecological History, Cambridge 2013.

Eckert, A.M. u. P. Šimková, Transcending the Cold War. Borders, Nature, and the European Green Belt Conservation Project along the Former Iron Curtain, in: A.-K. Wöbse u. P. Kupper (Hg.), Greening Europe. Environmental Protection in the Long Twentieth Century – A Handbook, München 2022, Kap. 6.

Elsig, A., Quand la frontière est polluée. Protéger et soigner les eaux du Léman entre France et Suisse (1950–1980), in: G. Barth-Scalmani, P. Kupper u. A.-L. Head-König (Hg.), Grenzen/Frontières, Zürich 2018, S. 239–258.

Foucault, M., Von anderen Räumen, in: J. Dünne u. H. Doetsch (Hg.), Raumtheorie. Grundlagentexte aus Philosophie und Kulturwissenschaften, Frankfurt a.M. 2006, S. 317–329.

Frei, P., Transferprozesse der Moderne. Die Nachbenennungen „Alpen“ und „Schweiz“ im 18. bis 20. Jahrhundert, Bern 2017.

Ganzenmüller, J. u. T. Tönsmeyer (Hg.), Vom Vorrücken des Staates in die Fläche. Ein europäisches Phänomen des langen 19. Jahrhunderts, Köln 2016.

Geisthövel, A. u. H. Knoch (Hg.), Orte der Moderne. Erfahrungswelten des 19. und 20. Jahrhunderts, Frankfurt a.M. 2005.

Geppert, A. C. T., U. Jensen u. J. Weinhold (Hg.), Ortsgespräche. Raum und Kommunikation im 19. und 20. Jahrhundert, Bielefeld 2005.

Gissibl, B., S. Höhler u. P. Kupper (Hg.), Civilizing Nature: National Parks in Global Historical Perspective, New York 2012.

Gissibl, B., The Nature of German Imperialism. Conservation and the Politics of Wildlife in Colonial East Africa, New York 2016.

Gugerli, D. u. D. Speich, Topografien der Nation. Politik, kartografische Ordnung und Landschaft im 19. Jahrhundert, Zürich 2002.

Guldin, R., Politische Landschaften. Zum Verhältnis von Raum und nationaler Identität, Bielefeld 2014.

Hanisch, E., Landschaft und Identität: Versuch einer österreichischen Erfahrungsgeschichte, Wien 2019.

Hard, G., Der Spatial Turn, von der Geographie her beobachtet, in: J. Döring u. T. Thielmann (Hg.), Spatial Turn. Das Raumparadigma in den Kultur- und Sozialwissenschaften, Bielefeld 2008, S. 263–315.

Hoenig, B., Geteilte Berge. Eine Konfliktgeschichte der Naturnutzung in der Tatra, Göttingen 2018.

Jureit, U., Das Ordnen von Räumen. Territorium und Lebensraum im 19. und 20. Jahrhundert, Hamburg 2012.

Kaschuba, W., Die Überwindung der Distanz. Zeit und Raum in der europäischen Moderne, Frankfurt a.M. 2004.

Kasper, M. u. a. (Hg.), Entdeckungen der Landschaft. Raum und Kultur in Geschichte und Gegenwart, Wien 2017.

Kaufmann, S., Soziologie der Landschaft, Wiesbaden 2005.

Kern, S., The Culture of Time and Space 1880–1918, London 1983.

Kirchhoff, T. u. L. Trepl (Hg.), Vieldeutige Natur: Landschaft, Wildnis und Ökosystem als kulturgeschichtliche Phänomene, Bielefeld 2009.

Knoll, M., Die Natur der menschlichen Welt. Siedlung, Territorium und Umwelt in der historisch-topografischen Literatur der frühen Neuzeit, Bielefeld 2013.

Koselleck, R., Zeitschichten. Studien zur Historik, mit einem Beitrag von Hans-Georg Gadamer, Frankfurt a.M. 2000.

Kracauer, S., Geschichte – Vor den letzten Dingen, Frankfurt a.M. 1971.

Kupper, P., Grenzüberschreitungen. Zur Geschichte von Mensch und Tier im Schweizerischen Nationalpark, in: Histoire des Alpes 15: Mensch und Wildtiere (2010), S. 229–245.

Kupper, P., Wildnis schaffen. Eine transnationale Geschichte des Schweizerischen Nationalparks, Bern 2012.

Kupper, P., Transnationale Umweltgeschichte, in: M. Jakubowski-Tiessen (Hg.), Beiträge zum Göttinger Umwelthistorischen Kolloquium 2011–2012, Göttingen 2014, S. 79–90.

Kupper, P. u. B. C. Schär, Moderne Gegenwelten. Ein mikrohistorischer Beitrag zur europäischen Globalgeschichte, in: C. Dejung u. M. Lengwiler (Hg.), Ränder der Moderne. Neue Perspektiven auf die Europäische Geschichte (1800–1930), Köln 2016, S. 93–114.

Kupper, P., Raum, in: J. Hinrichsen, R. Johler u. S. Ratt (Hg.), Katastrophen/Kultur. Beiträge zu einer interdisziplinären Begriffswerkstatt, Tübingen 2019, S. 145–156.

Küster, H., Schöne Aussichten. Kleine Geschichte der Landschaft, München 2009.

Lefebvre, H., La production de l'espace, Paris 1974.

Leitner, U., Berg & Leute. Tirol als Landschaft und Identität, Innsbruck 2014.

Lekan, T. M., Imagining the Nation in Nature. Landscape Preservation and German Identity, 1885–1945, Cambridge 2004.

Lekan, T. u. T. Zeller (Hg.), Germany's Nature. Cultural Landscapes and Environmental History, New Brunswick 2005.

Leonhard, J. u. U. v. Hirschhausen, Empires und Nationalstaaten im 19. Jahrhundert, Göttingen 2009.

Maier, C. S., Consigning the Twentieth Century to History. Alternative Narratives for the Modern Era, in: American Historical Review 105 (2000), S. 807–831.

Maier, C. S., Once Within Borders. Territories of Power, Wealth, and Belonging since 1500, Cambridge, Mass. 2016.

Mathieu, J., Geschichte der Alpen 1500–1900. Umwelt, Entwicklung, Gesellschaft, Wien 1998.

Mathieu, J. u. L. S. Boscani (Hg.), Die Alpen! Zur europäischen Wahrnehmungsgeschichte seit der Renaissance, Bern 2005.

Mathieu, J., Die dritte Dimension. Eine vergleichende Geschichte der Berge in der Neuzeit, Basel 2011.

Mitchell, W. J. T., Imperial Landscape, in: Ders. (Hg.), Landscape and Power, Chicago 1994, S. 5–34.

Osterhammel, J., Die Verwandlung der Welt. Eine Geschichte des 19. Jahrhunderts, München 2009.

Radkau, J., Natur und Macht. Eine Weltgeschichte der Umwelt, München 2002^2.

Rau, S., Räume. Konzepte, Wahrnehmungen, Nutzungen, Frankfurt a.M. 2017^2.

Readman, P., Storied Ground. Landscape and the Shaping of English National Identity, Cambridge 2018.

Reichler, C., Entdeckung einer Landschaft. Reisende, Schriftsteller, Künstler und ihre Alpen, Zürich 2005.

Revel, J. (Hg.), Jeux d'échelles. La micro-analyse à l'expérience, Paris 1996.

Robertson, R., Globalization. Time-Space and Homogeneity-Heterogeneity, in: M. Featherstone, S. Lash u. R. Robertson (Hg.), Global Modernities, London 1995, S. 25–44.

Sassen, S., Das Paradox des Nationalen. Territorium, Autorität und Rechte im globalen Zeitalter, Frankfurt a.M. 2008.

Schama, S., Landscape and Memory, London 1995.

Schivelbusch, W., Geschichte der Eisenbahnreise. Zur Industrialisierung von Raum und Zeit im 19. Jahrhundert, Frankfurt a.M. 2000, Neuaufl.

Schlögel, K., Im Raume lesen wir die Zeit. Über Zivilisationsgeschichte und Geopolitik, München 2003.

Schröder, I. u. S. Höhler (Hg.), Welt-Räume. Geschichte, Geographie und Globalisierung seit 1900, Frankfurt a.M. 2005.

Schröder, I. u. S. Höhler, Welt-Räume. Annäherungen an eine Geschichte der Globalität im 20. Jahrhundert, in: Dies. (Hg.), Welt-Räume. Geschichte, Geographie und Globalisierung seit 1900, Frankfurt a.M. 2005, S. 9–50.

Soja, E. W., Postmodern Geographies. The Reassertion of Space in Critical Social Theory, London 1989.

Tanner, J., Historische Anthropologie zur Einführung, Hamburg 2004.

Trepl, L., Die Idee der Landschaft. Eine Kulturgeschichte von der Aufklärung bis zur Ökologiebewegung, Bielefeld 2012.

Uekötter, F. (Hg.), Ökologische Erinnerungsorte, Göttingen 2014.

Wenzlhuemer, R., Connecting the Nineteenth-Century World. The Telegraph and Globalization, Cambridge 2012.

Wenzlhuemer, R., Globalgeschichte schreiben. Eine Einführung in 6 Episoden, Konstanz 2017.

Werlen, B., Körper, Raum und mediale Repräsentation, in: J. Döring u. T. Thielmann (Hg.), Spatial Turn. Das Raumparadigma in den Kultur- und Sozialwissenschaften, Bielefeld 2008, S. 365–392.

Werlen, B., Gesellschaftliche Räumlichkeit, Stuttgart 2010.

Werner, M. u. B. Zimmermann, Beyond Comparison. Histoire Croisée and the Challenge of Reflexivity, in: History and Theory 45 (2006), S. 30–50.

White, R., The Middle Ground. Indians, Empires, and Republics in the Great Lakes Region, 1650–1815, Cambridge 1991.

White, R., The Nationalization of Nature, in: Journal of American History 86 (1999), S. 976–986.

Winiwarter, V., M. Schmid u. G. Dressel, Looking at Half a Millennium of Co-Existence: the Danube in Vienna as a Socio-Natural Site, in: Water History 5 (2013), S. 101–119.

Winiwarter, V. u. M. Schmid, Socio-Natural Sites, in: S. Haumann, M. Knoll u. D. Mares (Hg.), Concepts of Urban-Environmental History, Bielefeld 2020, S. 33–50.

III.4 Meliorationen

Quellen

Unsere Linth, BürgerInnen-Information zum Projekt „Hochwasserschutz Linth 2000", Nr. 4, Frühling 2013.

Medieninformation, Sächsisches Staatsministerium für Umwelt und Landwirtschaft, Erster Spatenstich zur Redynamisierung der Spree in Malschwitz, 29.05.2018.

Minor, L., Mehr Natur an der Linth, Tages-Anzeiger, 19.04.2013.

Literatur

Bankoff, G., Malaria, Water Management, and Identity in the English Lowlands, in: Environmental History 23 (2018), S. 470–494.

Bernhardt, C., Im Spiegel des Wassers. Eine transnationale Umweltgeschichte des Oberrheins (1800–2000), Köln 2016.

Blackbourn, D., Die Eroberung der Natur. Eine Geschichte der deutschen Landschaft, München 2007.

Brázdil, R. u. a., European Floods during the Winter 1783/1784. Scenarios of an Extreme Event during the 'Little Ice Age', in: Theoretical and Applied Climatology 100 (2010), S. 163–189.

Castonguay, S. u. M. D. Evenden (Hg.), Urban Rivers. Remaking Rivers, Cities, and Space in Europe and North America, Pittsburgh 2012.

Cioc, M., The Rhine: An Eco-Biography, 1815–2000, Seattle 2002.

Coates, P., A Story of Six Rivers. History, Culture and Ecology, London 2013.

Cronon, W. (Hg.), Uncommon Ground. Rethinking the Human Place in Nature, New York 1996.

Disco, C., "One Touch of Nature Makes the Whole World Kin". Ships, Fish, Phenol, and the Rhine, 1815–2000, in: C. Disco u. E. Kranakis (Hg.), Cosmopolitan Commons. Sharing Resources and Risks across Borders, Cambridge 2013, S. 271–316.

Frioux, S., Environmental History of Water Resources, in: M. Agnoletti u. S. N. Serneri (Hg.), The Basic Environmental History, Cham 2014, S. 121–141.

Greefs, H. (Hg.), Water Management, Communities, and Environment. The Low Countries in Comparative Perspective, c. 1000 – c. 1800 = Waterbeheer, gemeenschappen en de natuurlijke omgeving, Gent 2006.

Haag, E., Grenzen der Technik. Der Widerstand gegen das Kraftwerkprojekt Urseren, Zürich 2004.

Haidvogl, G., Von der Flusslandschaft zum Fließgewässer, Wien 2008.

Haidvogl, G. u. a., Wasser Stadt Wien. Eine Umweltgeschichte, Wien 2019.

Hannig, N., Kalkulierte Gefahren. Naturkatastrophen und Vorsorge seit 1800, Göttingen 2019.

Heine, E.-C., Two Canals, Two Barrages and the Remnants of a River. Nature and Technology Along the Eider, Schleswig-Holstein's Longest River, in: Environment and History 23 (2017), S. 253–283.

Högselius, P., A. Kaijser u. E. van der Vleuten, Europe's Infrastructure Transition. Economy, War, Nature, London 2016.

Knoll, M., U. Lübken u. D. Schott (Hg.), Rivers Lost, Rivers Regained. Rethinking City-River Relations, Pittsburgh 2017.

Landry, M. D., Europe's Battery. The Making of the Alpine Energy Landscape, 1870–1955, unpubl. PhD-Dissertation 2013.

Landry, M. D., Environmental Consequences of the Peace: The Great War, Dammed Lakes, and Hydraulic History in the Eastern Alps, in: Environmental History 20 (2015), S. 422–448.

Lübken, U., Die Natur der Gefahr. Überschwemmungen am Ohio River im 19. und 20. Jahrhundert, Göttingen 2014.

Marks, R., China. An Environmental History, Lanham 2017.

Martin, A. u. N. Fischer (Hg.), Die Elbe. Über den Wandel eines Flusses vom Wiener Kongress (1815) bis zur Gegenwart, Stade 2018.

Mauch, C. u. T. Zeller (Hg.), Rivers in History. Perspectives on Waterways in Europe and North America, Pittsburgh, Pa. 2008.

Mukerji, C., Impossible Engineering. Technology and Territoriality on the Canal du Midi, Princeton 2009.

Niessner, R., Überschwemmungen und Wetterbeobachtung. Zwei Forschungs- und Wissensfelder in Franz von Zallingers Werk, in: W. Wüst u. G. Drossbach (Hg.), Umwelt-, Klima- und Konsumgeschichte. Fallstudien zu Süddeutschland, Österreich und der Schweiz, Berlin 2018, S. 505–531.

Osterkamp, J., Wasser, Erde, Imperium. Eine kleine Politikgeschichte der Meliorationen in der Habsburgermonarchie, in: J. Ganzenmüller u. T. Tönsmeyer (Hg.), Vom Vorrücken des Staates in die Fläche. Ein europäisches Phänomen des langen 19. Jahrhunderts, Köln 2016, S. 179–198.

Parrinello, G., Systems of Power: A Spatial Envirotechnical Approach to Water Power and Industrialization in the Po Valley of Italy, ca. 1880–1970, in: Technology and Culture 59 (2018), S. 652–688.

Pfister, C. u. D. Brändli, Rodungen im Gebirge – Überschwemmungen im Vorland. Ein Deutungsmuster macht Karriere, in: R. P. Sieferle u. H. Breuninger (Hg.), Natur-Bilder. Wahrnehmungen von Natur und Umwelt in der Geschichte, Frankfurt a.M. 1999, S. 297–324.

Pfister, C., Learning from Nature-Induced Disasters. Theoretical Considerations and Case Studies from Western Europe, in: C. Mauch u. C. Pfister (Hg.), Natural Disasters, Cultural Responses. Case Studies toward a Global Environmental History, Lanham 2009, S. 17–40.

Poliwoda, G. N., Aus Katastrophen lernen. Sachsen im Kampf gegen die Fluten der Elbe 1784 bis 1845, Köln 2007.

Pritchard, S. B., Confluence. The Nature of Technology and the Remaking of the Rhône, Berlin 2011.

Radkau, J., Natur und Macht. Eine Weltgeschichte der Umwelt, München 2002[2].

Reichholf, J., Stabile Ungleichgewichte. Die Ökologie der Zukunft, Frankfurt a.M. 2008.

Rohr, C., Ice Jams and their Impact on Urban Communities from a Long-term Perspective (Middle Ages to the 19th Century), in: N. Chiarenza, A. Haug u. U. Müller (Hg.), The Power of Urban Water. Studies in Premodern Urbanism, Berlin 2020, S. 197–212.

Salvisberg, M., Der Hochwasserschutz an der Gürbe. Eine Herausforderung für Generationen (1855–2010), Basel 2017.

Schmid, M., The Environmental History of Rivers in the Early Modern Period, in: M. Knoll u. R. Reith (Hg.), An Environmental History of the Early Modern Period. Experiments and Perspectives, Wien 2014, S. 19–25.

Schmid, M., Long-Term Risks of Colonization. The Bavarian 'Donaumoos', in: H. Haberl u. a. (Hg.), Social Ecology. Society-Nature Relations across Time and Space, Cham 2016, S. 391–410.

Siegenthaler, H., Regelvertrauen, Prosperität und Krisen. Die Ungleichmäßigkeit wirtschaftlicher und sozialer Entwicklung als Ergebnis individuellen Handelns und sozialen Lernens, Tübingen 1993.
Speich, D., Helvetische Meliorationen. Die Neuordnung der gesellschaftlichen Naturverhältnisse an der Linth 1783–1823, Zürich 2003.
Stanzel, A., Wasserträume und Wasserräume im Staatssozialismus. Ein umwelthistorischer Vergleich anhand der tschechoslowakischen und rumänischen Wasserwirtschaft 1948–1989, Göttingen 2017.
Stuber, M. u. M. Bürgi, Vom „eroberten Land" zum Renaturierungsprojekt. Geschichte der Feuchtgebiete in der Schweiz seit 1700, Bern 2018.
van Dam, P. J., P. van Cruyningen u. M. van Tielhof (Hg.), A Global Comparison of Pre-Modern Institutions for Water Management, Winwick 2017.
van Laak, D., Alles im Fluss. Die Lebensadern unserer Gesellschaft - Geschichte und Zukunft der Infrastruktur, Frankfurt a.M. 2018.
White, R., The Organic Machine. The Remaking of the Columbia River, New York 1995.
Winiwarter, V. u. a., The Long-Term Evolution of Urban Waters and their Nineteenth Century Transformation in European Cities. A Comparative Environmental History, in: Water History 8 (2016), S. 209–233.
Wöbse, A.-K., Vom Ödland zum Reservoir des Reichtums. Die Neudeutung europäischer Sümpfe, in: Ilinx - Berliner Beiträge zur Kulturwissenschaft (2020), S. 113–125.

III.5 Klimawandel und Naturkatastrophen

Quellen

Arrhenius, S., XXXI. On the Influence of Carbonic Acid in the Air upon the Temperature of the Ground, in: The London, Edinburgh, and Dublin Philosophical Magazine and Journal of Science 41 (1896), S. 237–276.
Fünfter Sachstandsbericht des IPCC (AR5).
Sigmund, C. L. von, Südliche klimatische Curorte mit besonderer Rücksicht auf Venedig, Nizza, Pisa, Meran und Triest. Beobachtungen und Rathschläge, Wien 1857.
United Nations, Rahmenübereinkommen der Vereinten Nationen über Klimaänderungen, 09.05.1992, Artikel 2 und 3.

Literatur

Anderson, K., Predicting the Weather. Victorians and the Science of Meteorology, Chicago 2005.
Arnold, D., The Problem of Nature. Environment, Culture and European Expansion, Oxford 1996.
Behringer, W., Kulturgeschichte des Klimas. Von der Eiszeit bis zur globalen Erwärmung, München 2008[3].
Behringer, W., Tambora und das Jahr ohne Sommer. Wie ein Vulkan die Welt in die Krise stürzte, München 2015.

Bodenmann, T. u. a., Perceiving, Explaining, and Observing Climatic Changes. An Historical Case Study of the "Year without a Summer" 1816, in: Meteorologische Zeitschrift 20 (2011), S. 577–587.

Brönnimann, S. u. D. Krämer, Tambora und das „Jahr ohne Sommer“ 1816. Klima, Mensch und Gesellschaft, Bern 2016.

Brönnimann, S., C. Pfister u. S. White, Archives of Nature and Archives of Societies, in: S. White, C. Pfister u. F. Mauelshagen (Hg.), The Palgrave Handbook of Climate History, London 2018, S. 27–36.

Brönnimann, S., S. White u. V. Slonosky, Climate from 1800 to 1970 in North America and Europe, in: S. White, C. Pfister u. F. Mauelshagen (Hg.), The Palgrave Handbook of Climate History, London 2018, S. 309–320.

Chakrabarty, D., Verändert der Klimawandel die Geschichtsschreibung?, in: Transit. Europäische Revue 41 (2011), S. 143–163.

Coen, D. R., Climate in Motion. Science, Empire, and the Problem of Scale, Chicago 2018.

Collet, D., Die doppelte Katastrophe. Klima und Kultur in der europäischen Hungerkrise 1770–1772, Göttingen 2018.

Edwards, P. N., A Vast Machine. Computer Models, Climate Data, and the Politics of Global Warming, Cambridge, Mass. 2010.

Fleming, J. R., Fixing the Sky. The Checkered History of Weather and Climate Control, New York 2012.

Frisch, M., Der Mensch erscheint im Holozän, Frankfurt a.M. 1979.

Gisler, M., D. Fäh u. D. Giardini (Hg.), Nachbeben. Eine Geschichte der Erdbeben in der Schweiz, Bern 2008.

Glaser, R., Klimageschichte Mitteleuropas. 1200 Jahre Wetter, Klima, Katastrophen mit Prognosen für das 21. Jahrhundert, Darmstadt 2008[2].

Grattan, J., M. Brayshay u. R. T. E. Schüttenhelm, 'The End is Nigh'? Social and Environmental Responses to Volcanic Gas Pollution, in: R. Torrence u. J. Grattan (Hg.), Natural Disasters and Cultural Change, London 2002, S. 87–106.

Groh, D., M. Kempe u. F. Mauelshagen, Einleitung. Naturkatastrophen – wahrgenommen, gedeutet, dargestellt, in: Dies. (Hg.), Naturkatastrophen. Beiträge zu ihrer Deutung, Wahrnehmung und Darstellung in Text und Bild von der Antike bis ins 20. Jahrhundert, Tübingen 2003, S. 11–34.

Grove, R., Green Imperialism. Colonial Expansion, Tropical Island Edens and the Origins of Environmentalism, 1600–1860, Cambridge 1995.

Hamblin, J. D., Arming Mother Nature. The Birth of Catastrophic Environmentalism, Oxford 2013.

Hannig, N., Kalkulierte Gefahren. Naturkatastrophen und Vorsorge seit 1800, Göttingen 2019.

Hannig, N., Katastrophen im 19. und 20. Jahrhundert. Befunde, Kontexte und Perspektiven, in: Neue Politische Literatur 26 (2016), S. 439–464.

Heymann, M. u. D. Achermann, From Climatology to Climate Science in the Twentieth Century, in: S. White, C. Pfister u. F. Mauelshagen (Hg.), The Palgrave Handbook of Climate History, London 2018, S. 605–632.

Howe, J. P., Behind the Curve. Science and the Politics of Global Warming, Seattle 2014.

Howe, J. P. (Hg.), Making Climate Change History, Seattle 2017.

Hupfer, F., Das Wetter der Nation. Meteorologie, Klimatologie und der schweizerische Bundesstaat, 1860–1914, Zürich 2019.

Krämer, D., „Menschen grasten nun mit dem Vieh". Die letzte grosse Hungerkrise der Schweiz 1816/17, Basel 2015.

Krüger, T., Die Entdeckung der Eiszeiten. Internationale Rezeption und Konsequenzen für das Verständnis der Klimageschichte, Basel 2008.

Le Roy Ladurie, E., Histoire du climat depuis l'an mil, Paris 1967.

Le Roy Ladurie, E., Die Geschichte von Sonnenschein und Regenwetter, in: C. Honegger (Hg.), Schrift und Materie der Geschichte: Vorschläge zur systematischen Aneignung historischer Prozesse, Frankfurt a.M. 1977, S. 220–246.

Lindl, S., Klima und Konsum. Gesellschaftliche Konstitution des anthropogen verursachten Klimawandels von 1600 bis zu Svante Arrhenius, in: W. Wüst u. G. Drossbach (Hg.), Umwelt-, Klima- und Konsumgeschichte. Fallstudien zu Süddeutschland, Österreich und der Schweiz, Berlin 2018, S. 469–504.

Locher, F., Le savant et la tempête. Étudier l'atmosphère et prévoir le temps au XIXe siècle, Rennes 2008.

Mauelshagen, F. u. C. Pfister, Vom Klima zur Gesellschaft: Klimageschichte im 21. Jahrhundert, in: H. Welzer, H.-G. Soeffner u. D. Giesecke (Hg.), KlimaKulturen. Soziale Wirklichkeiten im Klimawandel, Frankfurt a.M. 2010, S. 241–269.

Mauelshagen, F., Klimageschichte der Neuzeit 1500–1900, Darmstadt 2010.

Mauelshagen, F., Historische Klimaforschung. Ursprünge, Trends und Zukunftsperspektiven eines interdisziplinären Forschungsfeldes, in: Frühneuzeit-Info 28 (2017), S. 56–74.

Mikhail, A., Ottoman Iceland: A Climate History, in: Environmental History 20 (2015), S. 262–284.

Morgan, R. A., Climate and Empire in the Nineteenth Century, in: S. White, C. Pfister u. F. Mauelshagen (Hg.), The Palgrave Handbook of Climate History, London 2018, S. 589–603.

Oeschger Centre, University of Bern, Euro-Climhist – Wege zur Wetternachhersage, https://www.euroclimhist.unibe.ch/de/ (zuletzt eingesehen am 05.05.2021).

Parrinello, G., Fault Lines. Earthquakes and Urbanism in Modern Italy, New York 2015.

Pfister, C., Wetternachhersage. 500 Jahre Klimavariationen und Naturkatastrophen (1496–1995), Bern 1999, S. 13–29.

Pfister, C. u. D. Brändli, Rodungen im Gebirge – Überschwemmungen im Vorland. Ein Deutungsmuster macht Karriere, in: R. P. Sieferle u. H. Breuninger (Hg.), Natur-Bilder. Wahrnehmungen von Natur und Umwelt in der Geschichte, Frankfurt a.M. 1999, S. 297–324.

Pfister, C. (Hg.), Am Tag danach. Zur Bewältigung von Naturkatastrophen in der Schweiz 1500–2000, Bern 2002.

Pfister, C., Die „Katastrophenlücke" des 20. Jahrhunderts und der Verlust traditionalen Risikobewusstseins, in: Gaia 18 (2009), S. 239–246.

Pfister, C., Learning from Nature-Induced Disasters. Theoretical Considerations and Case Studies from Western Europe, in: C. Mauch u. C. Pfister (Hg.), Natural Disasters, Cultural Responses. Case Studies toward a Global Environmental History, Lanham 2009, S. 17–40.

Pfister, C. u. S. White, A Year Without a Summer, 1816, in: S. White, C. Pfister u. F. Mauelshagen (Hg.), The Palgrave Handbook of Climate History, London 2018, S. 551–561.

Poliwoda, G. N., Aus Katastrophen lernen. Sachsen im Kampf gegen die Fluten der Elbe 1784 bis 1845, Köln 2007.
Rohr, C., Extreme Naturereignisse im Ostalpenraum. Naturerfahrung im Spätmittelalter und am Beginn der Neuzeit, Wien 2007.
Rohr, C., Der Umgang mit Naturkatastrophen im Mittelalter, in: C. Rohr, U. Bieber u. K. Zeppezauer-Wachauer (Hg.), Krisen, Kriege, Katastrophen. Zum Umgang mit Angst und Bedrohung im Mittelalter, Heidelberg 2018, S. 13–56.
Sieferle, R. P. u. U. Müller-Herold, Überfluß und Überleben. Risiko, Ruin und Luxus in primitiven Gesellschaften, in: Gaia 5 (1996), S. 135–143.
Speich, D., Helvetische Meliorationen. Die Neuordnung der gesellschaftlichen Naturverhältnisse an der Linth 1783–1823, Zürich 2003.
Summermatter, S., Die Prävention von Überschwemmungen durch das politische System der Schweiz von 1848 bis 1991, Bern 2017.
Weart, S. R., The Discovery of Global Warming, Cambridge, Mass. 2008.
White, S., C. Pfister u. F. Mauelshagen (Hg.), The Palgrave Handbook of Climate History, London 2018.
Willer, S., Katastrophen: Natur – Kultur – Geschichte. Ein Forschungsbericht, www.hsozkult.de/literaturereview/id/forschungsberichte-4546 (zuletzt eingesehen am 05.05.2021).

III.6 Industrialisierung

Quellen

Seward, A., Letters Written between the Years 1784 and 1807. Bd. 1, Edinburgh 1811.

Literatur

Allen, D. W., The Institutional Revolution. Measurement and the Economic Emergence of the Modern World, Chicago 2011.
Allen, R. C., Was There a Timber Crisis in Early Modern Europe?, in: S. Cavaciocchi (Hg.), Economia e energia secc. XIII – XVIII, Firenze 2003, S. 469–482.
Allen, R. C., The British Industrial Revolution in Global Perspective, Cambridge 2009.
Allen, R. C., Backward into the Future. The Shift to Coal and Implications for the next Energy Transition, in: Energy Policy 50 (2012), S. 17–23.
Barca, S., A Natural Capitalism. Water and the Making of the Italian Industrial Landscape, in: M. Armiero u. M. Hall (Hg.), Nature and History in Modern Italy, Athens 2009, S. 215–230.
Barca, S., Enclosing Water. Nature and Political Economy in a Mediterranean Valley, 1796–1916, Cambridge 2010.
Bayly, C. A., Die Geburt der modernen Welt. Eine Globalgeschichte 1780–1914, Frankfurt a.M. 2006.
Braudel, F., Sozialgeschichte des 15.–18. Jahrhunderts. Bd. 1: Der Alltag, München 1985.

Brüggemeier, F.-J., Das unendliche Meer der Lüfte. Luftverschmutzung, Industrialisierung und Risikodebatten im 19. Jahrhundert, Essen 1996.

Brüggemeier, F.-J., Schranken der Natur. Umwelt, Gesellschaft, Experimente 1750 bis heute, Essen 2014.

Brüggemeier, F.-J., Grubengold. Das Zeitalter der Kohle von 1750 bis heute, München 2018.

Bruland, K. u. K. Smith, Assessing the Role of Steam Power in the First Industrial Revolution. The Early Work of Nick von Tunzelmann, in: Research Policy 42 (2013), S. 1716–1723.

Büschenfeld, J., Flüsse und Kloaken. Umweltfragen im Zeitalter der Industrialisierung (1870–1918), Stuttgart 1997.

Cavert, W. M., Smoke of London. Energy and Environment in the Early Modern City, Cambridge 2016.

Elsig, A., Quand la frontière est polluée. Protéger et soigner les eaux du Léman entre France et Suisse (1950–1980), in: G. Barth-Scalmani, P. Kupper u. A.-L. Head-König (Hg.), Grenzen/Frontières, Zürich 2018, S. 239–258.

Evans, R. J., Das europäische Jahrhundert. Ein Kontinent im Umbruch: 1815–1914, München 2018.

Fisch, J., Europa zwischen Wachstum und Gleichheit. 1850–1914, Stuttgart 2002.

Fressoz, J.-B. u. T. Le Roux, Protecting Industry and Commodifying the Environment. The Great Transformation of French Pollution Regulation, 1700–1840, in: G. Massard-Guilbaud u. S. Mosley (Hg.), Common Ground. Integrating the Social and Environmental in History, Newcastle-upon-Tyne 2010, S. 340–366.

Geissler, S., Wem gehört die Stadt? Umweltkonflikte im städtischen Raum zur Zeit der Früh- und Hochindustrialisierung in Aachen und Duisburg, Münster 2016.

Grewe, B.-S., Power, Politics, and Protecting the Forest. Scares about Wood Shortages and Deforestation in Early Modern German States, in: F. Uekötter (Hg.), Exploring Apocalyptica. Coming to Terms with Environmental Alarmism, Pittsburgh 2018, S. 12–35.

Haberl, H. u. a. (Hg.), Social Ecology. Society-Nature Relations across Time and Space, Cham 2016.

Hobsbawm, E. J., Europäische Revolutionen, Zürich 1962.

Hobsbawm, E. J., Die Blütezeit des Kapitals. Eine Kulturgeschichte der Jahre 1848–1875, Frankfurt a.M. 1980.

Hobsbawm, E. J., Das imperiale Zeitalter 1875–1914, Frankfurt a.M. 1989.

Hubbert, M. K., Nuclear Energy and the Fossil Fuels, Houston 1956.

Jevons, W. S., The Coal Question. An Enquiry Concerning the Progress of the Nation, and the Probable Exhaustion of Our Coal-Mines, London 1865.

Kaijser, A., Combatting "Acid Rain". Protecting the Common European Sky, in: A.-K. Wöbse, u. P. Kupper (Hg.), Greening Europe. Environmental Protection in the Long Twentieth Century – A Handbook, München 2022, Kap. 14.

Kairoff, C. T., Anna Seward and the End of the Eighteenth Century, Baltimore 2012.

Kander, A., P. Malanima u. P. Warde, Power to the People. Energy in Europe over the Last Five Centuries, Princeton 2013.

Krausmann, F. u. M. Fischer-Kowalski, Gesellschaftliche Naturverhältnisse. Globale Transformationen der Energie- und Materialflüsse, in: R. Sieder u. E. Langthaler (Hg.), Globalgeschichte 1800–2010, Wien 2010, S. 39–68.

Kupper, P. u. I. Pallua, Energieregime in der Schweiz seit 1800, Bern 2016.

Malanima, P., Energy Crisis and Growth 1650–1850: the European Deviation in a Comparative Perspective, in: Journal of Global History 1 (2006), S. 101–121.

Malm, A., Fossil Capital. The Rise of Steam-Power and the Roots of Global Warming, London 2016.

Marks, R., The Origins of the Modern World. A Global and Environmental Narrative from the Fifteenth to the Twenty-First Century, Lanham 2015[3].

Massard-Guilbaud, G. u. R. Rodger (Hg.), Environmental and Social Justice in the City. Historical Perspectives, Cambridge 2011.

McNeill, J. R., Blue Planet. Die Geschichte der Umwelt im 20. Jahrhundert, Frankfurt a.M. 2003.

Mitchell, T., Carbon Democracy. Political Power in the Age of Oil, London 2011.

Mokyr, J., The Enlightened Economy. Britain and the Industrial Revolution, 1700–1850, London 2011.

Mosley, S., The Chimney of the World. A History of Smoke Pollution in Victorian and Edwardian Manchester, Cambridge, UK 2001.

Mosley, S., Environmental History of Air Pollution and Protection, in: M. Agnoletti u. S. Neri Serneri (Hg.), The Basic Environmental History, Cham 2014, S. 143–170.

Mutz, M., Industrialisierung als Umwelt-Integration. Konzeptionelle Überlegungen zur ökologischen Basis moderner Industrieunternehmen, in: G. Schulz u. R. Reith (Hg.), Wirtschaft und Umwelt vom Spätmittelalter bis zur Gegenwart. Auf dem Weg zu Nachhaltigkeit?, Stuttgart 2015, S. 191–214.

Osterhammel, J., Die Verwandlung der Welt. Eine Geschichte des 19. Jahrhunderts, München 2009.

Pallua, I., Historische Energietransitionen im Ländervergleich. Energienutzung, Bevölkerung, Wirtschaftliche Entwicklung, Wien 2013.

Pallua, I., Wohltemperiert ins 21. Jahrhundert? Die Geschichte der häuslichen Wärmeenergienutzung in der Schweiz von 1940–2000, Diss. Universität Innsbruck 2021.

Pomeranz, K., The Great Divergence. China, Europe, and the Making of the Modern World Economy, Princeton 2000.

Pritchard, S. B. u. T. Zeller, The Nature of Industrialization, in: M. Reuss u. S. H. Cutcliffe (Hg.), The Illusory Boundary. Environment and Technology in History, Charlottesville 2010, S. 69–100.

Radkau, J., Holzverknappung und Krisenbewusstsein im 18. Jahrhundert, in: Geschichte und Gesellschaft 9 (1983), S. 513–543.

Radkau, J., Natur und Macht. Eine Weltgeschichte der Umwelt, München 2002[2].

Reith, R., Umweltgeschichte der Frühen Neuzeit, Berlin 2011.

Russell, E., Evolutionary History. Uniting History and Biology to Understand Life on Earth, Cambridge 2011.

Scheidegger, T., „Petite Science". Außeruniversitäre Naturforschung in der Schweiz um 1900, Göttingen 2017.

Schott, D., Europäische Urbanisierung (1000–2000). Eine umwelthistorische Einführung, Köln 2014.

Setzer, S., "Pond'rous Engines" in "Outraged Groves". The Environmental Argument of Anna Seward's "Colebrook Dale", in: European Romantic Review 18 (2007), S. 69–82.

Sieferle, R. P., Der unterirdische Wald. Energiekrise und Industrielle Revolution, München 1982.

Sieferle, R. P. u. a., Das Ende der Fläche. Zum gesellschaftlichen Stoffwechsel der Industrialisierung, Köln 2006.
Stearns, P. N., The Industrial Revolution in World History, Boulder, Colorado 2015[4].
Steinberg, T., Nature Incorporated. Industrialization and the Waters of New England, Princeton 2008.
Steinmetz, W., Europa im 19. Jahrhundert, Frankfurt a.M. 2019.
Storm, A., Post-Industrial Landscape Scars, New York 2014.
Thorsheim, P., Inventing Pollution. Coal, Smoke, and Culture in Britain since 1800, Athens 2006.
Tilly, R. H., Industrialisierung als historischer Prozess, in: Europäische Geschichte Online (EGO), http://www.ieg-ego.eu/tillyr-2010-de (zuletzt eingesehen am 05.05.2021).
Uekötter, F., Von der Rauchplage zur ökologischen Revolution. Eine Geschichte der Luftverschmutzung in Deutschland und den USA 1880–1970, Essen 2003.
Uekötter, F., Umweltgeschichte im 19. und 20. Jahrhundert, München 2007.
Vries, P., Ursprünge des modernen Wirtschaftswachstums. England, China und die Welt in der Frühen Neuzeit, Göttingen 2013.
Wengenroth, U., Industrialisierung, in: M. Sommer, S. Müller-Wille u. C. Reinhardt (Hg.), Handbuch Wissenschaftsgeschichte, Stuttgart 2017, S. 294–303.
Wrigley, E. A., The Supply of Raw Materials in the Industrial Revolution, in: The Southwestern Social Science Quarterly 15 (1962), S. 1–16.
Wrigley, E. A., Energy and the English Industrial Revolution, Cambridge 2010.
Wrigley, E. A., Energy and the English Industrial Revolution, in: Phil. Trans. R. Soc. A 371 (2013), https://doi.org/10.1098/rsta.2011.0568 (zuletzt eingesehen am 05.05.2021).
Wrigley, E. A., The Path to Sustained Growth. England's Transition from an Organic Economy to an Industrial Revolution, Cambridge 2016.
Ziegler, D., Die industrielle Revolution, Darmstadt 2012[3].
Zumbrägel, C., „Viele wenige machen ein Viel". Eine Kleingeschichte der Wasserkraft im 19. und frühen 20. Jahrhundert, Paderborn 2017.

III.7 Urbanisierung

Quellen

Janouch, G., Gespräche mit Kafka. Erinnerungen und Aufzeichnungen, Frankfurt a.M. 1951.

Literatur

Barles, S., A Metabolic Approach to the City. Nineteenth and Twentieth Century Paris, in: D. Schott, B. Luckin u. G. Massard-Guilbaud (Hg.), Resources of the City. Contributions to an Environmental History of Modern Europe, Aldershot 2005, S. 28–47.
Barles, S., Urban Metabolism, in: S. Haumann, M. Knoll u. D. Mares (Hg.), Concepts of Urban-Environmental History, Bielefeld 2020, S. 109–124.
Bečková, K., Pražská asanace. K 100. výročí vydání asanačního zákona pro Prahu, Prag 1993.

Behrends, J. C. u. M. Kohlrausch (Hg.), Races to Modernity. Metropolitan Aspirations in Eastern Europe, 1890–1940, Budapest 2014.

Bernhardt, C. u. G. Massard-Guilbaud (Hg.), The Modern Demon. Pollution in Urban and Industrial European Societies, Clermont-Ferrand 2002.

Bernhardt, C. (Hg.), Environmental Problems in European Cities in the 19th and 20th Century, Münster 2004[2].

Bernhardt, C., Im Spiegel des Wassers. Eine transnationale Umweltgeschichte des Oberrheins (1800–2000), Köln 2016.

Brantz, D., Animals in Urban-Environmental History, in: S. Haumann, M. Knoll u. D. Mares (Hg.), Concepts of Urban-Environmental History, Bielefeld 2020, S. 191–202.

Clark, P. (Hg.), The European City and Green Space. London, Stockholm, Helsinki and St. Petersburg, 1850–2000, Florenz 2006.

Clark, P., M. Niemi u. C. Nolin (Hg.), Green Landscapes in the European City, 1750–2010, London 2016.

Cronon, W., Nature's Metropolis. Chicago and the Great West, Chicago 1991.

Crook, T., Governing Systems. Modernity and the Making of Public Health in England, 1830–1910, Oakland 2016.

Cushman, G. T., Guano and the Opening of the Pacific World. A Global Ecological History, Cambridge 2013.

Dejung, C. u. M. Lengwiler (Hg.), Ränder der Moderne. Neue Perspektiven auf die Europäische Geschichte (1800–1930), Köln 2016.

Dinçkal, N., Istanbul und das Wasser. Zur Geschichte der Wasserversorgung und Abwasserentsorgung von der Mitte des 19. Jahrhunderts bis 1966, München 2004.

Dostalík, J., The Organicists. Planners, Planning, and the Environment in Czechoslovakia (1914–1949), in: Planning Perspectives 32 (2017), S. 147–173.

Edgerton, D., The Shock of the Old. Technology and Global History Since 1900, London 2006.

Evans, R. J., Tod in Hamburg. Stadt, Gesellschaft und Politik in den Cholera-Jahren 1830–1910, Hamburg 1990.

Ford, C. C., Natural Interests. The Contest over Environment in Modern France, Cambridge, Mass. 2016.

Frank, S. u. M. Gandy (Hg.), Hydropolis. Wasser und die Stadt der Moderne, Frankfurt a.M. 2006.

Frank, S., „Schmutziges Wasser“ und „schmutzige Frauen“. Zur Verbindung von Wasser- und Weiblichkeitsbildern in der Stadtentwicklung des 19. Jahrhunderts, in: S. Frank u. M. Gandy (Hg.), Hydropolis. Wasser und die Stadt der Moderne, Frankfurt a.M. 2006, S. 146–168.

Frioux, S., Les batailles de l'hygiène. Villes et environnement de Pasteur aux Trente Glorieuses, Paris 2013.

Giustino, C. M., Tearing Down Prague's Jewish Town. Ghetto Clearance and the Legacy of Middle-Class Ethnic Politics around 1900, New York 2003.

Gugerli, D., „Wir wollen nicht im Trüben fischen!“ Gewässerschutz als Konvergenz von Bundespolitik, Expertenwissen und Sportfischerei (1950–72), in: Schweizer Ingenieur und Architekt 13 (2000), S. 281–287.

Haumann, S., M. Knoll u. D. Mares (Hg.), Concepts of Urban-Environmental History, Bielefeld 2020.

Hein-Kircher, H., Lemberg sichern. Kommunalpolitische Praktiken, Strategien und Visionen in einer multiethnischen Stadt der Habsburgermonarchie, Marburg 2017.

Hessler, M. u. C. Kehrt (Hg.), Die Hamburger Sturmflut von 1962. Risikobewusstsein und Katastrophenschutz aus zeit-, technik- und umweltgeschichtlicher Perspektive, Göttingen 2014.

Jones, K. R., 'The Lungs of the City'. Green Space, Public Health and Bodily Metaphor in the Landscape of Urban Park History, in: Environment and History 24 (2018), S. 39–58.

Lachmund, J., Greening Berlin. The Co-Production of Science, Politics, and Urban Nature, Cambridge, Mass. 2013.

Lenger, F., Metropolen der Moderne. Eine europäische Stadtgeschichte seit 1850, München 2013.

Lübken, U., Rivers and Risk in the City. The Urban Floodplain as a Contested Space, in: S. Castonguay u. M. D. Evenden (Hg.), Urban Rivers. Remaking Rivers, Cities, and Space in Europe and North America, Pittsburgh 2012, S. 130–144.

Massard-Guilbaud, G., H. L. Platt u. D. Schott (Hg.), Cities and Catastrophes. Coping with Emergency in European History, Frankfurt a.M. 2002.

Massard-Guilbaud, G. u. P. Thorsheim, Cities, Environments, and European History, in: Journal of Urban History 33 (2007), S. 691–701.

Massard-Guilbaud, G. u. R. Rodger (Hg.), Environmental and Social Justice in the City. Historical Perspectives, Cambridge 2011.

Mathis, C.-F. u. É.-A. Pépy, Greening the City. Nature in French Towns from the 17th Century, Winwick, Cambridgeshire 2020.

Mazanik, A., 'Shiny Shoes' for the City. The Public Abattoir and the Reform of Meat Supply in Imperial Moscow, in: Urban History 45 (2018), S. 214–232.

McNeill, J. R., Blue Planet. Die Geschichte der Umwelt im 20. Jahrhundert, Frankfurt a.M. 2003.

Meier, J. u. a. (Hg.), Urban Lighting, Light Pollution, and Society, New York 2015.

Melinz, G. u. S. Zimmermann (Hg.), Wien – Prag – Budapest. Blütezeit der Habsburgermetropolen: Urbanisierung, Kommunalpolitik, gesellschaftliche Konflikte (1867–1918), Wien 1996.

Melosi, M. V., The Sanitary City. Environmental Services in Urban America from Colonial Times to the Present, Pittsburgh, Pa. 2008.

Mohajeri, S., 100 Jahre Berliner Wasserversorgung und Abwasserentsorgung 1840–1940, Stuttgart 2005, S. 153–167.

Moss, T., Remaking Berlin. A History of the City through Infrastructure, 1920–2020, Cambridge, Mass. 2020.

Nieradzik, L., Der Wiener Schlachthof St. Marx. Transformation einer Arbeitswelt zwischen 1851 und 1914, Wien 2017.

Paolo, M., Urbanization, in: K. H. O'Rourke u. S. N. Broadberry (Hg.), The Cambridge Economic History of Modern Europe. Bd. 1: 1700–1870, Cambridge 2010, S. 235–263.

Parrinello, G., Fault Lines. Earthquakes and Urbanism in Modern Italy, New York 2015.

Pichler-Baumgartner, L., „Environmental justice" als analytische Kategorie der Wirtschafts-, Sozial- und Umweltgeschichte? Schwierigkeiten und Potenziale einer Anwendung, in: Vierteljahrschrift für Sozial- und Wirtschaftsgeschichte (VSWG) 102 (2015), S. 472–491.

Pichler-Baumgartner, L., Der Weg zu einer modernen Wasserinfrastruktur. Eine sozial- und umweltgeschichtliche Perspektive auf die Stadt Linz (ca. 1860–1920), Linz 2020.

Piňosová, J., Inspiration Natur. Naturschutz in den böhmischen Ländern bis 1933, Marburg 2017.

Platt, H. L., Building the Urban Environment. Visions of the Organic City in the United States, Europe, and Latin America, Philadelphia 2015.

Raulff, U., Das letzte Jahrhundert der Pferde. Geschichte einer Trennung, München 2015.

Rella, A., Die Assanierung der Städte in Österreich-Ungarn 1848–1898, Wien 1899.

Rudolph, H., Der Schrebergarten, in: E. François u. H. Schulze (Hg.), Deutsche Erinnerungsorte: eine Auswahl, Frankfurt a.M. 2005, S. 197–213.

Schivelbusch, W., Lichtblicke. Zur Geschichte der künstlichen Helligkeit im 19. Jahrhundert, Frankfurt a.M. 2004.

Schott, D., B. Luckin u. G. Massard-Guilbaud (Hg.), Resources of the City. Contributions to an Environmental History of Modern Europe, Aldershot 2005.

Schott, D., Europäische Urbanisierung (1000–2000). Eine umwelthistorische Einführung, Köln 2014.

Schwarz, A. (Hg.), Der Park in der Metropole. Urbanes Wachstum und städtische Parks im 19. Jahrhundert, Bielefeld 2005.

Soens, T. u. a. (Hg.), Urbanizing Nature. Actors and Agency (Dis)Connecting Cities and Nature since 1500, London 2019.

Stein, H., Inseln im Häusermeer. Eine Kulturgeschichte des deutschen Kleingartenwesens bis zum Ende des Zweiten Weltkriegs. Reichsweite Tendenzen und Groß-Hamburger Entwicklung, Frankfurt a.M. 2000².

Steinberg, T., Down to Earth. Nature's Role in American History, New York 2002.

Turkowska, J. A., Der kranke Rand des Reiches. Sozialhygiene und nationale Räume in der Provinz Posen um 1900, Marburg 2020.

Uekötter, F., Die Wahrheit ist auf dem Feld. Eine Wissensgeschichte der deutschen Landwirtschaft, Göttingen 2010.

Uekötter, F., Deutschland in Grün. Eine zwiespältige Erfolgsgeschichte, Göttingen 2015.

Uekötter, F., City Meets Country. Recycling Ideas and Realities on German Sewage Farms, in: Journal for the History of Environment and Society 1 (2016), S. 89–107.

Vögele, J. u. U. Koppitz, Sanitäre Reformen und der epidemiologische Übergang in Deutschland (1850–1920), in: S. Frank u. M. Gandy (Hg.), Hydropolis. Wasser und die Stadt der Moderne, Frankfurt a.M. 2006, S. 75–93.

Winiwarter, V. u. M. Knoll, Umweltgeschichte. Eine Einführung, Köln 2007.

Winiwarter, V. u. a., The Long-Term Evolution of Urban Waters and their Nineteenth Century Transformation in European Cities. A Comparative Environmental History, in: Water History 8 (2016), S. 209–233.

Wischermann, C., A. Steinbrecher u. P. Howell (Hg.), Animal History in the Modern City. Exploring Liminality, London 2019.

Zelinger, A., Menschen und Haustiere im Deutschen Kaiserreich. Eine Beziehungsgeschichte, Bielefeld 2018.

Zierenberg, M., Stadtgeschichte, in: Docupedia-Zeitgeschichte, http://dx.doi.org/10.14765/zzf.dok.2.706.v1 (zuletzt eingesehen am 05.05.2021).

III.8 Kolonialismus und Imperialismus

Quellen

Rütimeyer, L., J. J. David (1877–1908), in: Verhandlungen der Schweizerischen Naturforschenden Gesellschaft 91 (1908), S. 36–50.

Literatur

Anderson, V. D., Creatures of Empire. How Domestic Animals Transformed Early America, Oxford 2004.

Angster, J., Erdbeeren und Piraten. Die Royal Navy und die Ordnung der Welt 1770–1860, Göttingen 2012.

Beattie, J., E. D. Melillo u. E. O'Gorman (Hg.), Eco-Cultural Networks and the British Empire. New Views on Environmental History, London 2015.

Beckert, S., King Cotton. Eine Geschichte des globalen Kapitalismus, München 2014.

Beinart, W. u. K. Middleton, Plant Transfers in Historical Perspective. A Review Article, in: Environment and History 10 (2004), S. 3–29.

Blocher, E., Der Wasserbau-Staat. Die Transformation des Nils und das moderne Ägypten 1882–1971, Paderborn 2016.

Bont, R. de, A World Laboratory. Framing the Albert National Park, in: Environmental History 22 (2017), S. 404–432.

Borowy, I., Akklimatisierung. Die Umformung europäischer Landschaft als Projekt im Dienst von Wirtschaft und Wissenschaft, 1850–1900, in: Themenportal Europäische Geschichte, www.europa.clio-online.de/essay/id/fdae-1493 (2009) (zuletzt eingesehen am 05.05.2021).

Crosby, A. W., The Columbian Exchange. Biological and Cultural Consequences of 1492, Westport 1972.

Crosby, A. W., Die Früchte des weißen Mannes. Ökologischer Imperialismus 900–1900, Frankfurt a.M. 1991.

Crosby, A. W., Ecological Imperialism. The Biological Expansion of Europe, 900–1900, Cambridge 2004[2].

Cushman, G. T., Guano and the Opening of the Pacific World. A Global Ecological History, Cambridge 2013.

Deb Roy, R., Malarial Subjects. Empire, Medicine and Nonhumans in British India, 1820–1909, Cambridge 2017.

Dejung, C., Die Fäden des globalen Marktes. Eine Sozial- und Kulturgeschichte des Welthandels am Beispiel der Handelsfirma Gebrüder Volkart 1851–1999, Köln 2013.

Derr, J. L., The Lived Nile. Environment, Disease, and Material Colonial Economy in Egypt, Stanford 2019.

Drayton, R. H., Nature's Government. Science, Imperial Britain, and the "Improvement" of the World, New Haven 2000.

Dunlap, T. R., Nature and the English Diaspora. Environment and History in the United States, Canada, Australia, and New Zealand, Cambridge 1999.

Echenberg, M. J., Plague Ports. The Global Urban Impact of Bubonic Plague, 1894–1901, New York 2007.

Flack, A., The Wild Within. Histories of a Landmark British Zoo, Charlottesville 2018.

Gissibl, B., A Bavarian Serengeti. Space, Race and Time in the Entangled History of Nature Conservation in East Africa and Germany, in: B. Gissibl, S. Höhler u. P. Kupper (Hg.), Civilizing Nature: National Parks in Global Historical Perspective, New York 2012, S. 102–119.

Gissibl, B., The Nature of German Imperialism. Conservation and the Politics of Wildlife in Colonial East Africa, New York 2016.

Grove, R., Green Imperialism. Colonial Expansion, Tropical Island Edens and the Origins of Environmentalism, 1600–1860, Cambridge 1995.

Habermas, R., Skandal in Togo: Ein Kapitel deutscher Kolonialherrschaft, Frankfurt a.M. 2016.

Hausberger, B., Die Verknüpfung der Welt. Geschichte der frühen Globalisierung vom 16. bis zum 18. Jahrhundert, Wien 2015.

Headrick, D. R., The Tools of Empire. Technology and European Imperialism in the Nineteenth Century, New York 1981.

H-Environment Roundtable Review 8 (2018), Nr. 5, https://networks.h-net.org/ross-ecology-and-power-age-empire-roundtable-review-vol-8-no-5-2018 (04.10.2018; zuletzt eingesehen am 05.05.2021).

Hersh, J. u. H.-J. Voth, Sweet Diversity: Colonial Goods and the Rise of European Living Standards after 1492, in: CEPR Discussion Papers, https://dx.doi.org/10.2139/ssrn.1402322 (zuletzt eingesehen am 05.05.2021).

Hornborg, A., Footprints in the Cotton Fields. The Industrial Revolution as Time–Space Appropriation and Environmental Load Displacement, in: Ecological Economics 59 (2006), S. 74–81.

Le Roy Ladurie, E., Un concept. L'unification microbienne du monde (XIVe – XVIIe siècles), Basel 1973.

Lockau, L., A Question of Origins. Skeletal Evidence in the History of Venereal Syphilis, in: Arcadia 27 (2017), http://www.environmentandsociety.org/arcadia/question-origins-skeletal-evidence-history-venereal-syphilis (zuletzt eingesehen am 05.05.2021).

Loidl, S., „Europa ist zu enge geworden". Kolonialpropaganda in Österreich-Ungarn 1885 bis 1918, Wien 2017.

MacKenzie, J. M., Introduction, in: J. M. MacKenzie (Hg.), European Empires and the People. Popular Responses to Imperialism in France, Britain, the Netherlands, Belgium, Germany and Italy, Manchester 2011, S. 1–18.

McCann, J. C., Maize and Grace. Africa's Encounter with a New World Crop, 1500–2000, Cambridge, Mass. 2005.

McNeill, J. R., Mosquito Empires. Ecology and War in the Greater Caribbean, 1620–1914, New York 2010.

McNeill, J. R., Biological Exchange in Global Environmental History, in: J. R. McNeill u. E. S. Mauldin (Hg.), A Companion to Global Environmental History, Chichester 2012, S. 433–452.

Middell, M. u. P. R. Rössner (Hg.), The Great Divergence Revisited, Leipzig 2017.

Mintz, S. W., Die süße Macht. Kulturgeschichte des Zuckers, Frankfurt a.M. 2007[2].

Obertreis, J., Imperial Desert Dreams. Cotton Growing and Irrigation in Central Asia, 1860–1991, Göttingen 2017.

Osborne, M. A., Nature, the Exotic, and the Science of French Colonialism, Bloomington 1994.

Osterhammel, J. u. J. C. Jansen, Kolonialismus. Geschichte, Formen, Folgen, München 2012[7].

Parthasarathi, P., Why Europe Grew Rich and Asia Did Not. Global Economic Divergence, 1600–1850, Cambridge 2011.

Pomeranz, K., The Great Divergence. China, Europe, and the Making of the Modern World Economy, Princeton 2000.

Pomeranz, K., Introduction. World History and Environment History, in: E. Burke u. K. Pomeranz (Hg.), The Environment and World History, Berkeley 2009, S. 3–32.

Pomeranz, K. u. S. Topik, The World That Trade Created. Society, Culture, and the World Economy, 1400 to the Present, London 2017[4].

Purtschert, P., B. Lüthi u. F. Falk (Hg.), Postkoloniale Schweiz. Formen und Folgen eines Kolonialismus ohne Kolonien, Bielefeld 2013[2].

Richards, J. F., The Unending Frontier. An Environmental History of the Early Modern World, Berkeley 2003.

Riello, G., Cotton. The Fabric that Made the Modern World, Cambridge 2013.

Robin, L., The Future of Nature. Documents of Global Change, New Haven 2013.

Ross, C., Ecology and Power in the Age of Empire. Europe and the Transformation of the Tropical World, Oxford 2017.

Russell, E., Evolutionary History. Uniting History and Biology to Understand Life on Earth, Cambridge 2011.

Schanbacher, A., Kartoffelkrankheit und Nahrungskrise in Nordwestdeutschland I845–I848, Göttingen 2016.

Schär, B. C., Tropenliebe. Schweizer Naturforscher und niederländischer Imperialismus in Südostasien um 1900, Frankfurt a.M. 2015.

Seibert, J., In die globale Wirtschaft gezwungen. Arbeit und kolonialer Kapitalismus im Kongo (1885–1960), Frankfurt a.M. 2016.

Spinage, C. A., Cattle Plague. A History, Boston 2003.

Sunseri, T., Exploiting the Urwald. German Post-Colonial Forestry in Poland and Central Africa, 1900–1960, in: Past & Present (2012), S. 305–342.

Sutter, P., What Is Yellow Fever? Disease and Causation in Environmental History, in: Arcadia 31 (2017), doi.org/10.5282/rcc/8123_(zuletzt eingesehen am 06.05.2021).

Tilley, H., Africa as a Living Laboratory. Empire, Development, and the Problem of Scientific Knowledge, 1870–1950, Chicago 2011.

Trentmann, F., Herrschaft der Dinge. Die Geschichte des Konsums vom 15. Jahrhundert bis heute, München 2017.

Tucker, R. P., Insatiable Appetite. The United States and the Ecological Degradation of the Tropical World, Berkeley 2000.

Uekötter, F., Comparing Apples, Oranges, and Cotton. Environmental Histories of the Plantation, Frankfurt a.M. 2014.

van Laak, D., Kolonien als „Laboratorien der Moderne“?, in: S. Conrad u. J. Osterhammel (Hg.), Das Kaiserreich transnational. Deutschland in der Welt 1871–1914, Göttingen 2004, S. 257–279.

Vries, P., Ursprünge des modernen Wirtschaftswachstums. England, China und die Welt in der Frühen Neuzeit, Göttingen 2013.

Vries, P., State, Economy and the Great Divergence. Great Britain and China, 1680s–1850s, London 2015.
Wendt, R., Vom Kolonialismus zur Globalisierung. Europa und die Welt seit 1500, Paderborn 2016².
Wenzlhuemer, R., Mobilität und Kommunikation in der Moderne, Göttingen 2020.
Winiwarter, V. u. H.-R. Bork, Geschichte unserer Umwelt. Sechzig Reisen durch die Zeit, Darmstadt 2014.
Zimmerman, A., Alabama in Africa. Booker T. Washington, the German Empire, and the Globalization of the New South, Princeton 2010.

III.9 Naturschutz

Quellen

Conwentz, H., Die Gefährdung der Naturdenkmäler und Vorschläge zu ihrer Erhaltung, Berlin 1904.
Floericke, K., Entwicklung, Stand und Aussichten der Naturschutzparkbewegung, in: Verein Naturschutzpark (Hg.), Naturschutzparke in Deutschland und Österreich: Ein Mahnwort an das deutsche und österreichische Volk, Stuttgart 1913, S. 7–18.
Sarasin, P. u. F. Sarasin, Reisen in Celebes ausgeführt in den Jahren 1893–1896 und 1902–1903, Wiesbaden 1905.
Sarasin, P., Weltnaturschutz, Basel 1910.
Schröter, C., Die Aufgaben der wissenschaftlichen Erforschung in Nationalparken, in: E. Abderhalden (Hg.), Handbuch der biologischen Arbeitsmethoden, Abt. 11: Allgemeine Methoden zur Untersuchung des Pflanzenorganismus, Berlin 1924, S. 387–394.
Stenographische Berichte über die Verhandlungen des Preußischen Herrenhauses, 3. Bd. 1898.

Literatur

Adams, W. M., Against Extinction. The Story of Conservation, London 2004.
Ahr, B., „Naturschutz ist Pflicht – eine strenge, männliche …". Was taten Frauen im Naturschutz?, in: H. W. Frohn u. J. Rosebrock (Hg.), Ehrenamtliche Kartierungen für den Naturschutz. Historische Analysen, aktuelle Situation und Zukunftspotenziale, Münster 2012, S. 173–202.
Anderson, B., Imagined Communities. Reflections on the Origin and Spread of Nationalism, London 1991².
Anderson, B., Cities, Mountains and Being Modern in Fin-de-Siècle England and Germany, London 2020.
Bachmann, S., Zwischen Patriotismus und Wissenschaft. Die Schweizerischen Naturschutzpioniere (1900–1938), Zürich 1999.
Blom, P., Der taumelnde Kontinent. Europa 1900–1914, München 2009.

Bont, R. de, “Primitives” and Protected Areas: International Conservation and the “Naturalization” of Indigenous People, ca. 1910–1975, in: Journal of the History of Ideas 76 (2015), S. 215–236.

Bont, R. de u. J. Lachmund (Hg.), Spatializing the History of Ecology: Sites, Journeys, Mappings, New York 2017.

Bont, R. de, S. Schleper u. H. Schouwenburg, Conservation Conferences and Expert Networks in the Short Twentieth Century, in: Environment and History 23 (2017), S. 569–599.

Bont, R. de, Imagining Natures for ‘Global’ Conservation. Europe and its Environmental Other(s), in: A.-K. Wöbse u. P. Kupper (Hg.), Greening Europe. Environmental Protection in the Long Twentieth Century – A Handbook, München 2022, Kap. 3.

Brunhes, J., Les limites de notre cage, Fribourg 1911.

Buchholz, K. u. a. (Hg.), Die Lebensreform. Entwürfe zur Neugestaltung von Leben und Kunst um 1900, Darmstadt 2001.

Cioc, M., The Game of Conservation. International Treaties to Protect the World’s Migratory Animals, Athens 2009.

Coates, P., Nature. Western Attitudes Since Ancient Times, Berkeley 1998.

Corbin, A., Meereslust. Das Abendland und die Entdeckung der Küste; 1750–1840, Berlin 1990.

Evans, D., A History of Nature Conservation in Britain, London 1997.

Ford, C. C., Natural Interests. The Contest over Environment in Modern France, Cambridge, Mass. 2016.

Franke, N. M., Naturschutz – Landschaft – Heimat. Romantik als eine Grundlage des Naturschutzes in Deutschland, Wiesbaden 2017.

Frohn, H.-W., Naturschutz macht Staat – Staat macht Naturschutz. Von der Staatlichen Stelle für Naturdenkmalpflege in Preußen bis zum Bundesamt für Naturschutz 1906 bis 2006 – eine Institutionengeschichte, in: Bundesamt für Naturschutz (Hg.), Natur und Staat: Staatlicher Naturschutz in Deutschland 1906–2006, Bonn 2006, S. 85–314.

Gates, B. T., Kindred Nature. Victorian and Edwardian Women Embrace the Living World, Chicago 1998.

Geyer, M. H. u. J. Paulmann (Hg.), The Mechanics of Internationalism. Culture, Society and Politics from the 1840s to the First World War, Oxford 2001.

Gissibl, B., Paradiesvögel. Kolonialer Naturschutz und die Mode der deutschen Frau am Anfang des 20. Jahrhunderts, in: J. Paulmann, D. Leese u. P. Söldenwagner (Hg.), Ritual – Macht – Natur. Europäisch-ozeanische Beziehungswelten in der Neuzeit, Bremen 2005, S. 131–154.

Gissibl, B., A Bavarian Serengeti. Space, Race and Time in the Entangled History of Nature Conservation in East Africa and Germany, in: B. Gissibl, S. Höhler u. P. Kupper (Hg.), Civilizing Nature: National Parks in Global Historical Perspective, New York 2012, S. 102–119.

Gissibl, B., The Nature of German Imperialism. Conservation and the Politics of Wildlife in Colonial East Africa, New York 2016.

Hamilton, S. R., Cultivating Nature. The Conservation of a Valencian Working Landscape, Seattle 2018.

Haraway, D., Primate Visions. Gender, Race, and Nature in the World of Modern Science, New York 1989[2].

Hardenberg, W. G., Monastery for the Ibex. Conservation, State, and Conflict on the Gran Paradiso 1919–1949, Pittsburgh 2021.

Hasenöhrl, U., Zivilgesellschaft und Protest. Eine Geschichte der Naturschutz- und Umweltbewegung in Bayern 1945–80, Göttingen 2010.

Hasenöhrl, U., „Vergessene Traditionen: Der Touristenverein ‚Die Naturfreunde' und der proletarische Naturschutz", in: H.-W. Frohn u. J. Rosebrock (Hg.), Spurensuche. Lina Hähnle und die demokratischen Wurzeln des Naturschutzes, Essen 2017, S. 147–160.

Herren, M., Hintertüren zur Macht. Internationalismus und modernisierungsorientierte Außenpolitik in Belgien, der Schweiz und den USA, 1865–1914, München 2000.

Hoenig, B., Geteilte Berge. Eine Konfliktgeschichte der Naturnutzung in der Tatra, Göttingen 2018.

Howkins, A., J. Orsi u. M. Fiege (Hg.), National Parks beyond the Nation. Global Perspectives on "America's Best Idea", Norman 2016.

Isenberg, A. C., The Destruction of the Bison. An Environmental History, 1750–1920, Cambridge 2000.

Isenberg, A. C. u. N. C. Unger, Women and Gender, in: A. C. Isenberg (Hg.), The Oxford Handbook of Environmental History, Oxford 2014.

Jarvis, K. A., Gender and Wilderness Conservation, in: M. Lewis (Hg.), American Wilderness. A New History, New York 2007, S. 149–166.

Jones, K., Unpacking Yellowstone. The American National Park in Global Perspective, in: B. Gissibl, S. Höhler u. P. Kupper (Hg.), Civilizing Nature: National Parks in Global Historical Perspective, New York 2012, S. 31–49.

Kaiser, W. u. J.-H. Meyer, International Organizations and Environmental Protection. Conservation and Globalization in the Twentieth Century, New York 2016.

Keller, T., Apostles of the Alps. Mountaineering and Nation Building in Germany and Austria, 1860–1939, Chapel Hill 2016.

Kupper, P., Nationalparks in der europäischen Geschichte, in: Clio-online. Themenportal „Europäische Geschichte", http://www.europa.clio-online.de/2008/Article=330 (zuletzt eingesehen am 05.05.2021).

Kupper, P., Wildnis schaffen. Eine transnationale Geschichte des Schweizerischen Nationalparks, Bern 2012.

Kupper, P., Translating Yellowstone. Early European National Parks, Weltnaturschutz and the Swiss Model, in: B. Gissibl, S. Höhler u. P. Kupper (Hg.), Civilizing Nature: National Parks in Global Historical Perspective, New York 2012, S. 123–139.

Kupper, P. u. A.-K. Wöbse, Geschichte des Nationalparks Hohe Tauern. Mit Beiträgen von Ute Hasenöhrl, Georg Stöger, Ortrun Veichtlbauer, Ronald Würflinger, Innsbruck 2013.

Kupper, P. u. B. C. Schär, Moderne Gegenwelten. Ein mikrohistorischer Beitrag zur europäischen Globalgeschichte, in: C. Dejung u. M. Lengwiler (Hg.), Ränder der Moderne. Neue Perspektiven auf die Europäische Geschichte (1800–1930), Köln 2016, S. 93–114.

Lefebvre, H., Das Alltagsleben in der modernen Welt, Frankfurt a.M. 1972.

Lekan, T. M., Imagining the Nation in Nature. Landscape Preservation and German Identity, 1885–1945, Cambridge 2004.

Leonhard, J. u. U. v. Hirschhausen, Empires und Nationalstaaten im 19. Jahrhundert, Göttingen 2009.

Lewis, M. (Hg.), American Wilderness. A New History, New York 2007.

Lewis, M., Wilderness and Conservation Science, in: Ders. (Hg.), American Wilderness. A New History, New York 2007, S. 205–222.

MacKenzie, J. M., The Empire of Nature. Hunting Conservation and British Imperialism, Manchester 1997².

Maier, C. S., Consigning the Twentieth Century to History. Alternative Narratives for the Modern Era, in: American Historical Review 105 (2000), S. 807–831.

Mathieu, J., The Sacralization of Mountains in Europe during the Modern Age, in: Mountain Research and Development (2006), S. 343–349.

Mels, T., Wild Landscapes. The Cultural Nature of Swedish National Parks, Lund 1999.

Merchant, C., Women of the Progressive Conservation Movement. 1900–1916, in: Environmental Review 8 (1984), S. 57–85.

Meyer, J.-H., From Nature to Environment. International Organizations and Environmental Protection before Stockholm, in: W. Kaiser u. J.-H. Meyer (Hg.), International Organizations and Environmental Protection, New York 2016, S. 31–73.

Nash, R., Wilderness and the American Mind, New Haven 1982³.

Nyhart, L. K., Modern Nature. The Rise of the Biological Perspective in Germany, Chicago 2009.

Oberkrome, W., Deutsche Heimat. Nationale Konzeption und regionale Praxis von Naturschutz, Landschaftsgestaltung und Kulturpolitik in Westfalen-Lippe und Thüringen (1900–1960), Paderborn 2004.

Piccioni, L., Il volto amato della patria. Il primo movimento per la protezione della natura in Italia 1880–1934, Trento 2014².

Piňosová, J., Inspiration Natur. Naturschutz in den böhmischen Ländern bis 1933, Marburg 2017.

Piňosová, J. u. a. (Hg.), Minderheit – Macht – Natur. Verhandlungen im Zeitalter des Nationalstaats, Bautzen 2021.

Radkau, J., Die Ära der Ökologie. Eine Weltgeschichte, München 2011.

Reichler, C., Entdeckung einer Landschaft. Reisende, Schriftsteller, Künstler und ihre Alpen, Zürich 2005.

Roeder, C. F., European Mountaineers Between East and West. A Transnational History of Alpinism in the Twentieth Century. Doctoral Dissertation, Harvard 2017.

Roscher, M., Ein Königreich für Tiere. Die Geschichte der britischen Tierrechtsbewegung, Marburg 2009.

Ross, C., Ecology and Power in the Age of Empire. Europe and the Transformation of the Tropical World, Oxford 2017.

Rothman, H., Preserving Different Pasts. The American National Monuments, Urbana 1989.

Runte, A., National Parks. The American Experience, Lanham 2010⁴.

Sarasin, P., Reizbare Maschinen. Eine Geschichte des Körpers 1765–1914, Frankfurt a.M. 2001.

Schär, B. C., Tropenliebe. Schweizer Naturforscher und niederländischer Imperialismus in Südostasien um 1900, Frankfurt a.M. 2015.

Schleper, S., Planning for the Planet. Environmental Expertise and the International Union for Conservation of Nature and Natural Resources, 1960–1980, New York 2019.

Schlimm, A., Eine „entente cordiale“ für den Schutz der Heimat? Europäische Kooperationsversuche von Landschafts- und Heimatschützern vor dem Ersten Weltkrieg, in: Themenportal Europäische Geschichte, https://www.europa.clio-online.de/essay/id/fdae-1651 (zuletzt eingesehen am 05.05.2021).

Schmoll, F., Erinnerung an die Natur. Die Geschichte des Naturschutzes im deutschen Kaiserreich, Frankfurt a.M. 2004.

Stoll, M., Inherit the Holy Mountain. Religion and the Rise of American Environmentalism, Oxford 2015.

Swenson, A., Rise of Heritage. Preserving the Past in France, Germany and England, 1789–1946, Cambridge 2013.

Trepl, L., Geschichte der Ökologie. Vom 17. Jahrhundert bis zur Gegenwart, Frankfurt a.M. 1987.

Trom, D., Natur und nationale Identität. Der Streit um den Schutz der „Natur" um die Jahrhundertwende in Deutschland und Frankreich, in: E. François, H. Siegrist u. J. Vogel (Hg.), Nation und Emotion. Deutschland und Frankreich im Vergleich, 19. und 20. Jahrhundert, Göttingen 1995, S. 147–167.

Wagner, P., Soziologie der Moderne. Freiheit und Disziplin, Frankfurt a.M. 1995.

Wedemeyer-Kolwe, B., Aufbruch: Die Lebensreform in Deutschland, Darmstadt 2017.

Williams, J. A., Turning to Nature in Germany. Hiking, Nudism, and Conservation, 1900–1940, Stanford 2007.

Wöbse, A.-K., Lina Hähnle – eine Galionsfigur der frühen Naturschutzbewegung, in: Stiftung Naturschutzgeschichte (Hg.), Naturschutz hat Geschichte, Essen 2003, S. 113–130.

Wöbse, A.-K., Paul Sarasins „anthropologischer Naturschutz". Zur ‚Größe' Mensch im frühen internationalen Naturschutz. Ein Werkstattbericht, in: G. Gröning u. J. Wolschke-Bulmahn (Hg.), Naturschutz und Demokratie!?, München 2006, S. 207–214.

Wöbse, A.-K., Weltnaturschutz. Umweltdiplomatie in Völkerbund und Vereinten Nationen 1920–1950, Frankfurt a.M. 2012.

Wöbse, A.-K., Counting Birds. Protecting European Avifauna and Habitats, in: A.-K. Wöbse u. P. Kupper (Hg.), Greening Europe. Environmental Protection in the Long Twentieth Century – A Handbook, München 2022, Kap. 2.

Worster, D., Nature's Economy. A History of Ecological Ideas, Cambridge 1985.

III.10 Politische Regime

Quellen

Mussolini, B., Opera Omnia di Benito Mussolini, vol. XXII: Dall'attentato Zaniboni al discorso dell'Ascensione (5 novembre 1925 – 26 maggio 1927), Firenze 1957.

Literatur

Armiero, M., A Rugged Nation. Mountains and the Making of Modern Italy, Cambridge 2011.

Armiero, M. u. W. Graf v. Hardenberg, Green Rhetoric in Blackshirts. Italian Fascism and the Environment, in: Environment and History 19 (2013), S. 283–311.

Bavaj, R., Die Ambivalenz der Moderne im Nationalsozialismus. Eine Bilanz der Forschung, München 2003.

Blackbourn, D., Die Eroberung der Natur. Eine Geschichte der deutschen Landschaft, München 2007.

Brain, S., Song of the Forest. Russian Forestry and Stalinist Environmentalism, 1905–1953, Pittsburgh 2011.

Brain, S., The Environmental History of the Soviet Union, in: J. R. McNeill u. E. S. Mauldin (Hg.), A Companion to Global Environmental History, Chichester 2012, S. 222–244.

Breyfogle, N. B. (Hg.), Eurasian Environments. Nature and Ecology in Imperial Russian and Soviet History, Pittsburgh 2018.

Brüggemeier, F.-J., M. Cioc u. T. Zeller (Hg.), How Green Were the Nazis? Nature, Environment, and Nation in the Third Reich, Athens, Ohio 2005.

Brüggemeier, F.-J., Schranken der Natur. Umwelt, Gesellschaft, Experimente 1750 bis heute, Essen 2014.

Cooper, F., Colonialism in Question. Theory, Knowledge, History, Berkeley 2005.

Dirscherl, S., Tier- und Naturschutz im Nationalsozialismus. Gesetzgebung, Ideologie und Praxis, Göttingen 2012.

Dix, A. u. R. Gudermann, Naturschutz in der DDR: Idealisiert, ideologisiert, instrumentalisiert?, in: H.-W. Frohn u. F. Schmoll (Hg.), Natur und Staat. Staatlicher Naturschutz in Deutschland, 1906–2006, Bonn 2006, S. 535–624.

Esposito, F., Faschismus – Begriff und Theorien, in: Docupedia-Zeitgeschichte (2016), doi.org/10.14765/zzf.dok.2.701.v1 (06.05.2016).

Frohn, H.-W., Naturschutz macht Staat – Staat macht Naturschutz. Von der Staatlichen Stelle für Naturdenkmalpflege in Preußen bis zum Bundesamt für Naturschutz 1906 bis 2006 – eine Institutionengeschichte, in: Bundesamt für Naturschutz (Hg.), Natur und Staat: Staatlicher Naturschutz in Deutschland 1906–2006, Bonn 2006, S. 85–314.

Gentile, E., Der „neue Mensch" des Faschismus. Reflexionen über ein totalitäres Experiment, in: T. Schlemmer (Hg.), Der Faschismus in Europa. Wege der Forschung, München 2014, S. 89–106.

Gerhard, G., Richard Walther Darré – Naturschützer oder „Rassenzüchter"?, in: J. Radkau u. F. Uekötter (Hg.), Naturschutz und Nationalsozialismus, Frankfurt a.M. 2003, S. 257–272.

Gestwa, K., Ökologischer Notstand und sozialer Protest. Ein umwelthistorischer Blick auf die Reformunfähigkeit und den Zerfall der Sowjetunion, in: Archiv für Sozialgeschichte 43, Umweltgeschichte und Umweltbewegungen (2003), S. 349–383.

Gestwa, K., Die Stalinschen Großbauten des Kommunismus. Sowjetische Technik- und Umweltgeschichte, 1948–1967, München 2010.

Gorostiza, S., "There Are the Pyrenees!" Fortifying the Nation in Francoist Spain, in: Environmental History 23 (2018), S. 797–823.

Groß, R., Zwischen Kruckenkreuz und Hakenkreuz: Tourismuslandschaften während der 1000-Reichsmark-Sperre, in: Montfort (2013), S. 53–72.

Hachtmann, R., Polykratie – Ein Schlüssel zur Analyse der NS-Herrschaftsstruktur?, in: Docupedia-Zeitgeschichte, doi.org/10.14765/zzf.dok.2.1177.v1 (zuletzt eingesehen am 06.05.2021).

Hamilton, S. R., Environmental Change and Protest in Franco's Spain, 1939–1975, in: Environmental History 22 (2017), S. 257–281.

Hardenberg, W. G., Act Locally, Think Nationally. A Brief History of Access Rights and Environmental Conflicts in Fascist Italy, in: M. Armiero u. M. Hall (Hg.), Nature and History in Modern Italy, Athens 2009, S. 141–160.

Hardenberg, W. G., A Nation's Parks. Failure and Success in Fascist Nature Conservation, in: Modern Italy 19 (2014), S. 275–285.

Hardenberg, W. G., Monastery for the Ibex. Conservation, State, and Conflict on the Gran Paradiso 1919–1949, Pittsburgh 2021.

Josephson, P. R. u. a., An Environmental History of Russia, Cambridge 2013.

Kupper, P. u. A.-K. Wöbse, Geschichte des Nationalparks Hohe Tauern. Mit Beiträgen von Ute Hasenöhrl, Georg Stöger, Ortrun Veichtlbauer, Ronald Würflinger, Innsbruck 2013.

Langthaler, E., Schlachtfelder. Alltägliches Wirtschaften in der nationalsozialistischen Agrargesellschaft 1938–1945, Wien 2016.

Lekan, T. M., Imagining the Nation in Nature. Landscape Preservation and German Identity, 1885–1945, Cambridge 2004.

Oberkrome, W., Deutsche Heimat. Nationale Konzeption und regionale Praxis von Naturschutz, Landschaftsgestaltung und Kulturpolitik in Westfalen-Lippe und Thüringen (1900–1960), Paderborn 2004.

Olšáková, D. (Hg.), In the Name of the Great Work. Stalin's Plan for the Transformation of Nature and its Impact in Eastern Europe, New York 2016.

Pál, V. u. S. Brain, Introduction, in: Dies. (Hg.), Environmentalism under Authoritarian Regimes. Myth, Propaganda, Reality, London 2019, S. 1–10.

Patel, K. K., Soldiers of Labor. Labor Service in Nazi Germany and New Deal America, 1933–1945, Washington, D. C. 2005.

Radkau, J. u. F. Uekötter (Hg.), Naturschutz und Nationalsozialismus, Frankfurt a.M. 2003.

Raphael, L., Imperiale Gewalt und mobilisierte Nation. Europa 1914–1945, Bonn 2014.

Ross, C., Ecology and Power in the Age of Empire. Europe and the Transformation of the Tropical World, Oxford 2017.

Schmiechen-Ackermann, D., Diktaturenvergleich, in: Docupedia-Zeitgeschichte, http://dx.doi.org/10.14765/zzf.dok.2.599.v1 (zuletzt eingesehen am 05.05.2021).

Scott, J. C., Seeing Like a State. How Certain Schemes to Improve the Human Condition Have Failed, New Haven 1998.

Sheail, J., An Environmental History of Twentieth-Century Britain, Basingstoke 2002.

Stanzel, A., Wasserträume und Wasserräume im Staatssozialismus. Ein umwelthistorischer Vergleich anhand der tschechoslowakischen und rumänischen Wasserwirtschaft 1948–1989, Göttingen 2017.

Staudenmaier, P., Fascism, in: S. Krech, J. R. McNeill u. C. Merchant (Hg.), Encyclopedia of World Environmental History, New York 2004, S. 517–521.

Swyngedouw, E., Liquid Power. Contested Hydro-Modernities in Twentieth-Century Spain, Cambridge 2015.

Uekötter, F., Natur- und Landschaftsschutz im Dritten Reich. Ein Literaturbericht, in: Radkau, J. u. F. Uekötter (Hg.), Naturschutz und Nationalsozialismus, Frankfurt a.M. 2003, S. 447–482.

Uekötter, F., The Green and the Brown. A History of Conservation in Nazi Germany, Cambridge 2006.

Uekötter, F., Die Autoritäre Versuchung: Das Reichsnaturschutzgesetz, in: Ders. (Hg.), Ökologische Erinnerungsorte, Göttingen 2014, S. 86–100.

Uekötter, F., Deutschland in Grün. Eine zwiespältige Erfolgsgeschichte, Göttingen 2015.
Veichtlbauer, O., Port of Vienna. Infrastructures and War on the Danube River in Vienna, 1850–1950, in: M. D. Landry, P. Kupper u. V. Winiwarter (Hg.), Austrian Environmental History, Innsbruck 2018, S. 73–102.
Weiner, D. R., Models of Nature. Ecology, Conservation, and Cultural Revolution in Soviet Russia, Bloomington 1988.
Weiner, D. R., A Little Corner of Freedom. Russian Nature Protection from Stalin to Gorbachëv, Berkeley 1999.
Zeller, T., Straße, Bahn, Panorama. Verkehrswege und Landschaftsveränderung in Deutschland von 1930 bis 1990, Frankfurt a.M. 2002.

III.11 Beschleunigung

Quellen

Cau, J., Deutsche sind eben Deutsche. Der Siegfried ist Geschäftsmann geworden – Beobachtungen eines Franzosen (I), Die Zeit, Nr. 09, 26.02.1965.
Groningen Growth and Development Centre, Maddison Historical Statistics, https://www.rug.nl/ggdc/historicaldevelopment/maddison/ (zuletzt eingesehen am 05.05.2021).
International Geosphere Biosphere Programme Global Change, Great Acceleration, http://www.igbp.net/globalchange/greatacceleration.4.1b8ae20512db692f2a680001630.html (zuletzt eingesehen am 05.05.2021).
O. A., Das dauert, in: Der Spiegel (1965), S. 66.

Literatur

Allen, R. C., Why Was the Industrial Revolution British?, in: Oxonomics 4 (2009), S. 50–54.
Bell, D., The Coming of Post-Industrial Society. A Venture in Social Forecasting, New York 1973.
Berger Ziauddin, S., D. Eugster u. C. Wirth (Hg.), Der kalte Krieg: Kältegrade eines globalen Konflikts, Zürich 2017.
Berghoff, H. u. a. Rome (Hg.), Green Capitalism? Business and the Environment in the Twentieth Century, Philadelphia 2017.
Bonneuil, C. u. J.-B. Fressoz, The Shock of the Anthropocene. The Earth, History, and Us, London 2016.
Bundeszentrale für politische Bildung, Texte und Grafiken zur Großen Beschleunigung – „The Great Acceleration", https://www.bpb.de/gesellschaft/umwelt/anthropozaen/216918/die-grosse-beschleunigung-the-great-acceleration (zuletzt eingesehen am 05.05.2021).
Doering-Manteuffel, A. u. L. Raphael, Nach dem Boom. Perspektiven auf die Zeitgeschichte seit 1970, Göttingen 2012[3].
Doering-Manteuffel, A., L. Raphael u. T. Schlemmer (Hg.), Vorgeschichte der Gegenwart. Dimensionen des Strukturbruchs nach dem Boom, Göttingen 2015.

Förster, H., J. Herzberg u. M. Zückert (Hg.), Umweltgeschichte(n). Ostmitteleuropa von der Industrialisierung bis zum Postsozialismus, Göttingen 2013.

Fourastié, J., Les Trente Glorieuses ou la Révolution invisible de 1946 à 1975, Paris 1979.

Glaser, M., Wandel durch Tourismus. Spanien als Strand Europas, 1950–1983, Konstanz 2017.

Groß, R., Die Beschleunigung der Berge. Eine Umweltgeschichte des Wintertourismus in Vorarlberg/Österreich (1920–2010), Wien 2019.

Hasenöhrl, U., Zivilgesellschaft und Protest. Eine Geschichte der Naturschutz- und Umweltbewegung in Bayern 1945–80, Göttingen 2010.

Haupt, H.-G. u. C. Torp, Die Konsumgesellschaft in Deutschland 1890–1990. Ein Handbuch, Frankfurt a.M. 2009.

Hobsbawm, E. J., Das Zeitalter der Extreme. Weltgeschichte des 20. Jahrhunderts, München 1995.

Kaelble, H. (Hg.), Der Boom 1948–1973. Gesellschaftliche und wirtschaftliche Folgen in der Bundesrepublik Deutschland und in Europa, Opladen 1992.

Kaelble, H., Kalter Krieg und Wohlfahrtsstaat. Europa 1945–1989, Bonn 2011.

Kaijser, A. u. a. (Hg.), Engaging the Atom. The History of Nuclear Energy and Society in Europe from the 1950s to the Present, Morgantown 2020.

Kirchhof, A. u. J. R. McNeill (Hg.), Nature and the Iron Curtain. Environmental Policy and Social Movements in Communist and Capitalist Countries, 1945–1990, Pittsburgh 2019.

Kirchhof, A.M. (Hg.), Pathways into and out of Nuclear Power in Western Europe. Austria, Denmark, Federal Republic of Germany, Italy, and Sweden, München 2020.

Kirchhoff, A. u. J.-H. Meyer, Revealing Risks. European Moments in Nuclear Politics and the Anti-Nuclear Movement, in: A.-K. Wöbse u. P. Kupper (Hg.). Greening Europe. Environmental Protection in the Long Twentieth Century – A Handbook, München 2022, Kap. 13.

Kocka, J., Geschichte des Kapitalismus, München 2013.

König, W., Kleine Geschichte der Konsumgesellschaft. Konsum als Lebensform der Moderne, Stuttgart 2013².

König, W., Geschichte der Wegwerfgesellschaft. Die Kehrseite des Konsums, Stuttgart 2019.

Köster, R., Hausmüll. Abfall und Gesellschaft in Westdeutschland 1945–1990, Göttingen 2017.

Krausmann, F. u. a., Global Socioeconomic Material Stocks Rise 23-fold over the 20th Century and Require Half of Annual Resource Use, in: Proceedings of the National Academy of Sciences of the United States of America 114 (2017), S. 1880–1885.

Kupper, P., Atomenergie und gespaltene Gesellschaft. Die Geschichte des gescheiterten Projektes Kernkraftwerk Kaiseraugst, Zürich 2003.

Kupper, P., Die „1970er Diagnose“. Grundsätzliche Überlegungen zu einem Wendepunkt der Umweltgeschichte, in: Archiv für Sozialgeschichte 43, Umweltgeschichte und Umweltbewegungen (2003), S. 325–348.

Kupper, P. u. I. Pallua, Energieregime in der Schweiz seit 1800, Bern 2016.

Lenger, F., Die neue Kapitalismusgeschichte. Ein Forschungsbericht als Einleitung, in: Archiv für Sozialgeschichte 56 (2016), S. 3–37.

Lintsen, H. u. a., Well-Being, Sustainability and Social Development. The Netherlands 1850–2050, Cham 2018.

Mattioli, G. u. a., The Political Economy of Car Dependence: A Systems of Provision Approach, in: Energy Research & Social Science 66 (2020), doi.org/10.1016/j.erss.2020.101486 (zuletzt eingesehen am 06.05.2021).

McNeill, J. R., Blue Planet. Die Geschichte der Umwelt im 20. Jahrhundert, Frankfurt a.M. 2003.

McNeill, J. R. u. C. R. Unger (Hg.), Environmental Histories of the Cold War, Washington 2010.

McNeill, J. R. u. P. Engelke, Mensch und Umwelt im Zeitalter des Anthropozän, in: A. Iriye u. J. Osterhammel (Hg.), Geschichte der Welt 1945 bis heute. Die globalisierte Welt, München 2013, S. 357–534.

Melsted, O. u. I. Pallua, The Historical Transition from Coal to Hydrocarbons: Previous Explanations and the Need for an Integrative Perspective, in: Canadian Journal of History 53 (2018), S. 395–422.

Melsted, O., Icelandic Energy Regimes. Fossil Fuels, Renewables, and the Making of a Low-carbon Energy Balance, 1940–1980, Diss. Universität Innsbruck 2020.

Oldenziel, R. u. H. Weber, Introduction. Reconsidering Recycling, in: Contemporary European History 22 (2013), S. 347–370.

Olšáková, D. (Hg.), In the Name of the Great Work. Stalin's Plan for the Transformation of Nature and its Impact in Eastern Europe, New York 2016.

Osborn, F., Our Plundered Planet, London 1949.

Pallua, I., Wohltemperiert ins 21. Jahrhundert? Die Geschichte der häuslichen Wärmeenergienutzung in der Schweiz von 1940–2000, Diss. Universität Innsbruck 2021.

Pessis, C., S. Topçu u. C. Bonneuil (Hg.), Une autre histoire des „Trente Glorieuses“. Modernisation, contestations et pollutions dans la France d'après-guerre, Paris 2016.

Pfister, C. u. a., „Das 1950er Syndrom“. Zusammenfassung und Synthese, in: Ders. (Hg.), Das 1950er Syndrom: der Weg in die Konsumgesellschaft, Bern 1995, S. 21–47.

Pfister, C., Das „1950er-Syndrom“ – die umweltgeschichtliche Epochenschwelle zwischen Industriegesellschaft und Konsumgesellschaft, in: Ders. (Hg.), Das 1950er Syndrom: der Weg in die Konsumgesellschaft, Bern 1995, S. 51–95.

Pfister, C., Energiepreis und Umweltbelastung. Zum Stand der Diskussion über das „1950er Syndrom“, in: W. Siemann (Hg.), Umweltgeschichte. Themen und Perspektiven, München 2003, S. 61–86.

Pfister, C., The “1950s Syndrome” and the Transition from a Slow-Going to a Rapid Loss of Global Sustainability, in: F. Uekötter (Hg.), The Turning Points of Environmental History, Pittsburgh 2010, S. 90–118.

Polanyi, K., The Great Transformation. Politische und ökonomische Ursprünge von Gesellschaften und Wirtschaftssystemen, Frankfurt a.M. 1977.

Radkau, J., Natur und Macht. Eine Weltgeschichte der Umwelt, München 2002[2].

Rifkin, J., The Zero Marginal Cost Society. The Internet of Things, the Collaborative Commons, and the Eclipse of Capitalism, New York 2014.

Rosa, H., Beschleunigung. Die Veränderung der Zeitstrukturen in der Moderne, Frankfurt a.M. 2005.

Rosa, H., Beschleunigung und Entfremdung. Auf dem Weg zu einer kritischen Theorie spätmoderner Zeitlichkeit, Berlin 2013.

Sachs, W., Missdeuteter Vordenker. Karl Polanyi und seine „Great Transformation“, in: Politische Ökologie 31 (2013), S. 18–23.

Samuelson, P. A. u. W. D. Nordhaus, Economics, New York 1992[14].
Siegenthaler, H., Zur These des „1950er Syndroms“. Die wirtschaftliche Entwicklung der Schweiz nach 1945 und die Bewegung relativer Energiepreise, in: Pfister, C., Das 1950er Syndrom: der Weg in die Konsumgesellschaft, Bern 1995, S. 97–103.
Steffen, W. u. a., Global Change and the Earth System. A Planet under Pressure; Executive Summary, Stockholm 2004.
Steffen, W., P. J. Crutzen u. J. R. McNeill, The Anthropocene. Are Humans Now Overwhelming the Great Forces of Nature?, in: AMBIO: A Journal of the Human Environment 36 (2007), S. 614–621.
Steffen, W. u. a., The Trajectory of the Anthropocene. The Great Acceleration, in: The Anthropocene Review 2 (2015), S. 81–98.
Steffen, W. u.a., Zum Entwicklungsverlauf des Anthropozäns: „Die Große Beschleunigung“. Eine Einführung in das Thema und die Animationen, https://www.bpb.de/gesellschaft/umwelt/anthropozaen/234831/entwicklungsverlauf-des-anthropozaens?p=all (zuletzt eingesehen am 05.05.2021).
Steinberg, T., Can Karl Polanyi Explain the Anthropocene? The Commodification of Nature and the Great Acceleration, in: Geographical Review 109 (2019), S. 265–270.
Trentmann, F., Herrschaft der Dinge. Die Geschichte des Konsums vom 15. Jahrhundert bis heute, München 2017.
van Laak, D., Alles im Fluss. Die Lebensadern unserer Gesellschaft – Geschichte und Zukunft der Infrastruktur, Frankfurt a.M. 2018.
Vogt, W., Road to Survival, New York 1948.
Wallerstein, I. u. a., Does Capitalism Have a Future?, Oxford 2013.
Weber, H., Recycling Europe's Domestic Wastes. The Hope of "Greening" Mass Consumption through Recycling, in: A.-K. Wöbse u. P. Kupper (Hg.). Greening Europe. Environmental Protection in the Long Twentieth Century – A Handbook, München 2022, Kap. 11.
Westermann, A., Plastik und politische Kultur in Westdeutschland, Zürich 2007.
Wissenschaftlicher Beirat der Bundesregierung Globale Umweltveränderungen, Welt im Wandel: Gesellschaftsvertrag für eine große Transformation, Berlin 2011[2].

III.12 Umweltschutz

Quellen

Carson, R., Der stumme Frühling, München 2007[3].
Meadows, D. u. a., Die Grenzen des Wachstums. Bericht des Club of Rome zur Lage der Menschheit, Stuttgart 1972.
Nicholson, M., The Environmental Revolution. A Guide for the New Masters of the World, London 1970.
Schumacher, E. F., Small is Beautiful. Die Rückkehr zum menschlichen Maß, München 2019, Neuaufl.
World Commission on Environment and Development, Our Common Future, Chapter 1: A Threatened Future, http://www.un-documents.net/ocf-01.htm (zuletzt eingesehen am 05.05.2021).

Literatur

Aschwanden, R., M. Buck, P. Kupper u. K. Schmidt, Moving Mountains. The Protection of the Alps, in: A.-K. Wöbse u. P. Kupper (Hg.). Greening Europe. Environmental Protection in the Long Twentieth Century – A Handbook, München 2022, Kap. 9.

Augustine, D. L., Taking on Technocracy: Nuclear Power in Germany, 1945 to the Present, Oxford 2018.

Bernhardt, C., Im Spiegel des Wassers. Eine transnationale Umweltgeschichte des Oberrheins (1800–2000), Köln 2016.

Bess, M., The Light-Green Society. Ecology and Technological Modernity in France, 1960–2000, Chicago 2003.

Blackbourn, D., Die Eroberung der Natur. Eine Geschichte der deutschen Landschaft, München 2007.

Bont, R. de, S. Schleper u. H. Schouwenburg, Conservation Conferences and Expert Networks in the Short Twentieth Century, in: Environment and History 23 (2017), S. 569–599.

Borowy, I., Defining Sustainable Development for Our Common Future. A History of the World Commission on Environment and Development (Brundtland Commission), London 2014.

Brüggemeier, F.-J., Tschernobyl, 26. April 1986. Die ökologische Herausforderung, München 1998.

Brüggemeier, F.-J. u. J. I. Engels (Hg.), Konflikte, Konzepte, Kompetenzen. Beiträge zur Geschichte des Natur- und Umweltschutzes seit 1945, Frankfurt a.M. 2005.

Brüggemeier, F.-J., Schranken der Natur. Umwelt, Gesellschaft, Experimente 1750 bis heute, Essen 2014.

Christian, M., S. Kott u. O. Matějka (Hg.), Planning in Cold War Europe. Competition, Cooperation, Circulations (1950s–1970s), Berlin 2018.

Engels, J. I., Naturpolitik in der Bundesrepublik. Ideenwelt und politische Verhaltensstile in Naturschutz und Umweltbewegung 1950–1980, Paderborn 2006.

Engels, J. I., Modern Environmentalism, in: F. Uekötter (Hg.), The Turning Points of Environmental History, Pittsburgh, Pennsylvania 2010, S. 119–131.

Evans, D., A History of Nature Conservation in Britain, London 1997.

Ferguson, N. (Hg.), The Shock of the Global. The 1970s in Perspective, Cambridge, Mass. 2010.

Gissibl, B., S. Höhler u. P. Kupper (Hg.), Civilizing Nature. National Parks in Global Historical Perspective, New York 2012.

Graf, R., Öl und Souveränität. Petroknowledge und Energiepolitik in den USA und Westeuropa in den 1970er Jahren, Berlin 2014.

Gugerli, D., „Wir wollen nicht im Trüben fischen!“ Gewässerschutz als Konvergenz von Bundespolitik, Expertenwissen und Sportfischerei (1950–72), in: Schweizer Ingenieur und Architekt 13 (2000), S. 281–287.

Guha, R., Environmentalism. A Global History, New York 2000.

Hamblin, J. D., Arming Mother Nature. The Birth of Catastrophic Environmentalism, Oxford 2013.

Hasenöhrl, U., Zivilgesellschaft und Protest. Eine Geschichte der Naturschutz- und Umweltbewegung in Bayern 1945–80, Göttingen 2010.

Hohensee, J., Der erste Ölpreisschock 1973/74. Die politischen und gesellschaftlichen Auswirkungen der arabischen Erdölpolitik auf die Bundesrepublik Deutschland und Westeuropa, Stuttgart 1996.

Höhler, S., Spaceship Earth in the Environmental Age, 1960–1990, London 2015.

Huff, T., Natur und Industrie im Sozialismus. Eine Umweltgeschichte der DDR, Göttingen 2015.

Hünemörder, K. F., Die Frühgeschichte der globalen Umweltkrise und die Formierung der deutschen Umweltpolitik (1950–1973), Stuttgart 2004.

Josephson, P. R. u. a., An Environmental History of Russia, Cambridge 2013.

Kaijser, A., Combatting "Acid Rain". Protecting the Common European Sky, in: A.-K. Wöbse u. P. Kupper (Hg.). Greening Europe. Environmental Protection in the Long Twentieth Century – A Handbook, München 2022, Kap. 14.

Kaiser, W. u. J.-H. Meyer, International Organizations and Environmental Protection. Conservation and Globalization in the Twentieth Century, New York 2016.

Kemper, C. (Hg.), Gespannte Verhältnisse: Frieden und Protest in Europa während der 1970er und 1980er Jahre, Essen 2017.

Kirchhof, A. u. J. R. McNeill (Hg.), Nature and the Iron Curtain. Environmental Policy and Social Movements in Communist and Capitalist Countries, 1945–1990, Pittsburgh 2019.

Kirchhoff, A. u. J.-H. Meyer, Revealing Risks. European Moments in Nuclear Politics and the Anti-Nuclear Movement, in: A.-K. Wöbse u. P. Kupper (Hg.). Greening Europe. Environmental Protection in the Long Twentieth Century – A Handbook, München 2022, Kap. 13.

Kuhn, K. J., Entwicklungspolitische Solidarität. Die Dritte-Welt-Bewegung in der Schweiz zwischen Kritik und Politik (1975–1992), Zürich 2011.

Kupper, P., Atomenergie und gespaltene Gesellschaft. Die Geschichte des gescheiterten Projektes Kernkraftwerk Kaiseraugst, Zürich 2003.

Kupper, P., Die „1970er Diagnose". Grundsätzliche Überlegungen zu einem Wendepunkt der Umweltgeschichte, in: Archiv für Sozialgeschichte 43, Umweltgeschichte und Umweltbewegungen (2003), S. 325–348.

Kupper, P., Gestalten statt Bewahren. Die umweltpolitische Wende der 1970er-Jahre am Beispiel des Atomenergiediskurses im Schweizer Naturschutz, in: F.-J. Brüggemeier u. J. I. Engels (Hg.), Konflikte, Konzepte, Kompetenzen. Beiträge zur Geschichte des Natur- und Umweltschutzes seit 1945, Frankfurt a.M. 2005, S. 145–161.

Kupper, P. u. E. Seefried, "A Computer's Vision of Doomsday". On the History of the 1972 Study The Limits to Growth, in: F. Uekötter (Hg.), Exploring Apocalyptica. Coming to Terms with Environmental Alarmism, Pittsburgh 2018, S. 49–74.

Kupper, P., Weltvernichtungsmaschinen: Die Bombe, die ökologische Revolution und die Transformation der Zukunft als Katastrophe, in: G. Pfleiderer, H. Matern u. J. Köhrsen (Hg.), Krise der Zukunft II. Verantwortung und Freiheit angesichts apokalyptischer Szenarien, Baden-Baden 2019, S. 123–139.

Leendertz, A. u. W. Meteling (Hg.), Die neue Wirklichkeit. Semantische Neuvermessungen und Politik seit den 1970er-Jahren, Frankfurt 2016.

Macekura, S. J., Of Limits and Growth. The Rise of Global Sustainable Development in the Twentieth Century, Cambridge 2015.

McCormick, J., The Global Environmental Movement, Chichester 1995.

Mende, S., „Nicht rechts, nicht links, sondern vorn“. Eine Geschichte der Gründungsgrünen, München 2011.

Milder, S., Greening Democracy. The Anti-Nuclear Movement and Political Environmentalism in West Germany and Beyond, 1968–1983, Cambridge 2017.

Möller, C., Umwelt und Herrschaft in der DDR. Politik, Protest und die Grenzen der Partizipation in der Diktatur, Göttingen 2020.

Nehring, H., Politics of Security: British and West German Protest Movements and the Early Cold War 1945–1970, Oxford 2013.

Pál, V., Technology and the Environment in State-Socialist Hungary. An Economic History, Cham 2017.

Petric, H. u. I. S. Zebec (Hg.), Environmentalism in Central and Southeastern Europe. Historical Perspectives, Lanham 2017.

Pfister, C. (Hg.), Das 1950er Syndrom: der Weg in die Konsumgesellschaft, Bern 1995.

Radkau, J., Die Ära der Ökologie. Eine Weltgeschichte, München 2011.

Robertson, T., The Malthusian Moment. Global Population Growth and the Birth of American Environmentalism, New Brunswick 2012.

Robinson, M., The Greening of British Party Politics, Manchester 1992.

Rome, A., The Genius of Earth Day. How a 1970 Teach-In Unexpectedly Made the First Green Generation, New York 2013.

Schleper, S., Planning for the Planet. Environmental Expertise and the International Union for Conservation of Nature and Natural Resources, 1960–1980, New York 2019.

Schlimm, A., Ordnungen des Verkehrs. Arbeit an der Moderne – deutsche und britische Verkehrsexpertise im 20. Jahrhundert, Bielefeld 2011.

Schregel, S., Der Atomkrieg vor der Wohnungstür. Eine Politikgeschichte der neuen Friedensbewegung in der Bundesrepublik 1970–1985, Frankfurt a.M. 2011.

Schulz, T., Das Europäische Naturschutzjahr 1970 – Versuch einer europaweiten Umweltkampagne, Berlin 2006.

Schulz-Walden, T., Anfänge globaler Umweltpolitik. Umweltsicherheit in der internationalen Politik (1969–1975), München 2013.

Schwarzenbach, A., WWF. Die Biografie, München 2011.

Seefried E., Developing Europe. The Formation of Sustainability Concepts, in: A.-K. Wöbse u. P. Kupper (Hg.). Greening Europe. Environmental Protection in the Long Twentieth Century – A Handbook, München 2022, Kap. 15.

Selcer, P., The Postwar Origins of the Global Environment. How the United Nations Built Spaceship Earth, New York 2018.

Stief, M., „Stellt die Bürger ruhig“. Staatssicherheit und Umweltzerstörung im Chemierevier Halle-Bitterfeld, Göttingen 2019.

Stoff, H., Gift in der Nahrung. Zur Genese der Verbraucherpolitik Mitte des 20. Jahrhunderts, Stuttgart 2015.

Thorsheim, P., Inventing Pollution. Coal, Smoke, and Culture in Britain since 1800, Athens 2006.

Tompkins, A. S., Better Active than Radioactive! Anti-Nuclear Protest in 1970s France and West Germany, Oxford 2016.

Uekötter, F., Deutschland in Grün. Eine zwiespältige Erfolgsgeschichte, Göttingen 2015.

van de Grift, L. u. W. van Meurs, Europeanising Biodiversity. Reframing Flora, Fauna and Habitat, in: A.-K. Wöbse u. P. Kupper (Hg.). Greening Europe. Environmental Protection in the Long Twentieth Century – A Handbook, München 2022, Kap. 16.

Vetter-Schultheiss, S., Visualizing the (In-)Visible. Communicating Europe's Nature, in: A.-K. Wöbse u. P. Kupper (Hg.). Greening Europe. Environmental Protection in the Long Twentieth Century – A Handbook, München 2022, Kap. 12.

Warde, P., L. Robin u. S. Sörlin, The Environment. A History of an Idea, Baltimore 2018.

Zelko, F., Greenpeace. Von der Hippiebewegung zum Ökokonzern, Göttingen 2014.

Ziemek, H.-P. u. A.-K. Wöbse, Rewilding. Unleashing European Wildlife, in: A.-K. Wöbse u. P. Kupper (Hg.). Greening Europe. Environmental Protection in the Long Twentieth Century – A Handbook, München 2022, Kap. 4.

IV. Coda – Umweltgeschichte und die Rolle Europas

Jones, E. L., Das Wunder Europa. Umwelt, Wirtschaft und Geopolitik in der Geschichte Europas und Asiens, Tübingen 2012[2].

Pomeranz, K., The Great Divergence. China, Europe, and the Making of the Modern World Economy, Princeton 2000.

Sieferle, R. P., Der europäische Sonderweg. Ursachen und Faktoren, Stuttgart 2003[2].

Vries, P., Ursprünge des modernen Wirtschaftswachstums. England, China und die Welt in der Frühen Neuzeit, Göttingen 2013.

Register

A

Abruzzen 148
- Abruzzo-Nationalpark 148

Achensee 59
Afrika 51, 113, 114, 116–119, 122, 125, 126, 139
Agassiz, Louis 71
Ägypten 113, 126, 127
Alabama 127
Allen, Robert C. 92
Allrussische Gesellschaft für Naturschutz 154
Alpen 41, 52, 59, 69, 73, 94, 95, 133, 140, 141, 148, 149
Altona 110
Amerika 33, 116–118, 125, 135, 187
- Nordamerika 119, 134, 139
- Südamerika 111

Anden 120
Apennin 95
Aristoteles 17
Arkwright, Richard 91
Arrhenius, Svante 80, 81
Asien 12, 114, 116, 122, 125
- Südostasien 129
- Zentralasien 153

Atlantik 60, 118, 187
Australien 117, 122

B

Bach, Johann Sebastian 133
Baden 62
Barca, Stefania 96
Basel 113, 129, 143
Beckert, Sven 125
Belgisch-Kongo 113
Bengalen 119
Berlin 62, 103, 104, 111, 113
Bern 143
Blackbourn, David 55, 58, 176
Böhmen 55
Bonn 176
Brain, Stephen 157
Brandenburg 55
Brasilia 155
Braudel, Fernand 9, 24, 89, 97, 146
Brüggemeier, Franz-Josef 39, 175
Brundtland, Gro Harlem 184
Brunhes, Jean 132
Brüssel 112
Buitenzorg 119
Bund für Naturschutz (SUI) 134
Bund für Vogelschutz (DEU) 134

C

Canal du Midi 60
Carson, Rachel 175
Cau, Jean 158, 162, 167
Celebes 129
Ceylon 120, 129
Chicago 109, 158
China 60, 90
Circeo-Nationalpark 148
Club of Rome 178

Coalbrookdale 82, 95
Coen, Deborah R. 79
Conrad, Sebastian 47
Conwentz, Hugo 139–141
Côte d'Azur 113
Cronon, William 109
Crosby, Alfred W. 116, 117
Crutzen, Paul J. 34, 35, 161
Curie, Marie 135
Cushman, Gregory T. 51

D
Darwin, Charles 37, 132, 133
David, Adam 113
David, Johann Jakob 113, 114, 127, 128
Deb Roy, Rohan 120
Deutscher Sprachraum 19, 38
Deutschland 51, 55, 61, 76, 86, 87, 89, 124, 133, 140, 146, 152, 156, 158
- BRD 156, 158, 159, 162, 163, 167, 176, 177, 181
- DDR 177, 181
Dickens, Charles 93
Dipper, Christof 10
Dnjepr 153
Don 153
Dresden 106
Dunlap, Thomas R. 122

E
Einstein, Albert 135
Elbe 110
Elsass 68
England 93, 123
Euler, Leonhard 62
Europa 9–14, 26, 27, 32, 33, 36, 40, 51, 52, 55, 57–60, 63, 67–69, 72, 73, 80, 82, 83, 90, 99–102, 108, 112, 114–120, 122, 123, 126, 128–132, 134, 135, 139, 142, 145, 154–156, 159, 162, 166, 173, 175, 177, 181, 184, 187–189
- Kontinentaleuropa 33, 89–91, 93, 99, 124, 134, 181
- Nordwesteuropa 13
- Osteuropa 13, 96, 102, 104, 124, 159, 172, 175, 180–182
- Südeuropa 13, 60, 96, 104, 159, 172
- Westeuropa 99, 104, 159, 160, 175, 180–182
- Zentraleuropa 13, 60, 124
Europäische Gemeinschaft 181
Europarat 144, 174, 177, 181
European Society for Environmental History ESEH 12, 27

F
Fens 60
Fisch, Jörg 83
Foucault, Michel 50
Franken 55
Frankfurt am Main 158, 162
Frankreich 83, 111, 140, 158, 162, 163, 177, 182
Freud, Siegmund 135
Friedrich II. 55, 62
Frisch, Max 74

G
Gandhi, Indira 184
Genscher, Hans-Dietrich 176
Giddens, Anthony 46
Gißibl, Bernhard 51
Göring, Hermann 150
Gran Paradiso-Nationalpark 148
Graz 128, 131, 133, 138, 143
Griechenland 17
Groß, Robert 167
Großbritannien 32, 39, 83, 86, 87, 89–92, 94–99, 101, 113, 120, 123, 126, 134, 156, 162, 177
Grove, Richard 80
Guano 51
Gugerli, David 45
Güstebiese (Gozdowice) 55

H
Habsburgermonarchie 79, 99
Haeckel, Ernst 132
Haerlem, Simon Leonhard von 62
Haiti 83
Hamburg 108, 110
Hannover 62

Haussmann, Georges-Eugène 104
Heidelberg 111
Hellerau 106
Hess, Rudolf 150
Himmler, Heinrich 150
Hitler, Adolf 150, 154
Hobsbawm, Eric J. 83
Hoffmann, Johann Peter 68
Hohe Tatra 142
Hohe Tauern 140
Höhler, Sabine 43
Humboldt, Alexander von 130, 140
Hupfer, Franziska 79

I

Indien 120, 125, 126
Inn 59
Intergovernmental Panel on Climate Change IPCC 81
International Union for Conservation of Nature IUCN 144, 174
Internationale Kommission zum Schutz des Rheins 181
Internationale Naturschutzkommission 143
Isar 59
Island 72, 167
Italien 76, 96, 108, 133, 140, 144–149, 152, 156, 163

J

Jansen, Jan C. 114
Japan 133, 143
Java 70, 120
Jones, Eric L. 187, 188
Joseph II. 99

K

Kafka, Franz 98, 112
Kanada 122
Karibik 116, 117
Kennedy, John F. 175
Kew 119
Kolumbus, Christoph 118
Kommission für die Erhaltung von Naturdenkmälern und prähistorischen Stätten (SUI) 140
Kongo 113
Koselleck, Reinhard 36, 42, 44
Kracauer, Sigfried 51
Kraft durch Freude 151
Krämer, Daniel 69, 77
Krausmann, Fridolin 169

L

Laki 72
Lamarck, Jean Baptiste de 37
Lancashire 124
Le Roy Ladurie, Emmanuel 71, 73, 117
Lefebvre, Henri 44, 49, 135
Lega Nazionale per la Protezione dei monumenti naturali (ITA) 140
Lemberg 103
Lenin, Wladimir Iljitsch 152
Letchworth 106
Libyen 113
Liebig, Justus 111
Lindl, Stefan 80
Lindley, William 108
Lindley, William Heerlein 108
Linth 62, 67
Lippe, Rudolf zur 17
Lisala 113
London 91, 99, 103, 104, 106, 110, 111, 139, 160, 174
Londoner Zoo 119
Lowlands 60
Lübken, Uwe 26
Ludwig XIV. 60
Luhmann, Niklas 20, 21
Lüneburger Heide 140
Lyell, Charles 37, 71
Lyon 112

M

Maier, Charles S. 46
Malschwitz 67
Marks, Robert 89
Marx, Karl 22, 187
Mathieu, Jon 41, 51–53
McNeill, John R. 26, 35, 43, 93, 100, 161, 164, 166
Melsted, Odinn 167

Midlands 82, 95
Mittelmeer 9, 24, 60
Möbius, Karl August 132
Muhammed-Ali-Dynastie 126
München 112
Muséum national d'histoire naturelle (FRA) 119
Mussolini, Benito 144, 145, 147, 148, 150, 152, 154

N

Napoleon III. 104
National Trust (GB) 134
Naturfreunde 38, 136, 138, 151
Naturskyddsföreningen (SWE) 134
Neurath, Otto 131
Neuseeland 122
New England 119
Newcomen, Thomas 91
Newton, Isaac 135
Niagarafälle 138
Nicholson, Max 171, 172, 174, 184
Nicolai, Philipp 133
Niederlande 30, 40, 61, 140
Niederländisch-Indien 119
Nil 113, 126
Nordsee 61
Normandie 124
North Atlantic Treaty Organization NATO 181

O

Oberlausitz 67
Organisation for Economic Co-operation and Development OECD 181
Osterhammel, Jürgen 114
Österreich 147, 152, 156
- Ostmark 152
Ozeanien 116

P

Pál, Viktor 157
Pallua, Irene 167
Paris 99, 103, 104, 110, 119
Parrinello, Giacomo 108
Pfister, Christian 71, 76, 160–164, 168, 179
Planck, Max 135
Platon 17
Polanyi, Karl 165, 166
Polen 55, 142
Pomeranz, Kenneth 90, 122–124, 188
Pontinische Sümpfe 148–150
Poujade, Robert 182
Prag 99, 102, 104, 180
- Josephstadt (Josefov) 99, 102
Preußen 55, 111, 139
Pritchard, Sara B. 66

R

Radkau, Joachim 89, 172, 176, 180
Rat für gegenseitige Wirtschaftshilfe 181
Reggio Emilia 144
Revel, Jacques 51
Rhein 62, 66
Rohr, Christian 75
Rom 144, 148
Röntgen, Wilhelm Conrad 135
Ross, Corey 121, 128
Rousseau, Jean-Jacques 132, 133
Royal Botanic Gardens (GB) 119
Russell, Edmund 125
Russland 124, 140
Rütimeyer, Leopold 113, 128

S

Sachsen 55, 67
Sarasin, Fritz 129
Sarasin, Paul 128–131, 133, 138, 141–143
Schlesien 95
Schmettau, Heinrich Wilhelm von 62
Schmid, Martin 23, 48
Schott, Dieter 102
Schröder, Iris 43
Schröter, Carl 136
Schumacher, Ernst Friedrich 183
Schwaben 55
Schweden 140, 141, 177, 181
Schweinfurth, Georg 113
Schweiz 45, 52, 62, 67, 69, 76, 79, 113, 114, 130, 140, 141, 143, 161, 167, 177
Schweizerische Naturforschende Gesellschaft 69, 141

Schweizerischer Nationalpark 51, 136, 141
Scott, James C. 154, 155
Semper, Karl 129
Seward, Anna 82, 95
Sieferle, Rolf Peter 29, 89, 188
Siegenthaler, Hansjörg 164
Sierra Club (USA) 134
Skandinavien 142
Société pour la Protection des Paysages (FRA) 134
Society for the Preservation of the Wild Fauna of the Empire (GB) 134
Soja, Edward 42, 44
Sowjetunion 145, 146, 152, 154, 156
Spanien 147, 163
Speich, Daniel 45
Spree 67
Staatliche Stelle für Naturdenkmalpflege (Preußen) 140
Stalin, Josef 145, 152–154
Stanley, Henry Morton 113
Stanleyville (Kisangani) 113
Steffen, Will 35
Stelvio-Nationalpark (Stilfserjoch) 148, 149
Stockholm 181, 184
Stoermer, Eugene F. 34
Straßburg 168
Stuttgart 158, 162
Südamerika 118
Sudan 113
Sudetenland 152
Südtirol 149
Sumbawa 70

T

Tambora 70, 72
Thorsheim, Peter 86
Tilly, Richard H. 96
Todt, Fritz 150
Togo 127
Trentino 149
Tschechoslowakei 152
Tulla, Johann Gottfried 62, 63
Tuskegee Institute 127

U

Ukraine 153
UNESCO 144, 174
United Nations UN 81, 181
UN-Weltkommission für Umwelt und Entwicklung (Brundtland-Kommission) 184
USA 19, 26, 83, 109, 122, 124, 126, 133, 134, 138, 139, 156, 162, 168, 175, 177
- Südstaaten 125, 126

V

Vereeniging tot Behoud von Natuurmonumenten (NED) 140
Verein Naturschutzpark (deutsch-österreichischer) 140
Virginia 119
Vries, Peer 123

W

Wagner, Peter 135
Wales 93
Warschauer Pakt 181
Watt, James 91
Weiner, Douglas R. 154
Werlen, Benno 46
Wetekamp, Wilhelm 139
White, Richard 49, 58
Wien 112
Winiwarter, Verena 20, 23, 48, 112
Wolga 153
World Wide Fund For Nature WWF 174
Wrigley, Edward A. 89, 93
Würzburg 129

Y

Yellowstone 139
- Yellowstone-Nationalpark 138

Z

Zentralkommission für die Rheinschifffahrt 66
Zimmerman, Andrew 127
Zürich 113